沥青路面养护与管理

马朝鲜　潘　杰　王永斌　罗　旭　主编

中国石化出版社

图书在版编目(CIP)数据

沥青路面养护与管理 / 马朝鲜等主编 . —北京：
中国石化出版社，2021. 1
ISBN 978-7-5114-6091-2

Ⅰ. ①沥… Ⅱ. ①马… Ⅲ. ①沥青路面-公路养护
Ⅳ. ①U418. 6

中国版本图书馆 CIP 数据核字(2020)第 266522 号

中国石化出版社出版发行
地址:北京市东城区安定门外大街 58 号
邮编:100011 电话:(010)57512500
发行部电话:(010)57512575
http://www. sinopec-press. com
E-mail:press@ sinopec. com
北京科信印刷有限公司印刷
全国各地新华书店经销
*
787×1092 毫米 16 开本 16. 5 印张 413 千字
2021 年 1 月第 1 版　2021 年 1 月第 1 次印刷
定价:78. 00 元

《沥青路面养护与管理》
编　委　会

主　编　马朝鲜　陕西路桥集团有限公司

　　　　潘　杰　深圳高速建设发展有限公司

　　　　王永斌　广西交通投资集团梧州高速公路运营有限公司

　　　　罗　旭　暨南大学

副主编　王清平　成都华川公路建设集团有限公司

　　　　孙　涛　湖北交投随岳高速公路运营管理有限公司

　　　　李　佳　中交第一公路勘察研究院有限公司

编　委　王　林　中都工程设计有限公司

　　　　黄　文　中交第四公路工程局有限公司

　　　　曲　研　广东省冶金建筑设计研究院有限公司

　　　　解　冰　广东省冶金建筑设计研究院有限公司

　　　　曹旺如　中铁十七局集团第三工程有限公司

　　　　张淞俞　中交第三航务工程局有限公司

　　　　仲崇天　浙江江南工程管理股份有限公司

　　　　段敬东　云南天勋工程咨询有限公司

　　　　周　雨　云南建投第二建设有限公司

前　言

在我国现有的主要干线公路中，70%以上是沥青路面。但由于沥青路面存在的一些常见病害，对行车速度、行车安全等会造成一定的负面影响，加大汽车磨损，缩短沥青路面使用寿命，所以沥青路面的养护成为大家日益关注的问题。公路设计施工中若存在缺陷，在完工和使用初期往往反映不出来，但是在长期使用过程中，由于车辆的反复作用及气候和环境的影响，会出现种各样的损坏现象，必须适时保养、修补。

沥青路面养护的目标是："保护公路公共设施完好状态，及时恢复损坏部分，保障行车安全、舒适、畅通"。沥青路面的损坏分为不同阶段、不同的类型，且有着不同的特性。多年的实践证明，如果养护不当、管理不严，就会降低路面使用效果，增加养护成本。应根据不同时期路面破坏的特征，抓住有利时机，采取相应措施进行科学养护与管理，延长公路使用寿命。只有这样，才能稳定保持沥青路面的使用质量，保障公路安全畅通。

全书共十一章，分别从沥青路面及养护管理概述，沥青路面病害及其形成原因；沥青路面养护管理系统，沥青路面养护技术与应用决策，沥青路面主要病害及处治维修，罩面养护技术与施工方法，沥青路面大修方案优选方法、翻修工程设计与施工、加铺层工程设计与施工、再生技术与优选、改扩建方案与施工等方面入手，介绍了沥青路面养护与管理的理论与技术知识。

本书可作为相关工作技术人员学习和培训使用。本书涵盖内容较多，编写难度较大，编者水平有限加之编写时间紧迫，书中难免存在错误和不妥之处，敬请广大读者对本书提出宝贵意见和建议。

目　　录

第一章　沥青路面及养护管理概述

沥青路面在行车载荷和自然因素的作用下，其使用性能和结构性能将逐步下降，因此对路面进行及时有效的维修与养护至关重要，也是提高路面使用性能、提高服务水平、延长使用寿命的必然要求。

第一节　沥青路面及发展概况

一、沥青路面典型结构及使用现状

我国高速公路网已经逐步形成，路网密度也在不断提高，从路面结构形式上看，已建的高速公路绝大部分采用的是沥青路面。沥青路面具有足够的强度和稳定性，且连续、无接缝，行车舒适，施工速度快，开放交通早，是世界其他各国高等级公路的主要铺装形式，也是我国高速公路的主要铺装形式。我国沥青路面典型结构的发展经过了三个阶段：

(1) 20世纪60年代，采用石灰稳定土基层渣油表面处治(渣油是一种质量很差、蜡含量很高的石油炼制过程中的副产品)，主要解决公路晴天扬尘雨天泥泞的问题。在此阶段，我国公路等级低，路上交通量也不大，一般属轻交通，几乎没有高级路面，90%以上的沥青路面都是渣油表面处治，而且基层材料类型繁多、品质不高。

(2) 20世纪70年代，采用水泥、石灰、粉煤灰等无机结合料稳定粒料半刚性基层和贯入式沥青路面、上拌下贯式沥青路面及半开级配沥青碎石沥青路面，加快了公路路面的“黑色化”，使我国公路沥青路面使用水平有了显著改善。

20世纪70年代中期，随着交通量的逐步增长，经过援外工程的实践，特别是热拌沥青混合料的应用，在交通量较大的二级公路上，在石灰稳定土、泥灰结碎(砾)石及级配砂砾基层上铺筑较薄的沥青层结构成为主要路面结构形式，满足了当时实际交通量的需求。那时我国还没有一级公路，主要道路为二级公路，沥青路面设计交通量一般小于5000辆/昼夜解放牌汽车。

(3) 20世纪80年代后，逐渐形成了以半刚性基层沥青路面为特征的路面铺装。随着改革开放的不断深入，国民经济蓬勃发展，交通量迅速增加，开始大量修建二级公路、一级公路和高速公路。由于国产沥青难以满足高速公路建设蓬勃发展的形势，而大量依赖国外进口沥青，经济负担沉重，所以难以采用国外使用的柔性基层沥青路面；而半刚性材料具有较高的刚度和板体性，且造价低，可以充分利用当地材料，材料来源广泛，成为修筑路面结构的主要基层材料，于是在此阶段逐渐形成了以半刚性基层为特征的沥青路面典型结构。

历年来，国家和各省相关单位组织广泛深入的调查和研究，总结了经验和教训；通过研究和引进，新技术、新工艺新材料不断应用到沥青路面建设中；受到国外相关技术规范、标准和新的研究成果的影响(如美国SHRP和NCHRP研究、欧洲CEN沥青混合料标准、永久性路面等），2004年以来，在相关研究成果的基础上，我国相继颁布了《公路沥青路面施工技术规范》（JTG F40—2004）和《公路沥青路面设计规范》（JTG D50—2006），也颁布了《公路技术状况评定标准》（JTG H20—2007）和《公路养护技术规范》（JTG H10—2009）等一系列新的规范。通过不断地研究和实践，路面早期病害现象也得到了比较有效的遏制。在修筑实践中，沥青路面面层与基层材料和组成设计中，既有成功的经验，也有失败的教训，沥青路面修筑经历着变化，也在不断地完善。

二、沥青路面层使用情况及变化

1. 早期使用情况

我国早期修建的沥青路面采用的沥青混合料类型为《公路沥青路面施工技术规范》（JTJ 032—1994）规定所列的混合料类型，分为沥青混凝土、抗滑表层和沥青碎石。剩余空隙率3%~6%（人行道路2%~5%）为Ⅰ型密实式沥青混合料，剩余空隙率在4%~10%为Ⅱ型沥青混合料，剩余空隙率10%~15%为半开式沥青混合料，剩余空隙率大于15%为开式沥青混合料。

Ⅰ型沥青混凝土的优点是空隙率小、透水性小、低温性能好，缺点是高温性能差、表面粗糙度小、抗滑性能差。Ⅱ型沥青混凝土的优点是表面构造深度大、抗滑性能好，缺点是空隙率大透水性较大，且内部孔隙又不互相连通，水分易进难出，容易出现水损害。抗滑表层AK-13A、K-13B和AK-16实际上也属于Ⅱ型沥青混凝土。沥青碎石混合料的级配基本上可归属于密实级配的范畴，但它的剩余空隙率却在10%以上。

早期修建的高速公路沥青路面的面层分3层，总厚度多数为15~16cm，少部分为9~12cm或18~23cm。通常表面层厚4cm，多以原规范中的AC-Ⅰ型沥青混凝土和AK抗滑表层为主；中面层厚5~6cm，以AC-25Ⅱ型沥青混凝土为主；底面层厚6~8cm，多以AC-20Ⅱ或AC25型沥青混凝土为主。

原规范中所列AC-Ⅰ型、AC-Ⅱ型及AK-A型和AK-B型等沥青混凝土在实践中都有使用，有的成功，有的不成功或有缺陷。经过调查，原规范的AC-20Ⅱ和AC-25Ⅱ型沥青混合料用于中下面层时，空隙率普遍偏大，是造成路面水损害的重要原因；中面层以AC-20Ⅰ型沥青混合料为主时，虽然渗水小，但其高温稳定性较差，对重载车及超载车多的路段、长大坡度路段，抗车辙能力明显不足。如果厚度太薄，层厚与最大公称粒径比值偏小，会发生离析现象，导致路面局部位置空隙率大而不能保证密水。

表面层多使用抗滑表层级配，但使用发现原规范中AK-16B型沥青混合料透水严重，空隙率大，且设计层厚偏小，早期损害比较严重；原规范中AK-13B型沥青混合料空隙率也较大，调查表明大部分都不成功；原规范中AK-16A型沥青混合料易发生离析、稳定性差，有的还发生了严重的泛油和车辙；原规范中AK-13A型沥青混合料，各地使用时如果级配偏粗，也产生了早期损害。

总体来看，沥青路面早期水损害现象的发生与片面地追求路面平整度和抗滑性、空隙率过大、路面压实度不足有很大关系。有些高速公路为了减少水损坏，采取了矫枉过正的做法（如采用空隙率小的密级配沥青混合料），而这又使得高速公路产生了车辙病害。

2. 近年来的变化

沥青面层早期损坏直接影响着路面的使用功能和耐久性，鉴于沥青面层逐渐暴露出来的问题，国内高速公路建设中逐渐通过研究和引进，在沥青路面面层采用一些新方法、新材料和新工艺，在实际使用中也取得了很好的效果，从而在材料设计和结构设计上出现了如下新的变化：

（1）提出了新的道路沥青标准和沥青路面的气候分区。沥青混合料具有明显的黏弹性，其使用性能与温度、降水等自然气候条件有直接关系，我国不同地区气候差异较大，不同气候区沥青路面建设有相似的特性，不同地区沥青路面的设计有着较为相同的考虑。国家科技攻关课题"道路沥青与沥青混合料的路用性能"成果的基础上，提出了道路沥青标准和沥青路面气候分区，分别以高温、低温、雨量条件为依据，划分不同的气候区。针对不同气候区混合料提出了不同的技术要求，指导不同条件下沥青混合料的矿料级配选型，沥青标号选择、沥青用量调整等设计，具有针对性。

（2）沥青标准发生了变化。在借鉴美国战略公路研究计划（SHRP）的 Superpave 技术规范和欧洲共同体欧洲标准化组织的 EU 沥青标准的基础上，将原来的"重交通道路石油沥青"和"中、轻交通道路石油沥青"两个技术要求合并为一个"道路石油沥青技术要求"。根据当前的沥青使用和生产水平，按技术性能等级分为 A、B、C 三个等级，供不同公路等级、气候条件、交通条件和路面结构、不同层位设计选用。新的技术要求中增加了感温性指标：针入度指数 PI、60℃动力黏度等，修订了部分指标值。

（3）级配类型和范围发生了变化。我国新版的《公路沥青路面施工技术规范》（JTG F40—2004）取消了抗滑级配，并将原来的 AC（Ⅰ型和Ⅱ型）和 AK（A 型和 B 型）两类级配合二为一，级配范围扩大，统称为 AC 级配，给设计者提供了更大的设计和优化空间。

（4）改性沥青应用范围越来越广。改性沥青的使用，使沥青路面的使用性能得到明显改善，如 SBS 改性沥青现已逐渐成为一种常用的道路材料，越来越多的沥青路面除了表面层使用改性沥青，甚至中面层和下面层也使用改性沥青。由于改性沥青在改善沥青路面使用性能上的独特作用，使得其越来越多地应用在高速公路、重交通道路、气候条件恶劣地区公路、桥面铺装等部位。

（5）近年来修建的高速公路沥青层的层厚也发生了变化。沥青层总厚由原来的 15~18cm，增加到 18~25cm，各沥青层层厚与公称最大粒径的比值由原来的 2 倍增加到 2.5~3 倍。此外，面层除使用沥青混凝土（AC）之外，现在越来越多的高速公路项目也开始使用沥青玛蹄脂碎石（SMA）、开级配抗滑表层（OGFC）等混合料类型。

三、路面基层使用情况及变化

1. 早期使用情况

经调查，目前我国 90%以上的高等级公路沥青路面的基层和底基层采用了半刚性材料，多数高速公路的半刚性基层厚 20cm，且多采用水泥稳定碎石（或砾石）或石灰粉煤灰稳定碎石（或砾石）；半刚性底基层厚 25~40cm，采用的材料有石灰土、水泥土、二灰砂、二灰和石灰水泥等。半刚性材料层的总厚度一般为 40~60cm。

半刚性基层沥青路面结构的突出优点主要表现在以下几方面：①半刚性基层的刚度大，因此沥青面层层底的弯拉应力值通常小于 0.17MPa，从而具有较强的抵抗行车疲劳破坏能力，甚至可认为沥青面层不会产生行车疲劳破坏。②具有较高的强度和承载能力。资料显示，近年来国内多数高速公路路面结构在使用期内的代表弯沉均在 20（0.01mm）以内，后期强度高，具有随龄期不断增长的特性。

但半刚性基层在长期使用过程中，也逐渐暴露出一些缺陷和不足，被认为是沥青路面出现早期损害的重要原因，交通运输部西部交通科技项目《高速公路早期病害预防措施的研究》课题组对全国大部分省份的高速公路早期病害现象进行了调查和分析，其中一个重要结论就是“频发的高速公路沥青路面早期病害与我国千篇一律地采用半刚性基层沥青路面有直接关系”。大量调查和研究表明，半刚性基层沥青路面的固有缺陷是造成多种路面病害的内因，主要表现在：①由于半刚性基层收缩性大、表面易积水，且与沥青面层的接触条件差等缺陷，使沥青路面易出现裂缝、水损坏病害。②半刚性基层刚度大，使面层的剪应力急剧增加，超过面层的强度极限而发生剪切裂缝或剪切变形，是路面易出现车辙、拥包，以及TOP-DOWN等病害的重要原因。③半刚性基层刚度大，与沥青面层属于“硬连接”，相互嵌入不足，黏结性不好，存在层间黏结的薄弱环节，有层间滑移隐患。④半刚性基层的固有缺陷使其易受交通荷载、气候因素的影响，导致路面的早期破坏，使沥青路面难有较长的使用寿命。

2. 近年来的变化

正是由于半刚性基层沥青路面出现的缺陷与不足，近年来，沥青路面基层的设计和应用中也出现了一些变化，表现在以下几个方面：

(1) 基层形式多样化。近些年来，受国外沥青路面典型结构(诸如柔性基层沥青路面、全厚式沥青路面、永久性沥青路面等)的影响，高速公路沥青路面基层开始由半刚性基层一统天下的局面逐渐过渡到各种基层形式都将使用的新局面。国内一些高速公路工程中逐渐采用新的基层形式，并取得了较好的效果，在新的沥青路面设计规范中，也明确规定了相关内容，包括柔性基层沥青路面、组合式沥青路面、全厚式沥青路面和半刚性基层沥青路面。

(2) 组合式基层得到了越来越多的应用。近年来，越来越多的新修高速公路中采用了组合式基层沥青路面，即在半刚性基层之上，再加铺一层柔性材料，如沥青稳定碎石、级配碎石等在沥青面层与半刚性基层之间设置起过渡作用的沥青稳定碎石层，一则可以减小面层——基层模量梯度以减小拉应力；二则可以消除沥青面层与半刚性基层直接接触带来的副作用(反射裂缝，表面易积水，结合不佳)；另外可以进一步扩散路面应力。总之，设置该层可以取得很好的使用性能，减少路面病害。

(3) 路面内部结构排水得到了重视。为了防止路面水损害，国内路面结构多采用空隙率小的密级配沥青混凝土，且研究多数集中于防水，但事实表明，水分渗入不可避免，水分从路面空隙、破损等处渗入路面结构，并滞留在半刚性基层表面，易形成路面隐患。美国等西方国家特别重视路面结构内部排水，而且越是重要的公路、交通量越大的公路越是要采用排水基层。为了消除水分对沥青路面的不利影响，国内也已开始研究和应用沥青路面排水基层(ATPB)等，新规范也对有关内容作了技术规定。

(4) 针对半刚性基层沥青路面，提出了针对性技术措施，以降低沥青路面早期病害发生率。如对半刚性基层材料采用骨架密实结构，增加粗集料含量、减少粉尘含量，提高抗冲刷性和抗裂性；将基层、沥青面层安排在一年内施工，避免层间污染；加强沥青层间、沥青层与基层之间的接触，做好黏层、透层和封层等；做好沥青路面整体包括边沟、拦水带、路面结构层中央分隔带等部位的防排水设计。

第二节　沥青路面的特征与种类

一、沥青路面的基本特性

沥青路面是指用沥青作结合料黏结矿料修筑的面层与各类基层和垫层所组成的路面结构。由于沥青路面使用沥青结合料，因而增强了矿料间的黏结力，提高了混合料的强度，使路面的使用质量和耐久性都得到提高。与水泥混凝土路面相比，沥青路面具有表面无接缝、行车舒适、耐磨、振动小、噪声低、施工期短、养护维修简便、适宜于分期修建等优点，因而获得越来越广泛的应用。

近年来，沥青路面已成为我国高速公路的主要路面形式。随着国民经济和现代化道路交通运输需求的进一步发展，沥青路面必将迎来更大的发展。世界各国高等级公路大多采用沥青路面，是因为它具有下列良好的路用性能：①足够的力学强度。能承受车辆荷载施加到路面上的各种作用力。②一定的弹塑性变形能力，能承受应变而不破坏。③与汽车轮胎的附着力较好，可保证行车安全。④有高度的减震性，可使汽车快速行驶，平稳而低噪声。⑤不扬尘，且容易清扫和冲洗。⑥维修工作比较简单，且沥青路面可再生利用。

沥青路面具有不同于其他路面类型的特点，其使用性能主要体现在以下几个方面。

1. 沥青路面高温性能

沥青路面在高温季节，沥青胶结料会发生软化，混合料承载力降低，出现高温病害，因此沥青路面应具有良好的高温稳定性。沥青路面高温稳定性习惯上是指沥青混合料在荷载作用下抵抗永久变形的能力。严格地讲，推移、拥包、搓板、泛油等类损坏均属于沥青路面高温稳定性范畴。稳定性不足问题，一般出现在高温、低加荷速率以及抗剪切能力不足时，也即沥青路面的劲度较低情况下。

随着交通量不断增大以及车辆行驶的渠化，沥青路面在行车荷载的反复作用下，会由于永久变形的累积而导致路面出现车辙，从而影响路面的平整度；轮迹处沥青层厚度减薄，削弱了面层及路面结构的整体强度，从而易于诱发其他病害；雨天路表排水不畅，降低了路面的抗滑能力，甚至会由于车辙内积水而致车辆漂滑及车辆在超车或更换车道时方向失控，从而影响高速行车的安全以及车辆操纵的稳定性。

可见，由于车辙的产生，严重影响了路面的使用寿命和服务质量。推移、拥包、搓板等类损坏，主要是由于沥青路面在水平荷载作用下抗剪强度不足所引起的。它大量发生在表处、贯入、路拌等次高级沥青路面的交叉口和变坡路段。对于渠化交通的沥青混凝土路面来说，高温稳定性问题主要表现为车辙。而泛油是由于交通荷载作用使混合料内集料不断挤紧、空隙率减小，最终将沥青挤压到道路表面的现象。如果沥青含量太高或者空隙率太小，那么这种情况将会加剧。沥青移向道路表面令路面光滑，溜光的路面在潮湿气候时抗滑能力很差。沥青路面在高温时最容易发生泛油，因此限制沥青的软化点和它在60℃时的黏度可减少泛油情况发生。沥青混合料的劲度模量随温度升高而降低，因此为了保证沥青路面于高温季节在行车荷载的作用下不致产生诸如波浪、推移、车辙、泛油、粘轮等病害，沥青混合料应具有足够的高温稳定性，即在高温时应具有足够的劲度模量。为了提高沥青路面的高温性能，应设法提高沥青混合料的高温稳定性，可采用如下措施：

（1）在混合料中增加粗集料含量或控制剩余空隙率，使粗集料形成空间骨架结构，以提高沥青混合料的内摩阻力。

（2）适当地提高沥青材料的稠度，控制沥青与矿粉的比例，严格控制沥青用量，采用较多的矿粉，以改善沥青与矿料之间的相互作用力，从而提高沥青混合料的黏聚力。

（3）在沥青中掺入高分子聚合物改善沥青性能，亦可取得较为满意的结果。

（4）在路面结构设计时，应根据沥青路面受力特性安排结构层次，上面层采用高温性能和表面功能好的沥青混合料，诸如SMA、开级配抗滑表层（OGFC）等。中面层处的剪应力高、温度高，可采用高温抗剪切强度高的沥青混合料，如改性沥青混合料、高模量沥青混凝土等。

2. 沥青路面低温性能

沥青路面在低温环境下，失去柔性，表现出一定程度的脆性，并出现各种形式的低温裂缝。路面上出现的各种裂缝，包括纵向裂缝、横向裂缝、龟裂、网裂等多与沥青路面低温下的脆性有关。

沥青路面的低温缩裂不但在国外，而且在国内特别在北方地区是十分普遍和严重的。在国内先后对哈尔滨、沈阳、天津、西安、南京、上海等地的裂缝现象进行了调查。从调查结果可知，由于路面设计不周或施工原因，而导致结构层本身强度不足，不能适应日益增长的交通量及轴载作用而产生的开裂，最初一般表现为纵向开裂，然后发展为网裂，这一类由荷载产生的裂缝，在中、低级道路及一些超载严重的高等级道路车道轮迹处常见。对大多数高等级公路来说，由于普遍采用了半刚性基层，有足够的强度，因此这一类荷载裂缝并不是主要的。相反另一类裂缝，即非荷载裂缝（低温裂缝）则普遍存在，这已引起了我国道路工作者的普遍关注。

非荷载裂缝大都为横向裂缝，主要为：①由于降温及温度循环反复作用，在沥青路面产生的温度收缩裂缝。②由于半刚性基层收缩开裂产生的反射裂缝。但是许多裂缝是多方面原因共同作用而产生的沥青路面的低温收缩裂缝，不仅在寒冷地区，而且在温暖地区也是十分普遍的，它是目前世界上尚未完全解决的一种道路病害。它的产生不仅破坏了路面的连续性、整体性及美观，而且从裂缝中不断渗入的水分使基层甚至路基软化，导致路面承载力下降，从而加速了路面破坏，同时纵向无限长的沥青面层开裂后，其承载模式转变为有限尺寸板，冬季面层模量较高，承受重复车轮荷载时，开裂后的路面可能折断成更小尺寸的板，并发生龟裂、网裂。

随着裂缝逐年加宽，边缘折断破碎，使路面平整度降低，严重危及道路的质量和使用寿命。沥青路面低温性能与沥青混凝土的低温变形能力有关，在很大程度上取决于沥青材料的低温性质、沥青与矿料的黏结强度、级配类型以及沥青混合料的均匀性。从低温抗裂性能的要求出发，沥青混合料在低温时应具有良好的应力松弛性能，有较低的劲度和较大的变形适应能力，在降温收缩过程中不产生大的应力积聚，在行车荷载和其他因素的反复作用下不致产生疲劳开裂。为了提高沥青路面的低温抗裂性能，应采取如下措施：

（1）降低沥青混合料的收缩性，提高沥青混合料的低温柔性。收缩性小，沥青路面则不至于产生过量的收缩变形；柔性好则低温应力松弛能力好，温度应力不易累积，从而防止沥青路面低温开裂。因此面层沥青混合料的收缩特性、温度应力松弛能力是影响沥青混合料低温抗裂性能的两个关键因素。

(2) 使用稠度较低(针入度较大)及温度敏感性较小的沥青，可提高沥青混合料的低温抗裂性能。

(3) 选用抗老化能力较强的沥青。沥青材料的老化会使沥青变脆，低温极限破坏小，抗裂性能恶化。往沥青中掺加橡胶类聚合物，对提高沥青混合料的低温抗裂性能具有较为明显的效果。

(4) 选择空隙率小、不透水的密级配沥青混凝土作为路面结构层，设计空隙率为2%～4%。尽可能采用沥青玛蹄脂碎石混合料(SMA)作为面层，兼具收缩小、应力松弛能力强的优点，具有良好的抗裂性能。

(5) 适当增加沥青面层厚度，可有效减少沥青路面低温开裂，也能防止半刚性基层开裂引起的反射裂缝。

(6) 采用组合式基层。采用具有一定厚度的沥青稳定碎石或者优质级配碎石作为上基层而半刚性材料作为下卧层，这种上柔下刚式的“组合基层”在很大程度上能够防止和减少温缩裂缝和半刚性基层反射裂缝，同时还能充当具有排水功能的基层。但是应注意加强层间黏结。

(7) 进行半刚性材料组成的合理设计。调整结合料用量与比例，增加粗骨料含量并严格设计级配，以尽可能减小其温缩和干缩系数，增加半刚性基层材料的抗裂性能。

(8) 设置各种土工合成材料，可以防止裂缝反射到面层，并减缓裂缝进一步发展，如土工织物、玻璃纤维格栅、应力吸收层等。

3. 沥青路面水稳定性

在沥青混合料和沥青路面结构内部有水的情况下，沥青路面会发生水损害，而水损害是沥青路面的主要病害之一。行驶在沥青路面的汽车车轮动态荷载，在水分或冻融循环的综合作用下，使进入路面空隙中的水不断产生动水压力，从而在形成的真空负压抽吸的反复循环作用下，水分逐渐渗入沥青与集料的界面上，使沥青黏附性降低，并逐渐丧失黏结力，沥青膜从石料表面脱落(剥离)，沥青混合料掉粒、松散，继而形成沥青路面的松散、剥落和坑槽等的损坏现象。除了荷载及水分供给条件等外在因素外，沥青混合料的抗水损害能力是决定路面水稳定性的根本性因素。它主要取决于矿料的性质，沥青与矿料之间相互作用的性质，沥青混合料的空隙率，以及沥青膜的厚度等。为了提高沥青路面的水稳定性，应分别从外在和内在因素加以控制。

(1) 尽量使用与沥青黏附性较好的碱性矿料，可增强沥青与矿料之间的黏附性，从而防止沥青路面的水损坏。当使用酸性矿料时，可往沥青中掺加消石灰等碱性活化剂或抗剥落剂以改善矿料表面性质，从而提高沥青与矿料之间的黏附性。

(2) 控制沥青混合料的空隙率是防止水损害的重要一环。据研究，沥青路面中的空隙率为8%以下(设计空隙率4%，压实度96%)时，沥青层中的水以薄膜水的状态存在，荷载作用下不产生动水压力，不容易造成水损害破坏；而对于空隙率大于15%的排水性大空隙混合料，水能够在混合料内部空隙中自由流动，混合料很难留住水，再加上这种混合料一般都采用改性沥青，也不容易造成水损害破坏；当空隙率介于两者之间，即路面实际空隙率在8%～15%的范围内时，水容易进入混合料内部，又不会自由流动，以毛细水的状态存在，在荷载作用下，产生较大毛细管压力，成为动力水，最容易造成沥青混合料的水损害破坏。近年来我国一些多雨潮湿地区的高速公路早期损坏大都表现为松散、剥落、坑槽等水损害破坏。

(3) 路面结构设计，应做好路面封水和排水措施。从路面结构角度分析，沥青路面水损害是由于水分进入且长时间滞留于路面结构内部造成的，所以，应采取结构措施减少和防止水分的渗入，对进入路面内部的水分应能及时排除出去。

① 路面表层选择合适的沥青混合料类型防止水分渗入，如连续密级配沥青混凝土、SMA 等，也可采用能够迅速排除水分的大空隙路面结构，如开级配抗滑表层(OGFC)。②层厚要与混合料最大公称粒径匹配，减少离析，提高均匀性。③可采用排水基层(ATPB)，加强路面内部排水，使渗入水能迅速排除。④可设置封层，防止水分渗入。

(4) 沥青路面疲劳特性随着公路交通量日益增长，汽车轴重不断增大，汽车对路面的破坏作用变得越来越明显，路面使用期间经受车轮荷载的反复作用，长期处于应力应变交叠变化状态，致使路面结构强度逐渐下降。当荷载重复作用超过一定次数以后，在荷载作用下路面内产生的应力就会超过强度下降后的结构抗力，使路面出现裂纹，产生疲劳断裂破坏。

沥青路面疲劳断裂与沥青面层各层混合料的抗疲劳性质有关，为了保证沥青路面不致过早出现疲劳损坏，应采取以下措施予以预防：①需通过合理的设计，提高沥青混合料的劲度模量。②改善沥青路面下面层混合料的抗疲劳性能。由于沥青路面疲劳破坏主要发生在沥青面层的底部，所以下面层沥青混合料更应具有良好的抗疲劳性能，如采用较硬且适当用量的沥青、质地粗糙且棱角性好的石料、较小空隙率的混合料等。③适当增大沥青层厚度也有利于提高沥青路面的抗疲劳性能。

4. 沥青路面老化特性

沥青材料在沥青混合料的拌和、摊铺、碾压过程及以后的沥青路面使用过程中都存在老化问题。老化过程一般分为两个阶段，即施工过程中的热老化和路面使用过程中的长期老化(氧化)。沥青混合料在拌和过程中的老化程度主要与温度有关，同时与沥青升温、储存的时间，脱水搅拌的程度及光、氧等因素有密切关系。当沥青混合料路面碾压成型后，沥青混合料的抗老化能力除了与光、氧等自然气候条件有关外，也与沥青在混合料中所处的形态有关，如混合料空隙率、沥青用量等。当沥青混合料产生老化后，会使沥青结合料黏附性降低、变脆，从而导致沥青路面路用性能的低温性能和疲劳性能降低。沥青路面的抗老化性能是影响沥青路面使用质量和寿命的最主要因素。为减轻沥青混合料的短期老化，可考虑采取以下几项措施：①在保证沥青混合料拌和、摊铺、碾压技术性能的前提下，尽可能采用比较低的拌和温度，并严格控制不得超过规范规定的最高拌合温度。②尽量缩短沥青混合料的高温保存时间，特别是对拌和好的沥青混合料避免长时间在热储料仓存放，还应避免混合料运输距离太长，或因拌和设备生产能力与摊铺设备摊铺能力不匹配而造成的等料时间过长。③选择优质的重交通道路沥青材料，通过热老化试验，根据沥青的老化指数选择耐老化的沥青。④合理地进行混合料设计，尽可能采用密实级配沥青混合料，降低空隙率，减少阳光雨水通过空隙浸入混合料内，减轻沥青的氧化和剥落，将有效地提高沥青路面的耐久性。⑤在保证沥青混合料具有足够热稳性的条件下，适当增加沥青用量，增厚集料颗粒表面沥青膜的厚度，能提高混合料的耐久性。⑥使用适当的外掺剂，尤其在沥青中添加适当的外掺剂，可以提高沥青的耐久性，例如在沥青中掺加炭黑，能抵御紫外线的作用。

5. 沥青路面抗滑性能

沥青路面应具有足够的抗滑能力，以保证在路面潮湿时，车辆能够高速安全行驶，而且在外界因素的作用下其抗滑能力不致很快降低。

汽车在光滑的路面上行驶时，车轮与路面之间缺乏足够的附着力或摩擦力。雨天高速行车，或紧急制动或突然启动、爬坡转弯时，车轮易产生空转或打滑，致使行车速度降低，油料耗增多，甚至引起严重的交通事故。沥青路面的抗滑性能取决于沥青路面的微观构造与宏观构造，而沥青混合料在很大程度上决定着沥青路面的构造特征，良好的路面构造能提高潮湿状态下路面-车轮间的排水能力，减少容易引起滑溜事故的弹性水动力润滑型摩擦的发生。粗糙度与矿料的微表面性质、混合料的级配组成，以及沥青用量等因素有关。

为保证沥青路面的粗糙度不致很快降低，应采取以下措施：①选择硬质有棱角的石料。②控制沥青用量。沥青用量对抗滑性能的影响也相当敏感，当沥青用量超过最佳沥青用量0.5%时，就会导致抗滑系数的明显降低。③提出新的路面结构形式。国内外对抗滑表层进行了大量的研究，并结合各自的实际情况提出了多种抗滑表层的结构形式和控制指标。作为路面抗滑表层的路面结构主要有嵌压式沥青混凝土路面、分异磨损面层、沥青玛蹄脂碎石(SMA)混合料路面、开级配抗滑表层(OGFC)、多碎石沥青混凝土等。

6. 沥青路面平整度

路面表面平整性是影响行车安全性、行车舒适性以及运输效益的重要使用性能。路面不平整会引起车辆振动，从而对车辆磨损、燃油消耗、行车舒适、路面损坏和交通安全等都会产生直接的影响。因此，平整度是度量路面使用性能的一项重要指标。优良的路面平整度，要依靠优良的施工装备、精细的施工工艺、严格的施工质量控制以及经常和及时的养护来保证。同时路面的平整度同整个路面的结构，路基顶面的强度和抗变形能力，结构层所用材料的强度、抗变形能力以及均匀性有很大关系。强度和抗变形能力差的路基路面结构和面层混合料，经不起轮荷载的反复作用，极易出现沉陷、车辙和推挤破坏，从而形成不平整的路面。

7. 沥青路面防渗能力

当沥青路面的防渗能力较差时，不仅影响沥青面层本身的水稳定性，而且还会影响到基层的稳定性。停留在基层表面的水将使基层表面的半刚性基层材料产生唧浆软化，并导致承载能力降低。沥青路面的抗渗能力主要取决于沥青混合料的水密性，沥青混合料的空隙率越大，其抗渗能力就越差。为了防止水分渗入沥青路面结构内部，路面结构设计时，沥青面层至少有一层密级配沥青混凝土，且沥青混合料的现场空隙率应控制在8%以下，也可根据需要做封层结构。

二、沥青路面的分类

1. 沥青路面常用混合料类型及分类

沥青混合料的分类方法取决于矿质混合料的级配、集料的最大粒径、压实空隙率和沥青品种等

(1) 按结合料种类划分。按使用的结合料不同，沥青混合料可分为石油沥青混合料和煤沥青混合料。其中，石油沥青混合料又包括黏稠石油沥青、乳化石油沥青及液体石油沥青混合料。

(2) 按矿料级配类型划分。

1) 连续级配沥青混合料：沥青混合料中的矿料是按连续级配原则设计，即从大到小各级粒径都有，按比例相互搭配组成的混合料。

2）间断级配沥青混合料：连续级配沥青混合料矿料中缺少一个或几个档次粒径的沥青混合料。

（3）按矿料级配组成及空隙率大小划分。

1）密级配沥青混合料：按连续密级配原理设计组成的沥青混合料，按马歇尔试验的技术标准，设计空隙率为3%～6%，但对不同交通、气候情况及层位，空隙率可作适当的调整。可分为密级配沥青混凝土混合料（AC）和密级配沥青稳定碎石混合料（ATB）；按关键性筛孔通过率的不同又可分为细型、粗型密级配沥青混合料等。沥青玛蹄脂碎石混合料（SMA）也属于密级配沥青混合料，其设计空隙率为3%～4%。

2）半开级配沥青混合料：由适当比例的粗集料、细集料及少量填料（或不加填料）与沥青结合料拌和而成，经马歇尔标准击实成型的试件剩余空隙率在6%～12%之间。半开式沥青混合料主要指半开式沥青碎石，以AM表示。

3）开级配沥青混合料：矿料级配主要由粗集料嵌挤组成，细集料及填料较少，空隙率为18%的混合料。

（4）按矿料公称最大粒径划分。

1）特粗式沥青混合料：集料公称最大粒径≥31.5mm的沥青混合料。

2）粗粒式沥青混合料：集料公称最大粒径≥26.5mm的沥青混合料。

3）中粒式沥青混合料：集料公称最大粒径为16mm或19mm的沥青混合料。

4）细粒式沥青混合料：集料公称最大粒径为9.5mm或13.2mm的沥青混合料。

5）砂粒式沥青混合料：集料公称最大粒径<9.5mm的沥青混合料。

（5）按制造工艺划分。

1）热拌热铺沥青混合料：简称热拌沥青混合料，指沥青与矿料在热态拌和、热态铺筑的沥青混合料。

2）冷拌沥青混合料：是以乳化沥青或稀释沥青与矿料在常温状态下拌制、铺筑的沥青混合料。

3）温拌沥青混合料：是一种拌和温度介于热拌沥青混合料（150～180℃）和冷拌沥青混合料（常温10～40℃）之间，性能达到或接近于热拌沥青混合料的新型混合料。

4）再生沥青混合料：是指将需翻修或废弃的旧沥青路面，经翻挖、回收、破碎、筛分，与新再生剂、新集料、新沥青材料等按一定比例重新拌和，形成具有一定路用性能的再生沥青混合料，有冷再生和热再生技术。

（6）按混合料的结构组成特点划分。沥青混合料是由粗集料、细集料、矿粉与沥青以及外加剂所组成的一种复合材料。粗集料分布在沥青与细集料形成的沥青砂中，细集料又分布在沥青与矿粉构成的沥青胶浆中，形成具有一定内摩阻力和黏结力的多级网络结构。由于各组成材料用量比例的不同，压实后沥青混合料内部的矿料颗粒分布状态、剩余空隙率也呈现出不同的特征，形成不同的组成结构，而具有不同组成结构特征的沥青混合料在使用时则表现出不同的性能。按照沥青混合料的结构组成特点，将沥青混合料分为悬浮密实结构、骨架空隙结构和骨架密实结构。

1）悬浮密实结构：在采用连续密级配矿料配制的沥青混合料中，矿料颗粒由大到小连续存在，粒径较大的颗粒被较小一档的颗粒挤开，不能直接接触形成嵌挤骨架结构，彼此分离悬浮于较小颗粒和沥青胶浆之间，而较小颗粒与沥青胶浆较为密实，形成了所谓悬浮密实结构。按照连续密级配原理设计的DAC型沥青混合料以及我国传统的ACI型沥青混合料是典型的悬浮密实结构。

悬浮密实结构的沥青混合料经压实后，密实度较大，水稳定性、低温抗裂性和耐久性较好，是使用较为广泛的沥青混合料。但这种沥青混合料结构强度受沥青性质及其状态的影响较大，在高温条件下使用时，由于沥青黏度降低，可能会导致沥青混合料强度和稳定性的下降。

2）骨架空隙结构：当采用连续开级配矿料与沥青组成沥青混合料时，较粗的集料颗粒彼此接触，形成互相嵌挤的骨架，但较细的粒料数量较少，不足以充分填充骨架空隙，以致压实后混合料中空隙较大，形成了所谓的骨架空隙结构。沥青碎石混合料(AM)和开级配磨耗层沥青混合料(OGFC)是典型的骨架空隙结构。

在形成骨架空隙结构的沥青混合料中，粗集料之间的嵌挤力对沥青混合料的强度和稳定性起着重要作用，结构强度受沥青性质和物理状态的影响较小，因而高温稳定性较好。但由于压实后的沥青混合料空隙率大，空气和水分等容易进入沥青混合料内部，引发沥青老化或将沥青从集料表面剥落，因此这种结构沥青混合料的耐久性值得关注。

3）骨架密实结构：当采用间断型密级配矿料时，在沥青混合料中既有足够数量的粗集料形成骨架，又根据粗集料骨架空隙的大小加入了足够的细集料和沥青胶浆，使之填满骨架空隙，形成较高密实度的骨架结构。这种结构兼具上述两种结构的优点，是一种较为理想的结构类型。沥青玛蹄脂碎石混合料(SMA)是一种典型的骨架密实型结构。

2. 沥青路面分类

(1) 按混合料的技术特性分类。根据沥青路面的技术特性，沥青面层可分为沥青混凝土、热拌沥青碎石、乳化沥青碎石、沥青贯入式、沥青表面处治五种类型。此外，沥青玛蹄脂碎石混合料及开级配抗滑表层近年在我国也得到广泛应用。沥青表面处治路面是指用沥青和集料按层铺法或拌和法铺筑而成的沥青路面，一般为1.5~3.0cm厚。层铺法可分为单层、双层、三层。单层表处厚度为1.0~1.5cm，双层表处厚度为1.5~2.5cm，三层表处厚度为2.5~3.0cm。

沥青贯入式路面是指用沥青贯入碎(砾)石作面层的路面。沥青贯入式路面的厚度一般为4~8cm。当沥青贯入式的上部加铺拌和的沥青混合料时，也称为上拌下贯式路面，此时拌和层的厚度宜为3~4cm，其总厚度为7~10cm。沥青贯入式碎石路面适用于二级及二级以下公路的沥青面层，也适用于高等级沥青路面的下面层。

沥青碎石路面是指用沥青碎石作面层的路面，沥青碎石的配合比设计应根据实践经验和室内试验的结果，并通过施工前的试拌和试铺确定。沥青碎石有时也用作联结层。乳化沥青碎石适用于三级、四级公路的沥青面层，二级公路的养护罩面以及各级公路的调平层，也可用作柔性基层。沥青混凝土路面是指用沥青混凝土作面层的路面，其面层可由单层、双层或三层沥青混合料组成，各层混合料的组成设计应根据其层厚和层位、气温和降雨量等气候条件、交通量和交通组成等因素确定，以满足对沥青面层使用功能的要求。

沥青混凝土常用作高等级公路的面层，沥青玛蹄脂碎石路面是指用沥青玛蹄脂碎石混合料(简称SMA)作面层或抗滑层的路面。SMA是以间断级配的集料为骨架，用改性沥青、矿粉及纤维素组成的沥青玛蹄脂为结合料，经拌和、摊铺压实而形成的一种构造深度较大的抗滑面层。它具有抗滑耐磨、孔隙率小、抗疲劳、高温抗车辙、低温抗开裂的优点，是一种全面提高密级配沥青混凝土使用质量的新材料，适用于高速公路、一级公路和其他重要公路的表面。开级配抗滑表层(OGFC)是指用大空隙的沥青混合料铺筑、能迅速从其内部排走路表雨水、具有抗滑、抗车辙及降噪性能的路面。有较强的结构排水能力，适用于多雨地区修筑沥青路面的表面层或磨耗层。

（2）按施工工艺分类。按施工工艺的不同，沥青路面可分为层铺法、路拌法和厂拌法三类。

层铺法是指用分层洒布沥青、分层铺撒矿料并碾压的方法修筑的沥青路面，其主要优点是工艺和设备简便、功效较高、施工进度快、造价较低，其缺点是路面成型期较长，需要经过炎热季节行车碾压之后路面方能成型。这种方法修筑的沥青路面有沥青表面处治和沥青贯入式两种。

路拌法是指在道路修筑现场用机械将矿料和沥青材料就地拌和摊铺和碾压密实而成型的沥青面层。此类面层所用的矿料为碎(砾)石者称为路拌沥青碎(砾)石；所用的矿料为土者称为路拌沥青稳定土。路拌沥青面层通过就地拌和，沥青材料在矿料中的分布比层铺法均匀，可以缩短路面的成型期。但因所用的矿料为冷料，需使用黏稠度较低的沥青材料，故混合料的强度较低。

厂拌法是指将规定级配的矿料和沥青材料在拌和站用专用设备加热拌和，然后送到工地摊铺碾压而成型的沥青路面。厂拌法按混合料级配类型的不同，可分为沥青碎石和沥青混凝土：若矿料中细颗粒含量少，不含或含少量矿粉，且混合料级配类型属于开级配(空隙率达10%~15%)，则称之为厂拌沥青碎石；若矿料中含有矿粉，混合料级配类型属于密实级配(空隙率10%以下)，则称之为沥青混凝土。厂拌法按混合料铺筑温度的不同，又可分为热拌热铺和热拌冷铺两种：若混合料在专用设备加热拌和后立即趁热运到筑路现场摊铺压实，即为热拌热铺；若混合料加热拌和后储存一段时间再在常温下运到筑路现场摊铺压实，即为热拌冷铺。厂拌法使用较黏稠的沥青材料，且矿料经过精选，因而混合料质量高，使用寿命长，但修建费用也较高。

（3）按照路面结构基层的力学特性分类。在整个沥青路面结构中，沥青面层更多是起功能层的作用，而面层下卧基层的形式和特性对沥青路面的力学特性和使用性能至关重要。在长期的道路使用过程中，形成了较为丰富的沥青路面结构形式。

1）柔性基层沥青路面：以沥青稳定类材料、粒料等为基层的沥青路面，最常用结构形式：沥青混凝土面层+ 沥青稳定碎石基层+ 粒料基层+ 柔性基层。沥青路面总体结构刚度小，在车辆荷载作用下产生的弯沉变形较半刚性基层大，经路面各结构层传递，作用在土基上的单位压力较大。柔性基层沥青路面是国外发达国家主要使用的路面结构形式，通过合理的结构组合、材料组成和厚度设计可以保证路面结构整体具有很强的抵抗荷载作用的能力，同时通过各结构层将车辆荷载传递给土基，使土基承受的单位压力处于一定的范围内。虽然柔性材料模量较低，塑性变形较大，对减小表面弯沉、土基顶面压应力或沥青层底拉应变的效果不如半刚性基层明显，但柔性基层沥青路面的极限应变比半刚性基层沥青路面大。在柔性基层沥青路面的总变形中，路基变形约占90%以上，故对柔性基层沥青路面结构应提高路基强度或加强软弱路基处理。

2）刚性基层沥青路面：以水泥混凝土结构(通常为贫水泥混凝土)作为基层，上面铺筑较厚的沥青层的路面。贫混凝土、碾压式混凝土、水泥混凝土等刚性基层与其他基层相比具有很高的强度、刚度，较好的整体性和稳定性，良好的抗冲刷性能，当采用多孔透水混凝土时还兼有内部排水功能。水泥混凝土材料作为沥青路面的基层，可以发挥水泥混凝土具有强度高、稳定性好的优点，同时沥青混凝土做面层，则具有行车舒适、噪声小的优点。这种复合式路面可以避免各自的缺点，具有良好的使用性能和耐久性。贫混凝土和普通混凝土刚性基层比半刚性基层会产生更大的干缩和温缩裂缝，易导致其上沥青面层出现反射裂缝。所以在刚性基层的路面结构中，应采取防止反射裂缝的措施，以保护沥青面层不至于因为基层开裂而反射至沥青面层表面。研究表明，在基层和沥青面层之间铺设大粒径沥青碎石、级配碎石、应力吸收层等中间结构层都能有效地防止反射裂缝，但必须采取措施保证沥青层与水泥混凝土层之间有良好的黏结状态。

3）半刚性基层沥青路面：以半刚性基层材料为基层，其上直接铺筑沥青面层的路面，结构形式为：沥青混凝土面层+ 半刚性基层。半刚性基层在前期具有柔性基层的特点，而在后期强度和刚度均有较大幅度的增长，但是最终的强度和刚度仍远小于水泥混凝土等刚性基层。由于这类材料的刚性处于刚性基层和柔性基层之间，因此把用这种基层铺筑的沥青路面统称为半刚性基层沥青路面。半刚性基层沥青路面是我国高等级公路路面的主要铺装形式，占到 90%以上。但半刚性基层收缩性大、表面致密、易积水、与沥青面层的接触条件差，且这些缺陷易受交通荷载、气候因素的影响而更为恶化，从而导致路面的早期破坏，因此需采取合理的措施，消除其不利影响。

4）组合式基层沥青路面：即柔性基层与半刚性底基层组合使用的路面，最常用结构形式为：沥青混凝土面层+ 沥青碎石基层+ 半刚性底基层，或者沥青混凝土面层+ 沥青碎石基层+ 粒料过渡层+ 半刚性底基层。研究发现，由于半刚性基层与沥青面层直接接触会带来诸多问题，而在半刚性基层与沥青面层之间加设一层柔性材料如沥青稳定碎石（ATB）、沥青稳定碎石排水基层（ATPB）、级配碎石等，却可以大大改善沥青路面结构行为和受力特点：①降低层间模量比，改善面层–基层接触条件，改善路面受力特性，提高沥青路面的抗车辙和抗疲劳开裂性能。②消除水分对路面结构的不利影响，防止路面水损害。③吸收半刚性基层裂缝应力，消除反射裂缝，保证沥青路面连续性和耐久性。

目前这种组合式沥青路面（特别是半刚性基层上加设沥青稳定碎石）得到了越来越多的应用。但是值得注意的是：当采用级配碎石基层时，必须验算其上各结构层的疲劳性能，以避免由于整体性材料与非整体性材料界面出现的应力或应变突变而产生的疲劳破坏。

5）全厚式沥青路面：天然的或者经过简单处理的路基以上全部为沥青层的路面。全厚式沥青混凝土路面是路面结构全部用沥青混合料铺筑，一般沥青层厚达 400～500mm 以上，它仍属柔性基层沥青路面范畴。这种结构主要用于繁重交通道路或高程受到限制的街区道路和特殊路段。全厚式沥青路面在美国、德国等经济发达国家采用较多。

第三节　沥青路面损害与养护维修

一、沥青路面早期损害情况及其原因

沥青路面在行车荷载和自然因素的长期作用下，会逐渐出现各种形式的路面病害。按照病害的形成原因和表现形式，沥青路面主要病害形式表现为车辙、水损害和裂缝类病害三大类。

1. 车辙

沥青路面车辙表现为车辆轮迹带上的竖向凹陷变形，是沥青路面在高温环境下，由于交通荷载重复作用而形成的永久变形累积。车辙是我国公路沥青路面比较常见的病害，不仅发生在常年温度高的南方地区，在我国年平均气温较低的北方地区也是多有发生。

在我国，由于基层基本上是半刚性材料，强度和刚度较高，不会产生塑性永久变形，沥青路面车辙基本上是由于沥青混合料面层的永久变形而导致的流动性车辙。车辙病害多发生在高温季节，特别是超载、重载车辆较多路段，以及长大纵坡爬坡路段。

2. 水损害

水损害是我国许多高速公路沥青路面的主要损害形式，尤其是多雨潮湿地区的高速公路尤为严重。水损害主要表现为路面出现松散、坑槽、辙槽、唧浆、沉陷等病害形式，使路面平整度明显变差，路面使用质量和服务水平显著降低。松散是一种从路面表面向下不断发展的集料颗粒流失和沥青结合料流失而造成的路面损坏；坑槽是局部集料丧失而在路面表面形成的坑洞，可涉及不同的路面层次；沉陷是路面表面产生的大于 10mm 的局部凹陷变形，是沥青路面的主要结构性破坏形式之一；唧浆是由于渗入路面结构中的水分在行车荷载压力作用下，冲刷基层表面形成浆体，并唧出路面的路面损坏形式。

以上几种病害多是由于水分的介入和作用而引起，水是引起路面水损害的根本原因。按照进入路面的水源不同，水损害可分为以下四类：①自然降水引起的水损害。②路表积水引起的水损害。③中央分隔带渗水引起的水损害。④挖方路段的地下水引起的水损害。表面性水损害多是自上而下产生，主要表现为麻面、松散、坑槽、辙槽等病害。结构性水损害多是由于水分进入路面结构内部，由下而上产生，主要表现为唧浆、沉陷、坑槽等病害。以上两种水损害在我国许多高速公路上都有产生，且结构性水损害更为突出一些，危害更大。

3. 裂缝类病害

裂缝也是沥青路面的常见病害形式，裂缝的产生不仅使水顺利进入路面内部成为可能，而且使得行车荷载作用于路面的应力发生变化。如果对沥青路面上出现的裂缝不加处治，在水荷载等外界条件的影响下，裂缝会不断扩展，进而导致其他病害的出现而影响到路面的结构性能。沥青路面建成后，不论基层是柔性的还是半刚性的，都会产生各种形式的裂缝。

按照裂缝的表现形式，可分为横向裂缝、纵向裂缝、龟裂和块裂。

横向裂缝是与道路中线近似垂直有时伴有少量支缝。按其成因可分为：①低温缩裂。②温度反复升降引起的温度裂缝。③基层缩裂引起的反射裂缝。④不均匀沉降引起的横向裂缝。

纵向裂缝是与道路中线近似平行的裂缝。按成因不同可分为：①由于不均匀沉降引起的路面表面纵向裂缝。②由于车辆荷载的反复作用，在轮迹带两侧而产生的 TOP-DOWN 裂缝。③在行车荷载作用下，产生的纵向疲劳裂缝。

块状裂缝是纵向和横向裂缝的交错而使路面分裂成近似直角的多边形大块。块状裂缝的主因是材料，即面层材料的低温缩裂和沥青的老化，与行车荷载作用的关系不大。块裂可能出现在整个路面宽度内，范围较大，但裂缝深度一般仅限于路面表面，对路面承载力和功能性能都没有太大影响。

龟裂是沥青路面最为重要的一种裂缝形式，疲劳是产生龟裂的最主要原因。而疲劳破坏是在路面所用的沥青混合料脆硬或老化严重、路面结构局部软弱时，在行车荷载的反复作用下，沥青面层和其下的半刚性基层等整体性材料逐渐失去承载能力的情况下形成的。龟裂是沥青路面最主要的结构性病害之一，其发生的程度及范围是养护工程师用于判断路面是否存在结构性损坏及承载能力是否足够的重要依据。

4. 其他类病害

(1) 波浪拥包是指由于局部沥青面层材料强度不足而在路表面形成的有规律的纵向起伏，波峰和波谷间隔很近。波浪拥包是一种对路面行驶质量影响较大的病害形式。波浪拥包产生的原因有以下几种，而首要原因是路面材料及设计与施工的缺陷：①材料组成设计差(如油石比过大、细集料过多)及施工质量差，使面层材料不足以抵抗车轮水平力的作用，从而产生波浪拥包。②面层与基层之间存在不稳定夹层，面层在行车荷载作用下发生推移变形，从而形成波浪拥包。③有些路基的冻胀也会在路面局部形成拥包。

(2) 泛油是指路面混合料中的沥青向上迁移，而在路表面形成的一层有光泽的沥青膜。泛油一般发生在天气炎热时，而在天冷时又不存在逆过程，因而沥青积聚在路表面，造成路面抗滑能力降低，严重影响路面行驶的安全性。泛油主要是由沥青材料或设计缺陷造成的。沥青含量过多，混合料中空隙率过小，拌和控制不严，沥青的高温稳定性差，是产生泛油的主要原因；施工时黏层油用量不当，或雨水渗入使下层沥青与石料剥离，在动水作用下，沥青膜剥落上浮也会形成路面表面泛油。

(3) 表面磨光是指沥青路面在使用过程中在车轮反复滚动摩擦的作用下，集料表面被逐渐磨光的现象。有时还伴有沥青的不断上翻、泛油等病害，导致沥青面层表面光滑，而在集料磨光的同时，路面噪声、水雾、溅水、眩光等一系列表面功能也跟着下降，常会因此而酿成车祸(尤其在雨季)。这种现象与采用了敏感性比较大的沥青混合料级配类型有关。表面磨光的内在原因是集料质地软弱缺少棱角，或矿料级配不当，如粗集料尺寸偏小，细料偏多或沥青用量偏多等。

(4) 修补是指因龟裂、坑槽、松散、沉陷、车辙等损坏处理后在路面表面形成的修补部分。

二、沥青路面的维修养护措施

沥青路面病害维修与养护应根据沥青路面出现的病害类型、病害密度和范围等，采取合适的措施修复路面，以恢复路面的功能或强度。首先要对路面进行科学、合理的质量检测与评价，分析路面现时病害状况和病害原因，采用一定的决策程序，给出路面维修与养护方案。而按照沥青路面病害的程度和规模，可采用局部维修与处治、罩面、加铺、翻修和再生等方案措施。

1. 局部病害维修与处治

主要是针对路面上的局部病害或某种单一形式的病害，如裂缝填封、车辙修补、坑槽修补。填缝和灌缝是目前养护部门较常用的两种方法。填缝适用于裂缝宽度较小，裂缝边缘损坏程度小的裂缝；而灌缝适用于裂缝宽度较大，边缘损坏较大的裂缝。裂缝处理的施工时间最好应在气温0℃以上，路面中水分最少，裂缝张开至一半宽的时候。

路面坑槽类损坏大多出现在雨后，这主要是由于水降低了沥青的黏附性并阻断了与石料的相互黏结所致。

临时性修补只需要对坑槽进行简单的处理即可进行修补，速度快，但是修补耐久性较差；永久性修补需要对坑槽进行处理，修补成本较高，所需时间也比较长，但是具有良好的使用效果；半永久性修补与永久性修补方法类似，但是这种方法修补路面不需切割路面，修补后的区域也不是矩形。

用于沥青路面坑槽破损的修补材料主要有：热拌沥青混合料、冷拌沥青混合料、喷补料、沥青混凝土预制块等。其中，热拌沥青混合料和冷拌沥青混合料是较为常用的坑槽修补材料。路面坑槽修补的习惯做法是把坑槽四周修成垂直面，然后用集中拌和好的热拌沥青混凝土填充碾平。

车辙类损坏大多出现在车道轮迹带附近，根据车辙形式的不同，可分为：车道表面因车辆行驶推移而产生的纵向车辙；路面受横向推挤形成的横向波形车辙。纵向车辙的修补，应将出现车辙的面层切削或铣刨清除，然后重铺沥青面层；横向车辙如果已经稳定，其修补应将凸出的部分消除，在波谷部分喷洒或涂刷黏结沥青并填补沥青混合料，找平、压实，也可根据情况使用微表处车辙类损坏的修补材料，在高速公路及一级公路上可采用沥青玛蹄脂碎石混合料或SBS改性沥青混合料，或聚乙烯改性沥青混合料。

2. 罩面

当沥青路面的整体强度符合要求，但出现平整度差，或路面产生车辙，或沥青老化开裂等现象时，可以采用罩面。罩面多用于路面表面功能的恢复，常被用作路面预防性养护措施。罩面的有效性和耐久性与原路面破坏的原因、程度及罩面层的施工方法有关。

罩面按使用功能的不同划分为普通型罩面(简称罩面)、防水型罩面(简称封层)和抗滑层罩面(简称抗滑层)。罩面按施工工艺的不同，可分为洒铺类和拌和类。洒铺类罩面是指分层洒铺沥青和矿料并经碾压形成的表面层，洒铺类包括表面处治、石屑封层、同步碎石封层、橡胶沥青封层和雾封层等；拌和类罩面是指将矿料、沥青结合料和其他成分在现场或在拌和楼拌和后运输到施工现场摊铺、碾压而形成的表面层，拌和类包括超薄磨耗层、稀浆封层、微表处、热拌沥青混合料薄层罩面等。

罩面为原路面提供了一层新的表面层，使罩面后的路面具有了如下功能：①明显改善路面的表观、平整度和抗滑性能，并具有密封裂缝、防渗水的效果。②减缓原有沥青表面的硬化速率，阻止使沥青硬化的水分和空气的进入。③改善路表的不规则性，提供均匀表面。一般情况下，如果旧路面的结构无法承担未来3~5年的交通，则不需要考虑使用罩面；如果旧路面存在排水性差或基层不稳定导致的结构问题，也不宜采用罩面；如果旧路面存在严重的结构性损坏，也不宜采用翠面。工程中常用的罩面类型包括稀浆封层、微表处、碎石封层、石屑封层、热薄层罩面、超薄磨耗层、雾封层和还原剂封层等。

3. 沥青加铺层

如果原路面所显示的裂缝细微，路面的变形不大，则在原路面上直接铺设加铺层具有良好的效益；如果原路面呈现大面积龟裂及坑洞的局部软弱路段，可采用局部修补方法，将原路面挖除并换上强度高的材料，再进行加铺沥青层；如果原路面出现严重车辙，以及由于路面材料不稳定而产生严重的变形等情况，此时可采取局部刨除的方法，车辙和变形较大的路段应先做整平层，后加铺沥青层；如果原路面出现较严重的裂缝现象，铺设加铺层之前必须对原路面裂缝做有效的处理，以防止裂缝反射到加铺层之上，从而导致路面的加速破坏。

在进行结构加铺设计与施工之前，需要对使用中的路面进行结构状况调查与评定，以获得路面结构状况和强度，分析损坏的原因。并结合调查结论提出加铺方案，加铺层厚度需根据沥青路面设计规范设计确定。加铺前需对原路面进行必要的处治，如果不对原有的路面病害做出必要的处治而简单地直接铺设加铺层，势必会导致加铺层过早损坏。

4. 翻修

当路面状况处于以下状态时，可以采用挖除铣刨旧路面，换填、铺筑新的结构层进行修复：①当受到路面高程限制，采用加铺方案不可行时，可采用铣刨、换填和铺筑方案。②当路面病害达到严重程度，分布范围广，原路面结构层利用价值不大时，需采用翻修方案。③病害主要成因在路面结构内部，当采用加铺方案不能根除病害时，或者病害会短时间重新出现时，需要采用铣刨翻修至病症部位并重新换填铺筑新的材料。与加铺方案不同，翻修方案根据沥青路面的病害程度，需要挖除原路面的面层或者基层，必要时还需要对基层进行补强处理，然后再用新的材料或者旧路再生材料铺筑基层和面层，以修复结构性病害和比较严重的表面损坏。

当路面出现结构性破坏时，如果采用结构加铺层也不能从根本上解决问题，则需要根据病害程度、病害位置等考虑采用铣刨与翻修的方案。而铣刨深度则由病害位置确定，可采用铣刨更换面层、铣刨至基层或底基层，以至铣刨至土基等。在翻修方案设计前，应充分调查路面病害成因，分析原路面结构或材料设计存在的缺陷与不足，通过优化设计，采用更为科学合理的结构方案，而铺筑所用的新的混合料必须符合规范的要求。

5. 旧路面再生利用

在旧路翻修改造过程中会产生大量的废旧料，旧料的再生利用也被作为大修方案之一。沥青路面再生技术，是将需要翻修的旧沥青路面，经翻挖、回收、破碎、筛分后，与再生剂、新沥青材料、新集料等按一定比例重新拌和，获得满足一定路用性能的再生沥青混合料，并用其重新铺筑路面的一套工艺技术。沥青路面再生技术不仅可以节约大量的沥青和砂石材料、降低工程造价，而且减少了废弃材料对环境的污染，具有良好的社会效益和经济效益。沥青路面再生技术包括：厂拌冷再生、就地冷再生、厂拌热再生、就地热再生4类。各类再生技术具有不同的使用范围，应用时应根据工程的实际情况，选择最适宜的再生技术方案。

就地再生的优点在于不需要运输原材料，节省大量运输费用，全部旧沥青路面得到再生利用，节省了大量宝贵资源，施工效率高、成本低、开放交通快。厂拌再生优点在于可以结合旧路材料状况，掺入一定数量的新集料、沥青和再生剂，并重新进行配合比设计，使混合料达到规范规定的各项指标，最后按照与新建沥青路面完全相同的方法重新铺筑路面，能达到较高的质量标准。冷再生技术是在常温下施工的再生技术，具有环保、经济、施工工期短的优点。根据添加剂的不同，沥青路面就地冷再生可分为泡沫沥青再生和乳化沥青再生；根据再生层厚度的不同，又可分为沥青层冷再生和全深式再生。就地冷再生技术，适用于一、二、三级公路的沥青路面的就地再生利用，在用于高速公路时应进行论证；厂拌冷再生适用于对各等级公路沥青路面材料的回收。

沥青路面材料进行冷拌再生利用，再生后的沥青混合料根据其性能和工程情况，可用于高速公路和一、二级公路沥青路面的下面层及基层、底基层，三、四级公路沥青路面的面层。与冷再生技术相比，沥青路面热再生需要对旧路面材料进行加热。

就地热再生是利用就地再生设备对旧路面进行加热与刨松，并加入一定量的新料，拌和摊铺、碾压形成路面结构；厂拌热再生是先将旧沥青路面铣刨后运回工厂，经破碎、筛分后，掺入一定数量的新料和再生剂，并重新进行配合比设计，再经拌和运输摊铺、碾压而形成路面结构。就地热再生技术仅适用于那些只存在浅层轻微病害的高速公路，以及一、二级公路沥青路面表面层的就地再生利用，再生深度一般为20~50mm，再生层可作上面层或者中面层。

除了以上介绍的几种再生技术外，还有一些其他的沥青路面再生技术，如冷刨和全深式再生。冷刨是指使用专门的设备，有控制地剥离现有路面至合适的深度、纵断面和横坡，可用于消除路面的不平整、提高摩擦系数；全深式再生是将全部厚度的沥青路面和预定比例的下卧层材料(基层、底基层和路基)进行统一粉碎、拌和，以提供均匀的基层材料的再生技术，类似于现场冷再生，在处理道路时不需要加热。

第四节　沥青路面必须满足的要求

一、公路沥青路面工程质量要求

公路沥青路面大多用于铺筑的面层，其质量与性能主要受到车辆荷载的反复作用以及外界因素的影响。施工过程中沥青混合料的物理性质与力学性质受气候因素影响比较大，并且在长时间的运行下会出现质量问题。所以公路沥青路面施工必须考虑到为行车提供稳定耐久的质量服务，也应具备以下高效的质量特征：

1. 应具备高温稳定性

沥青公路高温稳定性主要在于能够有效抵抗流动变形。在温度不断升高的情况下，沥青路面的强度会发生变化，主要表现在高温季节由于车辆荷载的反复作用，而产生公路形变与强度降低，包括出现路面推移、车辙、波浪等现象，对公路正常运行造成严重影响。所以沥青路面施工质量标准必须具备高温稳定性。

2. 应具备低湿抗裂性

低温抗裂性主要指沥青路面在低温下对收缩裂缝的抵抗能力。在温度不断下降的情况下，沥青路面劲度会不断增大，膨胀能力会降低，加上外部车辆荷载的反复作用，许多应力无法及时松弛，就会不断累积，最终超过沥青材料抗拉强度，而出现开裂现象，导致路面的破坏，对行车安全造成严重威胁。因此沥青路面施工质量必须确保具有抗变形能力，进而适应低温下的裂缝收缩。

3. 应具备水稳定性

水稳定性指的是沥青路面抵抗受水的侵蚀逐渐产生沥青膜剥离，掉粒、松散、坑槽而破坏的能力。主要原因是水分的存在降低了沥青本身的黏结力，并且破坏了沥青路面中沥青与矿料间的黏聚力，从而加速了剥落现象发生，造成了道路的水损害。因此沥青路面一定要具有水稳定性，这样才能够保证路面的耐用。

4. 应具备耐疲劳性

耐疲劳性是所有公路必须具备的性能，沥青路面在车辆荷载的反复作用下，性能会受到破坏，主要是因为沥青路面长时间处于应力应变变化的状态，导致路面的结构强度会不断下降，长时间累积下来，荷载重复作用达到一定次数，就会导致路面上产生的应力超过结构抗力，最终出现裂缝与断裂，对公路安全行驶造成严重的危害。因此沥青路面应该具有耐疲劳性。

5. 应具备抗滑性能

抗滑性能主要针对在雨雪寒潮天气下，能够保障行车的安全与稳定。影响沥青路面抗滑性能的因素包括路面平整度、孔隙率、表面层结构等指标，需要通过施工过程的监督与控制来保证质量达到要求。车辆打滑引起的交通事故屡见不鲜，提高沥青公路的抗滑性能具有现实意义。因此沥青路面必须具备抗滑能力。

二、公路沥青路面工程检测要点

1. 沥青路面厚度检测

主要通过采用无损连续检测方式进行厚度检测。通常高等级公路沥青路面工程所用的施工材料与施工技术要求都比较严格，面层雷达波速度变化非常小，许多试验检测发现，雷达检测与取芯检测结果基本一致，且具有较小的检测误差，一般误差均低于3%。进行沥青路面地质雷达检测是属于反射波探测方法的一种，向地下发射一定强度的高频电磁脉冲波，电磁波的传递过程中会遇到不同介质分界面，并产生相应的反射波，由雷达进行接收与记录，通过测定传播速度的变化来判断地质特定介质情况。根据雷达记录的地面反射波与地下反射波的时间差，可以推算出埋藏深度，即为沥青路面的厚度。目前公路沥青路面厚度检测大多采用雷达电磁波探测法，具有准确性、连续性、无损性、高效率等特点。

2. 沥青路面平整度检测

目前沥青路面平整度检测大多采用两种方式进行测试，一种是路面平整度检测的激光路面测定仪，另一种是车载式颠簸累积仪。通过两方面的检测提高平整度检测准确度：

（1）激光路面平整度测定仪。激光路面平整度测定仪在实际测定中不会与路面进行直接接触，但并不会影响工作效率，具有较高的检测准确度与检测速率。激光测定仪不仅能够对沥青路面的平整度进行准确的检测，同时还能够对横坡与车辙等路面危害情况进行检测与排查。主要由测试车展开测试，行驶在被测路面上，并与先前布置的激光传感器进行协同合作，通过数据采集与处理系统的综合操作，测试路面高度，并计算车辙的横断面。沥青路面纵向平整度的测量原理是通过轮迹位置的激光传感器所测的路面高度判断平整度，该方法会受到车辆震动的影响，可以通过加速传感器减少误差影响。

（2）车载式颠簸累积仪。用于路面平整度的快速测定的车载式颠簸累积仪，主要由机械部分和电气部分组成，机械部分将路面垂直颠簸位移量转换为角度位移量，电器部分又将角度位移量转换成电脉冲信号，送到计数器计数，计数电路采用的是光电脉冲式计数电路，提高了仪器的可靠性和测量精度。车载式颠簸累积仪也运用于公路养护管理上，在进行定期的养护维修管理时可以充分利用该方法检测平整度，评定行车的舒适性。

3. 沥青路面弯沉检测

路面的回弹弯沉量反映了路基结构整体的强度与刚度，并且与路面运行状态具有一定的内在联系，回弹弯沉量越大，则沥青路面结构的塑性变形越大，刚度越小，抗疲劳能力就越小。主要通过利用激光弯沉测定仪与自动弯沉测定仪进行检测，具有体积小、操作简单、检测准确、造价低以及射程远等特点。通过在后轮加设固定测定仪，带动硅光电池测头上升，激光射到电池产生光电流，进而计算回弹弯沉值。弯沉仪自动弯沉测定方法是对沥青路面进行高密集点的检测，主要用于公路后期养护与管理，需要进行连续测定，并统计结果降低误差。

4. 沥青路面抗滑性检测

沥青路面抗滑性表现在车辆轮胎与路面的摩擦系数上，抗滑性检测方法通常有两种，第一种是利用横向抗滑系数进行检测，另一种是利用激光纹理测试仪进行检测。横向抗滑系数具体的操作是进行装测试轮，与行车方向形成 20°角，检测过程中，卸下测试轮，增加荷载，通过测定横向力系数来判断抗滑性能，系数越大，则路面抗滑能力越强。激光纹理测试仪的主要优点在于价格低廉操作较快，通过高速脉冲红外线投影来反映路面抗滑能力，红外线聚集在光敏二极管上，根据红外线聚集最多的二极管距离来计算构造深度，检测沥青路面的抗滑性。

综上所述，公路沥青路面施工质量必须满足多方面的要求，包括高温稳定性、低温稳定性、水稳定性、抗疲劳性、抗滑性等，围绕这几个方面加强沥青路面结构与质量检测，确保沥青路面施工质量达到设计要求，满足车辆运行，提高公路安全与稳定性。

第二章　沥青路面病害与形成原因

对路面病害的准确判断是制订维修方案的关键环节，故沥青路面维修前需对病害路面进行深入调查和成因分析。沥青路面病害的成因比较复杂，由于环境、地点、气候条件、行车荷载等的不同，病害的情况也不同。同一种病害在不同的地方，出现的原因也可能不一样。沥青路面的破损按成因分为结构性破损和功能性破损两大类。结构性破损是路面结构的整体或某些组成部分的破坏，是由于路面各层的承载能力降低导致的，通常反映为各种形式的裂缝(网状裂缝、横向裂缝、纵向裂缝)、沉陷等；功能性破损则是从道路使用者的角度来看，是由于路面提供给道路用户的服务能力下降，使道路不再具有预期的良好功能，常反映为路面平整度降低和车辙加深等。本章重点结合三类病害形式，介绍各类病害的类型和表现形式，分析各类病害成因机理和影响因素等。

第一节　沥青路面水损害与成因

一、水损害形式

水是引起路面水损害的根本原因，根据进入路面的水源，水损害可分为以下四类：

(1) 自然降水引起的水损害。水损害的程度和速度与公路沿线的降水量大小有密切关系。在其他条件相同的情况下，多雨地区沥青路面水损害要比半干旱地区、干旱地区严重得多。同时沥青混凝土透水但不能排水时，对基层造成冲刷，使路面产生唧浆、坑槽等病害形式。

(2) 路表积水引起的水损害。在路面横坡不够或平整度不足时，易导致自然降水在路表积聚，水分对路面混合料的长时间浸蚀导致路面表面矿料颗粒剥落、松散、坑槽等；另外，路面积水可能会通过路面空隙、路面裂缝或破损处渗入路面结构内部而导致路面的水损害。

(3) 中央分隔带渗水引起的水损害。当路基填土为砂性土时，透水性较大，自然降水和用于浇灌绿化植物的水容易自中央分隔带结构层间渗入路面内部而引起沉陷、龟裂等水损害现象。

(4) 挖方路段的地下水引起的水损害。在挖方路段，路基两侧地下水水位较高时，岩层裂隙水及毛细水自下而上渗入路面结构内部。一般来说，挖方路段的水损害比填方路段严重得多，唧浆位置大多数在挖方段与填方段交界处，且接近纵坡的起坡点。

根据病害的表现形式，水损害通常可分为麻面、松散、坑槽、辙槽、唧浆、形变和网裂等。

(1) 麻面是指沥青混合料的细集料或部分粗集料散失造成的路面病害，主要原因是采用了酸性集料或集料中的含尘量过大，造成的沥青-集料黏附性不足，在水分的浸湿作用下产生细集料的散失。

（2）松散是指存留在面层的水分浸入到沥青与集料的界面，由于水的剥离作用使得沥青和集料之间的黏结力和黏附作用下降甚至完全丧失，导致黏结强度急剧下降甚至完全丧失，混合料中的碎石成松散状。

（3）坑槽是水损害的主要形式，是路面局部处混合料发生剥落、松散后，在行车荷载不断作用下导致的必然结果，其表现为集料局部脱落或基层和面层的集料局部脱落而出现的路面洞穴。由沥青路面坑槽所引起的行车颠簸、振动而产生的冲击荷载是正常荷载的1.5~2倍。若不对坑槽进行修补或加强，在冲击荷载的作用下，坑槽破损会加快而连成一片，致使局部路段大面积损坏，严重影响路面的使用寿命和车辆行驶的安全性。

（4）辙槽是自由水浸入沥青面层后，使沥青和集料的黏聚力和黏附性减弱，在行车荷载的作用下，粗集料碎石表面裹覆的沥青膜逐渐剥落，使沥青混凝土的强度逐渐丧失，直至完全松散。在行车轮迹下不但产生压缩形变和剪切形变，轮下松散的沥青混凝土挤向两侧（主要是外侧），使轮迹下陷，两侧拥起，形成辙槽。这种破坏现象主要发生在行车道上。

（5）唧浆是水透过沥青面层（两层或三层式）并滞留在半刚性基层的顶面，在大量快速行车作用下，自由水产生很大压力，成为动水。在动水压力的冲刷作用下，基层表面的粉质部分，如水泥、石灰、粉煤灰及土质，变成为稀浆，在荷载的作用下稀浆通过路面的各种缝隙被挤出至路表即产生唧浆破坏。这种破坏现象是水损害最为明显的标志，通常发生在雨后或雪融后且基层采用二灰类、水泥类半刚性基层的路面上。

（6）形变和网裂是当表面层和中面层都是空隙率较大的半开级配沥青混凝土，而底面层为空隙率较小的密实型沥青混凝土时，降水过程中，自由水较易渗入并滞留在表面层和中面层内。当表面层是半开级配、中面层为密实式沥青混凝土时，降水（特别是较长时间降水）过程中，自由水透入表面层后有较长时间从中面层的薄弱处透入中面层，并滞留在表面层和中面层内。大量快速行车使此两层内沥青混凝土中部分碎石上的沥青剥落，导致表面产生网裂、形变（下陷）。

二、水损害形成机理

水损害按其产生过程一般可以划分为自上而下的表面层水损害和自下而上的水损害。自上而下的水损害主要表现为麻面、松散、坑槽、辙槽。而自下而上的水损害主要表现为唧浆、沉陷等病害。

1. 自上而下的表面层水损害

自上而下的水损害往往局限于表面层，如果及时修补，路面性能可以很快恢复。在降雨过程中，雨水首先渗入并滞留在表面层沥青混凝土的空隙中，当下层的沥青混合料密水性好，且沥青层层厚较大，向下渗透相对比较困难时，在大量高速行车经过时，局限于路面表面层混合料中的水，在反复的动水压力下逐渐使沥青从集料表面剥离，局部沥青混凝土出现松散，碎石被车轮甩出，路面产生坑槽。这种水损害是最常见的水损害。它是水使沥青膜从集料表面脱落，失去附着力的过程。

水分渗入路面混合料中，在汽车荷载的压应力和高速行驶产生的真空吸力形成剪应力的复泵吸作用下，使沥青膜从剥离发展到松散、掉粒、坑槽。通常情况下，产生这种水损坏的条件有：

（1）水是产生水损害的先决条件。在沥青路面材料中，沥青作为结合料或胶结剂将各种粗细集料黏结在一起，成为一个整体。水的存在将降低沥青与集料之间的黏附性，甚至使沥青丧失黏结力。连续降雨或路表有积水，会使沥青路面材料长时间被水浸泡；或水通过路表面的裂缝或表面材料孔隙率较大的地方渗入路面结构层内，若水不能被及时、有效地排出，则路面结构层材料将会长时间处于水的包围之中，水分就会很容易浸润到沥青和集料的界面上，置换沥青与集料的黏结，使沥青从黏附的集料表面剥离，导致集料之间失去黏结力，造成沥青面层材料呈松散状态(即粒料分离状态)，在车辆荷载的反复作用下形成沥青路面坑槽破坏。对沥青膜从石料表面剥落的过程，美国沥青协会进行了更深入的研究，道路研究者Taylor及Khos等，还把沥青膜剥离的机理归纳为撕裂、置换、瞬间乳化、间隙压力、水力冲刷几种情况。

(2) 交通荷载是产生水损害的重要条件。一方面在交通荷载的反复作用下，沥青与矿料间的界面上要发生剪切作用、矿料间也要发生剪切作用，界面一旦造成剪切破坏，水分就会很快浸入，使得黏结力丧失而产生水损害。另一方面在交通荷载的作用下，进入路面中的水变成动水，动水不但加速水分浸入沥青和矿料界面，而且加速界面间的剪切破坏。当沥青路面上有水时，车辆的通过会形成一种水力冲刷现象。在轮胎前面的水受轮胎挤压而进入路表面的空隙中，造成水压力；轮胎通过后，在轮胎后方与路面之间形成暂时的真空而产生真空吸力，又将空隙中的水吸出，这样挤入和吸出的反复循环，便形成了水力冲刷，并逐渐将沥青膜从集料表面脱离。

对孔隙率较大的沥青表面层，孔隙中充满了水，甚至是封闭时，在车辆荷载作用下会在孔隙中产生压力和负压，这种孔隙压力也会导致沥青膜的剥离。在水和交通荷载的共同作用下，沥青表面层材料受到不间断的水力冲刷(对连通孔隙)或孔隙压力(对封闭孔隙)，最终导致沥青膜从集料表面剥落，沥青膜随之发生收缩和移动，沥青与集料成为互不相干的分离物。由于沥青与集料间黏附性丧失，导致沥青混合料的内部黏结力下降，造成沥青路表面出现麻面、松散、掉粒等现象。而散落的路面材料不断被行驶车轮带离破损处，则会在沥青路表面逐渐形成一个坑槽。此类坑槽通常是从上向下扩展，一般其初期都较浅，破碎面积较小。由于沥青路面材料的不均匀性，坑槽破损首先出现在局部面层材料压实度不足、孔隙率大、油石比偏小、沥青老化等区域。

由此可见，自上而下的沥青路面的水损害主要是表面型坑槽，它的形成条件是水能够渗入表面层，但继续往下渗比较困难，同时表面有大的孔隙。

2. 自下而上的水损坏

当半刚性基层沥青路面的沥青层较薄时，沥青路面的水损害经常表现为自下而上发展的水损害。一般情况下，刚开始是一处唧浆，长度为不超过2cm的小孔，唧浆逐渐发展，而后成为坑槽，进入路面结构内部的水分是产生自下而上水损害的根本原因。水分的来源有：降雨雪水、中央分隔带的绿化浇水、冬季因冰冻引起的水分积聚等。水分通过路面裂缝、接缝、路面表面空隙及路肩进入路面结构内部。半刚性基层沥青路面易出现反射裂缝，使水分进入路面的可能性增大，而密实的半刚性基层表面使水分难以下渗，积滞在基层表面，导致以下两种破坏现象：

(1) 在行车荷载作用下，积水变成有压动水冲刷基层表面形成灰浆，并沿裂缝缝隙唧出路面之外，产生唧浆现象，继而发展为坑槽。

(2) 沥青层与基层之间的界面条件在有水的情况下，将从理想的连续状态变为滑动状态或半滑动状态。路面结构内的应力分布与状态发生变化，沥青路面层内部将产生较大的剪应力和拉应力，并随轴载增加，所产生的应力大小及作用位置对沥青路面使用状态更为不利，导致路面产生网裂等。

另外，表面层与中面层之间有严重的层间污染是水损害发生的诱因。层间污染对路面的寿命有直接影响。界面上的泥在遇水后成为泥浆，界面条件就由设计时假定的连续变为半连续，甚至滑动，严重影响疲劳寿命。有相当一部分的表面坑槽，是因为某个地方先进水，成为滑动的界面条件，在表面层独立承受交通荷载的作用下，表面层底部就出现大的弯拉应力，从而在短期内损坏。

自下而上类型的水损害基本过程是：

（1）表面的水从裂缝和孔隙较大的裂隙中进入路面。沥青路面存在薄弱环节，例如由于离析造成上下有连通的孔隙，或者是半刚性基层缩裂引起的反射裂缝，水在这些地方比其他地方更容易进入路面内部，并很快进入到基层表面。

（2）由于半刚性基层过分致密，不能迅速将水排除，水滞留在沥青层和基层的界面上。

（3）在汽车荷载的作用下，下面层沥青混合料的粗集料对基层造成损伤，并形成灰浆。如果基层表面存在薄弱环节，如铺筑沥青层前就有浮灰、修补的薄层等遇水很快就成为灰浆。

（4）灰浆从上下连通的孔隙中被荷载挤出成为唧浆。观察唧浆部位可见，开始发生唧浆的孔一般都很小，肉眼看只有 1～2cm，被挤出的灰浆可能喷射到数米以外，尤其是有重载车高速通过时，冲击力很大。

（5）与此同时，沥青层和基层的界面条件恶化，可能很快转变为滑动的界面条件，沥青层底部承受很大的拉应力，反复荷载的疲劳作用也同时发生，导致拉应力超过极限而开裂。

（6）下面层的公称最大粒径较大，离析也比较严重，并存在一些孔隙较大的部位。水在孔隙中承受很大的高速汽车荷载的抽吸作用，空隙率较大的下面层将很快出现沥青从集料表面剥离，沥青膜逐渐被水乳化而丧失，集料松散。这种情况逐渐向上发展，最后顶破表面，成为坑槽。

总结以上的各种情况，第二类水损害有以下特点：

（1）水损坏发生在雨季或梅雨季节、季节性冰冻地区的春融季节，有时一场持续几天的大雨就导致严重破坏。

（2）行车道破坏严重，超车道一般没有破坏，显然与重车、超载有关。

（3）水损害之初一般都先有小块的网裂、冒白浆（唧浆），然后松散成坑。

（4）发生水损害破坏的地方，一般是透水较严重且排水又不畅的部位，如挖开可见下面有积水或浮浆。一般不会全路同时破坏，显然与沥青混合料不均匀有关。有些严重不均匀的路段，泛油与水损坏可能会同时发生。

三、水损坏的影响因素分析

从沥青混合料抗水损害能力方面考虑影响沥青混合料水稳定性的因素，主要包括沥青混合料的性质、环境因素及施工条件。沥青混合料的性质又包括集料的性质、沥青的性质及混合料的类型；环境因素包括气候和交通荷载，其主要破坏发生在极端气候条件下，尤其是重复交通荷载下的冻融作用；施工条件包括压实质量及施工时的气候条件。

1. 沥青

沥青与矿料黏附性的优劣，不仅与沥青及矿料的性质有关，而且当二者相结合时，还与其界面层的性质有很大关系。沥青与矿料之间黏附性与沥青的性质有关。石油沥青中的表面活性组分，其活性程度可按以下顺序排列：地沥青酸>地沥青酸酐>沥青质>树脂>油分。在这些组分中，地沥青酸和酸酐的表面活性最强，且它们都是阴离子型的，即酸性的。研究还表明，沥青的酸性越大，其与矿料的黏附性就越好。评价沥青酸性的强弱可以用酸值来表征。具体测试方法见《公路工程沥青及沥青混合料试验规程》(JTG E20—2011)。

矿料表面电荷性质对矿料与沥青之间的黏附性影响甚大。通常认为石油沥青中含有带负电荷的表面活性物质。根据电性引力原理，当带负电荷的沥青与带有正电荷的矿料发生黏附时，则黏附力强，黏附可能形成化学吸附；反之，当带有负电荷的沥青与带有负电荷的矿料黏附时，则黏附力弱，尤其在有水存在的情况下更为明显。沥青的表面张力反映其内部分子之间的牵引力的大小。在与矿料黏附时，沥青的表面张力越大，其吸附力就越大。

2. 矿料

矿料的化学性质在很大程度上影响着沥青混合料的物理力学性质。矿料的酸碱性会影响沥青与矿料的黏附性，一般认为碱性石料与石油沥青的黏附性要优于酸性石料。矿料的酸碱性通常是按其矿物组成中二氧化硅含量的多少来区分的：二氧化硅含量大于65%的矿料为酸性矿料；二氧化硅含量小于52%的为碱性矿料；二氧化硅含量在52%~65%的为中性矿料。

从物理化学观点来看，沥青与矿料的黏附作用十分复杂，但主要是一种吸附过程。沥青与矿料要发生吸附，形成牢固的黏结层，必要的先决条件是沥青能够很好地润湿矿料表面。润湿的过程通常用接触角的大小来衡量。接触角越小，则润湿越好，黏附功越大，黏附性能越好。通过几种典型的矿料试验，发现矿料润湿最好的是安山岩，其次为石灰岩、玄武岩、片麻岩，最差的是花岗岩。

3. 沥青混合料类型及其空隙率

空隙率大是沥青路面水损害的主要原因。较大的空隙率为水分的积滞提供了空间，坑槽总是先在沥青混凝土空隙率较大处产生，随着时间推移，将会造成路面大面积破损。而当路面实际空隙率在8%~15%的范围内时，水容易进入混合料内部，且在荷载作用下易产生较大的毛细压力成为动水，造成沥青混合料的水损害破坏。

我国原规范规定的AK型抗滑表层和AC-Ⅱ沥青混凝土，设计空隙率较大(6%~10%)，水分易渗入而不易流出，容易积滞在路面结构内部而导致水损害，正是由于国内很多工程采用了该混合料类型而出现了严重的水损害，目前新规范取消了该混合料级配类型，密级配混合料设计空隙率一般为3%~6%。

4. 离析和不均匀的影响

大量调查表明，沥青路面松散、坑槽等水损害多是在局部位置产生的，沥青混合料的离析和路面压实度的局部不均匀实际上是造成路面局部损坏的根本原因。离析表现为混合料粗细集料或沥青含量的不均匀，如在同一个区域内粗细集料的不均匀，偏离了设计级配，沥青含量与设计的最佳沥青用量不一致等。发生离析的路面，粗集料集中的部位往往空隙率过大、沥青含量偏少。这是加速出现水损害、形成坑槽的原因。

造成沥青路面不均匀的原因是沥青混合料粗细集料的离析和施工时混合料温度的不均匀导致的压实程度的差异，分别称为集料离析和温度离析。引起路面不均匀性有设计的原因，如最大公称粒径偏大，与路面结构厚度不相匹配；再如采用间断级配混合料，设计的混合料就易产生离析。路面不均匀也有可能是施工质量控制方面的原因，如施工过程中料源发生变化、机械运行参数发生变化以及混合料运输和摊铺过程发生的级配离析和温度离析等。

如上所述，混合料有两种基本的离析和不均匀的类型：级配上的离析和温度上的不均匀。集料级配离析与温度不均匀造成的离析可能发生在混合料拌和制造、储存、运输、铺筑过程的每一个环节中。其中有些不均匀问题是目前难以避免的，而有些则是人为造成的，通过努力是可以避免或者减轻的。

5. 路面结构排水

水损害是水分进入路面结构当中而引起的，所以路面水损害与路面结构的排水系统完备与否有很大关系。

水是沥青路面水损害之源，而对水的处理无非两种办法，一是封(堵)，即防止水进入沥青层的内部；二是排，即将进入到路面内的水排除出去。但现在我国大多数沥青路面是沥青面层本身封不住水，基层又不透水，透层油或下封层也封不住水。而且路面设计一般不考虑路面结构层内部的排水问题，相反普遍设计了埋置式路缘石、砌筑式路肩、浆砌挡墙，阻碍了渗入路面内部的水排出。而且有的路段纵坡不顺，埋置式路缘石使路表水不能从边缘迅速排出，形成局部积水。

这个问题在桥面上尤为突出。路表水从路面空隙、裂缝、破损等处渗入路面结构中，积滞在面层中导致自上而下的水损害，即出现由松散到坑槽的损害，如渗入并积滞在致密的半刚性基层顶部导致自下而上的水损害，即出现由唧浆到坑槽的损害；而水分渗入土基，土基承载力降低导致沉陷、龟裂、块裂等损害。

美国在20世纪60年代末和70年代初就认识到了路面结构排水的重要性，在1973年便由联邦公路局组织制订了路面结构内部排水系统设计指南，以引导和推动公路部门采用路面内部排水措施。经过20余年的使用经验和研究成果的积累，到1996年，又进一步在AASHTO路面结构设计指南中，把排除渗入路面结构内水分所需的时间和一年内路面结构处于饱和状态的时间比例作为指标，在路面设计中作为一项设计因素予以考虑。目前，路面内部排水系统已成为一项常用的措施，一些州的路面通用结构断面中也做了相应的规定。

因此，确保路面排水顺畅变得十分重要，排水设计应成为路面设计的重要内容而引起高度重视。有关部门审查路面结构时不仅审查厚度和强度，还必须审查排水系统的可靠性。

6. 施工碾压

在沥青路面施工过程中，如雨天一部分水分经碾压被封闭在沥青混合料中，将严重影响集料与沥青的黏结，影响铺装层与下层的黏结，这都将为水损害埋下隐患。同样，寒冷、潮湿的气候条件对施工也是很不利的，也将影响沥青混合料的压实和相互黏结，影响混合料的水稳定性，施工工艺对混合料水稳定性的影响集中体现在压实上，没能很好压实的混合料空隙率加大，对各种使用性能都有影响，开放交通后的行车碾压会造成混合料的压密变形而形成不正常的车辙，更严重的是水进入空隙成为水损害的祸根。

7. 气候的影响

沥青路面中水的存在是水损害发生的必要条件，路面中水的来源主要有大气降水，降水次数多且降水量大。特别是长时间的降水，会使空隙率大的沥青混凝土路面自由水进入的机会增多，渗透进的量就会增大，容易在沥青与集料的界面上以水膜或水汽的形式存在，进而产生水损坏。水损害的数量和速度与公路沿线的降雨量大小有密切关系。随时间变化的温度具有加速水损害发生和发展的作用，温度的变化以高温过程和冻融循环过程的影响最为明显。因此，影响沥青路面水损害的气候因素主要有大气降水、高温及冻融循环过程。

8. 车辆荷载的影响

车辆通过时，面层沥青混凝土的孔隙中或面层与基层交界面上滞留的自由水，都会产生相当大的水压力和抽吸力。车轮经过时产生挤压力，车轮驶离时又产生抽吸力，这两种力的瞬时先后作用能将滞留在基层顶面以及面层空隙中的水唧出表面，并促使沥青膜从较大颗粒的集料上剥离，逐渐使沥青混凝土强度大幅下降，直至路面局部松散并形成唧浆、坑槽或车辙。交通量大、重车和超重车在交通流量中的比例高时，沥青混凝土路面的水损害更严重。

9. 其他原因

路面开裂、老化加速水损害的发生，并形成恶性循环；酸雨、车辆渗油对路面的腐蚀等。

第二节　沥青路面车辙病害与成因

一、车辙类型

沥青路面的车辙主要有以下四种类型：

1. 结构性车辙

结构性车辙是路面在车辆荷载的作用下，引起沥青面层、柔性基层(垫层)以及土基在内各层的永久变形而形成的。这种类型车辙的宽度较大，两侧没有隆起现象，横断面成浅盆状的U字形(凹形)。

2. 流动性车辙

流动性车辙是路面在高温条件下，行车荷载产生的剪应力超过沥青混合料的抗剪强度，混合料内部出现剪切破坏，并在重复荷载的作用下，流动变形不断累积形成的，也称为失稳性车辙。在轮胎的反复作用下，轮迹部位下凹，并由于混合料的积压流动使轮迹两侧向上隆起。

3. 磨耗性车辙

磨耗性车辙是路面在车辆荷载的反复作用下，尤其是大量重型超载车辆或带钉轮胎车辆的作用，路表由于汽车轮胎的磨耗作用，表面颗粒逐渐散失而形成的。

4. 压实性车辙

压实性车辙是由于沥青混合料面层本身施工阶段压实不足，在通车后的第一个高温季节车辆荷载的反复碾压下，混合料继续被压密并逐渐趋于稳定而形成的，表现为路面表面的永久变形。

根据路面材料和结构情况，车辙可以发生在一层或多层内。如果HMA面层质量差(如较差的混合料设计、施工质量不良等)，车辙可能只发生在面层上部的50~70mm内。如果结构设计不当或结构承受超出其承载力的荷载作用，车辙可能发生在更下层，甚至土基里面。在渠化交通的重交通道路上，当沥青路面采用半刚性基层时，车辙主要发生在沥青面层。

在我国，基层基本上采用水泥稳定碎石、二灰碎石等半刚性材料，由于半刚性基层强度高、板体性好，在荷载作用下的永久变形非常微小，所以，我国高速公路沥青路面所见到的车辙基本上属于失稳性车辙和压实性车辙。其他两种车辙比较少见。大量的试验路观测和计算结果表明：以半刚性材料为基层的高等级沥青路面，沥青层产生的车辙占路面车辙总量的90%以上。因此沥青层的永久变形对沥青路面的车辙起决定性作用。

二、车辙病害形成机理

大量调查和研究发现，车辙形成可以分为以下三个阶段：

1. 后续交通压实

沥青混合料在被碾压成型前是由粗、细集料和矿粉沥青组成的松散混合物。经过压路机的碾压，高温下处于半流动状态的混合料被逐渐压密，并形成由矿料沥青、空隙组成的三相体结构。碾压完毕交付使用后，在汽车荷载作用下进一步压实，空隙进一步减小。轮迹带处混合料体积减小，形成微量的永久变形。在开放交通后，车辆交通对路面的作用可能会导致两种结果，一种情况是混合料经过逐渐压密并趋于稳定；另外一种情况是出现失稳流动性车辙。重复交通荷载作用最终导致何种结果，除与路面材料组成结构有关外，还与气温及其变化有关。

2. 沥青混合料的流动变形

高温下的沥青混合料处于以黏性为主的半固体，在轮胎荷载作用下，沥青及沥青胶浆便产生流动，除部分填充混合料空隙外，还将随沥青混合料自由流动，从而使路面受载处压缩变形。

3. 沥青混合料的结构性失稳变形

处于高温下的沥青混合料，由于沥青及胶浆在荷载作用下首先流动，混合料中粗集料组成的骨架逐渐成为荷载主要承担者。随着温度的升高或荷载的增大及荷载的重复作用，加上沥青润滑作用，硬度较大的矿料颗粒在荷载直接作用下会沿矿料间接触面滑动，这种剪切变形促使沥青及胶浆向其富集区流动，以致流向混合料自由面，特别是当集料间沥青及胶浆过多时，这一过程会更加明显。这种失稳变形表现为轮迹两侧的隆起。

美国SHRP-A-318的研究报告认为车辙是行车的压密变形和沥青混凝土横向流动变形共同作用的结果。其中，大部分来自剪切变形，主要是因为表面层的沥青层承受了过大的应力，剪切变形受温度的影响较大。美国国家沥青技术研究中心NCAT(National Center of Ashalt Technology)在1992年对美国14个州42条主干道路进行了调查，辙槽试验显示沥青路面的车辙主要发生在面层，并且多集中在顶部7~11cm的范围内。道路研究者Wael bekheet kaloush、Witczak M W(2002年)总结前人的结论认为：当基层强度足够的时候，车辙主要产生于沥青面层，其机理为沥青混凝土的剪切流动变形。并把车辙分为两个阶段，第一阶段认为车辙是各结构层(主要是土基)垂直变形的累积，因而更强调压实工艺；第二阶段认为车辙与各层材料的稳定性有关，主要是沥青混凝土的剪切变形。

沥青路面结构层以及基层的车辙主要是压密(体积变小，密度增加)和剪切变形综合作的结果。通过对 AASHTO 试验路开挖以及西部环道试验研究，道路研究者 Hofstra 和 Klomp 总结了车辙形成过程，试验发现：①沥青路面在初始阶段，轮胎下方的永久变形明显大于两侧的隆起，说明车辙在初期阶段主要是由于压密而引起的。②初始阶段以后，轮胎下方的体积压缩变形逐渐与两侧隆起变形相等，车辙主要是由于剪切作用下的流动变形造成的。而这一阶段也代表了使用寿命期内路面的变形行为。

三、车辙的影响因素分析

影响车辙的因素可分为内因和外因，内因主要是沥青路面结构设计和沥青混合料材料本身，外因主要指的是气候、交通量、交通组成施工等外界因素。

1. 沥青混合料材料组成对车辙的影响

由上述沥青路面车辙形成机理可知，失稳性车辙主要表现为剪切破坏，所以路面抗车辙能力取决于沥青混合料抗剪强度 τ，而 τ 主要由沥青混合料的黏聚力 c 和内摩擦角 φ 来确定。c 值反映了矿料颗粒之间的内黏聚力，其值取决于沥青性质及其用量；而 φ 值体现了矿料的内摩擦力大小，取决于矿料及其级配特征。

(1) 矿质材料性质的影响。矿质材料的性质对沥青混合料高温性能的影响，主要是从它与沥青的相互作用表现出来的。矿质材料颗粒表面粗糙，形状接近立方体，扁平颗粒含量较低，集料易形成嵌挤结构，有利于沥青混合料抗车辙性能的提高。能够与沥青起化学吸附作用的矿质材料，可以提高沥青混合料的抗变形能力。集料的粗糙面和棱角性十分重要，在集料中掺加过多的破碎砾石对抵抗车辙是不利的。由于其缺乏棱角而容易变形。同样天然砂的用量过多，也将影响嵌挤作用，集料与沥青黏结性不好。不仅容易丧失水稳定性产生剥离，同时也将因黏结力减小而减弱高温稳定性，使车辙变形增大。

(2) 沥青性质及其用量的影响。沥青黏度对混合料的抗车辙性能有较大影响，黏度越大，抗车辙能力越高。另外，沥青中含蜡量偏高，对沥青混合料车辙性能有不利影响：蜡在高温时融化，使沥青黏度降低，影响高温稳定性，增大沥青的温度敏感性；蜡使沥青与集料的亲和力变小，影响沥青的黏结力及抗水剥离性。对某一矿料级配，沥青用量对混合料的抗车辙能力有较大影响。当沥青用量低至不能裹覆每一矿料表面积或裹覆沥青膜太薄时，则不能很好地将沥青混合料中的粗细集料胶结在一起。矿料间的黏结力小，高温抗剪强度较低；随着沥青用量的增加，矿料之间的黏结力增大，抗剪强度增加，在某一用量时，矿料之间的沥青膜厚合适时，由于矿料和沥青之间的相互作用强，所形成的结构沥青黏结力强，可以取得最大的抗剪强度，抗车辙性能最佳；当沥青用量增大时，沥青膜厚度增大，与矿料颗粒相互作用弱的自由沥青量增大，一方面，自由沥青充当润滑隔离层，使矿料不易嵌紧；另一方面自由沥青本身黏聚力小，混合料的抗剪强度降低，再加上自由沥青膜温度敏感性大，所以，当沥青用量超过最佳用量时，温度的微小升高，也会使路面产生严重的车辙变形。

(3) 沥青混合料矿料级配的影响。在确定矿料级配时，必须通过试验确定矿料级配，不能以级配走向(如走下限“S 形曲线”)这样的级配建议来确定级配，也不能以级配的粗与细作为级配选择的依据，而必须通过试验来确定。

矿料级配对沥青混合料的抗剪强度有重要影响，特别是混合料的内摩擦力，通过矿料级配设计可以使混合料具有高的内摩擦力，矿料粗细搭配也要合理。内摩擦力由两部分构成：

①沥青混合料矿料颗粒移动变位阻力，这取决于矿料的棱角性、颗粒的大小以及矿料颗粒搭配情况，棱角性越好、矿料颗粒越大，混合料发生移动所需的力越大，则混合料的抗剪强度越高。②矿料颗粒相对移动产生的摩擦阻力，这取决于矿料的质地和矿料颗粒接触程度，表面质地越坚硬、表面纹理越多，则摩擦阻力越大。另外在相同体积下，对于一定的空隙率随着混合料中颗粒粒径的减小，颗粒数量相对增加，颗粒之间的接触点增加，混合料的摩擦阻力增加。

由此可见，矿料颗粒的粗细对变位阻力和摩擦阻力的影响是相互矛盾的。同时，通过计算具体混合料的能量指数就会发现：压实时更多的能量消耗在集料间的摩擦上，而不是混合料的体积改变上，即只有小部分能量真正用来有效地改变混合料的体积。这表明，当混合料矿料粗细相差不够大的情况下，移动变位阻力相差不大，而颗粒间的摩擦阻力要大，即细级配沥青混合料抗变形能力要大。

以上说明，当混合料的矿料级配较粗，且矿料颗粒没有形成有效嵌挤时，沥青混合料的荷载抗变形能力很可能不如细级配混合料。

通过以上研究表明，级配设计相当重要，在设计时可初选 2~3 种不同级配的沥青混合料进行优选，不能想当然地认为粗级配混合料的抗变形能力好。

2. 矿粉用量对混合料车辙性能的影响

研究认为，填料在沥青混合料中有两方面的作用，即填料对较粗颗粒间隙的填充作用以及与沥青混合形成胶浆的胶结作用。矿粉与沥青结合，引起沥青的硬化，硬化程度与填料的物理性质(如粒子形状、大小及分布等)有关，由于体积增强作用和物理化学作用形成的沥青胶浆具有较大的黏聚力，能把沥青混合料中的粗、细集料牢牢胶结为一体，从而形成更稳定的结合料，大大改善沥青混合料的物理力学性能，对沥青混合料的热稳定性也有显著提高。

另外，矿粉及其粉胶比影响着混合料的工作性、水稳性以及混合料的老化特性。实际上在混合料中起胶结作用的是胶浆，所以粉胶比大小对抗车辙性能有很大影响。为使混合料有好的高温稳定性，必须使矿粉有足够的数量，以减少起润滑作用的游离沥青的比例。

一般情况下，随着粉胶比增大，结构沥青数量增多，抗车辙能力增强，但粉胶比过大，沥青胶浆变得干涩，反而会使胶结强度降低，抗车辙能力降低。在沥青混合料配合比设计中，必须将粉胶比控制在合理的范围内。

3. 沥青混合料残余空隙率及矿料间隙率的影响

路面现场空隙率过大或过小，均易产生车辙。路面现场空隙率过大，开放交通后，后续压实会使混合料产生压密变形。混合料的残余空隙率太小也容易出现车辙，因为到夏季，如果沥青混合料内部没有足够的空隙供沥青结合料热膨胀的话，必然会引起泛油和流动，并引起流动性车辙。美国 Westrack 环道实验结果表明，4%的现场空隙率是最小空隙率的临界界限，如果施工时发现残余空隙率小于 3%或者 4%，路面将可能会发生车辙。

4. 结构因素的影响

结构因素包括沥青面层厚度与组合、基层类型和厚度、层间结合情况，各因素均对沥青路面车辙的产生有影响。传统观点认为沥青层越厚，车辙发生率越高，柔性基层路面产生车辙的可能性要大。所以我国一直采用“强基薄面”设计理念，并以半刚性基层沥青路面为主。

但大量实践表明，我国沥青路面车辙病害依然是一个严峻的问题。有关车辙与厚度的关系，目前研究认为，在其他条件不变的情况下，当沥青层厚度小于某一临界厚度时，车辙量随着沥青层厚度的增加而相对增大；在超过此临界厚度时，沥青层厚度的增加不会使相对车辙厚度无限制地增大，无须担心由于厚度的增加而使车辙量变大。

研究也表明，在荷载作用下，半刚性基层沥青路面结构内产生的最大剪应力在路面深度4~6cm处，该深度刚好处在沥青路面的沥青层厚度范围内，因此可以认为半刚性基层沥青路面的车辙变形主要局限于沥青层内，这也被大量调查所证实。另外力学分析表明，车载作用下引起的路面结构内最大剪应力的大小也与层间模量比有关。面层与基层之间模量差别太大，路面结构内的剪应力增大，反而易出现车辙，这可能也是我国半刚性基层沥青路面车辙变形较大的原因之一。

5. 气候条件的影响

气候条件主要包括：气温、日照、热流、辐射、风、雨等。其中除了湿度对沥青混合料高温性能的影响机理不同外，其他因素归结起来都反映在温度上，而这也是影响最为显著的因素。当然日照造成的沥青老化也会影响混合料的高温性能。黑褐色的沥青混合料具有较强的吸热能力，而整个路面又构成了一个巨大的温度场，由于热量的大量聚集、蓄积，使得路面温度不断升高，这也是在夏季沥青路面的温度远高于气温的重要原因。

由于热量难以从沥青路面中散出，使沥青路面长时间处于高温状态，在外部荷载的作用下就很容易产生流动变形，从而形成拥包、车辙。有资料表明，在40~60℃范围内，沥青混合料的温度上升5℃，其变形将增加2倍。尤其是在钢箱梁的桥面铺装上，由于箱内空气的流通很差温度比箱外可能要高30℃，使沥青层的温度达到70℃以上，极易出现车辙。因此应采取可能的措施，降低路面温度。例如，用浅色的石料、种植行道树、改善路面的通风等，将有利于保持沥青路面高温稳定。研究表明，路面在潮湿状态下，沥青混合料的水敏感性增大，同时使高温稳定性降低。尽管下雨能使路面温度下降5℃左右，但有水状态比干燥状态更容易产生车辙。

6. 交通条件的影响

交通条件对沥青路面高温性能的影响可以归结为荷载轮胎气压、行车速度、车流渠化等。荷载对沥青路面高温车辙的影响是不言而喻的，车辆荷载越大，车辙产生的可能性越大，特别是重载车、超载车对沥青路面的变形起到了加速作用。根据美国AASHTO环路试验，车辆对路面的破坏作用与载重的N次方成正比。

有研究表明，对常见的典型沥青路面结构，当轮载增加50%时，所产生的车辙为正常荷载作用下(0.7MPa)的2倍。按此规律推算，在超载的条件下，仅需要正常轴载作用下累计轴次的50%左右，就可使路面达到塑性变形的极限状态。随着进一步研究发现，超载的破坏作用还与荷载作用时间、车辆加减速及制动时的水平力有关。据有关资料分析，超载作用时间由0.01s延长至0.02s，路面塑性变形将在超载引起增量的基础上再增加30%左右；车辆在沥青路面正常行驶过程中，摩擦系数一般为0.01~0.05，而在制动或驱动过程中则增至0.5~1.0，即水平摩擦力增加了20~50倍，在路面中引起更大的剪应力，进而造成“马蹄形”推移裂缝。

行车速度对沥青路面永久变形的影响，主要反映在荷载的持续时间上。车辆行车速度越慢，荷载作用时间越长，黏弹性的沥青混合料不可恢复的黏性变形越大，相同交通量所引起的路面永久变形越大。这种情况主要出现在停车场、车站、交叉路口爬坡车道、收费站以及其他交通拥挤的地方。在同一条公路上，严重车辙往往发生在纵坡较大的路段，这有两个方面的原因：①汽车行驶在长大纵坡路段处，车辆行驶速度降低，荷载作用时间长。②汽车荷载自重引起的面层内部的剪切分量随着纵坡的增大而增大，导致路面出现严重的永久变形。

渠化交通使车辆荷载反复作用于轮迹带上，加速沥青路面凹陷变形，形成与轮距相近的两个辙槽。这也是为什么渠化交通特点明显的高速公路车辙比较严重的原因。

7. 其他因素的影响

目前，国内高速公路沥青混凝土路面施工基本上全部采用大型设备，质量有较好的保证，但在施工过程中，仍然有许多地方存在问题，导致出现质量隐患。各种原因引起的路面压实不足，如片面追求平整度，导致路面压实度降低；混合料运输距离过长，或者运输时未覆盖，温度离析致使混合料难以压实。路面压实不足会在交通荷载作用下产生压实性车辙。

第三节　沥青路面的裂缝类病害与成因

一、裂缝类型

按路面开裂的主要原因，裂缝可分为三大类：①由于行车荷载的作用而产生的结构性破坏裂缝，称之为荷载裂缝。②由于沥青面层温度变化而产生的温度裂缝，包括低温收缩裂缝和温度疲劳裂缝，称之为非荷载裂缝。③由于填土固结沉陷或地基沉陷引起的桥涵两端横向裂缝，或在路段上出现较长的纵缝，称之为沉降裂缝。按照裂缝的表现形式，又可分为横向裂缝、纵向裂缝、龟裂和块裂。接下来分别介绍这四类裂缝的形成机理及影响因素。

二、裂缝的形成机理

1. 横向裂缝

横向裂缝指沿路面横断面方向出现的规则裂缝，表现为单根裂缝，裂缝方向与路面中心线大体垂直。横裂严重时通常贯穿整个路面宽度，有时伴有多个横向或斜向的支缝。横裂轻微时多为局部细线状裂缝。横向裂缝是沥青路面最为常见的一种路面病害，通常被看作是早期损坏现象之一。主要成因是温度裂缝、反射裂缝和沉降裂缝。

（1）温度裂缝。由于沥青面层是受约束的，所以在低温或温度骤降的情况下，沥青面层中产生的收缩拉应力或拉应变一旦超过沥青混合料的抗拉强度或极限拉应变，沥青面层就会开裂，从而产生横向裂缝。或者在温度应力的反复作用下，沥青面层产生的疲劳开裂形成横向裂缝。

位于路面面层的沥青结构层，直接受到气温变化的影响。当温度下降时，沥青面层就会产生收缩变形，这种变形会受到基层对路面的摩阻力和路面无限连续板体对收缩变形的约束作用，使沥青面层内部产生拉应力而导致开裂。一般来说，温度裂缝有两种，一种是一次性降温造成的温度收缩裂缝(即低温开裂)：在冬季气温骤降时，沥青混合料内应力来不及松弛的，温度应力超过沥青混合料的极限抗拉强度。另一种是温度疲劳裂缝：温度升降反复作用的温度应力疲劳使沥青混合料的极限拉应变或劲度模量变小，又加上沥青老化使沥青劲度增高，应力松弛性能下降，故可能在比一次性降温开裂温度高的温度下开裂，同时裂缝随着路面使用年限的增加而不断增加。

由于沥青混凝土具有应力松弛性能，在一般的温度范围内，由温度降低而产生的拉应力，会由于应力松弛而使拉应力减小，使得拉应力不足以产生裂缝。可是当温度骤然降低的时候，应力就很难松弛，由于温度下降产生的应力增加超过了应力松弛的速度，在沥青混凝土内出现了剩余应力，当这种剩余应力超过沥青混合料的极限抗拉强度时，便产生开裂。温度裂缝多垂直于路线方向，裂缝间距变化在数米至百米之间。温度裂缝破坏了沥青路的整体性和连续性，水分通过裂缝渗入基层，浸湿路基，导致路面承载力降低，还为冻融提供了条件。另外，温度裂缝对加铺层的影响也很大，如对裂缝未加处理，病害将会反射到面层上来，降低路面的使用寿命，增加养护费用。而且，在高等级公路上进行补强、加铺层设计，会严重影响正常的交通，造成巨大的经济损失。

(2) 半刚性基层沥青路面的反射裂缝。反射裂缝是半刚性基层路面的主要病害，世界各国均非常重视。半刚性基层材料在外界温度、湿度变化时，会产生较大的收缩，这是导致半刚性基层裂缝及产生反射裂缝的主因。其危害主要在于路表水沿缝隙不断进入路面结构内部，致使路床或半刚性基层顶面出现水化软弱层。这样，作为道路主要承重层的路床和路面基层，就不能很好地传递和扩散运营车辆的行车荷载，使沥青混凝土面层直接承受全部应力，必然造成沥青混凝土面层迅速开裂。反射裂缝一般都是横向裂缝。但是，当路面很宽时，横向的收缩也足以造成基层的开裂并反射到路表面。反射裂缝的发展与半刚性材料的质量密切相关，同时也与面层与基层的联结状态以及面材料的性能相关。反射裂缝产生后，雨水会从裂缝中下渗，并积聚在面层与基层之间，在荷载动水压力下出现基层唧浆现象，同时降低了沥青层与半刚性基层层间的联结状态，从而加速了路面结构的破坏。

(3) 薄弱环节所致的横向裂缝。由于地基或填土路堤横向不均匀沉降、纵向填挖结合部处理方法不当、沥青混合料摊铺时横向接缝处理不当，会产生横向裂缝，并伴有错台现象出现。此类裂缝多发生在台背或涵洞、通道等构造物附近，高填方与低填方交界处或施工时各个表段的分界处也有可能发生。

(4) 荷载所致的横向裂缝。路基由于碾压不合理，会出现路基不均匀沉陷。路肩、边坡处排水措施处理不好，外界水会进入，使得路基的承载力不均匀。路基边部更易出现不均匀沉降。由此，造成车辆荷载主要由面层承担，车轮下方面层底部受到的拉应力急骤增加，在车辆荷载的反复作用下，拉应力一旦超过材料的容许拉应力，则会在空洞处开裂。与此同时，车轮下方的材料还受到急骤增加的剪应力作用，一旦剪应力超过材料的容许剪应力，材料将会产生剪切破坏。因此，由于路基沉陷造成面层材料在荷载作用下承受急剧增加的剪、拉应力联合作用，加速了路基沉陷处路面裂缝的出现。

2. 纵向裂缝

裂缝沿着道路纵向投影的长度远远大于沿横断面方向投影的长度，这种裂缝通常称之为纵裂。纵裂通常出现在行车道，有时也会出现在超车道或停车带上，而且通常以单条或多条平行的裂缝形式出现，有时伴有少量的支缝。纵向裂缝表现为沿路面行车方向分布的单根裂缝。裂缝方向与路面中心线大体平行，成熟的纵向裂缝一般都较长，达到 20~50m。根据其产生原因纵向裂缝可分为三种类型：

(1) 路面表面纵向裂缝。大量调查发现，路面纵向裂缝大多属于表面裂缝，其中很多表面裂缝发生在施工离析的部位和两幅摊铺的交界处。国外通常认为，对厚的沥青路面，绝大部分路面底部拉应力很小时，很难甚至不可能产生先于表面层损坏的拉应力，绝大部分裂缝是表面裂缝，研究表明约70%以上裂缝是表面裂缝。

1）在路表水渗入路堤下地基范围较小的情况下，可能仅在中央分隔带两侧行车道上或者接近硬路肩的一侧产生纵向裂缝；在路表水渗入路堤下地基范围较大的情况下，可能在中央分隔带两侧行车道上和超车道上产生两条纵向裂缝，少数路段甚至有多条纵缝。

2）当路基边部压实不足，或者路基边缘受水侵蚀，导致路基湿软、承载力不足，路堤边部会产生沉降，在距路边30cm左右处产生纵向裂缝，亦称为边缘裂缝或啃边。

3）在沥青混合料摊铺时，纵向接缝处理不当，造成路面渗水或压实度未达到要求，在行车作用下亦会在纵向接缝处形成纵向裂缝，出现的纵向裂缝相当长并且比较顺直。

4）由于地基和填土在横向的不均匀性，特别是在有路表水渗入地基的情况下，路面产生细而小的纵向裂缝。但是路面产生纵向裂缝过多过早，裂缝宽度过大和长度过长，将严重影响路面使用性能和使用寿命。

5）对于改建公路，因与老路相接处没有处理或者处理不符合技术规范要求，造成路基不均匀沉陷或者滑坡而形成裂缝。特别是填挖结合部分或填高沿横向变化较大处更容易出现，其纵缝常是连续的。

（2）荷载型纵向疲劳裂缝。最近美国和欧洲已有越来越多的研究证实，许多与荷载有关的疲劳裂缝发生在路面的表面且向下扩展贯穿沥青混凝土面层。这是一种比传统的疲劳裂缝更为严重的情况，尽管有些表面裂缝对路面结构的承载力没有影响，但它们对磨耗层的耐久性和功能寿命有强烈的影响。而且它们还造成水和其他外来杂物渗入到路面结构中，这就是沥青路面向下扩展裂缝（Top Down Cracking，TDC）。可定义为起始裂缝发生在沥青路面表面沿轮迹带方向并且向沥青面层内扩展传播。这种裂缝可能扩展穿透表面层和部分中面层，或穿透三层沥青层，这取决于路面的路龄。

自上而下的纵向裂缝一般发生在沥青路面行车道两侧轮迹带边缘，由沥青面层表面开始并向下延伸，表现为纵向裂缝。TDC也称为表面裂缝（Surface Cracking）、纵向表面裂缝（Longitudinal Surface Cracking）、表面起始纵向轮迹裂缝（Surface Initiated Longitudinal Wheel Path Cracking），国内称之为“车辙裂缝”。

TDC的初期是由出现在轮迹带外侧的单短小的纵向裂纹组成；随着时间的推移，TDC进入第二阶段，此时纵向短裂纹生长变长并在最初裂纹的0.3~1.0m的范围内形成裂纹簇；最后，TDC进入第三阶段，平行纵向裂纹簇通过短的横向裂缝相互连接形成龟裂。沥青面层轮迹带上车辆轮载的反复作用，使行车道的车辙形成W形或U形，在轮迹带两侧由于拉应力或拉应变的反复作用而产生纵向疲劳开裂。这种裂缝在沥青路面车辙严重的路段很容易观察到，尤其在渠化交通的高速公路上更为明显。

（3）自下而上的疲劳裂缝。自下而上的疲劳裂缝是典型的路面结构性破坏，是我国沥青路面结构设计的主要损害模式。在行车荷载作用下，当沥青层底的拉应变大于极限拉应变时路面将发生破坏。当基层发生破坏时，沥青层会显得承载力不足，从而产生疲劳损坏，在这种情况下，裂缝从底部开始，向上扩展，最后导致沥青路面网裂而彻底破坏。

所以我国半刚性基层沥青路面上产生自下而上的早期结构性破坏的网裂的原因有两种：一是基层没有做好，没有形成结构强度；二是基层强度太大，施工前已经严重开裂。

3. 块裂

块裂是一种近似矩形裂块的交错裂缝，是纵向、横向裂缝密度增大并连通的结果，块的尺寸约为 50cm 以上，面积在 0.1～10m^2 范围内。块状裂缝的产生同荷载作用的关系不大，它主要由于面层材料的低温收缩和沥青的老化以及半刚性基层的不均匀性所引起，出现在整个路面宽度范围内。

块状开裂主要由于热拌沥青混凝土的收缩以及每日循环变化的周期应力和周期应变所致。尽管荷载能增加裂缝的严重程度，但荷载与块状裂缝没有直接的关系。块状裂缝通常出现在路面区域，但有时也出现在非行车部位。块状裂缝不仅在形状和尺寸上都有别于龟裂，二者的产生原因与部位也不同。龟裂通常由重复荷载引起，多出现在行车区域。块状裂缝是路面不规则裂缝交错形成的，具体有两种情况：

（1）铺设沥青路面的沥青混合料采用了大量的低针入度沥青和亲水性集料，混合料硬脆性差，以及在长期使用过程中，沥青发生老化，失去柔性，在低温和温度的反复作用下，沥青路面产生不规则缩裂。

（2）施工期间由于混合料发生离析，或面层厚度不一、压实度不均匀、表面不平整，在大量车及超载车辆作用下，也会产生不规则裂缝。当面层宽度较大时，脆裂、缩裂不但导致横向开裂，而且也会产生纵向开裂，纵横交错形成块状裂缝。

一般认为，当沥青路面的沥青针入度减小到 35～50cm 之间时，沥青的黏性降低，丧失了原有的弹性与韧性，在车辆的反复作用下，路面材料长期处于应力循环变化状态极易产生脆裂破坏。此裂缝出现位置比较随机，在横向、纵向、其他方向都可能出现，裂缝长度不大，纵横交织呈不规则多边形。

4. 龟裂

龟裂也称网裂，裂缝与裂缝连接成龟甲纹状小网格式的、成块的、不规则破碎性的网状裂缝，常伴有沉陷和唧泥现象，主要由路面结构弯沉较大、结构层压密变形、沥青疲劳强度不足等原因引起，是沥青路面的一种主要结构损坏类型。也有研究称其为鳄鱼裂缝（Alligator Cracking）。其短边长度不大于 40cm。在路面纵向有平行密集的裂缝，虽未成网，但其距离不大于 30cm 者，亦属龟裂。路面一旦出现严重的大范围的龟裂，表明路面结构已经进入设计极限状态。

龟裂是由于路面受交通荷载反复作用，长期处于应力应变交叠变化状态，致使其结构强度逐渐下降，这时在车辆内引起的路面应力超过结构抗力，路面材料就出现疲劳裂缝（Fatigue Cracking）。这种裂缝开始可能只是微观裂纹，后来相互连通形成宏观裂缝。龟裂主要有两种情况，一种情况是在行车荷载的反复作用下，沥青面层产生疲劳开裂；另外一种情况是由于基层强度不足或面层与基层之间结合差而导致的面层疲劳开裂。具体原因为：

（1）面层空隙率大、压实度不足、混合料离析，使得雨水能渗入面层，并积聚在面层之间或面层与基层之间，导致水损害，使得面层与基层之间的连续性变差，在行车荷载的反复作用下逐渐产生疲劳破坏。

（2）由于面层之间或面层与基层之间存在“软弱夹层”，在行车荷载的反复作用下导致疲劳破坏，并最终以龟裂的形式反映到面层上，或者在道路使用末期路面的疲劳次数已经达到或超过其疲劳寿命而出现的一种龟裂。这种龟裂通常位于行车道轮迹下，面积较大，常常呈条片状分布，且垂直变形明显。

（3）基层强度不足或基层强度过高。比如由于材料拌和不均匀、结合料用量不足等原因，导致基层强度不足，在行车荷载作用下，面层发生疲劳开裂并导致龟裂。而当半刚性基层强度过高时，易产生收缩裂缝，会因应力集中而引起开裂。

总的来说，龟裂的形成主要是由于路面整体强度不足、路面结构层缺失、基层承载力不足、基层排水不良或沥青路面老化严重，在行车荷载的反复作用下形成的。另外，车辆超载沥青面层摊铺时集料的离析、路基或路面局部压实不均匀和沥青在施工期间或长时期使用过程中的老化，都会导致沥青路面形成龟裂。

一般来说，龟裂在发展的初期通常随机、孤立地分布在行车道上，面积较小。由于基层基本处于完好状态，因此垂直变形不明显，裂缝较少，且互不连通。在发展的后期，裂缝密集且相互连通，局部的碎块已经开始脱落。在龟裂的形成初期，由于裂缝轻微，对沥青路面的服务水平影响不大，但由于路面有龟裂而使得路表水渗入，造成底面层及路面基层强度的减弱，并出现唧浆破损，这样便会加速龟裂面积的扩大以及裂缝的扩展，导致形成坑槽破损。

三、裂缝的影响因素分析

1. 沥青及沥青混合料的性质

沥青和沥青混合料的性质是影响沥青路面温度开裂的最主要原因。沥青混合料的低温劲度是决定沥青路面是否开裂的最根本因素，沥青劲度又是决定混合料劲度的关键因素。

（1）沥青。沥青是一种随时间而老化、硬化的典型黏弹性材料，其材料性能和力学行为与应力、温度、时间、载荷频率及温度频率等有关，同一等级沥青的温度敏感性差异很大。一般沥青中含蜡量高和延度小的，易于脆裂。沥青类型对路面开裂也有很大的影响，使用稠度低、温度敏感性低的沥青可以减少或延缓路面的开裂。面层沥青老化往往会加速裂缝等路面损坏的发生，路面的破坏状况(裂缝、松散等)在一定程度上是沥青老化的外在表现形式。

（2）矿料。矿料质量的好坏直接影响到沥青混合料的强度，是沥青路面产生裂缝等早期破损的主要因素。碎石的压碎值、磨耗值不符合要求，将造成沥青混合料的稳定度偏低，引起沥青路面早期的开裂和剥落。

（3）矿料的级配和空隙率。认真选择矿料级配非常重要，最主要的指标是混合料的设计空隙率和路面的实际空隙率。沥青路面的实际空隙率在7%以下时，沥青层中的水在荷载作用下一般不会产生动水压力，不易造成水损害。排水性混合料的路面空隙率大于15%时，水能够在空隙中自由流动，也不易造成水损害。而当路面的实际空隙率在7%~15%范围内时，水容易进入混合料内部，且在荷载作用下产生较大的毛细压力或动水压力，造成沥青混合料的水损害，在薄弱处最先产生裂缝和坑槽。

2. 基层材料的性质

基层材料的收缩性愈小，面层裂缝愈少。基层上有透油层以加强与面层的黏结对抗开裂是有好处的，基层材料种类对沥青面层的裂缝率有明显影响。半刚性基层开裂主要原因如下：

（1）干燥收缩。干燥收缩是混合料中水分的失去引起的收缩，混合料中游离水分减少，缩小了颗粒间的空隙。干缩系数与材料的性质和含水率有关。

（2）低温收缩开裂。半刚性基层多在夏季高温和常温时施工成型，入冬后温度骤降，特别是我国西北地区，季节温差很大，混合料遇冷收缩，在收缩过程中受到下层的约束产生收缩拉应力。温差越大，温度变化越快，则约束越大，混合料就越容易开裂。

3. 气候条件和交通条件

气候条件主要表现为降水和气温。水是沥青路面早期病害引发的一个直接外因。每到春冬季节，由于地表水的渗入，地下水位的上升，直接改变路基的湿度，使路面的强度降低，路基的承载力下降，从而导致路面病害的产生。一场大雨或几场阴雨过后，路面便开始出现小面积的裂缝，继而出现大面积的松散、翻浆、坑槽等现象。极端最低温度、降温速率、低温持续时间、升降温循环次数是影响沥青路面温缩裂缝的四大要素。极端温度越低、降温速率越快、低温持续时间越长、升降温循环次数越多，沥青路面温缩裂缝越严重。半刚性基层中的最大拉应力，通常是由最重的车轮荷载产生的，并且对于半刚性路面，不同轴载对路面的破坏作用远不是 4 次方的关系，而是 11～13 次方的关系，即使是通过次数较少的重载也对路面的破坏起决定性作用。

4. 施工因素

（1）软土地基沉降。在含水率较高、强度低、孔隙比大、压缩性高的软弱土层，即软土地基上修筑路基，若处理不当，往往会发生路基失稳、过量沉陷和不均匀沉降，路面产生纵向裂缝，导致公路破坏或不能正常使用。为了保证公路路基的稳定性，必须对公路经过地段的软土进行加固处理，使软土排水固结，使路基的工后沉降和不均匀沉降逐渐减小。

（2）路基压实度不足。路基压实是路基施工过程中的重要工序，亦是提高路基路面强度与稳定性的技术措施之一。土是三相体，土粒为骨架，颗粒之间的孔隙为水分和气体所占据。压实的目的在于使土粒重新组合，彼此挤紧，孔隙缩小，土的密度提高，形成密实整体，最终导致强度增加，稳定性提高。由于路基局部路段压实度不足，会导致公路路面出现纵向裂缝和横向裂缝。

（3）路面基层施工质量低劣。由于抢工期、赶进度，造成料源紧缺，原材料质量难以保证，不能按照施工规范的要求施工。半刚性基层没有合理的龄期，放松对工程质量的控制，使得基层和底基层质量低劣，造成基层网裂破坏，反射到面层，面层出现网裂。施工中不能严格控制半刚性基层施工碾压时的含水率，碾压完成后不能及时养生，碾压完成后或最迟在养生结束后不能立即用乳化沥青做透层或封层，都会对基层的质量产生较大的影响。

（4）沥青面层颗粒离析。沥青混合料离析致使局部粗集料偏多，细集料偏少而不易压实或不密实。这样，矿料与沥青的黏结力小，抗剪强度低，容易出现龟裂和松散。

第四节 其他病害及其成因

一、泛油

传统的泛油是指沥青面层中的自由沥青受热膨胀，直至沥青混凝土空隙无法容纳，溢到路表的一种不可逆现象。泛油可造成路表构造深度逐渐减小，抗滑性能降低，从而影响行车安全。

引起泛油的原因有：在设计过程中，使用劣质沥青或沥青用量偏高、稠度太小、集料黏附性差、设计空隙率过小，都会使沥青混合料的饱和度过高，即混凝土内没有足够的空间容纳自由沥青热胀时的体积变化。而在混合料拌和、摊铺过程中，离析促使细料过于集中也是导致泛油的重要原因。此外，混合料生产中沥青用量控制不准而过量，也是导致泛油的重要原因。同时，传统泛油病害的内因是设计或施工不当，而诱发的直接外因是高温。泛油通常在成条路段出现，泛油后路表如镜面光滑，雨天车辆行驶时易打滑。

与传统泛油现象不同的新型泛油现象只发生在轮迹带上，表现为两种形式：一种是点状的油斑由小到大发展；另一种是沿整条轮迹带分布的带状泛油。点状油斑泛油可划分为三个等级：

轻度：某段轮迹带上开始出现小块油斑，直径在1~2cm之间。

中度：轮迹带上出现的油斑逐渐增多、增大，直径为1~5cm不等。

严重：在中度油斑泛油的基础上，油斑的直径、面积和爆发密度进一步增大，直至各块油斑逐渐连通成片。

据有关研究对油斑处取样分析发现，表面层内聚集了大量的沥青，空隙几乎被填满，而中面层和底面层的沥青却不翼而飞，沥青剥落严重，集料颗粒基本裸露全部松散开来。由此可以推断主要原因可能是由于集料间的抗剪切能力不足，在荷载的搓揉作用下，发生不均匀的迁移，从而使得油斑处中面层和底面层的沥青很有可能在剥落后，向上部迁移至表面层，从而导致了中、底面层混合料散失黏结而松散，同时又使表面层内沥青大量富集。

另外一种带状泛油与传统泛油相似，轮迹带的表面纹理基本上被泛出的沥青所覆盖，并有少量的车辙现象。造成带状泛油的原因是在繁重的交通量下，路面压实不足和集料质量较差或集料颗粒的形状、棱角性、表面纹理较差等，使得矿料骨架容易在车辆荷载的作用下位移、再压密。而挤压沥青使之上泛，并伴有车辙变形。相对交通量而言，混合料设计标准较低也可能是主要因素。

二、补丁及车道与路肩间的沉降

补丁是指超过0.1m^2的路面部分被移走和更换，或者在原来修补的表面又增补材料，即各种损坏挖除修补后的结果。

车道与路肩间沉降是指行车道表面与外侧路肩处于不同的高度。这种现象通常在外侧路肩与路面采用不同的材料时发生。

三、边缘破碎

边缘破碎和龟裂相似，仅仅是位于路肩处30~60cm的范围内。破损开始发生在路面边缘并且向轮迹带上发展。路面边缘损坏可以导致轮迹带状况恶化，并使水分进入路基土和基层材料。边缘破损还包括混凝土基层的纵向破碎。

四、离析

沥青混合料的离析是指沥青混合料在生产和施工环节中发生的粗细不均的现象。离析一直被认为是混合料生产和施工中的质量问题，随着现代化拌和、运输和摊铺、压实设备的普遍使用，在一定程度上能控制离析，但近年来在高等级道路上广泛使用的开级配抗滑磨耗层离析尤为严重。因此，不从混合料设计来考虑而单纯依靠施工措施来控制离析是很难达到目的的。

造成混合料离析的原因是复杂的，从原材料的堆放、混合料的生产拌和、货车的装载和卸料到摊铺作业的各个环节，都会影响路面混合料最终的离析程度。除了生产和施工外，混合料设计不当也是十分重要的原因，如连续级配的混合料通常不易发生离析，甚至在生产和施工的某个环节出现差错也不会导致明显的离析。间断级配混合料在任何环节中小小的差错都能使混合料产生严重的离析，如果间断级配混合料的沥青含量小到某种程度，几乎不可能不发生离析。

由此可见，混合料级配设计对于控制离析至关重要。离析本身也并不是外界因素引起的路面病害，但它诱发了多种路面损坏，并使沥青混合料设计的努力付诸东流。在轻交通的条件下，离析尚不足以造成很大的危害，但在重交通道路上，发生离析是非常致命的。

五、路面变形

路面变形定义为由于沥青混合料的压密、固结、隆起或受冻胀作用的影响、面层或基层的蠕变、松弛作用等原因导致的一种路面损坏现象，主要表现为波浪、凹陷、隆起、波纹以及路面冲刷等。路面发生的变形还包括扭曲、路面外侧形成的推移和较大范围的变形。扭曲变形和低等变形相似，只有当车辆通过时才能感觉到。路面发生变形的路段，需要车辆减速通行。

推移也可视为路面的变形，它是路面部分路段发生纵向位移的病害现象。通常它是由于车辆刹车或加速造成的，一般出现在坡道、弯道和交叉路口处。推移的同时也可发生相应的竖向位移。

六、磨光

沥青路面磨光是路表损坏的常见现象。磨光是指路表外露的集料颗粒在行车轮胎的摩擦作用下逐渐被磨光滑的现象。一旦路表集料颗粒被磨光，细纹理和构造纹理都将大大降低，路面的抗滑性能也将随之下降，成为交通安全的一大隐患。磨光的主要成因是集料的硬度和耐磨性较差，选用材质较好的集料可有效地加以防治。

沥青路面病害绝不是简单的某一方面导致的。有些是由于沥青面层首先出现病害，水分渗入基层和土基使其承载力降低，并加剧沥青路面的病害；有些则是由于基层土基本身的质量问题，导致路面的病害，这类病害有时很难分析其最初的诱因。

如上所述，沥青路面病害多种多样，对沥青路面的使用功能影响程度不一，有些病害属于功能性破坏，有的则属于结构性破坏，结构性破坏已经严重影响使用功能，需要进行大修。

第三章　沥青路面养护管理系统

路面管理系统(PMS)是以实践经验为基础，包含了路面行驶质量、损坏状况、结构的力学反映、行驶安全性以及路面材料的疲劳、变形、开裂、老化特性等情况，针对路面进行技术经济分析的快捷工具，以指导实现资源配置最优、技术较合理、造价较低的目的。

第一节　路面使用性能调查与评价

一、沥青路面使用性能调查及评价现状

沥青路面使用性能包括功能、结构和安全三个方面。路面结构的最基本要求是耐久、平整和抗滑。耐久性指路面具有足够长的使用寿命，平整性和抗滑性则分别保证了路面的行驶舒适性和行驶安全性。

在汽车的反复作用和自然因素的长期影响下，路面结构使用性能会发生衰减，路面结构逐渐出现破坏，并最终导致其不能满足使用性能的要求。因此，在路面的使用过程中，必须采取合适的养护与管理措施以延缓路面损坏的出现，保证沥青路面具有良好的通行能力和服务水平，延长路面的使用寿命。

(一) 调查评价指标现状

20 世纪 60 年代初期，美国的 AASHTO 试验路提出了路面使用(服务)性能评价指标，建立了 PSI(Present Serviceability Index)路面评价模型。PSI 评价模型的建立拉开了世界范围内路面使用性能评价技术研究的序幕，这对路面养护管理技术的发展有着深远的影响。近年来，随着检测设备及检测技术的跨越式发展和路面养护管理技术研究的深入，许多国家和国际机构先后提出了不同的路面调查评价指标，建立了不同类型的路面评价模型(多变量模型和单参数模型)。

1. 国外路面评价指标

(1) 使用性能评价指数(PSI)。美国基于 AASHTO 试验路的观察数据提出了第一个路面评价模型——PSI 路面服务性能指数。根据 AASHTO 试验结果和 PSI 模型结构及参数，英国、日本、加拿大等的研究部门分别建立了不同用途的路面使用性能评价模型。这些模型的共同特点是：将客观检测数据与标准统一的评价尺度建立联系，利用统一的标尺评价路面的破损程度。

在建立 PSI 模型的时候，由专家组通过道路现场评价确定每个试验路段的专家评价结果。在进行专家调查评价的同时，道路检测人员对试验路段的路面损坏进行调查和检测，随后采用数学方法建立专家评价结果和路面损坏之间的关系，确定相关参数。路面服务能力指数 PSI 按式(3-1)计算：

$$PSI=5.03-1.9\lg(1+SV)-0.01\sqrt{C+P}-0.21RD^2 \tag{3-1}$$

式中　SV——轮迹处平整度离散度；

C——裂缝率，$m^2/1000m^2$；

P——修补率，$m^2/1000m^2$；

RD——车辙深度，cm。

式(1)建立的模型中包含了 4 个可变的参数，即平整度、裂缝率、修补率和车辙深度。在 4 个路面评价影响因素中，裂缝和车辙所占比重较小，这两种参数的变化对 PSI 产生的影响微小。相反，平整度离散度(SV)对 PSI，尤其是 SV 小于 10 时影响显著。

从模型参数(权重)看，PSI 模型实际上是与平整度主相关的行驶舒适性模型。PSI 模型反映了 20 世纪 60 年代美国公路管理的技术条件、公路部门对不同路面损坏的重视程度及研究人员的建模思路。美国将当时所能检测到的所有指标(4 项参数)与 PSI 建立了联系，使 PSI 的评定结果能够在一定程度上客观地反映路面的整体技术状况，不过遗憾的是，无法确定具体是哪项指标导致了 PSI 评价结果的变好或变坏。

(2) 日本养护管理控制指数(MCI)。日本道路协会根据 AASHTO 的 PSI 建模方法，结合日本路面损坏的特点去掉了路面修补率这一参数，将其换成路面裂缝率，标定了美国的 PSI 模型参数，形成了新的 PSI 模型，并将其确定为日本的养护技术规范指标。

$$PSI=4.53-0.518\lg\sigma-0.371\sqrt{C}-0.174D^2 \tag{3-2}$$

式中　σ——纵向平整度标准偏差，mm；

C——裂缝率，%；

D——车辙深度，cm。

与美国 PSI 相反，日本 PSI 模型重视路面裂缝和路面车辙，道路平整度所占比重较轻。日本模型反映了 20 世纪 70 年代末期日本路面的技术状况和公路管理部门所重视的主要因素。日本建设省土木研究所研究员在参考美国和日本 PSI 的基础上，研究开发了养护管理(控制)指数 MCI(Maintenance Control Index)。与美国 PSI 不同，饭岛等采用的专家组是由道路管理人员组成的，现场评价的目的也仅是考虑道路平整度、路面裂缝率和路面车辙深度对道路养护管理和养护需求的影响。通过 3 年对 138 个道路实验路段的数据观测，共取得了 1808 组试验数据，对这些数据进行数学统计处理，得到了式(3-3)~式(3-6)的 MCI 路面评价模型。

$$MCI=10-1.48C^{0.3}-0.29D^{0.7}-0.47\sigma^{0.2} \tag{3-3}$$

$$MCI_0=10-1.51C^{0.3}-0.3D^{0.7} \tag{3-4}$$

$$MCI_1=10-2.23C^{0.3} \tag{3-5}$$

$$MCI_2=10-0.54C^{0.7} \tag{3-6}$$

式中　MCI——养护管理指数，0~10；

C——裂缝率，%；

D——车辙深度，mm；

σ——平整度，mm。

日本 MCI 模型由 4 种关系式组成，按照饭岛等的解释，多个关系模型的联合使用能使评价结果更接近于道路的实际状况。

在日本的MCI模型中，道路平整度所占比重很小，其影响效果与日本道路养护技术规范的PSI基本相似，因此认为去掉式(4)的平整度参数是合理的。在特殊路段上，当单项指标突出时，采用式(5)或式(6)则会得出更为合理的评价结果。日本MCI考虑了多种关系模型以求准确处理不同的路面状况，这同时也给应用带来了混乱。日本的MCI模型是美国PSI建模思路的延续：将路面损坏因素分离开来，用单变量构建路面评价模型。

桥本(1986年)通过研究建立了单因素的行驶舒适性指数RCI(Riding Comfort Index)，从而弥补了日本MCI模型不能充分反映道路平整度对道路用户的影响的缺陷。日本RCI模型是一个典型的单因素路面评价模型，缺陷是当平整度大于一定的数值时，RCI会给出不合理评价结果。行驶舒适性指数RCI按式(3-7)计算。

$$RCI = 10 - 1.70\sigma \tag{3-7}$$

式中　RCI——舒适性指数；

σ——平整度，mm。

(3) 道路状况指数(RCI)。英国路况检测评定规范采用基于Scanner Surveys的道路状况指数RCI(Road Condition Indicator)多参数评定模型，来描述英国公路网的路面使用性能。道路状况指数(RCI)是一个综合指数，为了计算RCI需要采用Scanner Surveys快速检测技术及设备检测如下路面数据：

——3m和10m纵断面平整度的行驶质量数据；

——轮迹带处的车辙深度；

——路面纹理深度；

——整个车道的裂缝率(Cracking Intensity)；

——轮迹处裂缝率。

英国SCANNER为上述各检测指标规定了下限和上限两个标准值，在下限和上限之间，RCI呈线性变化。当检测数据低于下限时，表示路面完好不需要养护；高于上限时，表示进一步的路面损坏不会影响RCI评价结果。

根据上述各项指标检测数据，以10m为单位，分别计算各检测指标的RCI(值域为0~100)值，将各RCI计算结果与规定的检测指标权重(Relevance)和可信性因数(Reliability Factors)相乘并累加便得到10m分路段的综合RCI，按式(3-8)进行计算

$$RCI = \sum_{i=1}^{5} RCI_i W_i F_i \tag{3-8}$$

式中　RCI——道路状况指数；

RCI_i——第i类检测指标的道路状况指数；

W_i——检测指标权重；

F_i——可靠度。

根据综合RCI评价结果，通过算术平均，可计算区间、路线及公路网的道路状况指数RCI。根据RCI评价结果，英国路况检测评定规范将路面使用性能划分为绿(Green)、黄(Amber)、红(Red)三种等级，分别代表路面使用性能完好、路面有损坏需要详细检测、路面损坏严重需要立即养护。

检测指标的下限、上限、权重和可信性因数都是基于公路工程师的经验确定的，上述标准和参数需要定期(每年)修正，所有的标准值及参数都在英国运输部(DFT)网站上公布。

基于 Scanner Surveys 的道路状况指数 RCI 是带有明显养护决策性质的路面评价模型，其在建模方法上，较前几种方法更先进一步。基于经验的模型参数便于定期更新与维护，以满足不断变化的公路技术状况评价和公路养护管理需要。假如 RCI 模型参数和标准能够降低对主观经验的依赖程度，并增加与公路网技术状况统计数据的联系，那么，英国的这种建模方法则有着广泛的借鉴意义。

以上模型的共同特点是：用回归技术建立路况指标与专家评价的直接关系。实际上用专家法建模还有另一种方法，即扣分法。这种方法为美国军队工程研究实验室首先采用。用扣分法建立的路面状况评价模型 PCI（Pavement Condition Index）实际上是一种单因素非线性关系模型，如式（3-9）所示。PCI 模型考虑了每种损坏的损坏扣分和重复损坏的影响。

$$PCI = 100 - \sum_{i=1}^{p}\sum_{j=1}^{m(i)} A(T_i,\ S_j,\ D_{ij})F(t,\ p) \tag{3-9}$$

式中　PCI——路面状况指数；

A——破损类型；

T_i——严重程度；

S_j——损坏密度；

D_{ij}——损坏的扣分值；

I——破损类型；

J——严重程度；

p——总破损类型；

$m(i)$——第 i 种破损的数量；

$F(t,\ p)$——重复损坏修正系数。

PCI 模型的扣分值和单项重复损坏修正系数（0~1.0）是根据专家经验确定的，它的优点是能够精确地计量并确定由多种损坏所导致的总体损坏程度，难点在于必须准确取得不同损坏的扣分值和相关重复损坏修正系数。

2. 国内路面评价指标

（1）我国早期路面评价模型。20 世纪 80 年代末期，在对国外文献分析的基础上，并根据我国沥青路面的损坏特点，交通运输部公路科学研究院先后在河北和浙江等省市有关地区选择了试验路段，实施了路况调查和专家评价，并采集了行驶舒适性和路面损坏等数据。虽然试验仅研究了道路平整度和路面破坏率两个因素，但由于存在多种模型结构，因此在确定模型形式之前，对上述试验数据进行了分类分析，设定了各种函数形式，分别对其进行单项分析，最后选择了相关性较好的 $DR^{0.33}$ 和 $[\lg(1+BI)]^{8.49}$ 作为模型变量，建立了式（3-10）的路面评价模型。

$$PCI=10-\alpha_1 DR^{0.33}-\alpha_2[\lg(1+BI)]^{8.49} \tag{3-10}$$

式中　PCI——路面状况指数；

DR——路面破坏率，%；

BI——道路平整度（颠簸累积仪检测数据），mm/km；

α_1——模型参数，取 0.73；

α_2——模型参数，取 0.0000422。

河北路面评价试验同时对单向指标也进行了数据调查和模型研究，分别建立了路面破损率与专家评价及道路平整度与行驶舒适性的关系模型，见式(3-11)和式(3-12)。

$$PCI=10-\alpha_3 DR^{0.33} \tag{3-11}$$

$$PCI=10-\alpha_4[\lg(1+BI)]^{8.49} \tag{3-12}$$

式中　α_3——模型参数，取2.21；

α_4——模型参数，取0.0000541。

浙江的路面评价模型及参数见式(3-13)~式(3-17)。

$$PCI=11.5-\alpha_1 DR^{0.25}-\alpha_2[\lg(1+BI)]^{7.47} \tag{3-13}$$

$$PCI=10-\alpha_3 DR^{0.25} \tag{3-14}$$

$$PCI=10-\alpha_4[\lg(1+BI)]^{7.47} \tag{3-15}$$

$$PCI=10-\alpha_3 DR^{0.25} \tag{3-16}$$

$$IRI=\alpha_5 BI^{0.729} \tag{3-17}$$

式中　IRI——国际平整度指数，m/km；

α_1——模型参数，取2.52；

α_2——模型参数，取0.00016；

α_3——模型参数，取3.20；

α_4——模型参数，取0.000277；

α_5——模型参数，取0.0179。

(2) 路面管理系统(CPMS)评价模型。我国早期建立的PCI路面评价模型，既包含路面破损指标DR又包含行驶舒适性指标BI，在概念上存在模糊性。为此，路面管理系统CPMS及《公路养护技术规范》(JTG H10—2009)采用了更清晰、直接的分项指标建模方法，见式(3-18)、式(3-19)。

$$PCI=100-\alpha 1\ DR^{\alpha_2} \tag{3-18}$$

$$RQI=11.5-\alpha_3 IRI \tag{3-19}$$

式中　RQI——行驶舒适性指数(Riding Quality Index)；

α_1——模型参数，取15.0；

α_2——模型参数，取0.412；

α_3——模型参数，取0.75。

为了修正RQI模型在结构上的缺陷(当$IRI>16$时，RQI评价结果为负值)，根据路面管理系统(CPMS)二期工程(山东)的研究成果，提出了式(3-20)的行驶舒适性模型，同时也实现了与PCI评价模型在值域(0~100)上的统一。

$$RQI=\frac{100}{1+\alpha_1\exp(\alpha_2 IRI)} \tag{3-20}$$

式中　α_1——模型参数，取0.0185；

α_2——模型参数，0.437。

(3) PQI评价模型。路面损坏、道路平整度、路面车辙、抗滑性能和路面结构强度的评价结果，通过ω权重累加，得到路面总体使用性能评价结果PQI，见式(3-21)。

$$PQI=\omega_1 PCI+\omega_2 RQI+\omega_3 RDI+\omega_4 SRI+\omega_5 PSSI \tag{3-21}$$

式中　PQI——路面使用性能指数；

ω_1、ω_2、ω_3、ω_4、ω_5——路面分项指标权重系数；

PCI、*RQI*、*RDI*、*SRI*、*PSSI*——分别对应路面破损状况指数、路面行驶质量指数、路面车辙深度指数、路面抗滑性能指数和路面结构强度指数。

式(21)的路面使用性能评价模型PQI包含了比英国RCI模型更多的因素，但分项指标间的处理方法基本相同，不同的是RCI将路面的各分项指标也用RCI表示。英国RCI模型不考虑抗滑性能和路面结构强度因素是因为在网级公路技术状况评定中，Scanner Suerveys中不检测和评价这两项指标。

(二) 调查及评价内容

为了了解和掌握路面使用性能的变化情况，必须定期对路面的使用性能进行调查和评定，以便及时采取各种养护和改建措施。沥青路面使用性能调查及评价的内容包括：路面破损状况、行驶质量、抗滑性能、车辙以及结构强度。根据需要还可增加对桥头、通道两侧以及涵洞的不均匀沉降观测。

1. 使用性能调查

沥青路面使用性能调查可采用全面调查或抽样调查的方式，调查频率应遵照《公路技术状况评定标准》(JTG 5210—2018)的规定。应注意的是，表中的调查频率为最低检测频率，有条件的地区可根据实际情况，适当增加部分指标的检测与调查频率或按季度检测，确保能够及时掌握公路技术状况的变化。

2. 使用性能评价

路面使用性能是路面破损、路面平整度、抗滑性、车辙和结构强度的综合体现。路面损坏状况一般采用损坏类型、严重程度和损坏范围来表征。沥青路面的损坏类型包括龟裂、块裂、纵裂、横裂、坑槽、松散、沉陷、车辙、波浪拥包、泛油和修补。

路面平整度是衡量沥青路面行驶质量的重要指标，采用国际平整度指数进行评价；路面抗滑性能是路面检测和评价的一项重要内容，它直接影响公路行车的安全性，采用横向力摩擦系数来评价。对于高速公路和一级公路，路面车辙是作为独立的检测和评价指标来研究的，用路面车辙深度指数(RDI)表示。路面结构强度采用抽样评定指标单独计算与评定，路面的综合评价则采用路面养护质量指数PQI作为评价指标，PQI由上述四项指标按评价等级赋予相应的百分值后加权计算得出。

当路面使用功能或服务质量不能满足使用要求时，就需采用合适的养护维修措施进行修复或改善。当路面破损、车辙等病害严重，路面结构强度、抗滑性能、行驶质量等影响路面性能的因素衰减到一定程度时，均会影响道路的服务水平，这时便需要维修予以改善。我国《公路沥青路面养护技术规范》(JTG 5142—2017)根据各因素对路面性能的影响程度划分为优、良、中、差4个等级，并给出了分级标准。这样一来，道路养护管理单位即可根据路况进行判断，并选择合理的养护维修措施。

二、沥青路面破损状况调查及评价

路面结构的破损状况，反映了路面结构在行车荷载和自然因素的作用下保持自身完整性或完好状态的能力。路面结构破损状况是道路管理部门所关注的，亦是其鉴别需进行养护和改建路段的根据。及时并准确地了解路面的破损状况有利于路面管理者针对不同的情况采取不同的决策。

（一）路面破损状况调查

为了延缓路面损坏的出现时间，无论是改建道路还是新建道路，均需采取日常养护措施进行保养；而在路面结构出现损坏后，应及时采取相应的维修措施以减缓损坏的发展速度；当路面损坏状况恶化到一定限度后，则需采取改建或重建措施以恢复或提高其结构的完整性。因而，路面结构损坏的发生和发展同路面养护和维修工作密切相关。为了对路面破损状况做出全面的估计，须从损坏类型、损坏严重程度和出现损坏的范围或密度三方面对路面破损状况进行调查及描述。

1. 破损类型及分级

（1）破损类型。路面出现损坏的原因（荷载、环境、施工、养护等）是多方面的，结构损坏所表现出的形态和特征也是多种多样的。各种损坏对路面结构的完好程度和路面使用性能均有不同程度的影响，需采取不同的养护或维修对策。因此，在进行路面结构破损状况调查前，要依据损坏的形态、特征和原因，对损坏进行分类，并对每一类损坏规定明确的定义。

1）日本道路建设协会（JRCA）对路面破损的分类法。日本道路建设协会（JRCA）在 1986 年将路面破损分为结构性破损和功能性破损两大类。其中结构性破损又分为网状裂缝和线状裂缝，而线状裂缝又包括横向裂缝和纵向裂缝等；功能性破损包括局部裂缝、跳台、车辙、拥包、波浪、刨光、松散、泛油等。

2）美国 SHRP 对沥青路面破损的分类法。美国战略公路研究项目（SHRP，the Strategic Highway Research Program）将路面破损分为 5 大类：裂缝类、修补不良与坑洞、表面变形、表面损坏和其他损坏。

3）HDM 技术手册对沥青路面破损的分类法。HDM 路面损害预测模型通过 8 个单列的损坏模式进行预测，最终归结为 3 大类共 8 种损坏形式。3 大类具体为：①表面损坏，包括开裂、剥落、坑槽、边缘断裂；②变形，包括车辙和平整度；③表面纹理类，包括纹理深度和抗滑阻力。8 种损坏形式包括裂缝、剥落、坑槽、边缘断裂、车辙、平整度、纹理深度、抗滑阻力。

国内外许多调查研究都从不同角度列举了各种损坏现象，由于损坏现象复杂多变且有时单独出现，有时相互交织同时出现，所以，很难形成一种系统、权威的分类标准。我国《公路技术状况评定标准》（JTG 5210—2018）将沥青路面损坏分为 11 类 21 项。《公路沥青路面养护技术规范》（JTG 5142—2019）将沥青路面破损分为裂缝类、松散类、变形类和其他类等四大类，即：

① 裂缝类：路面结构的整体性因裂缝而受到破坏，包括龟裂、不规则裂缝、纵裂缝和横向裂缝。

② 松散类：路面表层部分因出现局部的脱落、集料散失而产生的一系列破坏，包括坑槽、麻面、脱皮、啃边和松散。

③ 变形类：路面结构虽仍保持整体性，但在各种因素的作用下外形产生较大的变化，包括沉陷、车辙、搓板、波浪和拥包。

④ 其他类：包括泛油、磨光、修补损坏、冻胀和翻浆。

（2）路面破损程度分级。各种路面损坏都有其产生和发展的过程。不同程度的损坏，对于路面使用性能有不同程度的影响。就裂缝而言，作为养护阶段最为关心的因素，其宽度和密度决定了它对路面的危害程度。裂缝初现时，缝隙细微，边缘处材料完整，因而对行车舒适性的影响极小，裂缝间也尚有较高的传荷能力；而发展到后期，缝隙变得很宽，边缘处严重碎裂，行车出现较大颠簸，而裂缝间已几乎无传荷能力。因而，为了区别同一种损坏对路面使用性能的不同影响程度，须按其影响的严重程度对各种损坏划分等级，一般情况分为2~3个等级。

为了使不同调查人员得到大致相同的判别结论，分级的标准要有明确的定义和规定。对于断裂或裂缝类损坏，分级时主要考虑其对结构整体性的影响程度，可采用缝隙宽度、边缘碎裂程度、裂缝发展情况等指标表征。对于变形类损坏，主要考虑其对行车舒适性的影响程度，可采用平整度作为指标进行分级。对于表面损坏类，通常不分级。具体指标和分级标准，可根据各地区的特点，经过调查分析后确定。

损坏严重程度分级的调查，往往通过目测进行，然后再根据损坏路面的外观特征和各种损坏出现的范围来判断损坏的等级。对于沥青路面，损坏范围通常以损坏密度计，即，将出现损坏的面积或其影响面积，除以被调查子路段相应的面积或影响面积。

（3）其他路面破损分类、分级方式。各种病害的成因、破坏程度、破坏进程各有不同。另外，不同的路面主体、荷载条件、外界环境造就了病害的不同形态和特征。国内外的有关文献认为，较为合理的路面破损分类应该从以下几个方面进行考虑：①破损机理。②破坏形状。③破坏的严重程度。④破坏的属性等。

每一种病害的形成，都是各种因素（材料、管理、荷载、气候等）相互作用的结果，各种因素对病害形成的贡献不同，或者说各影响因素的组合不同，病害所呈现的破坏形式亦有所不同。所以，科学合理的分类、分级方法对病害的处治具有重要意义。病害的分类、分级应遵循以下原则：①任何一种病害都应按其主要特征划分到相应的类型中。②应体现沥青路面病害成因机理特征和发展进程。③一种病害的特征只能用一种分类标志（包括多层次标志）来解释。④要有一定的预测性并适用于一定的发展时期。⑤合理的分类在应用时，层次应该明确，并有一定的目的性。

长安大学（沥青路面病害机理及评价方法研究）结合国内外对沥青路面病害的分类、分级研究，并根据对沥青路面破坏机理及进程的研究，从分类科学、便于现场识别与操作的角度出发，综合沥青路面的破坏成因、破坏进程、破坏部位，按聚类分析法对病害进行了分类分级。它将病害看成一个综合的分类系统，类属按同一类型三个层次划分。即按病害的成因机理，将其划分为5个病害列；按外在的表现形式，将其进一步划分为12个病害类；按病因产生的部位，“A型”（Asphalt Pavement，沥青路面）表示病害的原因位于沥青面层，“B型”（RoadBed，路基、基层）表示病害的原因位于基层、土基，将其进一步细划分为18个病害型，即分为“5列12类18型”，对每一病害类型按病害的发展进程分为Ⅰ期、Ⅱ期。Ⅰ期、Ⅱ期的界定与预防性养护、矫正性养护相对应。这样，在路况调查时，调查者能根据现场病害的外在表现，明确其产生机理，同时根据病害的范围及其发生的部位确定病害当前的严重程度并预测病害未来的发展趋势。该分类方法为寻求合理的维修措施提供理论支持与选择标准，具有一定的合理性。

不过，路面病害是一种成因复杂的破坏现象，它不但取决于路面材料的结构组成、性能和温度、湿度等自然条件，同时荷载的作用特征、时间和长短等也对其有很大的影响。可以说，是各种因素的共同作用促成了病害的出现，而各影响因素的不同组合及作用程度造就了病害类型的多样性和复杂性。所以，对病害原因进行准确定位是一件很困难的事，这还有待进一步的研究。

2. 破损调查指标

(1) 路面综合破损率(DR)。路面破损率，即换算损坏面积与调查面积之比。换算损坏面积由路面表面各种类型的损坏通过其对路面使用性能的影响程度加权累积计算得到。

$$DR = 100 \times \frac{\sum_{i=1}^{i_0} \omega_i A_i}{A} \tag{3-22}$$

式中　DR——路面破损率(Pavement DistressRatio)，为各种损坏的折合损坏面积之和与路面调查面积之百分比，%；

A_i——第 i 类路面损坏的面积，m^2；

A——调查的路面面积(调查长度与有效路面宽度之积)，m^2；

ω_i——第 i 类路面损坏的权重；

i——考虑损坏程度(轻、中、重)的第 i 项路面损坏类型；

i_0——包含损坏程度(轻、中、重)的损坏类型总数，沥青路面取 21。

(2) 路面裂缝率(DR_c). 机器识别时，应采用式(3-23)的计算方法，式(3-23)定义了一个新的路面损坏评价指标，即路面裂缝率(DR_c)。路面裂缝率被定义为路面裂缝(包括坑槽)损坏的影响面积(长度×影响宽度)与调查的路面面积之百分比。它是一个中间指标，使用时需要通过有效的试验标定，将裂缝率转换成路面破损率。

$$DR_c = 100\frac{N_c}{N} \tag{3-23}$$

式中　DR——路面裂缝率，%；

N_c——路面裂缝(坑槽)影响面积，m^2；

N——调查的路面面积，m^2。

3. 破损状况检测方法

路面检测数据是路面使用性能评价和路面养护管理决策的基础。《公路技术状况评定标准》(JTG 5210—2018)规定：路面损害状况检测，宜采用自动化的快速检测方法，当条件不具备时也可采用人工检测方法，检测应以 1000m 为基本检测或调查单元。

(1) 人工检测。人工检测是指在封闭或不封闭交通的情况下，按照规定的损坏分类和识别方法，采用目测和简单工具丈量的方式，人工记录各种路面损坏类型、严重程度和数量(长度和面积)。有条件的地区，还可以借助便携式路况数据采集仪(RCR)进行现场记录、汇总、计算和评定。人工检测方法应用比较广泛，它对于人力资源丰富的地区和低交通量及低等级公路具有相当的优势，但是在大交通量的高速公路和干线公路上使用时，将会面临实际操作上(封路、安全、速度、精度)的诸多困难，不适应大规模公路检测的要求。

损坏调查通常由 2 个调查小组沿线通过目测进行。调查人员鉴别调查路段上出现的损坏类型和严重程度并丈量损坏范围后，记录在调查表格上。同一个调查路段上如出现多种损坏或多种严重程度，应分别计量和记录。

为了避免人工检测标准的不统一，在进行检测之前，必须对所有检测人员进行检测方法和检测标准的培训，通过“培训—实习—培训”的方式使检测人员掌握路面损坏分类标准和测量方法，并进行现场实习以加深认识，务必使检测人员获得的检测标准是统一的。

（2）机器检测。在调查路面损坏状况的诸多方法中，人工检测方法的应用是最为广泛的，但其不适应大规模公路检测的要求，且从数据采集的效率和评价结果的准确性及重现性的要求看，路面损坏状况检测自动化一直是一个主要的研究和发展方向，研究领域主要集中在硬件检测系统、软件图像处理技术和软件系统的实用性和指标评价方面。在路面损坏自动化检测领域，目前以基于摄影/摄像和模式识别技术的图像检测方法应用最为广泛，它可以分解为图像获取子系统（数据采集）和图像显示及解释子系统（数据处理）。

图像采集系统由安装在测试车上的光电扫描装备和摄影/摄像装备组成，通过光电扫描装备和摄影/摄像装备的共同工作对路面的破损状况进行动态、实时获取，并将路面损坏图像记录、存储在磁带或胶片上。数字化过程是将模拟图像数据转换成为计算机能够识别的数字化图像数据，随着摄影/摄像装备数字化程度的提高，路面损坏图像的数字化过程可由装备直接完成，并直接传输到计算机内存。保存的图像数据通过人工判读或机器视觉识别方式来确定路面损坏的类型和数量，并将处理结果存入路面数据库，供评价和决策使用。

目前国内外较先进的测量方法有：摄像测量法和探地雷达法。摄像测量技术的基本原理是将安装在测定车上的快速或高速摄像机按一定速度与一定摄像角度，将指定路面上的各种病害拍入摄像机，然后在现场或室内快速处理成数据的一种检测技术。而探地雷达法是当装有探地雷达的检测车在指定路面上以一定的速度行驶时，探地雷达发射电磁脉冲，并在短时间内穿透路面，无线接收机接受脉冲反射波，数据采集系统记录返回时间和路面结构中的不连续电介质常数的突变情况。根据测得的各种材料的电介质常数及波速，可计算路面结构的损坏位置及状况。其检测速度可达 80km/h 以上，最大探测深度大于 60cm。目前在公路无损检测方面探地雷达法具有广阔的应用前景。

《公路技术状况评定标准》（JTG 5210—2018）规定：路面损坏自动化检测设备应该能够分辨 1mm 以上的路面裂缝，检测结果宜采用计算机自动识别，识别准确率应达到 90%以上。路面损坏检测数据应以 100m（人工检测）或 10m（快速检测）为单位长期保存。

（二）路面破损状况评价

1. 评价指标

通过对路面损坏数据进行检测，根据路面的折合损坏面积和调查面积可计算路面破损率（*DR*）和路面破损状况指数（*PCI*），以此来评价路面的损坏状态。

$$PCI=10-\alpha_0 DR^{\alpha_1} \tag{3-24}$$

式中　α_0——沥青路面采用 15.00；

α_1——沥青路面采用 0.412。

路面损坏状况指数（*PCI*）与路面破损率（*DR*）特征数值的对照关系如下：

PCI	*DR*
90	0.4
80	2.0
70	5.5
60	11.0

2. 评价标准

根据路面的破损状况调查得到的路面状况指数，可将路面的质量分为优、良、中、次、差五个等级。具体如下：

评价等级	评价指标路面状况指数(*PCD*)
优	≥85
良	[70，85)
中	[55，70)
次	[40，55)
差	<40

三、沥青路面行驶质量调查及评价

路面的基本功能是为车辆提供快速、安全、舒适和经济的行驶表面。路面行驶质量反映路面满足这一基本功能的能力。评价路面行驶质量的好坏要综合考虑人、车、路三方面的因素，即路面表面的平整度特性、车辆悬挂系统的振动特性、人对振动的反应或接受能力。从路面状况的角度出发，影响路面行驶质量的主要因素是路面平整度。因此，沥青路面行驶质量调查及评价的主要目的是平整度的调查及评价。

（一）行驶质量调查

1. 行驶质量检测指标

（1）路面平整度。路面平整度(Smoothness)可定义为路面表面诱使行驶车辆出现振动的高程变化。路面的平整度直接影响到行驶的速度、安全性、经济性和舒适性，路面不够平整必然会导致行驶车辆的颠簸更为剧烈(或路面不够平整必然会加剧车辆的颠簸程度)，使机械磨损、油耗增加等，从而使行驶速度下降和车辆损坏加速。国内外研究资料表明，行车速度与平整度成反比，油耗随平整度下降而呈指数上升。平整度不仅是车辆高速、舒适、安全通行的保证，也是路面养护费用和使用寿命的重要影响因素。可见，平整度是度量沥青路面行驶质量的重要指标。

（2）国际平整度指数(*IRI*)。国际平整度指数(*IRI*)是一项标准化的平整度指标，被定义为：模拟1/4车(即单轮，类似于拖车)在80km/h速度下，车身悬挂系总位移与行驶距离之比(单位：m/km)。目前已建立的反映路面平整度状况的指标较多，为统一起见，常以国际平整度指数(*IRI*)作为通用标准，标定其他平整度指标。如对连续平整度仪测试得到的路面平整度标准差σ，目前已建立标定关系：

$$\sigma = 0.5926IRI + 0.013 \tag{3-25}$$

或近似为：$\sigma = 0.6IRI$

作为道路平整度检测的标准尺度，*IRI*已经被世界各国广泛采用，主要是因为*IRI*具有两个特点：第一，稳定性好。*IRI*代表的是纵断面各点高程偏差的统计值，具有时间和空间的稳定性。第二，转换性好。*IRI*与所有道路平整度检测设备都具有良好的相关性，便于把不同设备的测试结果统一向*IRI*转换并由其统一标定。国际平整度指数可按式(3-26)进行计算：

$$IRI = a + b \times BI \tag{3-26}$$

式中　*BI*——平整度测试设备的测试结果；

a、*b*——标定系数，在使用中，各地可根据实际的标定结果确定其取值。

目前能输出国际平整度指数 *IRI* 的测试设备主要有精密水准仪、车载式颠簸累积仪、手推式断面仪、激光断面仪等，其中以世界银行公布的程序计算的 *IRI* 为标准，计算数据是用精密水准仪对路段进行详细精确的纵断面测定得到的，而用其他方法测得的 *IRI* 均须与此建立相关关系。

最新颁布的《公路工程质量检验评定标准》(JTG F80/1—2017)在高速公路面层的平整度评价指标中规定了标准差 σ 和国际平整度指数 *IRI* 作为平整度评价指标，两者关系的近似表达式为：

$$\sigma = 0.6IRI$$

2. 平整度检测方法

平整度检测贯穿于路面施工质量检测、评定、验收及运营期间路面质量检测等环节，检测设备、原理和方法多种多样，检测结果因检测设备的不同而有较大差异。道路平整度检测方法和设备从原理上可以分为两种类型：第一类为反应类平整度检测设备，依靠测量车辆在路面上行驶时机械振动系统的动态反应来表征路面的平整度；第二类为断面类平整度检测设备，测出路面纵断面剖面曲线，然后对测出的纵断面曲线进行数学分析得出平整度指标。

研究表明路面的摩擦系数一般会随着车速的升高而降低，因而路面动态摩擦系数更能准确描述公路的抗滑性能。目前较先进的设备是断面类的连续式平整度仪、激光路面平整度测定仪和反应类的车载式颠簸累积仪。

(1) 反应类道路平整度检测设备。反应类道路平整度检测是通过安装在车体上的传感装置测量车辆以一定速度驶经不平整路面时悬挂系统的动态反应(竖向位移、竖向加速度等)，以此来间接度量路面的平整程度。设备输出的测定值通常是一个计数数值，每计一个数相应于一定的悬挂系统位移量。反应类指标表征的是路面凹凸不平引起车辆振动的颠簸情况，是司机和乘客直接感受到的平整度指标，因此它实际上是舒适性指标。

反应类道路平整度检测设备的主要优点是操作简便、测量速度快，可用于大规模道路平整度检测。然而，由于这类检测方法是对道路平整度的间接度量，其检测结果同车辆的动态反应状况密切相关。即，随着车辆机械系统的振动特性和车辆行驶的速度的变化而变化，因而存在再现性差、转换性差，不能反映路面的真实纵断面等缺点。

在反应类道路平整度检测设备中，国内应用较为广泛的是颇簸累积仪(BI)。其工作原理是采集车辆按一定速度行驶时，用车身与车后轴之间由于颠簸产生的单向位移累积值表征路面的平整度状况。颠簸累积值越小，路面的平整度就越好。颠簸累积值与仪器装载车的底盘悬挂系统的固有性能有关，易受到车辆动力系统、减振系统、轮胎气压和磨损以及车身配重等多方面因素的影响。因此车载式颠簸累积仪在使用前必须与世界银行规定的一类设备进行 IRI 对比标定试验，建立相关关系后才能投入使用。

鉴于反应类道路平整度检测设备的上述固有缺陷，最新颁布的《公路技术状况评定标准》(JTG 5210—2018)建议在条件允许时宜采用快速和高精度的断面类检测设备。

(2) 断面类道路平整度检测设备。断面类道路平整度检测设备的工作原理是直接测量路表纵断面形状(高程)，然后再通过一个综合性数学统计量来表征其平整度状况。属于这一类型的方法和设备主要包括：水准测量、MERLIN 梁、三米直尺、连续式平整度仪、美国

GMR 断面仪、法国 APL 纵断面分析仪等。

1）水准测量：采用水准仪和水准尺沿轮迹方向测路表面的高程，由此得到路表纵断面的精确数据。这是一种测定结果较为稳定的简便方法，但因其测量速度很慢，比较费工，因此只适用于小范围的检测或设备标定。

2）梁式断面仪：用 3m 长的梁（或直尺）连续量测轮迹处路表同梁底的高程差，由此得到路表纵断面。这种方法的测定速度较水准测量要快些，多用于施工质量监测中，但因其效率低、精度差，难以反映路面较长波长的颠簸和起伏状况等问题。

3）惯性断面仪：如 GMR 和 APL 是利用车载加速度计建立惯性参考系，由测试轮量测车身同路表之间的相对位移，并通过与加速度计输出信号的二次积分进行互差来消除车体自身振动的影响，由此可以反映路表纵断面的真实状况。但是当车速过高或路面非常不平整时，测试轮就会跳离路面，从而影响测试精度。

为了克服惯性断面仪的上述缺陷，一些非接触式断面仪的改进方案应运而生。这类设备一般由测试车、激光或超声波传感器、加速度计、距离传感器以及数据采集和处理系统组成，通过测量路面反射信号和加速度计采集的车辆运动状况信号得出路面纵断面各点的相对高程，根据检测结果可以绘制图形，进行频谱分析，经后期处理可以计算得到国际平整度指数（*IRI*）。

这种断面类非接触式平整度检测设备的优势是自动化程度高、测试速度快（80～120km/h）、采样密度大和数据精确，是目前最为先进的道路平整度检测设备。此外，在配备足够数量的传感器后，断面类非接触式平整度检测设备还可以同时采集路面车辙、路面构造深度和道路几何线形等数据信息。

路面平整度宜采用快速检测设备，并可结合路面破损和车辙一并检测。单独测路面平整度时，宜采用高精度的断面类检测设备。路面平整度检测设备必须定期标定，每年至少标定一次，标定的相关系数应大于 0.95。路面平整度检测数据应以 20m 为单位长期保存。

虽然近几年路面平整度检测技术取得了长足的发展，但无论是断面类还是反应类平整度检测仪在测量速度和精度方面都存在着一定的局限性，这也是路面平整度检测技术不断完善和发展的方向。

（二）行驶质量评价

路面行驶质量同三个方面的因素有关，即：路表面的不平整度、车辆的动态响应和人的感受能力。因而，由于每个人对行驶舒适性的要求以及对颠簸的接受能力不同，即便是乘坐同一辆车行驶在同一路段上，不同的乘客对该路段的行驶质量也会做出不同的评价。所以为了避免随意性和主观性对评价结果的影响，应采用主、客观相结合的评价方法。将回归分析主观评分同客观量测平整度相结合而建立的评价模型，可用于评价路面的行驶质量，以得出较为统一的评价结果。本节将详细说明平整度的评价指标及如何利用模型对路面行驶质量进行评价。

1. 评价指标

路面行驶质量采用行驶质量指数（RQID）作为评价指标，行驶质量指数是由国际平整度指数（*IRID*）计算而来的。

在统一的平整度指标 IRI 的基础上，可建立路面行驶质量的评价指标 RQI：

$$RQI=a+b\cdot IRI \tag{3-27}$$

式中　RQI——路面行驶质量指数，数值范围为0~10。如出现负值，RQI取0；如计算结果大于10，则RQI取10；

a、b——经验系数，由主、客观评价综合确定。

通过IRI与RQI的相关分析可知，路面行驶质量指数(RQID)与国际平整度指数(IRID)的关系为：

$$RQI = 11.5 - 0.75 \cdot IRI \tag{3-28}$$

在高速公路沥青路面的行驶质量评价中，RQI与IRI的对应关系如下：

RQI	*IRI*
90	2.3
80	3.5
70	4.3
60	5.0

在路面管理系统的研究中，研究人员建立了道路平整度与行驶舒适性的关系，并提出了路面行驶质量指数(RQI)模型，见式(3-29)。

$$RQI = \frac{100}{1 + \alpha_0 e^{\alpha_1 IRI}} \tag{3-29}$$

式中　IRI——国际道路平整度指数(International Roughness Index)，m/km；

α_0——模型参数，高速公路采用0.026；

α_1——模型参数，高速公路采用0.65。

公路用户对不同等级的公路有不同的行驶舒适性(行驶质量)要求和期望。根据相关的公路试验和统计数据，《公路技术状况评定标准》(JTG 5210—2018)分别为普通公路和高速公路确定了不同的RQI模型参数。

2. 评价标准

在《高速公路养护质量检评方法(试行)》中，IRI 4.0m/km和IRI 6.0m/km分别被定义为优(RQI90)和良(RQI80)。随着我国公路管理技术的不断进步以及公路养护技术能力的逐渐提高，《公路技术状况评定标准》(JTG 5210—2018)将优(RQI90)和良(RQI80)对应的道路平整度分别提高到IRI 2.3m/km和3.5m/km(高速、一级公路)以及IRI 3.0m/km和4.5m/km(普通公路)。调整后的行驶质量评价模型在一定程度上反映了我国在公路路面铺筑技术上所取得的进步以及公路用户对道路平整度期望水平的提高。

根据各项研究综合论证后得到沥青路面行驶质量的评价标准，其给出了RQI、IRI和σ三种指标相应的建议值。具体如下：

指标	*RQI*	*IRI*/(m/km)	σ/mm
优	≥8.5	≤4.0	≤2.4
良	[7.0，8.5]	(4.0，6.0]	(2.4，3.6]
中	[5.5，7.0]	(6.0，8.0]	(3.6，4.8]
次	[4.0，5.5]	(8.0，10.0]	(4.8，6.0]
差	<4.0	>10.0	>6.0

四、沥青路面抗滑性能调查及评价

路面抗滑性能是路面检测和评价的一项重要内容，它直接影响公路行车的安全性。沥青路面在通车使用一段时间后，路表面的粗糙度或构造深度将会逐渐衰减，使路表的抗滑能力迅速降低，这将直接影响到公路行车的安全。因此，高速公路沥青路面的抗滑性能是沥青路面预防性养护的重要方面。通常，抗滑性能被看作是路面的表面特性，并定义为：

$$f=\frac{F}{W} \tag{3-30}$$

式中　f——摩阻系数；

F——作用于路表面的摩阻力；

W——垂直于路表面的荷载。

影响路面抗滑性能的因素主要有两大类：①外因：如车辆轮胎的纹理、行驶速度和气候。②内因：道路表面性质，包括微观构造和宏观构造。微观构造是指集料表面的粗糙度，它主要提供车辆低速行驶（30~50km/h）时的抗滑性能，通常采用石料磨光值（PSV）表征其抗磨光的性能；宏观构造即路面纹理深度，它是路表外露骨料间形成的凹凸构造，主要功能是迅速排除车轮下的路表水，避免其形成水膜。宏观构造主要影响高速行车时路面表层的抗滑能力，并由构造深度表征其性能。

（一）抗滑性能调查

1. 检测指标

路面摩擦系数是表征路面抗滑性能的安全指标，即路面能否提供防止车辆轮胎滑动和减小制动距离的能力。根据摩阻力检测方式的不同，摩擦系数分为制动力系数和横向力系数两种。制动力系数只能表明车辆制动距离的长短，而横向力系数不仅能够体现车辆制动距离的长短，还能够表征路面防止车辆侧滑的能力。

目前，我国高速公路沥青路面抗滑性能的检测指标主要有两个：摩擦摆值（BPN，British Pendulum Number）和横向力系数（SFC，Side-way Force Coeficient）。对于高速公路而言，应该采取横向力系数（SFC）作为其路面抗滑性能的主要指标。对于检测结果是 BPN 指标的路面，可以采用横向力系数与摆值的关系式（3-31）进行换算。

$$SFC=1.98BPN-34 \tag{3-31}$$

现行《公路技术状况评定标准》（JTG 5210—2018）建议采用横向力摩擦系数 SFC 作为检测指标。

2. 检测方法

目前，世界各国已经形成了多种路面抗滑性能的测试方法，主要有：制动距离法、构造深度测试法（手工铺沙法、电动铺沙法、激光构造深度仪法）、摆式仪法、偏转轮拖车法（横向力系数测试）。根据测试方式可以划分为测定摩擦系数的直接法和测定路面微观构造与宏观构造的间接法，相应的测试指标也依此分为直接指标和间接指标两类。对于高等级公路沥青路面而言，一般推荐采用横向力系数测试车对其抗滑性能进行检测。

（1）人工摩擦系数测试法。人工摩擦系数测试方法主要包括摆式仪法和 DF 测试仪法。摆式摩擦系数测试仪是英国 TRL 研制的一种小型路面抗滑性能测试装备，其工作原理是根据能量守恒规律，将摆臂的势能损失转化为路面摩擦力所做的功，进而反算出摩擦系数，并通过摆式仪的摆值(BPN，British Pendulum Number)读出。由于摆式仪只能在静态单点采样条件下进行测定，所以主要用于在室内量测路面材料的表面摩阻特性，也可用于野外量测局部路面范围的抗滑性能。需要指出的是：所测摆值只相当于较低车速下的路面摩擦系数，且在宏观构造粗糙的路面上进行测试时易产生较大偏差；测试对交通造成的影响亦较大。故摆式仪已明显不能满足高等级公路对于路面抗滑性能在检测精度和检测频率方面的要求。

日本制造的DF摩擦系数测试仪，其工作原理与摆式仪相似，也是通过摩擦力做功使旋转动能损失来反算动态摩擦系数值的。该仪器的特点是便于携带，可测试单采样点处0~80km/h范围内的摩擦系数值，但不适用于宏观构造较粗的路面。

总而言之，上述两种设备操作简单、携带便捷，但均为静态单点固定操作，采样频率低，且不适用于宏观构造较粗的路面，使用时必须封闭交通，因此在高速公路的检测中应用较少。

（2）自动摩擦系数测试系统。自动路面摩擦系数测量设备主要有车载式和拖挂式两种。设备由机械系统、液压系统、电气及计算机系统组成，为模拟雨天公路路面状况，可在车体上加装一套洒水系统。该设备可实现自动连续测量，精度较高，其结构型式采用一个专门测试轮。目前国际上通用的路面摩擦系数自动化测试系统主要有两类：一类是测定横向力摩擦系数的测试系统，以英国的SCRIM为代表，广泛应用于欧洲国家；另一类是测定纵向摩擦系数的测试系统，北美、欧洲各国和日本等经常采用。

1）横向力摩擦系数测试系统。横向力摩擦系数测试设备的工作原理是：设定测试轮与行车方向成一定偏角，当车辆前进时会产生一个同测试轮平面垂直的横向摩阻力，横向力由压力传感器量测，其大小与路面和轮胎之间的摩擦系数成正比，该横向力与测试轮承受垂直荷载的比值即为横向力摩擦系数(Side-way Force Coefficient，SFC)。为使测试状态与实际的最不利状态相吻合，应利用水箱喷头在测试轮前喷洒一定量的水，使路面保持一定厚度的水膜。在实际应用中，有的装备采用的是单轮偏角的形式，例如SCRIM横向摩阻力测试车。还有一些装备采用的是双轮合角的形式，例如英国的MU-Meter-6型摩擦系数测定仪，该仪器通过夹角为15°的两个测试轮来测定路面的横向力摩擦系数。

横向力摩擦系数SFC是路面纵横向摩擦系数的综合反映，能够很好地表征车辆在制动时路面阻止其发生侧滑的抗力。

横向力摩擦系数检测车为高效自动化检测装备，能够对路面进行长距离连续测试，检测结果可以直接导入路面管理系统(CPMS)数据库。上述特点使横向力摩擦系数测定车能够适应干线公路，特别是高速公路，不封闭交通、快速检测的要求。作为路面行驶安全性评价的一种重要检测设备，横向力系数测定车已被许多公路管理部门纳入检测标准体系，同时它也是高速公路的质量验收和日常养护管理的首选设备。

2）纵向摩擦系数测试系统。纵向摩擦系数测试系统的工作方式是使测试轮与车辆的前进方向保持一致，测定完全刹住或不完全刹住(规定滑移率)的测试轮上产生的纵向摩阻力和测试轮所承受的竖向荷载，二者的比值即为纵向制动力摩擦系数BFC(Braking Friction Coefficient)或称为滑移指数SN(Slip Number)，由此可以反映出路面对车辆制动距离长短的影响。摩擦系数测试部件可以安装在车体上或者采用拖挂方式。这种测试方法的特点是能在较宽速度范围内测试路段的平均摩擦系数，测试结果比较符合车辆实际刹车时的情况，并且不影响其他车辆的正常行驶。由于设备所携带的喷洒用水量较少，故一般仅适合于短距离或特殊路段(如机场道面)的检测。

(3) 路面纹理深度检测。路面纹理深度检测方法是一种间接的路面抗滑性能检测方法。实践中，经常采用铺砂法测量路面纹理深度的大小，通常有手工铺砂法和电动铺砂法两种，计算出纹理深度(TD)，用以评价路面抗滑性能。

应用激光技术测量路面纹理深度是近几年发展起来的测试方法，常用设备为激光路面纹理测试仪，有车载式和手推式两种，测试指标为路面纹理深度(Surface Mean Texture Depth, SMTD)。该设备的工作原理是：中子源发射许多束光线，这些光线照射到路表面的不同深度处，然后用200多个二极管接收返回的光束，并利用二极管被点亮的时间差算出所测路面的构造深度。其特点是测试速度快，与铺砂法有良好的相关关系，适用于测定干燥沥青路表面的构造深度，不适用于坑槽较多、显著不平整或裂缝过多的路段。

(二) 抗滑性能评价

1. 抗滑性能评价指标

沥青路面应具有的最低抗滑性能通常视道路状况、测定方法和行车速度等条件而定。各国通过对交通事故率的调查和分析，以及同路面实测抗滑性能间建立的对应关系，制定抗滑指标的有关规定。有的国家除了规定抗滑性能的最低标准外，还对石料磨光值和构造深度的最低标准做出了规定。

为了探究公路养护质量的评定方法，在大量观测试验的基础上，李等(2004年)将基于横向力摩擦系数(SFC)的路面抗滑性能检测指标与抗滑性能指数SRI(O~100)建立了关系，见式(3-32)。

$$SRI=\frac{100-SRI_{\min}}{1+a_1 e^{a_2 SFC}}+SRI_{\min} \tag{3-32}$$

式中　SRI——路面抗滑性能指数；

SFC——横向力摩擦系数；

$SRI_{\min}$——抗滑性能限值，采用25；

a_1——标定系数，采用266.0；

a_2——标定系数，采用-0.139。

路面的抗滑性能直接影响行车的安全性，《公路技术状况评定标准》(JTG 5210—2018)建议采用SFC计算路面抗滑性能指数(SRI)，评价沥青路面抗滑性能，从而使所有路面使用性能指标有了统一的评价尺度。路面抗滑性能指数(SRI)与横向力系数(SFC)特征数据的对应关系如下：

SRI	*SFC*
90	48
80	40
70	33.5
60	27.5

2. 抗滑性能评价标准

根据《公路沥青路面养护技术规范》中的有关规定，高速公路沥青路面抗滑性能评价标准为规定摆值(BPN)和横向力系数(SFC)的一个范围，来确定沥青路面的抗滑性能等级。具体如下：

指标	摆值 *BPN*	横向力摩擦系数 *SFC*
优	≥42	≥50
良	[37，42]	[40，50]
中	[32，37]	[30，40]
次	[27，32]	[20，30]
差	<27	<20

在《公路技术状况评定标准》(JTG 5210—2018)中并没有对采用的SRI评价指标划分等级，这也为目前抗滑性能的评价带来一定的不确定性。在参考和借鉴国内外相关规范及经验的基础上，建议的路面抗滑性能评价标准如下：

指标	*SRI*
优	≥90
良	[80，90]
中	[70，80]
次	[60，70]
差	<60

五、沥青路面车辙调查及评价

近年来，随着交通量的迅速增长，车辆渠道化行驶以及重载、超载问题的凸显，车辙已经成为我国高速公路沥青路面的一种主要损坏形式，同时也是公路路面进一步损坏的诱因。车辙的存在严重缩短了路面的使用寿命，降低了高速公路的服务水平，构成了交通运输的安全隐患。因此，路面车辙是高速公路养护中的一项重要检测任务和质量评价指标。

(一) 车辙调查

1. 调查指标

《公路技术状况评定标准》(JTG 5210—2018)规定了高速公路和一级公路的路面车辙检测方法，它将路面车辙深度(RD)作为独立的检测指标，并据此计算路面车辙深度指数(RDI)。

对于其他等级公路，由于路面车辙问题并不突出，《公路技术状况评定标准》(JTG 5210—2018)建议继续沿用传统做法，在调查路面损坏状况时量取车辙长度，然后根据影响宽度(0.4m)换算成路面车辙的损坏面积。

大多数车辙检测设备并非直接测量路面的最大车辙深度，而是首先确定横断面上一些离散点的相对高程或者连续的横断面形状，然后再根据一定的方法计算得到路面车辙深度指标。

对于自动车辙仪，若位移传感器的数量充足，且设计间距合理，便能够得到近似连续的车道横断面。根据所得横断面，可以采用以下两种方法来计算路面车辙深度指标。

（1）模拟直尺车辙深度（Straightedge Rut Depth）。模拟人工直尺检测方法，利用虚构的直尺沿车道横断面曲线进行测量，直尺的长度可以根据实际情况自行定义。取直尺与路表面之间的最大垂直距离作为相应轮迹处的车辙深度。

（2）包络线车辙深度（Wire Line Rut Depth）。包络线车辙深度是两侧轮迹处横断面包络线与路表面之间的最大垂直距离。横断面包络线的定义为，沿车道横断面逐点连接凸出的路面峰值点，并且连线，在峰值点处的外转折角应该≥180°。直观的描述是，虚构一条线横跨整个车道横断面（即包络线），拉线两端与横断面的端点重合，线落在路面最高点或凸出点上。用包络线计算路面最大车辙深度的方法，可以用于人工检测，也可用于自动化检测，它是国外横断面分析和车辙深度计算的标准方法。

2. 检测方法

在高速公路普遍使用以前，我国的车辙现象并不严重，少量的路面车辙一般通过两米直尺人工确定。《公路沥青路面养护技术规范》（JTG 5142—2019）将车辙与裂缝、坑槽等视为同一路面损坏类型，按面积（车辙长度×0.4）和权重通过路面破损率指标 DR 反映其对路面使用性能衰变的影响。长期的渠化重载交通使高速公路和一级公路普遍出现了车辙，而传统的人工检测手段无法满足在交通不中断的情况下进行路面车辙检测的要求。因此，对于高速公路和一级公路而言，其路面车辙的检测宜采用快速检测设备，并结合路面损坏和路面平整度的检测同时进行。应注意的是，路面检测设备必须定期标定，每年至少标定一次。

根据检测方式的不同，可将车辙检测分为人工检测设备和自动化检测设备两种。车辙检测技术也可分为接触式和非接触式两类。接触式检测技术是用直尺安置在车道上，然后测定直尺与车辙底部的距离。该类检测技术简单直观，且检测设备价格低廉，但检测效率低、干扰正常交通，并且还存在检测人员的人身安全问题，不宜用于长距离检测。非接触式车辙检测技术利用超声波或激光传感器的非接触测距功能，以一定的系统构成安装在检测车辆上以实现车辙检测的自动化，该类检测技术速度快、效率高，且对正常交通干扰少。

（1）人工检测。直尺测量是把直尺横放在轮迹带的车辙位置处，用量尺或量规测量最大车辙深度。精密水准测量是指应用水准仪和水准尺沿道路横断面按一定间隔测量路面表面的高程，由此可以获得精确的道路横断面信息，依此计算路面车辙深度或其他车辙指标。表面高程计上安装有倾角罗盘，可以测量两个支脚之间的高差，支脚间距是 305mm（12in），利用它可以对横断面高程进行检测。手推式断面仪与表面高程计原理相似，可用于检测纵横断面的变形状况。横向轮廓仪的钢制横梁宽度为 3.6m（12ft），上面设有水准气泡和水平调节螺丝，通过一个直径为 7.6cm（3in）的测试轮检测路面高程的变化，沿横断面推动把手可以自动绘制横断面图。

（2）自动车辙检测设备。《公路技术状况评定标准》规定，路面车辙检测宜采用快速检测设备，而且应与路面损坏和道路平整度等指标结合起来，采用多功能快速检测设备统一检测。车辙快速检测装置是基于非接触式位移传感器工作的，通过在车体上安装位移传感器来快速、连续地检测道路横断面，具有快速、高效、操作安全和不影响车辆正常通行等优点，是目前应用最为广泛的自动化路面车辙检测设备。它主要由检测横梁、传感器和计算机系统三部分组成，其测量结果随传感器类型、数量和位置的不同而有很大差异。位移传感器是利用光时差原理来测量车体与路面之间的相对距离的，当传感器数量足够多时，便可以检测出路面车辙形状。

随着电子、计算机以及机械技术的发展，在不影响正常交通的情况下，已经实现了对道路路面状况的多种检测。由专用车辆和多种车载式检测仪器构成的多功能道路检测车就是一种高效率、智能化的道路检测设备，它可以用于路面平整度、车辙、构造深度、横坡的测量。检测车前部的横梁上安放有激光传感器或超声波传感器等非接触式传感器，配置在横梁上的加速度传感器和高精度陀螺仪惯性单元为测试过程提供运动基准以保证测量精度。检测车上设有摄像系统，摄像系统分为两部分，一部分为普通摄像机、高速摄像机、数码照相机或激光线扫描成像系统。普通摄像机和数码照相机通常安装在车顶的前部，主要用来对道路整体情况和道路附属结构物进行摄像；高速摄像机或激光线扫描成像系统通常安置在多功能检测车的后部，主要用来对路面裂缝、坑槽等破坏状况进行图像采集。

可配备线激光车辙仪对车辙进行检测，线激光光源牢固地安装在检测车车身上，激光光源发射的激光光束经透镜扩束后以一定角度照射在道路表面上横向成像，得到车道轮迹断面图，从而可以分别获得路面左右轮迹的车辙深度。

直尺和量规等人工检测设备的检测速度慢、效率低，且人为因素影响大、安全性差，不适用于大规模的路面车辙检测。利用精密水准仪、表面高程计、手推式断面仪和横向轮廓仪等设备都可以获得较为精确的横断面信息，但是同样也存在人工检测方式的缺点，因此通常作为标定设备使用。摄影检测方法对存储设备要求较高，并且只能在夜间检测，这在一定程度上限制了它的应用范围。

综上所述，各种路面车辙检测设备的实质都是采集道路横断面七个点的高程数据信息，然后描述出横断面的形状，并据此计算出路面车辙深度，而不同之处在于横断面的检测方式、覆盖宽度、测点密度和检测精度等。

（二）车辙评价

1. 车辙评价指标

（1）车辙深度指数。《公路技术状况评定标准》采用车辙深度指数（RDI）作为沥青路面车辙的评价指标。路况快速检测技术及设备能够以较高的检测密度、检测频率和车速快速采集大量的路面横断面数据。由于路面横断面数据易于采集，而且路面车辙已经成为我国高速公路和一级公路的主要病害类型之一，在系统分析我国路面车辙的发生机理和损坏现状的基础上，通过对大量观测数据的研究，提出了路面车辙的评价模型及其评价指标。作为路面车辙的评价指标，路面车辙深度指数（RDI）可根据所获得的断面车辙深度（RD），按式（3-33）计算。

$$RDI=\begin{cases}100-a_0RD & RD\leqslant RD_{\mathrm{a}}\\ 60-a_1(RD-RD_{\mathrm{a}}) & RD_{\mathrm{a}}<RD\leqslant RD_{\mathrm{b}}\\ 0 & RD>RD_{\mathrm{b}}\end{cases} \tag{3-33}$$

式中 RDI——路面车辙深度指数；

RD——车辙深度，mm；

RD_{a}——强制性养护标准，采用 20mm；

RD_{b}——车辙深度极值，采用 35mm；

a_0——模型系数，$a_0=2$；

a_1——模型系数，$a_1=4$。

车辙损坏不再重复计算。路面车辙深度指数(RDI)与路面车辙深度(RD)特征数据的对应关系如下：

RDI	*RD*/mm
90	5
80	10
70	15
60	20
0	35

(2) 代表车辙深度。车辙的损坏面积按车辙的长度乘以 0.4m 计算，但通常是以路面代表车辙深度(D_r)为指标来评价其严重程度的。测试断面按一定间距(通常为 50m 或者 20m)分布于检测路段上，在各测试断面处量测每个车道上的车辙深度，并计算路面代表车辙深度(D_r)。

$$D_r=\overline{D}+S\frac{t_\alpha}{\sqrt{N}} \tag{3-34}$$

式中　$\overline{D}$——评定路段内车辙检测值的平均值；

S——评定路段内车辙检测值的标准差；

N——评定路段内车辙检测的断面总数；

a——置信水平(保证率)，一般取 95%或 90%；

t_α——t 分布表中随自由度(N-1)和置信水平 a(保证率)而变化的参数。

2. 车辙评价标准

车辙是道路行车道轮迹带上产生的永久变形。对于高速公路半刚性基层沥青路面而言，车辙主要产生于沥青面层，约占路面车辙总变形量的 90%。路面上的车辙达到一定深度后，遇雨天辙槽内容易积水而影响车辆的行驶安全。在我国，同济大学曾就 Delphi 法，向道路工程和汽车工程界的一些专家展开咨询，最终确定高速公路的容许车辙深度为 10~15mm。

以路面代表车辙深度 D_r为指标而制订的高速公路沥青路面的车辙评价标准如下：

评价指标	车辙深度 D_r/mm
优	≤5
良	[5，10]
中	[10，15]
次	[15，20]
差	>20

六、沥青路面结构强度调查及评价

沥青路面结构的承载能力，是指沥青路面在达到预定的损坏状况之前所能承受的行车荷载作用次数，或者说能使用的年数。沥青路面结构的承载能力同损坏状况有内在联系。在使用过程中，路面的承载能力逐渐下降，与此同时损坏逐步发展。承载能力低的路面结构，其损坏的发展速度快；承载能力接近于临界状态时，路面的损坏达到严重状态，此时必须采取改建措施(设置加铺层等)以恢复或提高其承载能力。

(一) 结构强度调查

1. 检测指标

路面结构的承载能力可用路表面在荷载作用下的弯沉量表征。虽然国内外的路面弯沉检测设备和方法有所不同，但对弯沉的基本概念的理解是相同的，弯沉一般定义为路面在车辆荷载作用下发生垂直下沉变形的位移量。

路面结构的破坏形式不是单一的，需采用不同形式的弯沉值表征不同的路面结构破坏形式。对于由过量的竖向变形所造成的路面结构破坏，采用最大弯沉值表征结构承载能力较合适；对于由某一结构层的断裂破坏所造成的，则采用路表弯沉盆的曲率半径表征其承载能力更为合适。因而，理想的弯沉测定应包含最大弯沉值和弯沉盆两个方面。

2. 检测方法

路面弯沉检测及分析技术是随着机械、电子、计算机和激光技术的发展而不断进步的，按其发展阶段大致表现为测试方式的3次变更：初级人工测试方式、机械自动化测试方式和高速激光测试方式。从更直观的层面上讲，沥青路面结构承载能力的测定可根据检测的方式分为破损类和无破损类两种。前者从路面各结构层内钻取试样，试验确定其各项计算参数，然后通过同设计标准相比较，估算其结构承载能力。无破损类测定则通过路表的无破损弯沉测定，估算路面的结构承载能力。

目前，世界各国的弯沉检测方法并不一致，使用的检测设备及检测方式也不尽相同。总体而言，弯沉测定系统可分为静态弯沉测定系统和动态弯沉测定系统两种，利用贝克曼梁和自动弯沉仪等静态加载方法得到静态弯沉，利用落锤式弯沉仪、稳态动弯沉仪和激光弯沉仪等动态加载试验方法得到动态弯沉。根据波峰数据采集的不同，静态弯沉又可分为回弹弯沉和总弯沉。我国路面设计和养护标准所使用的弯沉指标一般为静态回弹弯沉。

(1) 静态弯沉测定。

1) 贝克曼梁弯沉仪。贝克曼梁弯沉仪是工程中最常用的检测设备，属于固定采样、静态弯沉类，技术要求简单。

贝克曼梁弯沉仪的主要设备有：标准车、贝克曼梁、百分表、表架和温度计等。国内规定使用的贝克曼梁规格分为3.6m和5.4m两种，其测试梁的前后臂长度比均为2：1。该仪器是通过简单的杠杆原理进行工作的，测定时，将梁的端头穿过测定车后轴双轮轮隙，然后置于车轮前方10cm左右的路面测点上。梁在后三分点处通过支点支承于底座上。梁的另一端处架设一百分表，以测定端头的升降量。车辆以爬行速度向前行驶，车轮经过端头时，读取百分表的最大读数；车辆驶离后，再读取百分表的读数；两者差值的两倍即为路表面的最大回弹弯沉值。该方法工作原理简单、操作方便，得到了世界各国的广泛应用，并积累了较为丰富的使用经验。但是，其测试精度易受人为因素影响，工作效率低，所以仅适用于低等级公路的施工、日常养护及旧路评价的检测，也可用于高等级公路的施工质量控制。但对于已通车运营的高等级公路，贝克曼梁测试方法存在着采样效率低和交通安全等诸多方面的问题，因而不宜采用。

2）自动弯沉仪。自动弯沉仪与贝克曼梁的基本原理相同，即都是简单的杠杆原理，只是前者采用位移传感器代替了百分表自动测量弯沉值，同时改变了前后测臂的长度比例，通过工业微机设置程序控制测量机构自动运作，并通过标定程序将所测弯沉值直接自动记录下来。这样一来，采样频率和自动化程度得到大幅提高，大大降低了操作人员的劳动强度。这类设备属于行驶采样、静态弯沉类，测试结果与贝克曼梁测试结果有较好的线性相关性。

自动弯沉仪分为两大类：①从车轮后方插入测试梁，所测结果与贝克曼梁的回弹弯沉基本一样；②测试梁从车轮前方插入，测试结果为总弯沉。

测定时，梁支于地面保持不动，车辆向前移动，当后轮驶过梁端头时，弯沉值便被自动记下来，达最大弯沉值时把测定梁提起，并拉到车辆底盘的前端，到下一测点处再把测定梁放下即可。自动弯沉仪可连续进行弯沉测定，并自动记录测定结果。车辆行驶速度为3~7km/h，每隔7m测量两个点的弯沉值，右轮测行车道，左轮测超车道。自动弯沉仪的计算程序是以100m长作为一个评价单位，每100m作为一小段计算一个平均弯沉值、标准差S_1、变异系数C_1和极差(即最大弯沉值与最小弯沉值之差)Ra_1。以1km为评价单元并分成10个小段，那么每个小段就只有14个弯沉值。轮载、轮压和加载时间(行驶速度)是影响测定结果的三项加载条件。在测定前以及测定过程中，必须认真检查是否符合规定要求。

可将测绘结果点绘成弯沉断面图。由于影响承载能力的变量众多，可以想见各测点的弯沉值会有较大的变异。因而，通常采用统计方法对每一路段的弯沉值进行处理，以路段的代表弯沉值表征该路段的承载能力。

路段的代表弯沉值l_0可按式(3-35)确定：

$$l_0=(\bar{l}_0+\lambda\sigma)K_1K_2K_3 \tag{3-35}$$

式中　$\bar{l}_0$——路段各测点弯沉的平均值，即

$$\bar{l}_0=\sum_1^n l_i/n \tag{3-36}$$

σ——该路段弯沉测定值的标准差，即

$$\sigma=\sqrt{\frac{\sum_1^n (l_0-\bar{l}_0)^2}{n-1}} \tag{3-37}$$

λ——控制保证率的系数，保证率为50%时，$\lambda=0$；保证率为90%时，$\lambda=1.282$；保证率为95%时，$\lambda=1.64$；保证率为97.7%时，$\lambda=2.00$；

n——该路段的测点数；

K_1——季节影响系数；

K_2——湿度影响系数；

K_3——温度影响系数。

沥青面层的劲度随温度的升降而变化，路基的模量随湿度的高低而不同。因而，弯沉测定结果同测定时路面结构的温度和湿度状况有关。通常以20℃作为沥青路面的标准测定温度，以最不利潮湿或春融季节作为测定时期。对于在其他环境条件下测定的结果，应作温度和湿度修正。

测定时沥青层内的平均温度 T 按式(3-38)计算：

$$T_0=a+bT_0 \tag{3-38}$$

式中　T_0——测定时的路表温度与测定前 5h 的路表平均气温之和，℃；

a——系数 $a=-2.65+0.52h$；

b——系数，$b=0.62-0.008h$；

h——沥青路面厚度，cm。

沥青路面弯沉值的温度修正系数 K_3按式(3-39a)或(3-39b)计算：

当 $T\geqslant 20$℃时

$$K_3=\exp\left[h\left(\frac{1}{T}-\frac{1}{20}\right)\right] \tag{3-39a}$$

当 $T<20$℃时

$$K_3=\exp[0.002h(20-T)] \tag{3-39b}$$

由于气候、水文和地质条件的不同，各地区路基湿度和季节性变化规律不尽相同；并且，路面结构不同，路基湿度变化对路表弯沉值的影响程度也不一样。因而，湿度变化的季节修正系数 K_1 随地区、土质、路基干湿类型、路面结构等因素的不同而各异，应依据当地具体条件并结合经验确定。

如果测定路段弯沉值的变化范围很大，则需进行分段，分别确定各段的弯沉代表值。路段划分可通过目估，并结合路况进行；也可按统计方法，对划分的相邻路段进行显著性检验，判别其是否有显著差别并确定其分段界限。

(2) 动态弯沉测定。

1) 稳态动弯沉仪。稳态动弯沉仪的工作原理是利用振动力发生器在路表面作用一固定频率的正弦动荷载，并通过沿荷载轴线间隔布置的速度传感器(检波器)测绘路表面的动弯沉曲线。用于公路上的是轻型动弯沉仪，所施加的荷载约为 50kN；用于机场上的则是重型的，动荷载约为 150kN。

2) 落锤式弯沉仪。落锤式弯沉仪是一种较先进的弯沉检测设备，主要由液压冲击加载系统、信号采集系统和计算机操作控制系统三部分组成。丹麦的 DYNATEST8000 型落锤式弯沉仪可模拟的荷载范围为 7~120kN，弯沉传感器的分辨率为微米，可测定路基、基层、面层的动态弯沉，也可用于计算模量。

落锤式弯沉仪的工作原理为：由电动液压装置将规定重量的落锤提升到预设高度，然后令其自由下落到一缓冲装置上，再通过承载板(直径 30cm 或 45cm)给路面施加近似半正弦的脉冲荷载，持续时间为 0.02~0.0455s(相当于 40~60km/h 的行车速度)，可通过改变锤重(50~300kg)、落高(4~40cm)及缓冲垫等调节冲击荷载的大小及波形，然后利用沿荷载轴线布置的多道传感器(位移型或速度型)采集并记录下各测点在冲击荷载作用瞬间的动态变形信号，通过 A/D 转换器输入微机内进行运算。落锤式弯沉仪所测的是不同位置在加载瞬间的总弯沉值，测量结果可以反映动态弯沉峰值和弯沉盆形状。

FWD 较贝克曼梁静态弯沉检测更接近路面行车的实际情况，特别适用于高等级公路路面的弯沉检测和承载能力评估工作。也可用于对某种路面结构进行定点定期的跟踪观测，尤其适于在旧路改造前或机场评级的弯沉测试中使用。跟踪观测铺筑的一些试验路段，并用它得到弯沉盆和相关的计算软件，然后反算各层的模量，进而了解各层模量随气候和行车荷载的变化情况。有些国家也用反算得到的模量值作为路面的设计参数。

利用动态弯沉仪可以测绘出路表的弯沉曲线。作用于路表的动荷载向路面结构内的应力扩散范围，呈现圆锥形区域，即“应力锥”。应力锥同各结构层次界面的交点具有特定的含义：在此交点以外的路表弯沉值仅受到此交点所在界面以下各结构层模量的影响。利用这一特性，可以依据应力锥和结构层次确定传感器的布置位置，然后量测得到弯沉值，并利用层状体系理论，分别确定各结构层的弹性模量值。

3）激光自动弯沉仪。随着科技的发展，弯沉测试技术也在向方便、精确、高效的方向不断进步，而先进的高速激光弯沉测试技术更是大大提高了测试效率，降低了人为因素对测试结果的影响。此外，利用该方法测得的弯沉值是路面在车辆荷载作用下的总弯沉值，它不仅可以为路面养护管理系统提供可靠的数据，而且可用于新建路面、路基的施工质量控制及施工质量验收工作中。对各点测得的弯沉峰值进行简单处理后可以得到整个路段的峰值柱状图，那么从图中便可以清楚地看出整条路段强度分布的详细状况。

激光自动弯沉仪是目前世界上最先进的弯沉测试装置，本质上是贝克曼梁的自动化形式，它在高速行驶过程中利用激光多普勒技术测试地面在荷载作用下的垂直下沉速度，再通过分析程序计算出最大弯沉值及弯沉盆数据，然后利用杠杆原理通过杠杆的位移来测量路面的变形。它利用了检测车自身后轴的轴重，将类似于贝克曼梁支架的测量架安装在汽车底盘下方，实现了弯沉测试的自动化。激光自动弯沉仪由设备装载车、测量设备/仪器/系统、数据采集系统三部分共同组成。测量架安装在汽车底盘下方，配合导向机构、弯道测量同步控制系统、测量机构移步系统、数据采集系统共同构成激光自动弯沉仪。

在实际的测试过程中，测试架放置在路面上，测试架前三点将构成一个基准面，把测量臂杠杆的支点置于基准面上，激光传感器也安装在这个基准面上。当检测车后轮向前行驶并逐渐接近测试点时，测试点所在的路面承受的垂直荷载逐渐增大，地面下沉。同时放置在测试点上的测量臂后端也随着路面的下沉向下移动，并带动激光反射面向下移动，这样一来，激光距离传感器就可以测出测点处相应的位移量，也就是路面的弯沉值。

激光自动弯沉仪在进行路面弯沉检测时，测量架放置于路面上，汽车以一个恒定的速度前进，在导向系统的作用下，测量臂的测头刚好对准测试车左、右后轮的轮隙。随着汽车向前行驶，测头所在位置的荷载逐渐增大，弯沉值逐渐变大，测头也随着弯沉值的变大而向下移动，数据采集系统记录这一个变化的全过程，直到测头越过后轴中心线15cm，停止数据采集，同时计算这一过程的弯沉曲线以及弯沉盆峰值。激光自动弯沉仪既可测量动态弯沉指标，又能以正常的行驶速度连续检测，不影响现场的车流交通，适用于各种类型和等级的路面，因此是目前高速公路路面弯沉检测的最佳选择。

路面结构强度宜采用自动检测设备检测，自动检测时，宜采用具有可靠数据标定关系的自动化检测设备，检测结果应换算成我国相关技术规范规定的回弹弯沉值。自动检测设备必须定期标定，一般情况下每年至少标定一次。标定的相关系数不得小于0.95，弯沉检测数据应以20m为单位长期保存。采用贝克曼梁检测时，检测数量应不小于20点/(km · 车道)。由于全面、系统和大规模的路面弯沉检测不仅耗时耗力，而且不同地区的装备条件和技术能力(检测速度)也存在差异，因此《公路技术状况评定标准》规定路面强度采用抽样检测与评定的方法，检测范围控制在养护里程的20%以内。公路管理机构应根据路面大、中修的养护需求和路基的地质条件等因素，确定路面弯沉的检测范围和检测位置。

（二）结构强度评价

路面结构承载能力评价的目的是确定路面的剩余寿命，即在达到预定的损坏状况之前还能使用的年数或者承受的标准轴载累计作用次数。依据剩余寿命的长短，可以判断路面结构的完好程度及其损坏的发展速度，然后根据其评价结果可以确定是否需要采取养护、修复或改建措施。

1. 评价指标

从设计所依据的弯沉标准出发，《公路沥青路面养护技术规范》采用结构强度系数(Structure Strength Coefficient，SSI)作为沥青路面结构强度的评价指标。路面结构强度系数(SSI)是现有交通量的路面设计弯沉值与实测代表弯沉值的比值，它反映了路面承载能力的储备情况。对路面使用期内的任一年，路面结构强度系数(SSI)按式(3-40)计算。

$$SSI = l_d / l_s \tag{3-40}$$

式中　SSI——路面结构强度系数；

l_d——路面设计弯沉值，mm；

l_s——路面代表弯沉值，mm。

路面管理系统(CPMS)二期工程(山东)研究成果提出了路面结构强度评价模型，见式(3-41)。该模型采用路面结构强度指数(PSSI)作为路面结构强度的评价指标，PSSI 由路面结构强度系数(SSI)计算得到。该模型将路面结构强度指数与 PCI 和 RQI 在量纲上实现了一致。

$$PSSI = \frac{100}{10\,a_1 e^{a_2 SSI}} \tag{3-41}$$

式中　$PSSI$——路面结构强度指数(0~100)；

SSI——路面结构强度系数；

a_1——模型参数，取 15.71；

a_2——模型参数，取-5.19。

在沥青路面损坏、平整度、抗滑性能、车辙和结构强度 5 个调查评价内容中，代表路面结构强度的弯沉是最难检测的。此外，现有的检测技术及装备速度慢、效率低，而且不同检测装备之间往往不存在有效、可靠的转换关系。由于路面结构强度可靠度可通过路面损坏状况(PCI)和道路平整度(RQI)估计，因此，在评价网级路面的使用性能时，只需要定期检测路面损坏状况和道路平整度两项指标，就可完成包含结构强度在内的路面使用性能的评定。关键指标的减少，意味着可节省大量的装备配置费用和弯沉检测费用。为此，公路管理机构或经营企业可根据路面大、中修的养护需求，路基的地质条件(如软土、高填方路段)等因素，确定以路面大、中修养护为目的的路面弯沉的详细检测范围，并且宜将检测范围控制在20%以内，即弯沉检测应控制在路面大、中修养护的范围之内。另外需指出的是，网级路面使用性能的评价不一定需要路面结构强度的检测数据。

2. 评价标准

根据《公路沥青路面养护技术规范》中的有关规定，高速公路沥青路面结构强度评价标准为：

标准	强度指数(*SSI*)
优	≥1.0
良	[0.83，1.0]
中	[0.66，0.83]
次	[0.5，0.66]
差	<0.5

当采用路面结构强度指数 PSSI 作为沥青路面结构强度的评价指标时，PSSI 可由 SSI 换算获得。

七、沥青路面使用性能综合评价

路面使用性能综合评价是指对整个路网或单个路段路面现有使用质量的评定，确定路面结构现时的使用性能。路况评价的结果主要应用在以下三个方面：

（1）提供路况数据，依次判别路网的优劣程度，并制订路段的养护对策以及确定需要的养护资金。

（2）为管理系统积累数据，建立路况的预测模型，以供方案评价和优化使用，并检验各模型的正确性，使管理系统的结果更加符合实际情况。

（3）提供反馈信息，以改善现有的路面设计、施工和养护方法。

1. 路面综合评价指标

路面的使用性能，要用路面表面损坏状况、路面修补状况、道路平整度、路面车辙、路面抗滑性能、表面纹理深度和路面结构强度等多项技术指标综合表述。

虽然某一项指标很难全面地描述路面的使用性能，但是从检评工作的效率、效益和部分指标间的关联性考虑，也没有必要检测与评价所有可能的技术指标。《公路技术状况评定标准》对不同类型的路面，规定了不同的技术指标。其中，沥青路面采用了路面损坏、道路平整度、路面车辙、抗滑性能和结构强度五项技术指标。

英国 RCI 模型不考虑抗滑性能和路面结构强度这两项因素是因为在网级公路的技术状况评定中，Scanner Suerveys 不对这两项指标进行检测和评价。

2. 路面综合评价标准

对于路面状况的评价等级，不同的管理系统中有不同的表达方式，一般而言，最常用的评价用语是优、良、中、次、差，其所包涵的内容如下：

（1）优：表示路面平整、坚实、无破损，有足够的抗滑能力，仅需日常养护和小修保养。

（2）良：表示路面比较平整，无明显破损和变形，仅有少量裂缝，需日常养护和小修保养。

（3）中：表示路面有少量变形和破损，稍不平整，抗滑能力基本满足要求，需小修保养或中修。

（4）次：表示路面各种破损较多，不平整，强度不足，抗滑能力较差，需中修或大修。

（5）差：表示路面破损和变形严重，强度明显不足，需大修或改善。

路面使用性能综合评价的评价标准如下：

等级	路面综合评价指标 *PQI*
优	≥90
良	[80，90]
中	[70，80]
次	[60，70]
差	<60

规范中采用的各项指标权重均是专家建议值，存在人为因素的干扰以及地区的局限性。针对上述问题，许多学者提出了各种方法提高路面使用性能评价的准确性。如同济大学的凌建民教授在可拓学理论的基础上，建立了路面使用性能可拓评价的物元模型。通过可拓集合理论及关联函数，该模型可精确确定待评价路面关于各路面使用性能状态的关联度，从而能够全面精确地评价其路面使用性能，为道路养护维修决策提供科学、可靠的依据。又如西南交通大学的黄碧霞提出了以模糊综合评价模型为主线，用层次分析法确定各项指标权重的综合评价方法。根据以上评价方法及模型对路面使用性能进行准确、及时的评价，是管理部门有针对性地采取经济、合理的养护措施的关键。

第二节　路面管理系统模型建立

一、路面管理系统概述

路面在使用过程中，其使用性能会因行车荷载和环境因素的不断作用而逐渐降低。路面使用性能的恶化，将增加车辆的运行费用（包括燃油、轮胎和保修材料的消耗等费用）以及行程时间。因而，在路面使用期内，还需继续投入大量资金以维护（包括养护和改建）路面，使之保持一定的使用性能。这就需要考虑怎样把有限的资金分配到最需要采取措施并能取得最佳效果的路段上，使现行路网保持合理的服务水平。因而，无论是新建路面或是维护现有路面，都需要进行有效的管理。

路面管理工作包括规划、设计、施工、养护、路况监测和评价、研究等方面。这些活动分属不同的管理层次，如规划活动主要关心的是网级水平上的投资决策和计划安排，而设计或施工活动主要涉及各个工程项目的技术管理。

每个道路管理部门都必须考虑如何向上级申请投资和决定如何使用好分配到的资金。这就需要对路网内路面的使用性能进行监测，对其现状作出评价，由此确定哪些项目需要投资，在预算容许的范围内按优先次序资助尽可能多的急需项目。

项目优先次序的安排，需依据该项目的使用性能或服务水平现状决定。而路面的现状显然同其结构、荷载、环境和其他因素等历史状况有关，它是以前所做出的某些管理决策的结果，同样，目前所做出的管理决策也将对未来的路面状况产生影响。因此，做出管理决策时，既要考虑它们的直接影响，也要预估它们对未来的影响，即不仅需考虑目前的需要和所需的费用，也要考虑对将来的需要和费用所带来的后果。因此，路面管理是协调和控制同路面有关的各项活动，其目的是使管理部门通过这一过程能有效地使用资源(资金、劳力、机具设备、材料、能源等)，以最低的资源消耗，在预定使用期内提供并维持具有足够服务水平的路面。

路面管理系统则是通过应用系统分析的方法，综合考虑技术、经济、社会和政治等方面因素，协调各项路面管理活动，促使路面管理过程系统化。它是为管理部门的决策人提供分析的工具和方法，帮助他们考虑和分析比较各项可能的对策，定量地预估各项对策的后效，在预定的标准和约束条件下，选用费用-效益最佳的方案。因而，路面管理系统的建立和实施，可以帮助管理部门改善所作出决策的效果，扩大决策的范围，为决策的效果提供反馈信息，以积累管理经验，并保证部门内各级单位决策的协调一致性。

二、路面管理系统研究方法

1. 基于 GIS 的路面管理系统

基于 GIS 的路面管理系统是针对水泥混凝土路面和沥青路面等路面建立的路面管理系统，其结合了路面管理技术、地理信息系统技术以及 HDM-4 模型。系统的建立主要基于寿命周期成本分析框架，且该框架也是系统中用于经济分析的方法。

2. 基于 LCCA 的路面管理系统

全寿命期费用分析(Life Cycle Cost Analysis，LCCA)指的是在整个过程中比较不同方案的初期建设费用、后期养护费用和建设养护过程中产生的其他费用，并分析建设养护对环境的影响。在进行全寿命期费用分析(LCCA)时，首先要确定分析过程的时间、级别、范围等，然后要确定分析的影响因素和参数，最后要进行分析和对分析结果做说明。

3. 基于 PAVERTM 的路面管理系统

苏卫国等整合分析了预防性养护和路面的管理系统，但对于养护资金需求以及养护资金优化分配的研究相对较少，该文以水泥混凝土路面路网管理系统项目为基础，根据其路网的历史路面状况的数据，同时在 PAVERTM 路面管理系统的基础上，建立路面性能的预测模型。

三、路面管理系统结构与组成

1. 数据管理系统

路面管理系统必须建立在大量信息的基础上，即必须以数据系统作为支撑，才能保证系统提出的对策具有客观性。数据管理系统由两部分组成：数据库和路况监测(数据采集)系统。数据采集是一项既费时又费钱的工作，而数据库的容量又有一定限制。因此，在采集数据前，必须先仔细分析哪些数据是必需的，避免把非必需的数据纳入系统。

数据管理系统通常包含下列四类信息。

(1) 设计和施工数据。包括交通参数、道路等级、几何参数、路面厚度、所用材料及性质试验结果、路基土性质及试验结果等。

(2) 养护和改建数据。包括曾进行过的养护和改建的类型、实施的日期和费用等。

(3) 使用性能数据。主要包括 4 方面，即行驶质量、路面损坏状况、结构承载能力和抗滑能力。通过路况监测系统定期采集得到。

(4) 其他。环境(降水、温度、冰冻)、材料单价等。

2. 网级管理系统

网级路面管理系统通常由下述几部分组成。

(1) 使用性能评价模型。对于通过监测系统采集到的路况资料，进行评级或评分。要由多方面的属性来表征路面所处的状态，例如损坏、平整度、结构承载能力或抗滑能力等。

(2) 使用性能预估模型。仅靠路况数据和评价，难以比较各种对策方案，或保证得到最佳对策，因为尚不知道采取某项对策后的效果(路况的变化)。因此，需建立使用性能预估模型，即建立处于某种状态的路面在采取某项养护或改建措施后路况的有关属性(使用性能参数)随时间或交通的变化关系。

(3) 使用性能标准和养护改建对策模型。根据使用要求、经济分析和经济条件，为公路网规定路面的使用性能标准。当路面的使用性能达不到这一要求时，须采取养护或改建措施，以恢复路况到可接受的状态。同时，要为不同等级和不同路况的路面，按当地的经验、条件和政策，制订出若干典型的养护和改建对策，以供提出各种对策方案时参考。

(4) 费用模型。包括建筑费用、养护费用和用户费用三部分：建筑费用是指新建或改建时的一次投资；养护费用则是路面在使用期间的日常养护费；用户费用是指使用道路的车辆所担负的运行费、行程时间费和延误费等。它反映了公路部门提供的投资和服务水平所产生的直接社会效益。

(5) 优先次序或优化。建立管理系统的主要目的是提供最佳的路面养护和改建对策。

这些对策能使整个路网在预算受约束的条件下维持最高的路况(服务)水平，或者使整个路网在满足最低使用性能标准的条件下所需的投资最少。为实现这一目标，可以采用不同的优先规划或优化方法。

目前，各国和各地区所建立的网级管理系统各具不同的形式。有的包含使用性能预估模型，有的并未包含；有的简单地按路面服务水平的高低规划先后次序，有的则采用线性规划或整数规划法以达到优化的目的。

3. 项目级管理系统

项目级管理系统的组成基本与网级管理系统相同。由于项目级系统的主要任务是为网级系统所确定的工程项目提供在预定分析期内的费用-效果最佳的改建方案。因此必须采集更为详细和结合当地情况的资料，并进行具体的结构和功能分析。项目级管理系统和网级管理系统所采用的使用性能参数基本相同，但在数据采集和路况评价方面有重要差别。

四、路面管理系统的建立

路面管理系统建立的最终目的是：在经济技术上多角度对比解决方案，以寻找最优方案，在有限的经济基础上使其发挥出来的效果达到最大化。路面管理系统的建立的优点有很多，但是主要有以下几点：

(1) 为了了解公路的大致情况，我们对路面建立出性能评价模型，通过路面使用的情况，推算出现在以及将来会发生的变化；

(2) 建立合适的数据模型来验算，针对各个公共道路的不同交通状况，建立一个庞大的模型可以使每条公路都满足，使每条道路的运营能力、车速、线路速度满足各个单项公路，以及改建、新建分项规划项目需求。

(3) 对各级道路养护标准提出方案，预测道路对养护的需求，并且对新建和改建进行最优的排序。

（4）分析各路段在一年内最小的投资以及养护金额，找出最优的资金管理方案。

（5）利用最优的决策模型对各个地区或者不等级的路段或养护、新建或者改建项目的资金进行最优的管理分配，确定出最好的计划：在何时何地什么经济条件下对其作出恰当的措施实施，得出不同投资水平对路段的影响以此来决定最优的投资标准。

（6）对路段进行风险性分析。例如：在最后资金跟进不足时，对路段有何影响，及早进行风险评估，降低损失。

（7）对各项方案进行对比，选择出最佳的方案，从而使管理决策得到最大化。

路面管理系统分为两个层次，单个或者多个，其各有各的优点以及不足，可以相互汲取优点来补不足。在多个层面，路面管理系统在一定条件下，比较不同资金和方案，从而确定其可行性，并提出最大限度地满足这一决策的最佳对策和措施，得出最佳方案，找到最经济的解决方案。在使用多级路面管理系统时，在当前年度计划的范围内，对比不同的解决方案，来与项目要求相匹配，最后选择该年度里的最佳解决方案，以获得最经济最高效的方案。因此，分析经济战略模型的目的是选择最合理、最有效的解决方案，最大限度地利用所有资源。近段时间，地理信息系统（Geographic Information System，GIS）得到了很大很广的运用，GIS 应用到系统中的潜力也逐渐被发掘和开发。我国许多高速公路数据库管理系统在开发研究的同时也加入了 GIS 子模块，这个子模块可以在简单文字和图形之间相互转换和查询，由于没有动态功能，基于 GIS 的城市道路管理系统中的动态管理功能同时也没办法实现，让系统具有交互性。可以通过 GIS 功能数据的管理，来提高道路系统的综合分析能力。一般地说，过去 20 年的时间里，中国路面管理系统的开发有了大幅改善的同时，GIS 应用方面获得了新的飞跃，不过要达到精通还需要时间。并且，我国目前所拥有的路面管理系统许多应用范围并不广，可以说非常的狭窄，在很多方面的应用也只能查询数据，其主要的优势也没有得以展示。由此一来，我国在路面管理上还任重而道远。

五、路面养护管理系统模型建立

1. 公路的使用寿命期费用模型

通过对公路在服役期间的使用费用的评价，可以对所给出各种方案进行经济性的选择，选择出经济最为合理的方案。该方法是利用路面现有的价值来表示路面所能产出的效益的一种方法，该法就是把该公路在整个使用期间所产生的所有的经济效益和支出的费用进行统计，并转换成现值的一种方法。这种方法可以有效检验所选的方案对于公路养护效果的成效。公路的使用寿命期费用模型，分为三方面的费用组成：对于公路的管理部门的开支，使用公路的用户的支出费用，还有就是在测量评价时该公路路面的剩余的残余价值。管理部门的开支顾名思义就是指公路的设计、建造及日常的管理费用，剩余残余价值就是按照公路的使用及损毁情况推算出公路的使用寿命，计算出其剩余寿命里创造的价值量。

2. 效果定义法

公路的使用寿命期费用模型在实际的应用当中存在一些小的缺陷，就是必须把所有路面的价值转化为现值来计算。但是，在实际的应用中，养护过程遇到的问题各种各样，很多情况下不能够转化现值来计算。这时，专家就引进一种方法来弥补公路的使用寿命期费用模型的不足，效果定义法应运而生。所谓的效果定义法就是把将要建立的对策模型能够更加地贴合实际，更加符合工程上的需要和工程实际。

3. 预估评价模型

在对道路的使用性能进行预测的时候往往需要对道路的路面建立预估评价模型，以往通过对道路的综合性质的评价指标来选择道路的养护方案，不能够准确反映道路损坏具体由哪些指标导致，容易使得选择的养护方案不够精确和合理化。所以，就引用一种可以具体地分析某些原因导致损毁的分析模型，预估模型通常包括这几个步骤：对于道路路面的损毁情况的预估计，分析建模时的质量模型的预估计，同一个路面建立多个可供优化选择的模型，利用动态进行求解分析。

4. 路面预防性养护决策支持系统

在构建路面预防性养护决策支持系统的过程当中，相关研究人员可以结合沥青路面的养护情况，采取科学的预防性措施，在保证沥青路面养护质量的基础之上，不断提升高速公路路面结构与路基结构的稳定性。沥青路面预防性养护属于主动养护，能够有效降低沥青路面的损坏速率，保证路面功能得到更好的改进。在养护的过程当中，相关工作人员需要详细了解路面结构特点，保证高速公路沥青路面结构的可靠性，并采取合理的养护措施，不断提升公路沥青路面养护效果。为了保证路面预防性养护决策支持系统能够更加稳定地运行，相关研究人员需要结合路面预防性养护决策支持系统的运行情况，不断改善路面的各项功能，保证路面平面结构更加完整。

5. 高速公路路面养护评价系统

在构建高速公路沥青路面养护管理系统的过程中，构建合理的路面养护评价系统特别重要。相关工作人员在实际工作当中，要结合各项指标，根据高速公路的运行情况，科学运用沥青路面养护理论，不断改进原有的路面养护技术，进一步提升高速公路沥青路面养护质量。高速公路沥青路面养护管理系统具有数据查询功能，为沥青路面养护人员提供良好的养护方案，保证高速公路能够更加稳定安全地运行。通过构建合理的高速公路路面养护评价系统，能够帮助相关研究人员全面了解高速公路车辆的运行情况，并结合车辆的运行情况，合理调整高速公路路面养护评价系统的运行速度。如果高速公路路面养护评价系统的运行速度较快，则会降低车辆的运行质量；如果高速公路路面养护评价系统的运行速率较慢，则会影响各项数据的准确性。因此，研究人员在实际工作当中，应科学调整高速公路路面养护评价系统的运行速率。

第三节　路面管理系统的实现及功能

一、路面管理系统的分级

路面管理系统一般划分为网级管理系统和项目级管理系统两个层次。

1. 网级路面管理系统

网级管理系统通常包括一个地区，如省、市的公路网或一大批工程项目。其主要任务是为管理部门在进行关键性的行政决策时提供对策，包括：

(1) 路况分析。路网内路面现有状况的分析及路面状况变化预估。

(2) 路网规划。确定路网内需要新建、改建和养护的项目。

（3）安排计划。确定进行上述项目的合适时间和各项目的优先次序。

（4）预算安排。确定各年度的投资额。

（5）资源分配。各行政区域或不同等级道路或养护、改建和新建之间的资源分配。

为实施上述任务，网级管理系统包含管理方面的输入、工程方面的输入、分析结果输入、实施、路况监测等基本要素。

其中，管理方面的输入包括：

（1）使用性能指标。路网规定的在使用性能方面应达到的总水平。

（2）政策约束条件。事先规定投资的地区分配比例或新建、改建和养护的投资分配比例等。

（3）预算约束条件。可以用于路面工程的资金。

工程方面的输入包括：

（1）路面现状。调查、评定现有路面在结构和功能方面的使用性能状况。

（2）养护和改建对策。对不同类型和不同路况的路面拟订若干典型的养护和改建对策。

（3）使用性能预测模型。预测路面在结构和功能方面的使用性能随时间或交通量变化的情况。

（4）费用模型。不同养护、改建对策的养护费用、建筑费用和用户费用等。

2. 项目级路面管理系统

项目级管理系统则针对一个工程项目网。它的主要任务是为管理部门对某一工程进行技术决策时提供对策，以选择费用-效果最佳的方案。

由网级管理系统的输出，可以得到某一工程项目三方面目标：行动目标（采取哪一种新建、改建或养护行动）、费用目标（可分配到的投资额）和使用性能目标（在预定期限内应具有的使用性能指标）。项目级管理系统则是通过进一步采集特定的现场资料，拟订备选路面方案，并结合具体条件进行详细的结构计算和经济分析，以确定采用费用-效果最佳或者更合理的行动方案。

二、路面管理系统的功能

路面管理系统的功能主要表现在以下几方面：

（1）通过监测系统采集到的客观数据评价道路的现状。

（2）利用具有一定可靠度的使用性能预估模型，预测各种养护和改建对策的后果。

（3）以客观的数据作为申请投资的依据，并可以论证不同投资（预算）水平对路网服务水平和路况的改善和影响。

（4）为合理和有效地分配投资和资源提供费用-效果最佳的对策。

（5）合理地评价各种设计方案。

（6）利用监测系统采集到的数据，为考察和评价设计、施工和养护方法提供依据。

为了保持和改善现有路网的服务水平和路面状况，如何使用好有限的资金，提供尽可能高服务水平的路面，是各级管理部门需优先解决的问题。因此，建立和完善依赖于管理科学、系统工程和计算机技术的路面管理系统是解决这一问题强有力的工具。

三、路面养护管理系统的实现

1. 路面管理系统的数据库建立和管理

路面管理系统的数据库包含进行各种分析和为决策者提供信息报告所需要的信息。路面管理系统的数据库包含6种类型的数据文件：路段划分和识别；几何数据；路面结构；交通；使用性能数据；路面历史。

数据库的管理包括采集路面数据并输入数据库，更新数据库内的信息，组合数据库内数据以编出报告。数据库的结构应能方便从数据库内提取数据组合成各种报表。

2. 养护计划子系统的建立

养护计划子系统用于制定和管理养护计划，分析和评价养护对策，确定养护计划对路面使用性能和管理部门预算的影响。

利用以上信息，系统可以进行养护需要分析和养护对策分析。养护对策分析是为各项养护措施确定其效益，进而选出使损坏路段效果最佳的方案。

四、提升我国高速公路路面养护管理系统的举措

1. 树立正确的路面养护观念

管理者要将高速公路路面养护观念融入高速公路管理工作中，重视路面养护，并且带动全体工人学习路面养护知识，提高他们的综合素质，促进我国高速公路路面养护技术的发展，进而提高高速公路的养护质量，使其养护技术跟得上发达国家的水平，从而提高我国的国际竞争力，增加我国在国际上的影响力。并且管理者还要加大对路面养护的资金投入，购买相关的养护设备，学习先进的技术，不能为了减少成本而忽略高速公路养护的基础条件。另外，在高速公路建设初期就应该预留一部分资金用于路面养护，避免高速公路进行路面养护时出现资金周转不灵的状况，使高速公路的路面养护得到有效的经济保障，而且还要加强对路面养护技术的研究，使高速公路出现质量问题时，能够得到有效的养护，促进其使用寿命的延长。此外，管理者要认识到预防性养护的重要价值和意义，在对高速公路进行养护时，让预防性养护占主导地位，以维修性养护为辅助，提高预防性养护的技术，掌握其关键方法，要做到未雨绸缪，防患于未然，使我国的高速公路保持其良好状态，保障居民的安全出行，而且预防性养护还能减少高速公路的质量问题，可以避免高速公路出现裂缝、塌陷，减少其维修次数，从而降低高速公路的维修成本，促进我国经济发展。

2. 建立完善的路面养护管理系统

政府要建立完善的路面管理系统，加强对高速公路过路车辆的管理，并对其承重量提出明确的规定，以此约束那些为了减少成本而超载的司机，有利于减轻高速公路的负荷量，降低其损伤次数，使其保持正常状态，保障居民出行，而且还要对过路车辆收费，将这些费用用于高速公路的路面养护，避免其出现资金不足的现象，有利于提高高速公路的路面养护技术。还要加大对不遵守规定的司机的处罚力度，使所有的司机都自觉遵守高速公路的管理规定，促进我国高速公路的管理更加科学化、合理化。另外，还要向发达国家学习先进的路面养护管理系统的管理方法，学习他们的丰富经验来强化我国的管理制度，避免我国路面养护水平落后于其他国家。管理者和工人也可以在其他国家的管理制度的基础上进行创新，研究出最适合我国的路面养护管理系统，促进高速公路路面养护水平的提高。此外，对路面养护所用材料和设备的监督也十分重要，管理者要加强对此的管理，严格审查所用材料，拒绝劣质材料，避免我国高速公路出现二次损伤，确保我国路面养护的质量，让居民可以放心出行，从而增强国民对国家的热爱，增加我国人民的凝聚力，促进我国建设现代化和谐社会。

3. 加强对路面养护工人的培训

管理者要重视对工人的培训，定期对他们进行技术培训，并对他们进行考查，对不合格

的员工进行处罚，如果其还不改进自身的不足，就将其开除，最好聘请专业的路面养护人员对工人进行技术指导，使工人可以及时发现自身不足，并对路面养护施工中不合理的地方进行改进。另外，管理者要注重引进先进的路面养护技术和相关设备，并对员工进行培训，一定要确保员工能够熟练使用设备，不能为了省事，让员工自学，避免出现设备闲置的现象，使设备可以充分发挥其应有的作用，减少养护人员的工作量，提高他们的工作效率，从而促进我国路面养护水平的提高，促进我国高速公路事业的发展。管理者还要对工人的工作提出一个明确的要求，避免工人工作马虎、懈怠，实现我国路面养护工作的规范化、科学化。此外，管理者还可以设置奖惩制度，对工作成绩突出的员工进行嘉奖，对工作随意、马虎的员工进行批评，形成良好的工作氛围，提高工人的工作积极性，还可以鼓励员工对现有路面养护技术进行创新，对改进路面养护技术的员工进行嘉奖，提高我国的路面养护技术，使我国路面养护水平得到有效的提高。

五、GIS 系统的应用

GIS 系统是一种基于现代科学发展的产物。它是以庞大的数据库为基础，建立起空间动态信息模型。GIS 系统中数据的采集和数据库的更新能够实现同步处理，省去了中间更新数据的时间延迟，其工作效率大大提高。传统的路面管理系统很难实现对道路数据的直观性操作，而基于 GIS 的路面管理系统通过图像的数字化处理，即可实现在数字地图上进行路面信息的处理及可视化操作。

将 GIS 系统运用在路面管理系统中，能够很大程度上提高路面管理系统的工作效率。基于 GIS 的路面管理系统的目标是数据采集最大化并实现公路资源共享，为公路管理部门对路面的管理提供决策的依据。基于 GIS 的路面管理系统与其他路面管理系统有很大的不同，其主要特点体现在以下 3 个方面：

1. 信息管理

公路管理部门在使用基于 GIS 的路面管理系统时，不仅能够对公路周围的基本信息进行标定，比如河流、村庄等信息，而且还能实现对公路的等级、里程等信息的展示。其特色在于实现了路面地图的数字化管理，能够随着地理信息的实时变更对地图进行及时的修改，为公路管理部门提供了全新可靠的决策依据。

2. 空间查询

基于 GIS 的路面管理系统可以通过直接在地图上实现相关信息的查询，无需通过不断增加检索条件，在庞大的数据库中查询公路管理部门所需要的信息。除此之外，GIS 系统还可以通过检索你所需要了解的某些公路基本信息，从而在地形图上显示出所有符合条件的公路。

3. 路线优化选择

基于 GIS 的路面管理系统可以通过最佳路线选择模块，实现指定两地点之间的线路选择。筛选条件可以是线路里程最短、路面载重限制和路面车速限制等条件。

第四章　沥青路面养护技术与应用决策

沥青路面是在路基上铺筑成一定厚度的结构层，它直接承受交通荷载的作用和自然因素的影响。路面性能随着时间的推移而逐渐降低，损坏不可避免。如果不及时进行维修和养护可能加重路面的破损程度，降低公路的使用性能和寿命，严重时还会影响行车安全。因此，高速公路必须及时地采取强制性措施进行养护。通常情况，技术上合理、经济上可行的养护方案能够保证高速公路与设施良好的使用性能，服务水平的提高，延缓大修周期减少长期维修养护费用支出，得到良好的经济收益和社会效益。本章首先介绍沥青路面养护分类及其特点，其次是养护方案的决策方法和决策程序，并介绍国外路面养护技术的决策方法。

第一节　沥青路面养护工作要点

一、沥青路面养护目的及任务

我国高速公路一般都采用半刚性基层沥青混凝土路面，由于交通量、交通组成、气候、水文地质、养护条件、材料等因素的影响，路面的使用性能逐渐下降，服务水平随之降低，须在路面质量降低到一定程度时，采用合适的措施，通过养护、修复、改建等手段，以预防或减少病害，降低病害的发展速率，以保证路面具有足够的使用性能和使用寿命。

不同状况的路面需采用不同养护技术，养护方案的选择涉及技术、经济、政策等。养护决策就是针对路面状况，考虑可能养护方案的技术性、经济性，以及其他限制条件，确定何时、采用何种方案的决策过程。

高速公路沥青路面养护与管理的目的主要是：①通过有针对性的及时养护，使高速公路及其设施经常处于良好的技术状态，及时修复损坏部分，保障行车安全舒适、畅通。②通过采取正确的养护措施提高养护工作质量，延长道路的使用年限。③防治结合，治理公路存在的病害和隐患，逐步提高公路的抗灾能力。④对技术标准过低的路段和构造物以及沿线设施进行分期改善和增建，逐步提高公路的使用质量和服务水平，从而保证高速公路具有安全、快捷畅通舒适、经济、美观的使用性能。公路养护与管理的任务，就是运用先进的技术和科学的管理方法，合理地分配和使用养护资金，通过养护使公路在设计使用年限内经常保持完好状态，并有计划地改善公路的技术指标，以提高公路的服务质量，最大限度地发挥公路的运输经济效益。

二、沥青路面养护原则

一个合理有效的沥青路面养护工程必须遵循一定的原则，主要包括以下内容：

(1) 路面养护应以预防为主，防治结合。对路面必须进行预防性、经常性和周期性养护，必须加强路况巡视，掌握路面的使用状况，根据路面的实际情况制定日常小修保养和经常性、预防性和周期性养护工程计划，对于较大范围路面的维修和超过设计使用年限的路面维修应及时安排大中修工程和改建工程。

（2）必须依靠科技进步，加强养护技术管理，采用先进的检测仪器设备采集路况资料，应用路面管理系统，正确评价路况，提出科学的养护对策，积极推广应用新技术、新材料、新工艺，发展现代化沥青路面的养护技术，以机械化养护技术为主，保证养护工程质量。

（3）必须加强计划及施工管理，根据计划做好施工安排、人员组织、物资设备供应，确保养护工作按照计划实施，必须加强养护工程质量管理和监督，必须加强路面的养护经济核算和成本分析，提高经济效益。

（4）路面养护必须贯彻文明施工、安全生产的方针，制定技术安全措施，加强安全教育，严格执行安全操作规程，确保安全生产，文明施工，交通畅通，保护环境。

第二节　沥青路面养护技术类型

一、中国养护技术分类

沥青路面的养护工作按其作业性质、规模和时效性不同，《公路沥青路面养护技术规范》(JTJ 073.2—2001)将其分为日常养护、小修保养、中修、大修、改建和专项养护工程等，其具体划分如下：

（1）小修保养。对公路及其工程设施进行预防性保养，修补其轻微损坏部分，使之经常保持完好状态。修补路面的泛油、拥包、轻微裂缝、横向裂缝、坑槽、沉陷、波浪、局部网裂、松散、车辙、麻面、啃边。

（2）中修工程。对公路及其公路设施的一般性磨损和局部损坏进行定期的修理加固，以恢复小型工程项目的原状。通常是由业主项目公司按照年安排计划并组织实施的工作。

（3）大修工程。对公路及其工程设施的较大损坏部分，进行周期性的综合修理，以全面恢复到原设计标准，或在原技术等级范围内进行局部改善，或个别增建设施，以逐步提供公路通行能力。通常是在业主项目公司及上级机构的帮助下，根据批准的年度计划和工程预算来组织实施的工作。大修工程的内容包括路面的翻修、补强等。

（4）改建和专项养护工程。对于不适应交通量和轴重需要的公路及其工程设施，分期逐段提高技术等级，或通过改善显著提高其通行能力。通常是由省级公路管理机构或者项目业主根据批准的计划和设计预算，组织实施或招标完成。改建工程的工作内容有：①提高路面等级；②补强；③加宽；④局部改线。对不适应交通要求、不符合路线标准的路段，通过局部改线，提高公路等级，使其符合技术标准要求。

二、西方国家的养护技术分类

我国将沥青路面的养护维修作业分为保养、小修、中修、大修、改善/改建五类，其实质是反映了一种“重修理轻预防”的观念，这种分类方法已经很难反映出现代路面养护维修技术的特点和要求，也愈来愈显示出难以与现代养护维修技术的发展相适应。

西方发达国家根据病害的类型、路面损害的程度，以及所需采用养护维修措施的性质和功能来对养护维修作业进行分类，将路面维修作业划分为路面养护(Pavement Maintenance)、路面修复(Pavement Rehabilitation)、路面重建(Pavement Reconstruction)。美国将路面养护划分为养护修复和重建三类。其中多数处治方法属于(预防性或矫正性)养护类别，剩下的全部归为修复范畴。针对路面状况的不同，可以采用养护和修复策略，其中，养护主要针对上、下面层的预防或处治，主要用预防性养护措施或矫正性养护措施，而当路面出现结构性病害时，根据情况可采用加铺层、铣刨与加铺、面层再生利用和重建等方案。

1. 路面养护

路面养护是最常见工作，美国各州根据养护的目的和功能将路面养护划分为三种情况：预防性养护(Preventive Maintenance)，矫正性养护(Corrective Maintenance)，应急性养护(Emergence Maintenance)。这种分类方法最主要的就是养护的时效性，在不同的路面状况阶段，养护目的和功能也就不一样。许多路面养护方法可以被用作预防性、纠正性、应急性养护。三种养护类型用于不同条件及时间(交通量)。需要注意，预防性养护和纠正性养护之间或纠正性养护和应急性养护之间并没有明显的界限。

(1) 预防性养护。预防性养护是一种主动养护作业方式，其主要目的是为保护路面、防止病害的进一步扩展、减缓路面使用性能的恶化速率以及延长路面的使用寿命。预防性养护通常用于没有发生损坏或只有轻微缺陷与病害迹象的路面，减少对被动性养护的需求。AASHTO 道路常委会对预防性养护最新的定义为：预防性养护是一种在路面状况良好的情况下采取的对现有道路系统进行有计划的、基于费用效益的养护策略，预防性养护在没有提高路面结构能力的情况下，延迟路面的损坏，维持或改善路面现有的通车条件，通过延长原有路面的使用寿命来推迟昂贵的大修和重建活动。

(2) 矫正性养护。矫正性养护是指那些用来修复路面局部损坏或者某种特定病害的养护作业，它通常用于路面已经发生局部的结构性损坏，但还没有扩散至全局的场合，如路面磨光、中等至严重的车辙或大面积裂缝等情况。我国现在大多数公路养护都属于矫正性养护。

矫正性养护和预防性养护的区别主要在于成本和时间方面。预防性养护是在道路仍然处于良好状况时实施的，而矫正性养护是在道路需要修理时实施的，故而成本比较高。矫正性养护与预防性养护相比更为被动，是为了维修某一路段的路面或破损区域而使养护推迟会增加道路缺陷及其严重性，然后再去纠正时成本就要增加很多了。因此，当实施纠正性养护时道路的寿命周期费用会增加很多。

(3) 应急性养护。在路面发生紧急状况，如翻浆或严重的坑槽时，或如出于安全考虑，方便车辆通行，所进行的临时性路面病害维修，这些情况下，可采用应急性养护措施。这种养护旨在短期内保持路面的性能，直至采用永久性的修复措施，也被叫作临时处理。应急性养护也包含那些在大范围的修复或重建之前采取的一些保持路面性能的措施。当需要进行应急性养护时，在选择处治措施时考虑的那些因素就不再重要或不必要了。应急性养护主要考虑安全因素和实施时间，养护成本是次要的。另外，由于成本或长期性能的原因，在预防性或纠正性养护行为中难以被接受的材料，而在应急性养护中可能会非常受欢迎。

2. 路面修复

路面修复是指路面的损坏已经扩散到路面的大部分面积，但并没有发生全面性的结构损坏，因此只需要在一定的深度下进行面层的再生和重铺的修复作业。

3. 路面重建

路面重建是指当路面的损坏由于没有及时进行修复、补强，以至于破损进入整个路面各结构层而发生结构性破坏，这时不仅路面的面层、基层和底基层，甚至于路基也需进行翻修。

沥青路面养护这种分类方法的核心是作业的功能和目的。因而不仅在概念上十分清晰，而且有着很强的目的性、针对性和可操作性。路面修复和重建将在后面的章节具体叙述，本章主要介绍路面预防性养护技术以及预防性养护方案的选择。

第三节　沥青路面预防性养护技术与应用决策

一、概述

预防性养护理念的核心在于防患于未然，基础在于经济性最优。也可以说，预防性养护就是指在道路技术状况衰减的初期，在最适当的时机，应用最适当的预防性养护措施，以最小的寿命周期成本，最大程度地延缓路况退化。美国于20世纪80年代初提出道路预防性养护概念，这种概念有别于传统的道路养护理念，其核心是要求采用最佳的成本效益，强调养护管理的计划性。主要有两个观点：

（1）让状态良好的道路系统保持更长时间（Keeping Good Roads Good），延缓未来的破坏，在不增加结构承载能力的前提下改善系统的功能状况。

（2）在适当的时间，将适用的措施，应用在适宜的路面上（Apply the Right Treatment at the Right Time on the Right Pavement）。路面养护符合"3R养护思想"，也就是预防性养护实际上是针对恰当的路面（Right Pavement），在合适的时间（Right Time），采取合理的措施（Right Treatment）实施的一项工程维修保值行为。AASHTO对预防性养护定义为：在公路寿命周期内，为了保证路况良好、延长公路寿命并将寿命周期内养护成本降到最低，而应用一系列的预防性养护措施的系统过程。而在这一系统过程中，要在不增设建成公路系统及其附属设施的条件下，达到延缓路况退化、保持或改进系统的功能性状况的目的。在良好的路面条件下对道路进行预防性养护活动将会有效延长道路服务寿命。

美国犹他州交通厅发现实施有效的预防性养护措施后可大大减少坑洞的形成和裂缝的进一步发展，预防性养护后的路面出现坑洞和裂缝扩展的仅为1%，而未加预防性养护的路面则达到75%~80%。

美国SHRP的一个重要成果就是指出了预防性养护在延缓路面使用性能恶化速率、延长其使用寿命周期费用方面的重要意义。正确实施预防性养护可保持路面良好的使用性能，延长路面的使用周期，减少生命周期费用和节约养护维修资金。根据SHRP估算，在整个路面寿命周期内进行3~4次的预防性养护，可以延长使用寿命10~15年，节约养护费用45%~50%。

预防性养护具有计划性和周期性的特点。它的目的是修复早期道路病害、延迟路面破坏的出现，同时减少对矫正性养护和服务活动的需求。尽管采用这种类型的养护不是为了提高道路承载能力，但是它延长了道路的使用寿命，提高了道路的服务水平。通常，预防性养护的目的更多是为了修复由于环境造成的损害，而进行的路表的周期性更新和周期性的路表密封（阻止水渗入道路内部结构），同时防止（或延缓）氧化、松散、裂缝等的影响。值得注意的是，预防性养护并没有路面补强的功能，因而不应期望预防性养护具有改善路面强度和承载能力的作用。总的来说，预防性养护技术的作用归纳如下：

(1) 养护方法和养护材料的改善。预防性养护和常规的养护方法不一样，需要采用改进的养护技术或者材料才有可能使预防性养护起作用。因此，这种需求将促使材料和设备供应商研发改进新材料和新设备，养护施工单位也会研究新的施工方法和技术来提高预防性养护整体质量。虽然在某些情况下，采取新设备和新材料进行预防性养护初期费用较高，但是预期寿命远远大于传统方法，而且从长远角度来看，总的养护费用是减少的。

(2) 路况整体得到改善。采用预防性养护方法，可以在道路破损前延长道路良好的使用性能及整个路网的使用周期。

(3) 节约养护费用。从养护单位的观点来看，预防性养护的优点是节约养护资金，延迟或减缓路面出现大的破损。延长道路的使用寿命。节约养护费用是以同时期养护费用的减少和良好的路况等形式表现出来的。

(4) 增加了道路的安全性。从道路使用者的观点来看，安全是第一位的。预防性养护提供的路面安全保障是很明显的，如路表摩擦系数的增大、路表水分散能力的增强、噪声的减少等。

二、预防性养护技术

沥青路面预防性养护是在合适的时间对适宜的路面运用合理的预防性养护措施。沥青路面有多种预防性养护处治方案，针对不同的路况及环境选择，与之相适应的预防性养护措施才能取得良好的效果。道路初期建设完成后，通过路面处治以保持(维持)新建路面的预期寿命，或者通过修复延长其使用寿命。各公路养护管理机构早期主要使用的各种不同的处治方案中，许多的处治方法属于养护范畴(包括预防性和矫正性养护)，其余的类型归为修复范畴。沥青路面最常见的破坏类型包括：车辙裂缝(如疲劳裂缝、收缩裂缝、温度裂缝)、泛油麻面(由于以上一种或多种原因造成的)、风化、松散等。针对路面上出现的问题，预防性养护措施包括裂缝填补、车辙填充、稀浆封层、超薄磨耗层、雾封层和微表处等。

预防性养护是沥青路面养护最常用措施，常用预防性养护措施包括：

(1) 裂缝修补和填缝。这是一种局部修复的方法，用于防止水和杂物进入裂缝，包括清理裂缝并密封。通常它的有效期只有几年，这种养护能够有效地延长路面寿命，它包含以下三种裂缝维修方法：

① 清洁并密封。对于所有类型的裂缝，它需要使用压缩空气将裂缝里的碎片吹出，然后用密封剂密封。

② 锯缝并密封。使用路面工具每隔一定间隔在路面上锯出横缝，然后用密封剂填充。

③ 挖槽并密封。用于横向裂缝和纵向裂缝，使用路面工具在原有的裂缝上开出一个规则的槽，然后用密封剂填充。

(2) 灌缝与填缝。其主要不同在于裂缝修补前的准备工作和使用密封材料的种类。灌缝最常用于宽的且随机出现的裂缝上。

(3) 雾封层。用稀浆乳液(通常为 1∶1 比率)覆盖路面表面并起到延缓氧化和松散的作用，它被作为种临时处治的方法。

(4) 碎石封层。这种方法用于路面防水、填封细小裂缝，以减少路面表面的氧化，提高摩阻力。尽管它通常用于交通量小的道路和街道，但也可用于交通量大的公路或高速公路的养护和修复。

(5) 双层碎石封层。双层碎石封层是碎石封层的两次应用，第二层在第一层完成时立即进行铺设。这种处治方法可以密封小裂缝，防止路表水下渗，降低路面氧化，并提高摩阻力。

(6) 稀浆封层。它是一种包含细集料、水、沥青乳液和矿物填料的混合物，主要用于过度氧化的路面，强化现有的路面。稀浆封层用于减缓路面松散，密封轻微裂缝，且提高表面摩阻力。

(7) 微表处。微表处(Micro-Surfacing)是一种专门为高速公路、城市干线、机场道面等高等级路面表层设计的养护技术，它的混合料由聚合物改性乳化沥青、100%轧碎集料、矿物填料、水和必要的添加剂组成，使用专用的摊铺设备，一次性完成摊铺，并可根据路面损坏程度进行一层或多层摊铺。

(8) 热拌沥青混合料薄层罩面。它用于提高行驶质量、促进表面排水及防滑以及改善表面不平整，包括密级配、开级配和间断级配混合料(以及面层的再生利用)。

(9) 冷拌沥青混合料薄层罩面。它包括稀浆封层、开普封层和微表处，可用于填充裂缝，提高摩擦力，以及提高行驶质量。

(10) 坑槽修补。使用冷或热的沥青混合料填补坑槽，可以防止坑槽的进一步发展，也可防止水分渗入路面结构而导致路面严重病害。

三、预防性养护措施的适用状况

针对不同的路面状况，综合考虑技术、经济和工程等因素，选择最合适的预防性养护措施，是路面预防性养护的关键技术之一。针对某种状况的沥青路面，可以采用不同的养护措施来处治。每种措施有各自的适用情况，包括在什么情况下最有效，和该措施最适合于那种路面破坏。实际上，各种方法应用的时机决定了它们是作为预防性养护还是作为维护性养护。如罩面措施，当在路面状况良好的情况下使用时，罩面是作为预防性养护手段的，而当路面已经出现表面病害，需要维修时，就作为矫正性养护或修复性养护来使用。

确定预防性养护措施主要应从路面的主导损坏类型及程度、路面结构类型和路龄、公路等级或交通量、路面的性能指标、环境因素、费用、公路预期寿命、当地材料供应情况等方面综合确定，同时还需要考虑管理部门和使用者所期望的性能变化等方面，具体可以应用决策树、决策矩阵、灰色关联分析法、集对分析法、神经网络技术等方法来确定养护策略。按照沥青路面常见病害类型，沥青路面养护措施包括裂缝处理、路面处治和坑槽修补三种类型。这些处治方法可以称作预防性养护，也可以称为矫正性养护，视使用该方法时的路面状况和使用目的而定。

路面预防性养护是对高速公路路面采取的一种高标准的养护方式，要求在路面处于良好状态时即开始进行保护性养护措施，把病害消灭在萌芽状态，使路面始终处于良好的服务状态。如果在路面状况调查中确定的破坏类型与结构的缺陷有关，那么该路面就不适合进行预防性养护处治，而应该考虑修复或重建。

四、沥青路面预防性养护决策原则与流程

当对某条高速公路或者某段高速公路进行养护或修复时，应根据路况调查结果采取合理的对策，当路面结构性能满足使用要求时，就可以采取预防性的养护措施，而不能盲目地对其进行修复重建。

（一）预防性养护决策原则

在对沥青路面使用性能四项指标进行优、良、中、次、差的评价后，根据预防性养护基本标准确定养护对策时，应遵循以下原则：

（1）应用科学的决策方法确定养护对策。应建立适用的预防性养护标准，制定针对预防性养护决策、效果评价的专门分析程序，有计划性地体现区域内路网级别（路网中哪个路段）、路段级别（路段选择什么预防性养护措施）两个层次的预防性养护决策模式，并结合路面管理系统做好数据的收集、整理和及时更新工作。

（2）针对主要影响因素确定养护对策。路面养护策略的制定主要考虑强度、路面状况和平整度。在出现破坏的路面上，往往是各种病害都有出现，在确定养护对策时，应根据病害类型、严重程度和规模分析确定主要病害形式，并以其为主要处理对象，兼顾次要病害类型，确定养护措施。

（3）查明病因确定养护对策。外在表现相同的病害，也有可能是不同原因引起的，所以需要在路面普查的基础上，根据路段的主要病害形式，作专项检查或局部探查；根据需要取样进行室内试验，查明病害原因，治标亦治本。如路面车辙，有可能是流动性车辙，也有可能是结构性车辙或磨耗性车辙，三种不同类型的车辙其处理方法和具体措施则不同。

（4）结合养护费用优化养护对策。在进行预防性养护决策方案优化时，应综合考虑养护维修费用和用户费用，并根据我国目前路面养护管理的实际情况和用户费用合理计算预防性养护资金投入量，使路面使用性能的提高与用户费用的降低达到良好的平衡。

（5）分析确定养护对策的最佳费用效益。预防性养护维修方案的决策是一个非常复杂的过程，对各种维修方案以及实施时机、实施顺序的确定，需要建立路面养护维修的费用效果（效益）模型对各种方案在寿命周期内的费用、效果进行分析，分析期为20年。

（6）选择恰当的养护措施。预防性养护措施有多种，有些措施的处治范围有重叠。决定预防性养护具体措施时，要对多项技术进行横向比较，综合考虑各方面因素，选择最适用的措施。

（7）注重新材料新工艺的开发研究与推广。近年来，预防性养护技术得到了越来越多的重视，各种新技术、新工艺也不断出现，在路面预防性养护决策时应重视新材料、新工艺的开发研究与推广。

（8）加强路面排水系统的完善。沥青路面的许多损坏与水的作用有关，在确定养护方案时，以及在路面病害处治时，应注意对排水系统的调查和完善。

（二）预防性养护决策考虑因素

在选择公路沥青路面养护维修对策时，需要结合各分项调查评价指标以及综合性能评价指标，考虑以下因素：

（1）路面破损情况。根据损坏类型、损坏严重程度和出现损坏的范围或密度确定路面的破损情况，进而得到破损状况评价指标（PCD）的范围，确定路面破损状况的程度。

（2）路面行驶质量。平整越差，罩面应该越厚。

（3）路面抗滑。抗滑能力影响车辆行驶的安全性，其大小决定路面是否需要加铺抗滑表层。

（4）路面车辙深度。影响路面平整度，影响行车安全性和舒适性，决定了维修方法和规模。

（5）路面结构承载能力。路面结构承载能力的大小决定着路面结构是否需要补强。

（6）专家经验。尽管评价结果常常会受到人为主观因素的影响，但是其可以对评价结果起着对比和监督的作用。

（7）行政政策。行政干预、政策因素也会影响到路面养护维修对策的选择。

（三）预防性养护决策工作流程

选择合适的路面养护与修复方案的程序可归纳为以下几点：①收集原有设计、施工、养护资料，并加以分析。②划分路段，调查路面状况并进行评价。③进行路面结构强度和材料试验。④确定道路路面病害的成因。⑤选择适宜的养护或修复方法。

1. 资料收集和分析

各省、市公路养护管理机构对道路网都有各自的管理方法和路面管理系统，有的道路每隔一定时间后对路面进行一次全面的调查，这样收集的资料一般对于可行性研究来说是足够的，但这些数据往往不能满足详细设计的要求。在路面进行评估之前，需要取得以下数据：①路面结构类型及其大致厚度。②自修建以来的交通量。③路面平整度等。

路面结构类型及其厚度可以从设计、施工或养护资料获得。交通量可以采用历史交通量的观测资料，如无历史资料，就应进行观测调查，以便获得现期数据，作为评估之需。

2. 路段划分

按照划定的同类结构将道路划分为不同路段之后，再根据需要和目前道路状况进一步细分小段，可根据下列条件将道路划分为较短的等质路段：建成通车以来的时间、交通荷载、道路破损类型和地形等，之后进行各段的详细调查，如果等质路段较短，最好对该段全长都进行详细调查。然而当工作条件受限制时，也可选几段 1km 长的、有代表性的路段用于确定路面的损坏原因。对路面进行详细调查时，应记录各类病害（面层病害、裂缝、变形、坑槽、边缘破损等）的性状、范围、严重程度及发生部位。按照相关规范调查路况，量测路面平整度、进行弯沉测量、抗滑试验等，对路况进行整体评价。

3. 路面结构强度及材料试验

当路况调查表明，沥青面层的性能可能是由各分段路面工作状况的不同而引起时，就应通过进一步试验加以确定，应从每个分段钻取足够数量直径为 150mm 的芯样，以便保证获得沥青面层的组成及其性能的代表性数据。

（1）在对芯样进行试验之前，量测芯样获得下列数据：各层厚度、层间结合情况、是否有剥落、裂缝深度等。

（2）对芯样进行试验，包括劈裂强度、抽提试验确定级配和沥青用量等。

4. 预防性养护策略选择

根据以上资料判断路面病害的性质、严重程度、病害范围、病害原因以及现有路面的强度，结合材料试验考虑采用哪一种养护或修复策略。在选择养护或修复策略时，还应考虑以下因素：道路的使用和交通水平、气候和环境因素、预测交通量、处理费用、预期寿命、合格工作者和承建商的可用性、优质材料的可用性、时间的安排、路面噪声等。

五、沥青路面预防性养护决策方法

沥青路面预防性养护需要一个科学合理的决策方法，确定在什么时候需要进行养护，需要采取什么养护措施进行养护。结合公路养护与管理的任务，传统的养护决策模式已经不能适应以快速、安全、舒适、经济为服务宗旨的现代公路养护要求，我国大规模的公路养护需求要求建立一种基于现代技术条件下的科学的决策方法，使公路养护资金以及养护性能达到最优。在通常意义上讲决策是一种系统的方法或过程，它通过对系统当前所处状态的评估和未来发展的分析，判断、选择恰当的系统对策，以最大限度地满足系统的要求。对于高速公路来讲，需要决策的是养护资金的分配、养护方案和计划的制定。目前，美国许多的机构和组织开发了新的决策方法，即对一种既定的路面状况选择合理的养护或修复策略。本节主要介绍了国内养护决策方法、决策树法、决策矩阵法及成本效益法的使用以及每种处治方法最佳养护或修复时机选择，重点是养护措施(尤其是预防性养护)的方法。

(一) 国内养护决策方法

高速公路路面养护决策包括网级和项目级两个层次。不同的层次对决策有不同的要求。对于网级路面管理系统来说，决策就是在给定限制的条件下，进行资金分配方案的分析，选择最经济有效的方案，合理地分配和使用有限的养护资金资源，最大限度地满足系统的要求。网级路面管理的目的是通过路况调查，对路面状况进行评价，为省市级公路管理部门制定资金需求计划和资金分配方案、确定养护优先次序提供决策依据；对于项目级路面管理系统而言，决策是在网级计划内，利用网级系统运行结果，对养护项目进行进一步的详细分析，最终选定工程项目，确定以达到网级目标为最终目的的年度计划安排。项目级的养护维修对策是根据公路网的资金分配情况和养护工作计划安排，结合各路况分项评价结果和本地区成熟的养护经验而选择的具体的养护维修措施。

目前我国还没有形成成熟的公路养护科学决策模式，部分省市各公路管理机构和高速公路经营企业通过近年来不断引进先进的公路快速检测技术及设备，研究和建立以路面管理系统为核心的公路路面管理系统，资产管理系统和相关制度保障体系，正在实践和完善科学的公路养护管理决策模式。

各地公路养护管理部门应结合路面管理系统的使用，根据路面分项评价结果和养护资金的情况，统筹安排本地区公路网的资金需求计划和资金分配方案，确定公路养护的优先次序。预防性养护决策是预防性养护过程中至关重要的一个环节，如果采用一项不合理的维修措施(方法或时间不合理)实际上会加速路面问题发展的几率。

1. 规范的养护决策方法

沥青路面养护对策应根据公路等级、交通量、分项使用性能评价结果确定。分项使用性能评价包括：路面破损状况、行驶质量、车辙、路面强度和抗滑性能等方面。

对于高速公路，分别将四种评价指标(PCI、RQI、SFC 或 BPN、SSD)作为选择沥青路面养护维修措施的决策基准。这四种指标都保持在良好及以上时，进行以预防性养护为主的养护维修策略。《公路沥青路面养护技术规范》规定：公路养护管理部门可根据公路等级、交通量、分项指标的评价结果，结合养护资金情况，采取如下维修养护对策：

(1) 在满足强度要求的前提下(路面的结构强度系数为中等以上时)，若高速公路及一级公路的路面状况指数(PCD)评价为优、良，或者二级及二级以下公路的路面状况指数评价为优、良、中时，以日常养护为主，并对局部破损进行小修；若高速公路及一级公路的路面状况指数(FCD)评价为中及中以下，或者二级或二级以下公路的路面状况指数评价为次及次以下，应采取中修罩面措施。

(2) 在不满足强度要求的前提下(路面的结构强度系数为中等以下时)，应采取大修补强措施以提高其承载能力。

(3) 若高速公路及一级公路的行驶质量指数(RQI)评价为优、良，或者二级及二级以下的公路的行驶质量指数评价为优、良、中时，以日常养护为主；若高速公路及一级公路的行驶质量指数(RQI)评价为中及中以下，或者二级及二级以下公路的行驶质量指数评价为次及次以下时，应采取罩面等措施改善路面的平整度。

(4) 高速公路及一级公路的抗滑能力不足(SFC<40)的路段，或二级及二级以下公路抗滑能力不足(SFC<30 或 BPN<32)的路段，应采取加铺罩面层等措施提高路表面的抗滑能力。

以上国内预防性养护措施的决策方法主要是根据公路等级和分项路况的评价结果，对路面损坏状况与路面强度、平整度、抗滑性能等指标分别制定相应的对策，这些对策主要是侧重于网级的管理养护。对策的制定体现了公路等级、交通量的差异。当然，实际工程中，养护方案的制定要根据路面状况、病害类型、交通荷载、道路等级、环境条件、养护经费、各方案的使用寿命经济效益等因素综合确定。

2. 基于组合路况指标的决策方法

得到路面现状使用性能评价结果后，我们更关注各路段 RQI、SSI、PCI、SFC 或 BPN 等指标的组合状况。如果仅根据 PQI 这一综合评价指标来判断路况的优劣，并以此来制定养护对策，显得太过笼统，不能真实反映路面实际情况。目前，我国各种路面养护规范和标准中对养护措施的选择依据都是单项指标或几个单项指标的组合情况。因此，在制定养护方案前，可参考路面使用性能的组合状态对路况进行评价。按照现行规范的分级标准，RQI、SSI、PCI、SFC 或 BPN 等四项评价指标均有优、良、中、次、差 5 个等级，那么路面性能的组合状态就应该有 $5^4=625$ 种，如果再考虑养护措施的选择，会有更多种组合情况，造成决策问题规模大，求解困难。大量的实际路况数据调查结果显示，虽然路面使用性能评价的 4 项指标是从不同方面来反映路况的，但它们之间有一定的联系。一项指标较差时，其余指标也往往较差，很少出现某项指标优良而其余指标较差的情况。国内一些学者参照我国高速公路养护管理的相关技术规范要求和对路面组合状态进行了简化，简化情况如下：

RQI 简化为 3 级：优良级(80~100)，中级(62~80)，次、差级(0~62)。

SSI 简化为 2 级：强度足够级(80~100)，强度不足级(0~80)。

PCI 简化为 3 级：优良级(70~100)，中级(55~70)，次、差级(0~55)。

SFC 或 BPN 简化为 2 级：能力足够级(62~100)，能力不足级(0~62)。

简化后沥青路面性能的组合状态最多为 $3\times2\times3\times2=36$ 种。既能够满足决策的需要，又大大减小了决策问题的规模。而在具体应用中，真正对养护决策有意义的还没有这么多种情况，根据选择的不同养护对策，选取其中有实际意义的组合状态。国内一些参考资料对各种路面性能组合状态提出了一些养护对策。

我国目前的决策方法是把路面质量指数 PQI、路面状况指数 PCI 以及强度指数 SSI、抗滑指数 BPN 等综合考虑后决定出具体的养护措施。但是上面几个指标都是由一系列经验回归公式得到的，因此可移植性并不高。若经调查路面不适应现有交通量或载重的需要，应通过提高现有路面的等级，或通过加宽改建措施提高道路的通行能力和服务质量。大、中修及改建工程的结构类型和厚度，可根据路等级、交通量、当地经济条件和已有经验，按规范的要求进行专门的设计。

（二）决策树法

采用决策树和决策矩阵是世界各国常用的路面养护决策方法。二者均是根据某些规则和标准（由公路机构凭借过去的经验制定的）针对一种既定的路面状况选择合理的养护或修复策略，并且在处治时机的选择过程中，它们是一种实用的辅助手段。在建立这两种决策方法过程中需要考虑的数据一般包括：①面层类型和/或施工资料。②道路功能的一个指标和/或交通等级。③至少一种路况评价指标，包括破损和/或粗糙程度。④关于损坏类型的详细信息，与荷载相关的损坏或一种特定病害类型的面积。⑤包括路线设计资料，确定是否需要加宽或者整修路肩。⑥道路的环境资料。

决策树包含了一系列的标准，这些标准通过使用“子图表”以找到一种特定的处治方法，其中每一个“子图表”都代表一系列具体因素（就影响因素而言，诸如路面类型、损伤类型和程度交通量以及道路功能分类），有些决策树仅用一些单个指标来作为选择处治方法的依据。也有许多决策树用代表综合性质的损伤标准来进一步简化选择过程，其中路面状况指数（PCI）就是这些综合损伤指数中的一个例子。但这种决策树也存在一定的问题：这些处治方法并不是总能合理表明实际损伤状况，尤其是在与路面修复有关的严重破坏的情况下。

1. 结构破坏

如果路面结构只发生了轻微的或没有结构破坏，相关处治方法仅用于维护初始路面的工作性能及其既定的使用寿命，那么此时是进行养护处治的最佳时机。如果存在路面结构破坏（以疲劳开裂和车辙的形式），那么相关的处治方法就应该更多地在于提高结构性能，例如：减缓结构破坏的速度和延长原路面的使用寿命。

2. 环境因素产生的裂缝

这是指由于沥青路面的老化，以及由于每天所承受的与温度循环有关的热应力的作用下，在沥青路面中产生的裂缝，包括纵向裂缝、横向裂缝与网裂。这种破损的处治方法旨在预防路面过分潮湿和减缓路面表面层的裂缝损坏速度。裂缝严重程度可定义为以下三种：

轻度裂缝：路面上只有轻微的裂缝，进行填缝处理即可。

中度裂缝：裂缝达到了一定的程度，仅采用填缝或许不具有成本效益。

重度裂缝：路面上出现了大面积的裂缝，采用填缝根本不能满足要求，必须采用其他的养护或修复措施。

3. 表面磨损

这是指发生在沥青路面表面（如：表面层 20mm 以内）的路面破坏，主要是轮胎的磨耗作用（如：集料被磨光）和集料脱落（如：风化）的结果。表面磨损的处治方法是清除被磨损的面层再重新加铺或者直接在磨损的路面上直接进行加铺。表面磨损程度可定义如下：

轻度磨损：面层的构造深度和抗滑能力受到极小的影响。

中度磨损：面层的构造深度和抗滑能力受到较大的影响，在潮湿状况发生事故的可能性增加。

重度磨损：面层的构造深度和抗滑能力受到严重的影响，在潮湿状况发生事故的可能性达到（或超过）不能接受的程度。

4. 疲劳裂缝与车轮荷载累计作用

有关的轮迹带裂缝是路面结构破坏和承载能力减少的表现。相应地，路面修复措施的目标往往是铣刨和替换大量的热拌沥青混合料面层和基层(在某些情况下)。疲劳开裂程度可定义如下：

轻度开裂：不到1%轮迹区域出现与荷载有关的裂缝，或许开始只是一条纵向裂缝。

中度开裂：至少有1%~10%的轮迹区域的裂缝，可能是以网状形式出现，这种裂缝的破坏速度呈现上升趋势。

重度开裂：有10%或更多的轮迹区域出现与荷载有关的裂缝，并有可能快速上升到整个路面区域。

5. 车辙

这种永久性变形可发生在沥青路面的任何一层或多层中。如果HMA面层质量差(因为不合理的混合料设计或不适宜的结构设计或混合料发生离析)，车辙能够在路面的50~70mm深度范围内发生；如果结构设计不合理或路面上的荷载过重，在下面层以及自然状态的路基中都能产生车辙。一般来说路面修复方案的目标在于替换损坏或变形的层位。

三种车辙的严重程度定义如下：

轻度车辙：车辙深度不超过6mm，在潮湿状况下一般不会发生滑漂事故。

中度车辙：车辙深度在7~12mm之间，在潮湿状况下不合理的横坡处可能会引起。

严重车辙：车辙深度超过13mm，潮湿状况下发生事故的可能性明显增加。

(三) 决策矩阵法

决策矩阵和决策树都是依赖一系列的规则或标准得出一个合理的养护或修复处治方案。在这一点上，二者是非常相似的。但它们之间也存在一定的区别，主要是：决策树为处治方案的选择过程提供了一种更加系统、更加形象的方法；而表格式的决策矩阵，使得其能够以较小的空间储存更多的信息。在美国联邦公路管理局(FHWA)进行的一项研究(该研究概述了预防养护处治措施及其有效性)中，Zaniewski 和 Mamlouk 针对预防性养护处治方案提出了一个相对简单的决策矩阵。

为了推进对性价比最高的预防处治方案的选择的进程，对考虑了上述因素以及其他与具体工程相关的因素的处治方案，公路机构必须理解其潜在的每个性能特征。事实上，这些因素取决于机构的规模和管辖范围的大小，它们将会随着地理区域的改变而改变。

决策树和决策矩阵这两种方法用于修复策略选择的主要优点在于：①它们反映了公路机构通常采用的决策过程。②可以灵活修改决策标准以及相关处治方案。③能针对某一路况形成一致的推荐方案。④通过这两种方法可相对容易地解释选择过程并对其编程。

因此，这两种决策方法均可被高效地运用于选择或辨别合理的预防性养护处治方案，此外，还可以用于决定路面日常养护和修复方法。这两种方法主要的缺点是：它们一般仅被设计成只关注在过去表现良好的一种(或两种)处治方法，而往往会忽略新的、改进过的或许更有效的处治方法。

决策树和决策矩阵的优势和不足：

优势：①利用现有经验。②适用于当地情况。③是一个项目级的好方法。

不足：①机构与机构之间不能很好地进行转换。②对于新的处治方法的创新或使用有一定的局限性。③很难包含所有重要的影响因素(如：项目竞争、职能分类、保持寿命)。

④很难开发适用于多种路面破坏类型的矩阵(如：通常不能解决实际的破坏状况)。⑤不包括对各种可行的选择的更综合的评估和 LCC 分析以确定成本效益最好的方案。⑥不宜进行网络评估。

此外，应该注意的是：决策树和决策矩阵的使用并不能保证能够得到最佳的选择或性价比最高的处治方案。一般来说，为了达到最佳效果，还需要考虑成本和时机。

(四) 费用效益分析法

费用效益分析法(又称费用效果分析法)即为实现某一特定的目的，可供选择的经济技术方案很多，这些方案在实现目的的效果上和消耗的费用上各不相同，通过效用分析，可以从这些方案中找出效益费用比最高的方案。采用效益费用比方法的难点就是区别出效益和费用两部分，1985 年加拿大的加查和库克认为道路用户效益可以用路面性能曲线围成的面积来估计。1989 年美国的奥布赖恩认为，在选择预防性养护对策时，预防性养护的效益可用路面性能曲线围成的面积表征。这些思想的提出，为效益-费用分析法在沥青路面预防性养护领域的应用，开辟了途径。

常用的费用效益分析方法有寿命周期费用分析、费用效益率分析、等效年度费用长寿命费用指数等，等效年度费用法由于方法简单，便于理解和运算，故常用来评价预防性养护措施的费用效益，其计算方法为：

等效年度费用(EAC)= 单位费用/期望寿命

使用费用效益分析法确定预防性养护措施的关键问题为：①根据特定路况条件和养措施的技术特点确定初步合适的预防性养护措施。②根据可获得的原材料费用、施工机械费用以及人工费确定预防性养护措施的单位成本。③观察并确定常用预防性养护措施的使用寿命。④确定各种预防性养护措施的等效年度费用，最小的等效年度费用具有最佳的经济性，可在实际工程中优先考虑。

常用的预防性养护措施的技术经济特征：

稀浆封层方法适用于细小裂缝，轻微老化、松散、抗滑不足，<15mm 车辙，中、轻度交通量，气温>10℃，使用寿命 2~4 年，每平方米费用约 15~20 元。

微表处方法适用于细小裂缝，中轻度老化、松散、抗滑不足，<25mm 车辙，重度交通量，气温>10℃，使用寿命 3~5 年，每平方米费用约 18~28 元。

碎石封层方法适用于细小裂缝、轻微老化、松散磨耗，中轻度泛油、抗滑不足，中、轻度交通量，气温>15℃，使用寿命 3~5 年，每平方米费用约 13~20 元。

复合封层方法适用于细小裂缝，轻微老化、松散、车辙、表面不平整、抗滑不足，中、轻度交通量，气温>15℃，使用寿命 3~5 年，每平方米费用约 28~40 元。

THMO 方法适用于中轻度表面损坏、轻微不平整，适用于任何程度的交通量，气温>13℃，使用寿命 1~2 年，每平方米费用约 55~60 元。

填缝或灌缝方法适用于各种程度的非结构性裂缝，适用于任何程度的交通量，气候凉爽干燥，使用寿命 1~2 年，每平方米费用约 5~15 元。

雾封层方法适用于细小裂缝轻微老化、松散，适用于中、轻度交通量，气候凉爽干燥，使用寿命 2~4 年，每平方米费用约 5~10 元。

沥青再生处治方法适用于细小裂缝，轻微老化、松散，适用于任何程度的交通量，气候凉爽干燥，使用寿命 2~4 年，每平方米费用约 22~25 元。

第四节　沥青路面预防性养护最佳时机的确定

一、预防性养护时机的选择原则

预防性养护的经济性和有效性在很大程度上取决于采取预防性养护措施的时机，预防性养护最佳实施时机应该在路面尚处于良好状况，或者只有某些病害先兆时进行。沥青路面预防性养护时机的选择原则如下：

（1）预防性养护需要在路面破损之前进行处理。当按传统的方法认为路面发生病害需要维修时，这对于预防性养护来说已经太迟了。这时若再采用预防性养护措施则可能会导致差的效果，达不到预期的路面性能。

（2）虽然预防性养护措施必须在路面未发生破坏或轻微破损之前实施，但是预防性养护时机过早则会引起其他路面问题并且浪费资源。面对我国庞大的公路养护需求和有限的公路养护资金，何时对路网内道路进行预防性养护，如何合理确定预防性养护的时机具有重大的现实意义。

（3）路面养护方案有许多策略性的选择，不同的策略有不同的最佳养护时机，同时还需要考虑地区、路面类型和结构以及资金的来源等因素的影响。但从技术上来说，对于不同的养护措施究竟应该何时采取何种养护措施，很难简单地判断，必须借助科学合理的分析工具进行技术经济比较后才能选择最佳的养护时机。

二、预防性养护时机的确定

一个有效的预防性养护程序的另一个关键性因素是确定所选择养护方法实施的最佳时机。沥青路面有多种预防性养护处治方案，各种处治方案的应用时机决定了它们是否是预防性或矫正性养护处治方案。为了解决预防性养护时机问题，FHWA 资助了专门的项目 NCHRPPI4－14（The National Cooperative Highway Research Program Project14－14）。同时，AASHTO、FP2 和 FHWA 用三年的时间另外再投资 350000 美元来支持预防性养护时机选择的研究项目。

目前，路面预防性养护时机的选择方法主要有：基于时间/路况的方法、费用效益法、寿命周期效益评估法、决策树/矩阵法、排序法和基于老化的方法等，下面分别叙述各种方法的特点以及应用。

1. 基于时间/路况的方法

一个合理的养护维修方案可以提供一个最具成本效益的养护措施。一般根据路面类型状况和其他重要因素确定。适当的养护措施需要正确的养护时机以保证路面达到设计功能，并保证养护项目最具成本效益。预防性养护是为了保持路面良好的使用功能，使其不致出现功能失效而进行的养护。因此预防性养护理论的研究就必须弄清楚路面功能失效的时间，养护应在路面状况还处于一定水平时进行。基于此，国外提出了基于路况的预防性养护技术，即采取预防性养护措施的时候，从路面的实际破坏状况出发，找出进行预防性养护的临界破坏状态。路面使用状况是由路况调查和无破损试验联合确定的。目前，使用的路况调查方法有许多类型，它们可以提供很多有意义的信息，借此可确定需要进行养护处治的位置。路况调查，加上无破损试验(如果需要)，为确定路网中需要处治的路面和实施处治的时机提供了一个合理的方法。

随着路面使用期的延长，沥青会不断老化，路面的服务能力不断下降，当路面质量下降到一定程度，路面使用年限达到路面寿命的临界状态之后，路面的服务状况急剧下降，路面的裂缝、坑槽增多增大，路面颜色变浅，为了及时制止沥青路面状况的进一步恶化，可在临界点之前进行预防性养护，使路面的服务水平一直维持在较好的水平，延长路面使用寿命，减少养护成本。

一个机构可以采用决策过程来为一个具体工程确定处治的时机。应用路面状况调查的结果(不论用什么方法)按照 1~100 的规模，由初期的限制可演变为确定实施一种处治类型的时机。当然，预防性养护的概念就是要在路面使用寿命的早期确定一个经济的处治方案，以保持路况和尽可能延长路面的寿命。

美国 PAVER 路面管理系统采用路面状况指数 PCI 综合表征路面的结构完整性和行驶状况，并建立了路况等级、PCI 值和养护对策间的关系。可以看出国外对路面养护的要求是很高的，当路况还处于优、良状态的时候即应该开始进行预防性养护，在路面状况评价为良、中时便需要进行大中修和改建。另外还有美国的 HSRM(Highway Sufficiency Rating Manual)评分体系。该体系建议路面预防性养护需在 6 分及以上时进行，刚性路面的预防性养护需在 8 分及以上时进行。

基于时间/路况的养护时机确定方法在路面管理系统中应用并不广泛，尤其是在目前国内高速公路沥青路面的早期破坏(主要体现为功能性破坏)现象突出并且破坏速度很快的情况下，采用这种方法确定预防性养护时机还有一定的困难。

2. 效益费用法

对于预防性养护来说，如果养护措施在最佳时间前应用，则对路面性能提高幅度较小，路面性能方面不理想，但是由此发生的费用较小；如果养护措施在最佳时间后应用，则对路面性能提高幅度较大，但是由此发生的费用也较大，费用方面不合理。因此，将效益-费用(Effect/Cost)的分析方法用于路面工程预防性养护措施最佳实施时机的确定上是符合“3R 养护思想”的。效益费用法是用效益与费用的比值来衡量的。费用采用单价的形式，如元/m^2，效益是根据预防性养护后，期望延长的路面寿命或性能曲线下增加的面积来表达的。路面预防性养护实施后必然会导致路面性能发生变化，从而性能曲线也将发生变化，性能曲线是由路面数据(如路况、荷载、气候和维修养护)来确定的。

每一种方案的费用都根据管理部门费用和用户费用来确定。管理部门费用包括设计费、初期修建费、养护费改建费和残值，用户费用包括车辆运营费、延误费、行程时间费和事故费。应用效益费用分析方法来对所选的预防性养护措施和时机进行分析。最佳预防性养护时机是基于效益费用比得到的。最佳养护时机就是在费用最小而效益最大时的养护时机，即效益费用比 B/C 最大时的养护时机。为了使效益费用比的实际值更有意义，采用有效性指标(Effectiveness index，EI)来评价。有效性指标是指每个方案的效益费用比与最大的效益费用比的比值。效益费用比最大的有效性为 100，有效性指标计算公式为：

$$El_i = \frac{(B/C)_i}{(B/C)_{\max}} \times 100\%$$

式中 EI_i——第 i 个时间方案的有效性指标；

$(B/C)_i$——第 i 个方案的效益费用比；

$(B/C)_{max}$——养护时间方案中最大的效益费用比。

最后就是分析不同养护时机时各养护方案的效益和费用，效益费用比最大的就是最佳养护时机。有效性指标最大(即 EI=100)的方案就是最佳养护时机方案。

3. 寿命周期效益评估法

在 1960 年，美国 AASHTO 提出基于寿命周期分析的概念，1986 年和 1993 版的 AASHTO 路面设计指南都推荐采用这种分析方法，并讨论了寿命周期分析包括的费用。得克萨斯州交通运输部在 1996 年进行了“刚性路面的寿命周期费用分析”项目的研究，建立了综合的、模块化的寿命周期分析方法，可以评价现有的和未来的路面项目。

寿命周期效益分析法的主要目的是为投资成本确定最佳值，即获得满足所要求性能目标寿命周期内费用耗费最低的方案。这种方法目前应用比较广泛，常常用于路面大、中修及改建的方案选择。预防性养护是一种推迟高成本的修复和重建措施的方案，需要提前支付养护费用并且在不同时期支付同样的养护费用情况下具有不同的养护效益和经济价值，因此有必要进行寿命周期内的经济分析。

寿命周期费用分析(Life-Cycle Cost Analysis，LCCA)是在一定时期内，分析某一路段的初期建设费用和以后的养护折算费用来评价其经济价值的过程。一种分析方法是将分析期内不同时间支出的费用，按预定的贴现率转换为现在的费用(现值)。通过转换为单一的现值，可在等值的基础上直观地比较各种方案。

另外一种方法即采用年度成本方法确定路面养护时机，如果养护时间推迟得越久，修复路面所耗费的成本就越高。另外，如果路面养于频繁则会浪费不必要的资金。过早的养护(或修复)会导致更高的年度成本。当延迟养护的费用和过早养护的费用叠加在一起时便可以决定路面修复的最佳时期。各种处治措施的养护时机取决于道路的交通水平和环境因素，为尽可能地降低路面寿命周期成本，各单位应根据当地实际情况决定合适的养护最佳时机选择方法。

4. 决策树/决策矩阵法

决策树法是根据不同的决策影响因素，通过建立一定的树结构形式，将决策方案不断进行细化、分枝，并综合考虑各种组合条件，在各个分枝的枝末，给出各种组合条件限制下可能的处治对策。决策树方法较直观，易于理解。在确定各种组合条件的可能对策时，通过专家调查方法，综合考虑当地工程师的经验，可以很好地与人们的主观经验相结合。

但是，随着养护决策影响因素的增多，决策树将变得越来越复杂，而且无论更改、增加或删除任何一种影响因素，决策树都必须重新修订，这一过程造成了时间与资金的浪费，并使这种法通常不能从一个管理部门移植到另一个管理部门，而且影响因素达到一定数目后，可能使决策树过于复杂而失去实用意义；另外给定的专家决策方案只能有一个，这就使决策变得僵化、绝对化，而一些好的决策方案个体却可能遭淘汰而进不了决策树，限制了措施的革新和新措施的应用。在预防性养护措施选择时通常要考虑路面类型，路面破坏类型、范围和严重程度，费用效益等。在预防性养护措施时机的选取时还要进行场地的现场评估，而不是仅用决策树就能解决的。这些缺陷限制了该方法的应用与推广。

5. 排序法

预防性养护的各种特征对管理部门是十分重要的，但是有些特征不容易实现准确的量化。这些特征包括交通分布、当前预防性养护的经验及适合施工的条件等。除了效益费用比外，还可对所采取的预防性养护措施进行整体排序。排序法就是在初步确定养护项目的时间和对策后，再考虑资金等约束条件，根据路况、经济等数据计算出一定排序指标作为项目比较的依据。然后，根据排序指标对所有需求项目进行排序，最后根据整个排列次序进行一年或多年的项目选择决策。预防性养护时机的安排可以遵循事先设定的标准进行，可以采用使用性能标准 PCI 进行排序。当路面的 PCI 低于此标准时，该路段即需采取预防性养护措施。此时，预防性养护的时间和措施的确定是分开考虑的，通常采用使用性能参数进行各项目的排序。

另外，也可以采用经济分析参数进行排序，此时预防性养护时机和措施的确定是同时进行的。排序法主要是一种网级方法。它在选择项目时没有考虑项目之间的效益和项目实施时间的影响。同时，用不同的标准进行排序的结果可能不同。因此此方法不宜作为项目级预防性养护措施和时机选取的主导方法。

6. 基于老化的方法

同济大学孙立军教授和董瑞琨从预防性养护的作用出发，提出了基于老化的沥青路面预防性养护时机的判定方法，并对沥青路面老化指标进行了深入研究。针对沥青路面的预防性养护策略进行了大量的室内老化试验，结合现场老化，提出了沥青路面的老化模式：沥青路面的老化主要体现为表面的氧化老化及路面内部的热老化。路面表面老化用薄膜烘箱试验(TFOT)+ 压力老化容器试验法(PAV)模拟，路面内部老化用 TFOT+ 100℃缺氧加热模拟试验和现场都表明路面内部老化比表面老化缓慢得多。对于表面密封性能良好的路面，在一定的服务期内，可以不考虑路面内部的老化。为基于沥青路面老化的预防性养护提供了理论依据，并提出第一次预防性养护的时机应在相当于 10~20hPAV 老化程度之前的某个时间，大致相当于路面投入使用 4~8 年。

基于老化的方法在确定养护时机时需采用 PAV 法模拟沥青路面表面老化，该项试验需要专门的实验设备，试验比较复杂，一般养护部门没有此实验仪器。另外，此方法确定的预防性养护时机是一个范围，没有给出确定的时间。美国的 FHWA、AASHTO 和 FP2(The foundation of pavement Preservation)已经主办过多次预防性养护专题讨论会。但是，到目前为止，路面预防性养护的时机问题仍然没有得到满意的解决。

第五章 沥青路面主要病害及处治维修

当路面出现病害并达到一定程度时，需要对其进行及时维修与处治，以及时恢复路面的使用功能和强度，或防止路面病害的进一步发展。按照《公路沥青路面养护技术规范》(JTJ 073.2—2001)，病害维修处治措施有的属于小修保养，有的属于中修，也有属于专项工程。另外，在沥青路面大修过程中，往往也需要对局部路段病害进行处治。如采用加铺方案时，加铺前应对路面的各种病害进行维修处理；另外在需要大修的路段中，如果其中局部路段病害轻微，也可以通过局部处治修复路面。

第一节 车辙病害的处治

一、修复车辙的微表处技术

由于高速公路沥青路面车辙病害分布范围广，不同位置处的车辙深度不同，从而需要采取不同的修复方案。如采用铣刨后重新铺筑表面层的方案，需要人员、设备和材料较多，修补费用大，造价高。而采用微表处修复高速公路沥青路面车辙，可以有效修复的车辙厚度达38mm，处治效果稳定，不易产生塑性变形，可以显著提高路面的使用性能和耐久性，施工简单快捷，开放交通快，与其他处治措施相比成本低廉，而且可以显著提高路面的使用性能以及耐久性，是一种可以不用铣刨方案解决车辙问题及其他病害的最有效、最经济的手段之一。

微表处是由聚合物改性乳化沥青、100%轧碎石料、矿物填料、水和必要的添加剂组成的、使用专门的施工设备边拌和、边摊铺的一层混合料。微表处起源于20世纪70年代的欧洲，起初是作为车辙填充材料来填补车辙。此后，许多国家开始使用这种技术对重交通道路进行表面整修和填补车辙。微表处技术是一种预防性养护方法，《公路沥青路面养护技术规范》规定：微表处主要用于高速公路和一级公路预防性养护以及填补轻微车辙。

二、车辙病害状况调查

修补高速公路车辙前，首先必须对原路面进行综合的路况调查，包括原路面的强度及刚度，整体的稳定性，有无其他病害等，一般每20m测量一个数据并做好记录。不同深度车辙的处理方法是不同的，因此要分别统计≤15mm、15~25mm、>25mm的车辙路段，同时对原路面病害进行统计，如拥包、裂缝、网裂、唧浆、坑槽等，依此确定车辙的维修方案。

我国《公路沥青路面施工技术规范》(JTG F40—2004)规定：单层微表处适用于车辙深度不大于15mm的情况；超过15mm的车辙必须分两层摊铺，或先用V字形车辙摊铺箱摊铺；深度大于40mm的车辙，不适宜微表处处理。参考国内外车辙标准，根据不同车辙深度，将车辙划分为轻微车辙、中度车辙、严重车辙、超限车辙。

三、微表处材料的选用

选用的材料是否合适直接关系到微表处的施工质量和使用效果，因此，应对材料的选用严格把关。材料应该根据具体的气候条件、集料品种、路面情况合理选择，通过室内和现场混合料试验进行配合比设计。

1. 改性乳化沥青

改性乳化沥青在微表处中主要起黏结作用，因此改性乳化沥青必须符合国家规定的技术要求。微表处应采用慢裂快凝、聚合物改性阳离子乳化沥青 CSS-1h(ASTM D2397)。此外，改性乳化沥青还应符合级配集料的拌和要求，即在拌和摊铺过程中稀浆混合料必须均匀、不破乳、不离析，处于良好的流动状态。

为了改善稀浆混合料的摊铺和易性，增加混合料的黑色光泽度，缩短微表处的初凝及固化时间，施工时可在混合料中加入一定剂量的添加剂。添加剂的品种、剂量及添加方式依据室内试验决定。在低温下施工或采用酸性石料时，宜采用阳离子乳化沥青；与水泥石灰共同使用或采用碱性石料时，宜采用阴离子乳化沥青。改性乳化沥青的制备方法应先用改性剂对沥青进行改性，再将改性沥青在乳化机中进行乳化。

2. 集料

高速公路微表处混合料包括粗集料、细集料、填料等。粗集料应洁净、干燥、无风化、无杂质，具有足够的强度、耐磨耗。集料应选用具有良好的颗粒形状、坚硬、耐磨的碱性或酸性小的集料，一般宜选用密实、表面粗糙的玄武岩。细集料应洁净、干燥、无风化、无杂质，并有适当的颗粒级配，与沥青有很好的黏结能力。施工时宜选用机制砂或轧碎石屑，且保证 0.075mm 的通过率接近级配曲线的下限。

3. 混合料试验设计

用于微表处的材料必须经过仔细的设计以保证各种材料能够结合在一起发挥其使用性能。遵照“一个工程，一套设计”的原则，每个微表处工程都必须根据该工程所在地的原材料情况、气候条件、交通量情况、原路面状况等因素进行配合比设计。

(1) 集料配合比设计。根据交通量大小、原路况的防水、抗滑、车辙深度及平整度等情况选择符合规定质量要求的各种矿料、填料，通过筛分试验确定矿料的配合比。

(2) 混合料室内试验。根据混合料的室内试验，确定混合料的最佳配合比。

微表处的固化是一个化学反应过程，因此材料的选择和混合料的设计极为重要。通常情况下，混合料的设计过程可以建立一个聚合物改性乳化沥青、填料与矿质集料之间用量的一定函数关系。通过现场调整用水量、矿料用量以及添加剂用量就可以控制乳化沥青的破乳时间，从而确定何时开放交通，具体情况也可以根据温度、湿度以及路面构造适当改变。

四、微表处修复车辙的施工

微表处施工前，应确保路面干燥洁净，并且已经完成了所有必要的修复和重建工作。微表处施工的天气条件：地表温度大于 10℃，气温高于 7℃并持续上升时可以施工；24h 内如果有霜冻的可能性时应避免施工；雨后路面积水未干或积水未清除前不可施工；若施工养护成型期内可能降雨，也应避免施工。微表处修复沥青路面的施工工艺包括：路面预处理，施工准备，车辙修补，接缝的处理，早期养护与开放交通。微表处施工所用的设备有：铣刨机、运输车等、拉毛机、清扫车、稀浆封层车、宽度可调摊铺槽、专用 V 形摊铺机、压路机等。

1. 路面预处理

在微表处以前，必须对原路面不同程度的车辙病害进行处治。对于中、小车辙，可划定修补范围，用拉毛机对划定部位进行拉毛后再做微表处修复；对于较大的车辙，可采用填充或铣刨等方法对车辙部位进行处理，再进行微表处，具体方法见前述。值得注意的是，在进行填充或微表处前，需要在原路面上喷洒乳化沥青黏层油，所用的黏层油为同一种离子类型的乳化沥青，沥青含量≥50%。无论采用何种修补方法，都要清除原路面上的所有杂物、泥块、尘土及松散粒料，确保路面清洁。

2. 施工准备

施工前应检查稀浆车的发动机、传动系统、液压泵、乳液泵、乳化沥青管道等是否保持良好的工作状态，根据室内试验确定的混合料设计配合比，对矿料、填料、乳化沥青、水等各种材料的用量进行单位输出量的标定，同时备齐其他现场需用的设备，包括清扫设备、压实设备、运输设备以及其他辅助设备。

3. 车辙修补

根据车辙调查的数据和已有的路面资料，将车辙分为轻微、中度、严重车辙和超限车辙，并根据车辙的不同程度采取相应的修复措施。

（1）轻微车辙的修补。可采用单层微表处修复轻微车辙。为了增大原路面与微表处的接触面积，提高稀浆层与原路面的修补效果，可用拉毛机将车辙及其外围 20cm 范围内的路面进行拉毛处理，然后对本车道全宽范围内的路面进行微表处。待混合料初凝后，用 6~8t 胶轮压路机碾压。碾压应从修补层的边缘开始，逐渐向中间进行，且每次需搭接 1/2 左右的碾压轮宽。

（2）中度车辙的修补。中度车辙的修补方法与轻度车辙的处理方法基本相同，但由于中度车辙的深度更大，因此微表处以前必须先进行找平，且找平层的厚度要略小于车辙的深度。找平层施工所选用的集料要粗些，并且施工时应先对原路面进行拉毛处理，并在车辙的起点和终点处，预先横铺上铁板或建筑用纸等避免污染，其长度宜为 1~1.5m，宽度略大于摊铺宽度。在起洒点前 20cm 处，摆放好 V 形摊铺槽，对车辙进行找平至终点处。特别强调的是，施工时要等到找平层固化成型后再进行微表处。

上层微表处的施工则按照正常的微表处施工即可，并且在摊铺时，应使摊铺车匀速前进，并使每幅的线形顺直、平滑，摊铺厚度均匀，无离析，无超厚、超薄等现象，微表处的两侧边缘要落在标线的中线处。

（3）严重车辙的修补。首先确定铣刨的面积和深度。一般情况下铣刨面积为一个车道内车辙辙槽区域稍微外延的区域，铣刨深度为铲除高于原路面的凸起部分后再铣刨 10mm。铣刨施工完成后选用摊铺宽度与车辙同宽的 V 形摊铺槽对车辙凹陷部位及铣刨部位进行填充及找平，填充料高程为铣刨后路面的高程。待填充料初凝后用轻型压路机进行碾压，等压实后的填充料固化成型，再对一个车道全宽范围内进行微表处。

（4）超限车辙的修补。对于超限车辙，首先对超高部位进行铣刨，铣刨前要对路面进行横断测量，通过测点高程确定修补面积、铣刨面积和铣刨深度。一般铣刨的深度约为30~40mm。确定修补面后，为保证坑槽壁垂直、槽边整齐，应使用切割机将边线切齐，再对未铣刨的路面进行拉毛，拉毛痕迹深度约为3~5mm，并清除残渣。通常采用热拌改性沥青混合料和专用小型摊铺机对车辙铣刨部位进行填充式摊铺。摊铺前，应准确计算热拌混合料的松铺系数，以确保微表处的摊铺厚度。车辙处的填充料经压实成型后，再对一个车道的全宽范围加铺一层微表处。需要注意的是，所有经处理过的路段都需喷洒乳化沥青黏层油后再进行热拌沥青混合料微表处的摊铺作业。

4. 接缝处理

修补车辙时会产生很多横、纵接缝，包括找平层的接缝、热拌混合料的接缝及微表处的接缝。对于热拌沥青混合料的接缝，其处理方法与沥青混凝土路面施工相同，下面仅就找平层及微表处的接缝处理方法作简单说明，但无论用什么方法均要保证周围接茬处碾压密实。

（1）横缝的处理。横缝是垂直于摊铺方向的缝，横缝过多过密会影响外观和平整度。在车辙处理时，应先划定修补范围。一般修补范围为车辙纵向外延10~15cm，横向边界为该车辙所在的车道两边的标线。当施工时，在距车辙起、终点10~15cm处及每段接茬处平铺上铁板或建筑油毡纸等，其纵向长度宜为1~1.5m，横向要比摊铺宽度略宽些。当一幅施工结束后，可立即移走铁板或油毡纸并放置在下一幅的起终点处。同时，用橡胶刮板或钢刮板沿施工方向把微表处料向施工面进行推移，推移过程中，要用力适度，使得接缝处的微表处料能够均匀地分摊到定宽度范围内，以消除横缝的棱角。

（2）纵缝的处理。纵缝是指与摊铺方向平行的缝。纵缝是影响封层总体外观的重要因素，因此纵缝的处理非常关键。微表处的纵向接缝宜做成搭接形式，由于微表处料较稀，本身流动性很好，混合料的边缘处不像热拌料那样成一立面，而是有一定的坡角，所以当施工完毕第一幅时，该微表处边缘部位应预留50cm不碾压，在第二幅施工时，使得第二幅摊铺槽角正好与第一幅料层的坡角搭接，待第二幅摊铺完毕后，连同预留的微表处一道进行碾压。碾压前要用橡胶刮板或钢刮板将高出微表处的混合料推移开来。在高速公路上应尽量减少纵缝的搭接宽度，并尽可能将重叠的位置安排在标线处。国际稀浆封层协会出版的《微表处技术指南》规定：纵向接缝宽度不应大于76.2mm，接缝处高出量不宜大于6mm。

另外，在微表处施工时，相邻车道及车道两侧的路缘石要做好保护，防止混合料飞溅上去。具体做法是：用塑料薄膜事先将路缘石外露的部分全部覆盖上，等施工完成后将塑料薄膜撤走即可。

5. 早期养护与开放交通

在填充料及微表处施工完没有固化成型前，应禁止车辆通行，以免出现新的病害。当混合料黏结力达到200N·cm时，可限速开放交通，车速一般控制在30km/h。

五、微表处处治效益分析

高速公路上采用微表处对车辙进行处理，不但施工简单，同时其综合效益也相当可观。稀浆微表处的直接工程费用比采用传统的铣刨掉原路面再加铺约3cm厚的热拌沥青混合料罩面的方法要低1/2以上还要多，而且施工速度快，连续式封层车正常情况下每台班可铺筑约11km长的标准车道。另外，除了有严重车辙的车道需要铣刨外，其他程度的车辙均无须铣刨，只需拉毛，经表面处理后即可现场进行微表处修补，且修补后成型快，封闭交通时间短，施工季节长。由于微表处施工通常选用快凝型乳化剂，在摊铺完成后 1h 左右即可开放交通，而且固化速度和强度增长速度要好于稀浆封层。

微表处施工时的另一个优点是只需一个车道限制交通，其他车道可正常通车。这种修复方式在迅速改善路面路用性能的同时，也保证了高速公路上车辆的正常通行，充分体现高速公路“高效、良好”的社会服务水平。同时，微表处是在常温下作业，可以降低能耗，不释放有毒物质，符合环保要求。通过对以往微表处处治车辙的试验路段检测，可以发现微表处后新路面的摩擦系数和宏观构造度大大提高，路面的抗滑性能得到了极大的改善，路面外观平整、美观、无裂缝，达到了预期的使用效果。微表处修复车辙的寿命长短取决于进行微表处修复前的原路面状况。根据国外使用经验，微表处的寿命在重交通作用下可以达到 7 年以上，若是轻交通则寿命会更长。

近年来国内也有工程采用微表处修复车辙。实践表明在路基及基层稳定的前提下，通过对车辙的修补，可以至少延长公路使用寿命一年。影响微表处效果的其他因素还包括：交通荷载、环境因素、原路面状况、材料质量、混合料设计及施工质量。需要注意的是，当原路面出现中等或大量裂缝的情况下，应避免使用微表处。

第二节　坑槽病害的修补

一、坑槽病害状况调查

1. 坑槽调查

坑槽根据其深度和面积分为轻度（深度小于 25mm）、中度（深度为 25~50mm）和重度（深度大于 50mm）三种程度。

2. 修补措施类型的选择

根据修补所用材料及目标，坑槽修补方法主要分为临时性、半永久性和永久性修补三种类型。

（1）临时性。当路面出现的坑槽影响行车，需要立即填补而封闭车道又不现实时，可采用临时性的填补措施。临时性的填补措施也可用于路况差的路面或将要罩面或重建的路面。临时性修补是将坑槽进行简单的清理，填上修补的混合料以后，利用击实锤或卡车进行压实。临时性修补时间快，但是修补坑槽的耐久性较差。

（2）半永久性。作为一种预防性措施，这种方法可以防止小的坑槽演变成较大的坑槽。其与永久性修补方法类似，但是采用这种方法修补时不需切割路面，修补后的区域不是矩形，填料可以获得很好的压实度，坑槽的耐久性较好。

（3）永久性。用于路况良好且预期使用寿命相对较长的路面，有可利用的资源。维修人员在决定采用何种坑槽填补类型时，须考虑所修复道路的路面状况、交通状况、路面预期使用寿命和所有可以利用的资源。此外，合理的坑槽修补方案的最重要三要素是：①使用高品质的修补材料。与便宜的修补材料相比，高品质材料具有更高的成本效益，由于低成本材料的耐久性和性能较差，因此低成本材料最终费用会更多。②修补后的坑槽须达到所要求的压实度。即便是通过卡车进行压实，也应达到一个较高的压实度。③修补材料要仔细地摊铺在坑槽内，不能随便堆在修补区域。

二、坑槽修补材料

在进行坑槽的修补时，除了需要考虑路面状况、交通状况和预期使用寿命外，还应考虑修补材料的质量。高质量的修补材料可以使修补后的路面获得较长的使用寿命。沥青路面坑槽破损的修补材料主要有：热拌沥青混合料、冷拌沥青混合料、喷补料、沥青混凝土预制块等，其中，热拌沥青混合料和冷拌沥青混合料是较为常用的坑槽修补材料。美国明尼苏达州主要采用冷拌沥青混合料、灌浆、热拌沥青混合料、稀浆和微表处材料对坑槽进行修补。

1. 热拌沥青混合料

热拌沥青混合料是由一定级配的矿质混合料与石油沥青在专门设备中加热拌和而成，用保温运输工具运送至施工现场或就地加热拌和，并在热态下进行填料和压实的混合料，通常称为热拌热补沥青混合料。热拌沥青混合料修补坑槽一般在夏季和气温较高的春秋季节(最低气温在10℃以上)进行。由于一般的坑槽深度只有50mm左右，为了保证所修补的区域不发生离析现象、压实充分，根据实际经验，一般宜采用密级配混合料，如AC-13F型，如果面层较薄，则宜采用砂粒式混合料，如AC-5F型。热拌沥青混合料是在热铺、热压下进行修补施工，其修补的路面质量好，修补后能够承受较重的交通，因此常用作坑槽破损的永久性修补材料。由于其成本最低，因此在气候和保温条件许可的情况下，应尽可能地采用热拌沥青混合料。

热拌沥青混合料适合维修龟裂、坑槽和松散剥落等破坏现象，具体操作时可根据实际条件采用临时性修补或永久性修补。热拌沥青混合料还适用于路面坑槽面积较大且相对集中的情况。其修补坑槽后的路面的使用寿命一般在3~6年左右，如果施工操作正确，采用热拌沥青混合料修补的路面可持续15年或更长。

2. 冷拌沥青混合料

冷拌沥青混合料是相对于热拌沥青混合料而言的，它是用适当级配的矿质混合料与加热的乳化沥青或稀释沥青及外加剂在专门设备中常温下拌和而成，通称为冷拌冷补沥青混合料。一般情况下，冷拌沥青混合料常用作坑槽破损的应急性修补材料(临时性修补材料)。冷拌沥青混合料主要有溶剂型冷拌沥青混合料和乳化沥青冷拌混合料两种类型。

溶剂型冷拌沥青混合料就是用稀释沥青拌制冷拌沥青混合料，现在应用比较广泛。一般铺筑成20~30mm的薄层，也适合50~100mm较深坑槽的修补。可用于高等级道路的路面坑槽修补，也可用于一般道路的养护维修。用这种材料修补的路面在行车荷载作用下进一步密实，强度逐渐提高。经过压实成型的冷拌沥青混合料路面通常具有与热拌沥青混合料路面一样的性能，且冷拌沥青混合路面一般不会出现温度收缩裂缝。

乳化沥青冷拌沥青混合料不适宜长期存储，大多随拌随用。同时，乳化沥青混合料需要较长时间才能成型，所修补的坑洞容易松散，一般只适合轻交通道路的修复。因此为了提高坑槽修补的质量和耐久性，通常采用高质量的改性乳化沥青作为结合料。采用这种沥青混合料作为坑槽修补材料，最适宜在较低气温条件下或坑槽处于潮湿状态时进行修补，修补后效果更加明显，性能发挥更突出；而在较温暖气温条件下及坑槽处于干燥状态时修补，其修补性能无明显优势，且远不如热拌沥青混合料采用永久性修补工艺修补坑槽的效果好。

采用冷拌沥青混合料作为坑槽修补材料无需加热，无需特别设备或技术要求，操作简单方便。而且采用改性乳化沥青的冷拌沥青混合料自由流动性高，比其他材料黏结性强，可以在低温、酷暑等气候下实现对路面坑槽的24h修补。修补完工后即可开放交通，解决了传统路面因受养护期、气候、材料和设备等条件的制约，路面坑槽不能及时修补或者在修补过程中严重影响交通的固有弊病。冷拌沥青混合料适用于修补坑槽、松散或剥落等病害，可作为临时性或永久性的填补材料。冷拌沥青混合料的预期寿命是一年。

3. 喷补料

喷补料是将最大粒径为10mm的单一尺寸矿料与60℃的乳化沥青，经专门的喷补设备同步喷射入坑槽中，矿料喷入坑槽时被同时喷出的乳化沥青很好地裹覆。这种方法形成的坑槽修补料是美国的一项专利技术，较多地应用于日常修补和应急修补。喷补料实质上属于冷拌沥青混合料的一种，只是两者成型的工艺不同。

4. 沥青混凝土预制块

沥青混凝土预制块是将级配良好的矿质混合料和黏稠沥青用专用的设备加热拌和，再将拌好的松散混合料投入钢模中，用压力机将其压实成具有一定坚实度和尺寸规格的板块状修补料。在对破损坑槽进行修补时，必须按照沥青混凝土预制块尺寸规格的倍数进行放样、开槽、并对坑槽底补强整平，再将预制块平整地铺设在坑槽内。此种坑槽修补方法，前期准备工作较多，开槽尺寸要求非常严格，且对不同大小坑槽修补的适应性较差。

美国SHRP计划进行的坑槽修补研究推荐使用最好的材料，以减少重新修补的工作量。如在修补时使用质量不佳的材料，重复修补同一个坑槽的费用将很快抵消购买廉价修补材料所节省的费用。当前的研究方向是在修补料中添加改性剂，研制专供修补坑槽用的高性能改性沥青混合料，使修补材料具有极强的抗湿性、低温和易性，从而可以提高坑洞的黏结力。

三、坑槽修补施工

修补坑槽是高速公路沥青路面局部维修最常见、最普遍的工作，尽量采用机械化施工快速修补好路面，避免交通的中断。沥青路面坑槽修补的施工工艺主要是对坑洞、局部网裂、龟裂等病害的修补和加强，对局部沉陷、拥包、滑移裂缝等病害的修补。沥青路面坑槽修补质量的好坏，除了与修补材料的性能有很大关系外，很大程度上还决定于坑槽修补的工艺过程和要求，可以根据施工的实际要求和条件确定坑槽的修补工艺。合理的修补工艺，会使所修补坑槽的寿命得到极大的提高。

坑槽修补通常分为两个阶段。第一个阶段是冬季修补，此时温度很低，基层材料都已冻胀，并且还有春天融雪之前的潮湿和冻融循环期。第二阶段是春季修补，此时基层材料潮湿柔软，很少有冻融循环情况。

1. 坑槽修补方法

路面养护中，坑槽修补的方法较多。当路面基层完好仅面层有坑槽时，可以采用热补法、冷补法、喷补法、热再生法等方式进行修补。若因基层局部强度不足等原因导致基层破坏而形成坑槽，应先处治基层，再修补坑槽。除了美国的专利施工技术——喷补法以及沥青混凝土预制块修补法应用较少外，开槽填补的修补方法应用比较多。

（1）热补法。热料填补工艺是最常见的一类路面坑槽修补工艺，根据《公路沥青路面养护技术规范》，采用“圆洞方补，斜洞正补”的原则，直接将沥青路面损坏部分凿除，然后喷洒乳化沥青黏结层，填充新的热拌沥青混合料，最后碾压成型。热补法基本适用于全天候修补坑槽，坑槽修补后无接缝，与原路面保持平整，修补效果好，修补所需时间短，废料可以再生利用，利于环保节省资源。但对于较深的坑槽其修补质量不易保证。

国内外有很多用于热补法的设备，如美国 KM 热再生设备，加拿大大能沥青路面修补车、SWEEPRILE 公司的 PHP500 型沥青路面补坑机，美国修路王以及我国美的的维特微波养护车等。

(2) 冷补法。采用改性乳化沥青或稀释沥青拌制的沥青混合料对坑槽进行填补的方法，主要用于无法采用热拌沥青混合料修补或临时性坑槽修补的情况。冷补法可在任意温度下对不同深度的坑槽进行修补，但是坑槽修补后存在明显的接缝，如果处理不好易渗水，接缝处出现唧浆，造成新的损坏。修补所需时间长，雨天及寒冷季节修补的质量得不到保证。冷补法的设备在国内外应用比较广泛的如美国 H. D. 公司的 PROPATCHTCM415-160 型、WILD-CAT 公司的 ROADPATCHER 沥青路面综合修补设备与美国西乐福冷补料修补坑槽。

(3) 喷补法。喷洒填补(Spray-injection)也被称为喷射填补，这种方法是利用高压喷射的方式，将乳化沥青经过喷管与输送来的骨料相混合，通过调节喷管上的乳液、骨料和压缩空气 3 个控制开关，把混合料均匀、高速地喷洒到坑槽中，达到密实黏结效果，无需碾压，不需沥青混凝土拌和厂配合，不受气候变化影响。

SHRP 近期的研究对这种方法给予了很高的评价，但是这种技术比其他工艺需要更多的设备费用投入，喷洒的单位成本随填补尺寸、准备工作量和其他因素变化很大，但是它的效率更高。目前有两种类型的喷洒装置：拖车喷洒装置，需要操作员在后面接一个喷洒延长杆；自动装置，即一个操作员在卡车驾驶室内通过移动遥控可控制喷洒。两种方法的性能都取决于操作员。

喷补法工艺的主要流程如下：①清理坑槽中的水和碎屑等杂质。②在坑槽的壁面和底面喷洒一层沥青黏层。③将沥青和集料喷射入坑槽中。④在坑槽区域表面覆盖一层集料。⑤养护人员和设备清理完毕后即可开放交通。

需要注意集料和乳化沥青的比例，如果沥青含量过少会导致结块，如果沥青含量过多则会导致斑点和泛油。另外，施工机械需要经常维护，因为破碎的集料和乳化沥青混合料会阻塞喷口，如果机械使用频率过高，则不易发生阻塞。

采用喷射填补技术维修的裂缝的预期寿命取决于可达到的密度。因为此方法利用气压实现压实并将集料和乳化沥青喷入坑槽，所以混合料很难到达较小区域。密度不足会导致混合料在交通荷载的作用下产生推挤，使填补寿命缩短。此外，混合料设计欠佳和路面潮湿也会导致填补寿命不足。如果操作正确，喷洒填补寿命可达 5 年以上。

(4) 热再生法。随着养护设备的发展，维修工程开始采用加热设备对路面进行现场热修补，其能较好地解决接缝问题，并且能够明显地提高施工质量。这种方法是先将高效热辐射加热板放置到待补区域，使得旧沥青路面软化，然后耙松被软化的沥青旧料，补充新沥青混合料拌和并摊铺、压实。

目前，工程上使用的设备的主要原理是采用 100%高强度辐射热加热墙，先将沥青路面加热耙松、喷洒乳化沥青使旧沥青料再生，再加入热的新料，用自带的压路机将其压实，从而达到很好的修补效果。

这种路面维修工艺本质就是一种小范围的沥青混合料现场热再生技术，可以减少对环境的污染，降低维修成本，修补作业不再受气候变化的影响。但是由于这种方法的加热深度只能到达路表以下 20~50mm，因此一般只能用于沥青上面层坑槽的维修，对于过深的或基层有病害的坑槽的维修并不适用。

(5) 沥青混凝土预制块。除了上述几种坑槽修补方法外，还有采用沥青混合料预制块修补坑槽。沥青路面破损处开凿的修补尺寸应等于预制块的倍数，预制块之间的接缝用填缝料填塞。这种坑槽修补方法比较简单，修补料的配比较易控制，密实度能得到保证。

日本研究出一种称为"荒川式斜削施工法"，是在返土、压平和补铺沥青混合料前，先将被切坑槽的边缘用特制工具切成 45°斜坡形，然后再用喷燃器将边缘加热烧成粗糙形状，接着再铺压沥青混合料。这样可使新料和旧料紧密吻合在一起，不易出现裂缝。

2. 坑槽修补工艺

坑槽的修补工艺，按修补材料可分为：冷料冷补、热料冷补、热料热补等工艺。冷料冷补作为应急性修补具有很好的适用性；而热料冷补适合雨天大量坑槽的修补；热料热补尽管初期设备投入较大，但是通过合理安排修补工作，则每次的养护成本并不高，并且修补的质量明显优于其他工艺，应作为高速公路养护单位日常养护的首选工艺。

按永久性修补要求，坑槽修补的主要施工工艺过程分为以下几步：①坑槽的成型。②坑槽的清理和干燥。③涂刷黏结层。④修补材料的准备和摊铺。⑤坑槽的压实。⑥封边修整工作

(1) 坑槽的成型。在沥青路面局部破损修补前，应先将破损处开槽成型。通过破损、切削坑槽的工作，使坑槽的壁槽破碎达到垂直，这样可以提供良好的黏结表面，保证压实过程中填充料的完全结合。一般情况下将形状不规则的局部破损开挖成与行车方向一致的正方形或长方形坑槽，这种形状的坑槽整齐、美观，而且更利于提高路面行驶的平顺性和舒适性。切削时应连续作业直到破碎整个破损的面层或露出基层材料。如果进行路面材料的再生利用，应注意避免混入底层和路基材料，防止沥青混合料性能变化。

具体施工过程：确定路面破损部分的边界和深度，按"圆洞方补"原则，划出大致与路中心线(即行车方向)平行或垂直的开槽修补的轮廓线(正方形或长方形)，每边至少应外延至未破损的路面 300mm(即挖去路面松散、破碎的旧料直至坚实部分)，然后沿划好的修补轮廓线开挖坑槽，成型后的坑槽壁面应尽可能保持与路平面垂直，并且坑槽底部平整、坚实。

1) 采用永久性修补方法时的坑槽修补结构方式。这种坑槽成型后垂直壁面，坑槽内修补材料密实度均匀且较易控制和保证，受力状况较好。

2) 与坑槽壁面成 45°斜坡的坑槽修补结构方式。这种方式新旧料间的接缝为斜接缝，比上一种方式的垂直接缝更长一些，新旧材料间的结合面更大，两者间的黏附性能有所提高。但是，这种方式斜坡上修补材料的松铺厚度不一致，碾平后很难保证不同厚度处修补材料的密实度是否相同(因不同松铺厚度的压实难易程度不同)，故造成坑槽内修补材料密实程度和承载能力不一致，从而使得坑槽整体的受力状况变差。同时，由于开凿 45°的斜坡坑槽，工艺比较复杂，所以这种坑槽修补的结构形式很少采用。

3) 不开槽进行坑洞修补的结构形式，一般应急性修补方法和热再生修补方法常采用。

坑槽成型的设备通常有路面破碎机、混凝土切割机和路面铣刨机等。采用路面铣刨机(包括卧式的和立式的)开槽是一种较好的方法，这种设备不仅效率高，不易对坑槽周边路面材料造成破坏，坑槽壁面较为整齐，而且开槽的深度能够得到保证，坑槽底面也较平整。

（2）坑槽的清理和干燥。为了使修补材料与坑槽壁面和底面的黏附性更加良好，保证坑槽修补的有效性和耐久性，因此必须坑槽壁面和地面完全干燥、清洁。清理坑槽最好采用压缩空气装置进行清扫。压缩空气可以很有效地吹走坑槽中的灰尘、碎屑、杂物和少量水分，热空气还能将一些潮气、水分蒸发掉，使坑槽干燥。若坑槽到达底层或路基，必须进行压实，保证填充料在以后的行车作用下不沉陷。如果坑槽内有积水，应采用压缩空气、火焰、破布、扫帚等工具进行干燥，以保证混合料的黏结，同时必须清除坑槽周边的松散材料。

为了使坑槽完全干燥，壁面和底面材料能被加热并软化，应采用红外线辐射加热、明火加热、热空气（即燃气）加热等方式。通过对坑槽的加热，可以使新旧混合料间的接缝由冷接缝变为热接缝，促进新旧料间的相互嵌挤和融合，提高坑槽修补的耐久性。另外，利用加热装置对坑槽加热，可使坑槽的修补不受潮湿、气温低等条件的限制，除了雨天，可以随时对坑槽进行修补作业。

一般对较浅坑槽加热时，可以将坑槽壁面和底面材料加热至140～160℃，对深至50mm的加热为70～80℃较为适宜，同时最好使加热区域比坑槽外轮廓宽100～150mm，以确保碾压时修补材料能与原有路面材料很好地融合。坑槽的清理和干燥在整个修补工艺过程中最为重要。通过这一步工艺，可以为后面的工艺（包括黏结层的喷涂、修补材料的摊铺）提供一个完全清洁、干燥且具有较高壁面温度的坑槽，从而大幅提高修补坑槽的使用寿命。

（3）涂黏结层。对沥青路面坑洞破损部分开槽成型后，坑槽壁面和底面上就会裸露出光滑的、未黏结沥青的石料断面。若这时直接填入级配良好、油石比恰当的修补材料，则就会因坑槽壁面和底面石料缺少黏结材料，造成修补材料与原有路面材料间的接缝处油石比偏低，使新旧料间黏附性不强。所以，摊铺坑槽修补材料之前，应先在坑槽壁面和底面均匀地喷涂一层黏结材料。通过喷涂的黏结层可以浸润坑槽内表面裸露出的石料，提高修补材料与原有路面材料间的黏结效果。喷涂的黏结层材料必须与旧沥青混合料中的石料有很好的相容性。

热沥青、热改性沥青、乳化沥青及改性乳化沥青都可作为坑槽壁面的黏结层材料。对于永久性修补采用的热拌沥青混合料，应以热沥青、热改性沥青作为黏结层材料；而对应急性修补采用的冷拌沥青混合料，可以省去涂黏结层这步工艺。黏结层材料与裂缝填封材料的准备方式一样，不同类型黏结层材料，其备料方式是不同的。黏结层材料的喷涂：一般采用泵吸或气压的方式将其从储料罐中吸出，通过专用的沥青喷洒杆，均匀地喷涂在坑槽壁面和底面上。一般要求黏结层材料的喷洒量为0.4～0.6kg/m^2，喷洒量不能过多，过多会使黏层油堆积在坑槽底部，易使坑槽修补后出现泛油现象，降低新旧料间的黏结效果。涂黏结层的工作对提高坑槽修补的耐久性非常重要。在工艺过程中，应注意始终保持路表面及坑槽的清洁，避免灰尘、碎屑和杂物进入坑槽造成黏结层污染，影响新铺的修补材料与原有路面旧料之间的黏结效果。

（4）修补材料的准备及摊铺。修补设备在进行坑槽修补前必须提前启动，装载修补所需的各种材料，如黏结层材料、沥青结合料、骨料或预先拌好的沥青混合料。材料的装载量应至少满足正常工作日的坑槽修补需求量，并且使各种修补材料保持所要求的使用温度。坑槽修补设备的组成由修补材料决定。若采用预先拌制好的材料为坑槽修补供料，其所提供的修补材料应具有良好的级配和合适的油石比，性能质量比较稳定、可靠。另外，可以将沥青结合料和骨料就地拌合用于现场修补中。这种供料方式虽然使修补材料的制备易于控制，但是需要庞大而复杂的修补设备，并且现场拌制的修补材料的矿料级配和油石比都不易控制，造成修补材料性能质量不佳，影响坑槽修补的效果。对永久性修补工艺，坑槽修补材料大多采用热拌沥青混合料，因此需要具备保温、加热功能的混合料。

保温箱对修补材料进行存储，一般储存时间不宜超过 72h。而对应急性修补工艺多采用的冷拌沥青混合料则不需保温和加热，一般可采用袋装、桶装或不带保温加热功能的混合料箱装载，若密封工作做得好，储存时间可超过 10 天，甚至 1 个月。修补材料拌制好后，可通过自动卸料装置(更多的是采用螺旋输送器)将修补料卸入待修补的坑槽中。然后采用人工摊铺的方法，用整平板将修补材料均匀地摊铺整平，在摊铺时应注意缓慢、均匀、连续地摊铺，尽量避免修补料离析。

摊铺热拌沥青混合料时的温度可以稍微高一些，因为一般修补坑槽的用料量很少，修补材料填入坑槽后，料温会很快下降，因此为保证下一步工艺操作时修补材料具有较高的压实温度，必须将摊铺时的料温提高一些，一般可将修补材料的摊铺温度设在 165~170℃较为合适。坑槽修补与新建沥青路面不同，大部分修补材料都在开挖成型的坑槽内，高温压实时不仅不用担心修补材料产生推移，反而料的推移还有利于促进新旧料间的嵌挤、融合，提高坑槽修补的质量。一般以坑槽的深度作为修补时摊铺和压实的依据。当坑槽深度较大(>70mm)时，应将沥青混合料分两次或三次摊铺压实，以保证坑槽内修补材料的密实度及修补后坑槽的承载能力。

新填补的混合料应高于原路面。坑槽修补时的投料量(或称松铺量)应保证坑槽修补部分经充分压实后，其高度正好与原路面在同一高度。坑槽修补的投料量与坑槽的几何尺寸、修补材料的级配类型、矿料配合比、沥青用量、各组成材料种类及修补后坑槽的预期压实度有关。通过称量装置将修补材料称量后，定量投入坑槽中进行摊铺、整平，并经充分压实后便可使修补的坑槽的密实度和平整度都能得到保证。

(5) 坑槽的压实。对定量投入到坑槽内的修补材料摊铺、整平后，必须再对修补材料进行充分的压实，保证修补材料中裹覆了沥青的矿料颗粒，相互嵌挤达到一个稳定的密实结构，最终获得一个较佳的空隙率，从而提高修补坑槽的耐水性和耐老化性。目前常用的压实装置主要有小型振动平板夯、小型振动压路机和手扶式振动碾。

对坑槽进行压实时，首先压实坑槽边缘的修补材料，使其填入坑槽中，再压实中间的材料，并连续不断地向边缘移动压实，且每次应重叠压实一定宽度。这种压实方式不仅使边缘的材料不会掉出坑外，而且有助于将坑槽内的修补材料向四周挤压，与原有路面的壁面钳紧。压实装置的压头最好不要超过坑槽的尺寸，这样可以有利于增加压实应力，提高压实效果。压实施工时，应尽量在要求的温度范围内将修补材料压实到需要的密实度。

(6) 封边修整工作。为了提高坑槽边缘新旧料接缝的耐水性和黏结强度，需要对接缝进行封边处理。坑槽修补的封边材料与裂缝填封材料类似，可以采用热沥青、热改性沥青(用于采用热拌料的永久性修补)，也可以采用乳化沥青和改性乳化沥青(用于采用冷拌料的修补)。施工时通过专用的喷洒杆将封边材料均匀、连续地喷洒在新旧料接缝上，再用“U”形或“V”形橡胶辊将封边材料成型为无槽贴封式的结构形式，可以在宽度不变的情况下减薄厚度。为了防止封边材料出现轮印或引起溜滑，可以在其上均匀地、薄薄地覆盖一层干净的砂或石屑，对其加以保护。通过撒砂处理，可加快封边材料的凝固，增加路表面的抗滑能力。对热拌沥青混合料填补维修的坑槽，应采取自然冷却的办法，待坑槽表面修补材料的温度低于50℃后方可开放交通。

冷拌沥青混合料的施工除拌和与热拌沥青混合料不同外，两者其他方面没有太大差别。但是由于冷拌沥青混合料有一个破乳、水分蒸发的过程，所以填料必须在破乳前完成，压实必须在水分蒸发前完成。开始必须用轻碾碾压，待水分蒸发后再作补充碾压后开放交通。

四、坑槽修补性能及效益分析

坑槽修补的三个主要花费分别是材料，人工和设备，另外还有因坑槽修补过程中限制交通的花费。选择合理的坑槽修补方法和工艺可以大大地节省养护维修成本，并且可以获得良好的修补性能及使用寿命。坑槽修复中最难得到的值是“坑槽修复率”。路面条件、材料质量、气候条件、人员技术水平和以前修补的性能都可以影响这个值。为了确定某一给定类型材料的坑槽修复效率，路面养护管理机构应该至少掌握一年的资料。这些资料包括检查的坑槽修复的代表值、修复率和每一处破坏的情况。从安装到监控的时间也应该注意。

第三节　裂缝病害的处治

一、裂缝病害状况调查

1. 裂缝形式

对裂缝处理以前，必须调查路面裂缝的类型、严重程度和规模，以便对路面上的各种裂缝进行专门的填封处治。

根据裂缝的成因和方向，《公路沥青路面养护技术规范》将处治的裂缝分为以下几类：在高温季节不能愈合的轻微裂缝；路面的纵向或横向的裂缝；因沥青性能不好或路面设计使用年限较长、油层老化等原因出现的大面积裂缝(包括网裂)等。从养护工艺的角度，裂缝可分为：微裂缝或发裂缝(2mm以下)、微小裂缝(2~6mm)、小裂缝(6~13mm)、中裂缝(13~25mm)、大裂缝(25mm以上)，其中6mm以内的裂缝属于预防性养护的范围。

美国《沥青路面养护手册》对路面上的各种裂缝病害进行了详细的定义和严重程度划分：

龟裂或疲劳裂缝通常发生在受反复交通荷载作用的地方(如轮迹处)，发展的初期可能形成一系列相互联系的裂缝。进一步向多方面发展后，形成有棱角的块状，通常裂缝最长边不超过0.3m，后期将形成典型的网裂和龟裂。程度划分：

轻度：裂缝区域没有或有很少相互联系的裂缝，裂缝没有完全裂开或还是密封的，唧泥现象并不明显。

中度：形成完整的相互联系的裂缝，裂缝有轻微的裂开，可能有轻微刺落，唧泥现象并不明显。

高度：形成相互联系的中度或严重的裂缝，当受到交通荷载作用时，破裂块将会移动。裂缝可以用材料进行密封，唧泥现象明显。

块裂裂缝分布将路面几乎分裂成矩形块状，矩形块的大小在0.1~9.3m^{2}左右。程度划分：

轻度：平均宽度为76mm的裂缝，或宽度不能确定且在良好的条件下可以用密封材料密封的裂缝。

中度：平均宽度在76~229mm的裂缝，或平均宽度为229mm且边缘有轻微随机开裂的裂缝。

高度：平均宽度大于229mm的裂缝，或平均宽度为229mm且边缘有严重随机开裂的裂缝。

边缘裂缝仅适用于土路肩的路面，常为新月形裂缝或均匀连续裂缝，这些裂缝横切路面边缘且位于路面边缘0.61m以内，包括位于轮迹带以外且路面边缘0.61m以内的纵向裂缝。等级划分：

轻度：裂缝没有裂开或原材料没有缺失。

中度：一些裂缝已经裂开，并且路面材料受影响缺失达10%。

高度：相当多的裂缝已经裂开，并且路面材料受影响缺失超过10%。

纵向裂缝平行于路面中心线，主要位于车道(轮迹与非轮迹)内。

连接带或反射裂缝。通常出现在与下层混凝土路面的接缝处。了解沥青混凝上下的面板尺寸将有助于确定在接缝处的反射裂缝。程度划分：

轻度：已裂开的平均宽度为76mm或者在良好条件下可以用密封剂密封且宽度不能确定的裂缝。

中度：平均宽度在76~229mm或者平均宽度为229mm且边缘有轻微随机开裂的裂缝。

高度：平均宽度大于229mm或者平均宽度为229mm且边缘有严重随机开裂的裂缝。

横向裂缝主要垂直于路面中心线，并且裂缝不会出现在混凝土路面基层的接触面上。程度划分：

轻度：已裂开的平均宽度为76mm的裂缝，或者在良好条件下用密封剂密封且宽度不能确定的裂缝。

中度：平均宽度在76~229mm的裂缝，或者平均宽度为229mm且边缘有轻微随机开裂的裂缝。

高度：平均宽度大于229mm的裂缝，或者平均宽度为229mm且边缘有严重随机开裂的裂缝。

2. 裂缝密度

裂缝密度亦称裂缝频率或裂缝线密度，用于评价给定长度的路面横向裂缝的发生程度，即指垂直裂缝走向方向上单位长度(m)内的裂缝条数(n)。裂缝的密度可按每100m长路面计算或按裂缝间距划分。

3. 边缘损坏程度

边缘损坏程度用于评价裂缝缝边损坏情况。

4. 维修方案选择

沥青路面裂缝填缝主要针对纵向裂缝、横向裂缝、块状裂缝以及反射裂缝等较规则的线状裂缝进行处理，而对于局部网裂、龟裂和滑移裂缝，则必须采取坑槽修补的方法进行处理。

对路面加铺前需对裂缝进行有效处治，防止加铺层出现反射裂缝；对于大修工程的局部路段，当路面强度和承载力足够，可仅对裂缝进行填封修补，恢复路面的整体性和连续性，防止水分的下渗。开裂后的路面养护措施取决于裂缝的密度和开裂程度。如果裂缝已经钝化或裂缝边沿已损坏，甚至达到了高度破坏，则这类路面最好采用石屑封层或稀浆封层等措施；如果裂缝处于低度至中度损坏状态，并开始向边缘损坏发展，裂缝宜采用修补。

在裂缝处治调查过程中，如果发现裂缝处伴有其他形式的损坏，如沉陷、边缘损坏、错台等更易引发路面损坏的情况，或在荷载作用下弯沉显著增大的情况，那么这类路面维修措施可采取修补或铣刨，但如果弯沉很大或损坏很严重，为了临时服务交通，可仅对裂缝进行临时性处治。

二、裂缝修复材料

裂缝修复首先必须结合裂缝特征(宽度、密度等)、环境温度、施工条件、服务寿命、成本效益和修复材料性能等条件，合理地选择填缝材料。选择裂缝修复材料的第一步是确定材料的特性，即所选择的材料必须易于施工且能达到预期的性能要求。裂缝中的填封料在使用过程中，由于长期暴露在大气中，在热、氧气、阳光、水和荷载等因素的综合作用下，材料需要满足的理想性能要求有：①准备时间短、养生时间短。②施工和易性好。③黏附性好、黏聚性高。④抗软化和流动性好。⑤柔软并具有弹性。⑥耐磨、抗老化、抗气候影响等。

成本效益通常是决定一个重要项目在选择填料和工艺时的首选因素。花费 16.4 元/m^2 的养护费用可以维持 5 年，比花费 32.8 元/m^2 维护同样的年数的效益更加合理。但是，这种方案一般是有限制的。例如，用沥青胶结料隔月进行养护是很不现实的，即使这是最具成本效益的方法。

裂缝填缝或灌缝的材料主要分为高温热塑性材料、常温热塑性材料、化学处理热凝材料三类。①高温热塑材料(Hot-applied)，包括热沥青、纤维沥青、橡胶沥青等，主要用于填缝。②常温热塑材料(Cold-applied)，包括乳化/改性乳化沥青，主要用于灌缝。③化学处理热凝材料(Chemically cured)，主要是自动找平硅酮材料，常用于填缝，尤其是桥梁接缝填缝。

不同的裂缝处理材料的使用寿命是不相同的。沥青和乳化沥青用于没有开槽的非活动裂缝，采用平填的方式，寿命为 2~4 年。橡胶沥青用于开槽的活动裂缝，采用平填或灌缝的方式，寿命为 5~9 年左右(没有开槽的为 2~5 年)。纤维沥青用于没有开槽的活动裂缝，采用灌缝的方式，寿命一般不超过 2 年。硅酮用于开槽或锯槽的活动裂缝，采用填缝的方式，一般使用寿命至少 4 年。根据沥青路面裂缝修复材料的性能要求，常用的材料包括普通热沥青、乳化沥青、聚合物改性沥青、硅酮材料等。下面对几种常用的裂缝修复材料进行具体的介绍：

1. 普通热沥青

普通基质沥青具有较好的黏结性能和极佳的耐水性能，通常将其加热至 140~160℃ 制成热沥青，便可获得很好的流动性和浸润性。同时，热沥青在各种裂缝填封材料中成本最低，质量也最为稳定，施工人员对热沥青的制备及使用经验也最为丰富。因此，热沥青完全可以作为裂缝填封材料使用。

许多情况下，热沥青作为裂缝填封材料是一种较佳的选择，而且有文献资料表明使用热沥青作为填封材料的比例较高。但是，对修补裂缝破损的填封材料的要求通常是较高的，而一般沥青结合料柔韧性较差、感温性较大，不太适合填封修补有较大水平位移的裂缝。因此，可更多地将热沥青用于无或很少有水平位移(<2.5mm)的裂缝的填封，或在气温变化相对较小的地区使用。同时，为了提高热沥青修补裂缝的质量，热沥青必须选用性能较好且符合“重交通道路石油沥青技术要求”的道路石油沥青，并根据施工地区的气候特点，选择不同标号的沥青材料。

2. 乳化沥青

乳化沥青主要是由沥青、乳化剂、稳定剂和水等成分所组成。乳化沥青按乳液与石料接触后分解破乳恢复沥青的速度快慢，可分为快裂型、中裂型和慢裂型三种乳化沥青。一般为了减少修补裂缝时中断交通的时间，大多采用快裂型乳化沥青作填封材料。根据沥青表面电荷的正负，又可将乳化沥青分为阳离子乳化沥青和阴离子乳化沥青。当裂缝壁面材料为酸性石料，以及裂缝壁面处于潮湿状态或在低温下施工时，可选用表面带正电荷的阳离子乳化沥青；而当裂缝壁面材料为碱性石料，以及裂缝壁面处于干燥状态时，宜选择表面带负电荷的阴离子乳化沥青作填封材料。

乳化沥青较热沥青具有一些显著的优点：

（1）乳化沥青(特别是阳离子乳化沥青)可以在潮湿环境下施工，低温不影响其流动性和浸润性，对修补性能的影响很小；而热沥青在裂缝处于潮湿状态或低温条件下进行裂缝填封，则修补质量极差。

（2）乳化沥青具有极好的流动性和浸润性(即渗透性)，用于未成熟的微裂缝的填封修补较理想；而热沥青浸润性略差些，更多地用于成熟裂缝的填封。

（3）乳化沥青不需或稍许加热便可使用，价格虽比普通沥青高出25%~30%，但其施工费用较低，使用安全方便且节约能源，可以减少对环境的污染。所以，乳化沥青广泛地应用于某些特定情况下裂缝的填封小修补。

3. 聚合物改性沥青

从广义上讲，改性沥青是通过给基质沥青中掺加橡胶、树脂、高分子聚合物、磨细的橡胶粉或其他填料等外掺剂(改性剂)，或采取对沥青轻度氧化加工等措施，使沥青性能得以改善而制成的沥青结合料。沥青改性剂的品种很多，目前常用的改性沥青多采用高分子聚合物作为改性剂来制备。改性沥青作为裂缝填封材料，可以大幅提高裂缝填封修补的效果，并满足多种特殊工况的要求。

热沥青和乳化沥青主要适用于无或少水平位移(<2.5mm)裂缝的填封。其中，热沥青多用于正常工况(气温适宜、干燥、无雨)时裂缝的日常填封修补，而乳化沥青则更多用于恶劣工况(气温低、潮湿、有雨)时裂缝的应急填封修补。但是对于有较大水平位移(≥2.5mm)裂缝的填封，则必须采用性能(特别是延展性和弹性)更为优良的热改性沥青和改性乳化沥青作裂缝填封材料。

几种常用的裂缝修复材料的优缺点如下：

热沥青可在气温变化相对较小的地区(气温适宜、干燥、无雨)用于无或少水平位移(<2.5mm)裂缝的填封。优点：①加热后具有较好的流动性和浸润性。②成本低，质量稳定。③施工人员对使用这种沥青经验丰富。缺点：①柔韧性稍差、温度敏感性大，当裂缝处于潮湿状态或低温条件时修补效果差。②不太适合填封修补有较大水平位移的裂缝。③需要加热。

乳化沥青用于无或少水平位移裂缝(<2.5mm)，恶劣工况(气温低、潮湿、有雨)时裂缝

的应急填封修补。优点：①对环境条件适应性强，可以在雨后、裂缝潮湿或低温条件下进行施工。②不需或稍许加热便具有极好的流动性和浸润性。③施工费用较低，安全方便且节约能源，并能减少环境污染。缺点：①价格上高出沥青25%~30%。②需要专用设备制作，黏结性能差，弹性和延展性不足，与裂缝壁面黏结强度较差。

热改性沥青在气温变化相对较小的地区(气温适宜、干燥、无雨)适用于较大水平位移(≥2.5mm)裂缝填封。优点：改性后具有良好的高温抗变形能力、低温抗裂性能、与裂缝壁面的黏附性及耐久性。缺点：①价格高，储存稳定性差。②需要专用设备制作。③对施工条件、环境要求较高。

改性乳化沥青适用于恶劣工况(气温低、潮湿、有雨)时较大水平位移(≥2.5mm)裂缝填封。优点：具备普通乳化沥青的优点的同时，抗变形能力、与裂缝壁面的黏附性能及耐久性能增强。缺点：成本高，需要进行改性加工，储存稳定性差。

在美国SHRP计划中，各州对普通热沥青、乳化沥青及聚合物改性沥青作为沥青路面裂缝填封材料的性能进行了全面调查。改性沥青比普通沥青的多项性能要提高许多，改性沥青作为裂缝填封材料可以使填封裂缝的寿命得到大幅度提高。因此，在条件允许的情况下，为提高填封裂缝的耐久性，应尽量采用热改性沥青或改性乳化沥青作为填封材料。

沥青和乳化沥青弹性小，易受温度影响，因此，它们只限于没有开槽的非活动裂缝，使用寿命为2~4年。添加剂(如矿物填料或纤维)能提高沥青的弹性，但对沥青的感温性无明显影响，所以矿物改性沥青和纤维改性沥青最适合于没有开槽的活动裂缝，采用灌缝的方式，寿命一般不超过2年。在热液态沥青中加入橡胶聚合物，一般可以在一定程度上改善沥青的弹性。弹性改善的大小基本上取决于沥青的性质和类型、加入硫化橡胶的比例，以及如何将橡胶加入沥青中(即混合或熔化)。其他高分子聚合物也经常被加入到沥青中以增加弹性。硅酮一般用于开槽或锯槽的活动裂缝的灌缝，寿命至少4年，尤其多用于桥梁接缝填缝。

三、裂缝处治

1. 修复时机选择

在选择材料和施工工序时应充分考虑气候条件。高温的气候条件下不用考虑较软的材料或者抗裂的材料，可以选择较硬的材料；而在低温气候条件下，就应该选择具有良好弹性的裂缝处理材料。施工的时间最好在温度大于零度，路面水分最少，裂缝张开至一半宽的时候。春季路面水分太多，夏季气温较高、裂缝宽度太小，冬天气温变化大、水分多、裂缝太宽，这些季节不是裂缝修复的最佳时机。而秋天气温适宜、雨水最少、裂缝宽度适中，是最适宜裂缝修复的季节。

2. 裂缝修复方法

针对不同种类及不同程度的裂缝，选择合理、正确的修复方法会使填封的裂缝的寿命得到极大的提高。为了获得更好的裂缝填封效果，应根据施工的实际要求和条件来确定裂缝修复工艺。沥青路面裂缝填封的施工工艺主要针对纵向裂缝、横向裂缝、块状裂缝以及反射裂缝等较规则的线状裂缝，而对于局部网裂、龟裂和滑移裂缝，必须采取坑槽修补的工艺方法来施工。裂缝修复的施工过程中必须遵循严格的填封工艺。填缝和灌缝是目前养护部门较常用的两种方法，是日常性养护的基础，过去这两种方法通常被用作预防性养护。及时合理地运用填缝与灌缝，才能降低养护成本，增加路面使用寿命。

裂缝宽度和间距是决定采用填缝或灌缝的基本依据。一般裂缝宽小于 76～102mm、沿路面分布较一致且边缘损坏轻微的，可采用填缝或灌缝的方法。同时为了有效地密封裂缝，切割机或钻槽机刀片的宽度必须能接触到裂缝两侧边缘。裂缝宽度大于 76～102mm 且分布较密时，就不能采用密封的方法，因为裂缝太宽，切割机和钻槽机刀片不能接触到裂缝两侧边缘，另外裂缝数量过多将导致修复工作繁杂且效果较差。因此，对于这种裂缝可采用全深或部分深裂缝修补的方法。

根据裂缝的形式和程度，裂缝修复的具体方法主要有清理并填缝、锯缝并填缝、开槽并填缝、灌缝、全深或部分深裂缝修补等。

（1）填缝。填缝是一种局部处理方式，可以用于各种裂缝形式的修补。填缝的主要目的是减少或防止水和硬质杂物侵入路面结构内部破坏基层，同时还可防止路面膨胀和收缩。水分的渗入将削弱路面的结构层强度，是路面损坏的重要原因，因此沥青路面路表的裂缝密封后能预防水分渗入到路面结构层。与未密封的路面相比，裂缝密封后的道路损坏迹象将会减少。填缝一般适用于宽度小于 76～102mm 的裂缝。填缝可以通过三种途径实现：清理并填缝、锯槽并填缝、开槽并填缝。

1）清理并填缝。裂缝处理前清理缝内杂物并吹干裂缝内水分，再使用填缝材料填缝。这种方法适用于基层具有良好的横断面和侧向支撑，路表损坏且伴随有无或少量微裂缝的纵向、横向裂缝，或表面无松散的裂缝。通常，在裂缝较小时进行修补比较经济。填缝材料在硬化之前需要控制交通或更改行车路线，如果裂缝密封后要求尽快开放交通，应使用细沙或纸张覆盖在填缝材料表面，避免填缝材料被车轮带起。如果填缝合理，所修复的路面至少可以使用三年才会发生填缝材料剥落现象。填缝材料不能长期防止水和硬质杂物侵入路面结构层内，但却能减少水分渗透和延长路面使用寿命。

填缝材料用量应合理控制，用量过多会降低路面的抗滑性能，同时在修补施工时应确保裂缝处是否干燥，因为水分会影响填缝材料与裂缝缝壁的黏结。

2）锯缝并填缝。使用路面锯缝机沿新铺路面以一定间距锯出横缝，然后用填缝材料密封。这种密封能减少或防止水和硬质杂物侵入路面结构，损坏基层材料，控制路面由温度变化引起的膨胀和收缩裂缝。一般用于新铺的沥青路面在 48h 之后使用。修复方法是利用简单的切割锯锯缝，锯缝的尺寸由锯缝宽与深度之比来确定。宽深比越大，填缝材料承受路面收缩膨胀的应力就越小。最常见的锯缝形状近似矩形，如 19mm×19mm 或 25mm×25mm（宽深比为 1.0），美国 Mn/DOT 的标准锯缝尺寸为 16mm×12mm，另外锯缝尺寸的调整应按填缝材料的性能来决定。

施工时将填缝材料喷洒于路表，整平后在裂缝边缘额外预留些填缝材料，使填缝材料能更好地黏附于路表或锯缝边缘，但应考虑非机动车的行驶。需要注意在弯道处密封纵向裂缝，会使车轮经过缝边的填缝材料时打滑从而造成危险，因此应在弯道路段谨慎使用。裂缝修复施工中需更改交通路线直到填缝材料完全结合。如果密封后需尽快开放交通，则应使用细沙或纸张覆盖在密封剂表面，避免密封剂被车轮带起。

研究发现新铺沥青路面采用密封后寿命可持续 7～10 年，同时可减少新铺路面的随机开裂现象。对裂缝修复后的路面在裂缝超过使用寿命后还可重复使用这种方法进行修复。

3）开槽并填缝。这种方法是利用路用切割机或凿缝机在现有裂缝中央开槽然后使用填缝材料填缝。它能减少或防止水和硬质杂物侵入路面结构内破坏基层材料，同时控制路面的收缩与膨胀。这种密封技术适用于横向和纵向裂缝，气温适度降低时(如春季和秋季)使用最适宜，另外在路面使用前期采用这种技术的效果最好。如果裂缝破损严重且较宽则不能采用填缝的方法，此时维修应采用灌缝，如稀浆灌缝或铣刨并灌缝。

美国 Mn/DOT 建议开槽尺寸为 19mm×19mm，但具体应根据填缝材料性能来调整尺寸。整平时缝边缘多预留 19mm 的填缝材料并要再次整平，而且需要考虑非机动车的行驶。填缝施工如要封闭或更改，需要直到密封剂完全缝合，如果密封后需尽快开放交通，则应使用细砂或纸张覆盖在密封剂表面，避免密封剂被车轮带起。如果维修时机选择合适，那么修复的裂缝至少使用三年才会发生密封剂从裂缝边缘剥落的现象。

加拿大安大略湖州的工程发现，开槽填缝能够延长路面使用寿命 2 年左右，平均使用寿命为 5 年。另外路表面过多的填缝材料会降低路面的抗滑性能，同时在修补施工时应确保裂缝处是否干燥，因为水分会影响填缝材料与裂缝缝壁的黏结。

(2) 灌缝。需要注意灌缝与填缝不能混淆，二者的主要区别在于处理前的准备工作和所采用的裂缝修复材料类型不同。灌缝准备工作很简单，利用压缩气体吹走缝内松散杂物。特殊情况下，灌缝前需使用热风枪清理并干燥裂缝。灌缝使用的材料较填缝材料便宜，可以使用橡胶粉、乳化沥青，也可利用微表处材料和稀浆灌缝。相反，填缝使用的是昂贵的改性聚合物填缝材料，但其性能非常好。高性能的改性聚合物填缝材料需要洁净干燥的裂缝表面，因此能很好地附着于裂缝缝壁。而灌缝由于准备工作简单，裂缝边缘粗糙，因此灌缝材料在这种情况下性能较差。而橡胶粉材料黏性好，对裂缝清洁度敏感度低，能很好地黏附于裂缝缝壁上。但在低温条件下，它比聚合物密封剂脆，当路面收缩时不能足够伸展。所以，灌缝材料没有填缝材料耐用，但对于路面破损严重，裂缝较宽的旧路，选择灌缝更好。

灌缝时可以考虑耐久性较好的材料，从而减少重复灌缝次数。填缝主要用于具有较窄裂缝的新铺路面，灌缝则常用于路面破损较严重、裂缝较宽且多为不规则裂缝的路面，这种路面的裂缝宽度大于 76~101mm。灌缝不能防止水分渗入路面，但能覆盖裂缝边缘防止氧化。多数情况下，灌缝可以在一年之内任何时间施工，但比较好的灌缝季节应是偏凉的季节(如春秋季)。这主要是由于这个季节的温度在 7~20℃ 范围内，裂缝基本上全部张开，施工时可以保证裂缝内充分灌足灌缝料。跟填缝一样，非工作裂缝已经发展到中等程度就应该进行预防性的灌缝处治。

(3) 全深/部分深裂缝处治。这种方法是在路面过度磨损以致不能使用填缝和灌缝时的一种处理工艺。具体方法为沿裂缝槽内铣刨，然后用热拌沥青混合料填缝并压实至目标压实度。修补后的裂缝随时都可能出现新裂缝，因此当再次出现裂缝时应及时处理，以免耽误了最佳处理时机而造成基层材料支撑能力降低和再次发生裂缝。采用全深式或部分裂缝处治可以修复伴随有新生裂缝的路面裂缝。

当需要修复基层路面材料时，应使用全深式修复。路表裂缝比较严重但面层以下部分状况较好时，可以考虑采用部分深(宽且浅)的修复措施。当路表性能衰减极为严重，裂缝处的沥青混合料出现明显的剥落并且路面病害延伸至沥青层底部时，可以考虑采用全深式(窄且深)的修复措施。当路面状况较好时，铣刨深度为 13~25mm；当路面性能退化比较严重时，一般采用全深式铣刨，铣刨的深度通常为 6~13mm。在确定铣刨区域的形状时，必须确保开挖面积足够宽，以保证良好的压实度，但在全深式裂缝修复的开挖区域内则难以达到设计的压实度。这种施工工艺需要一定数量的材料，包括用作黏结料的乳化沥青以及热拌沥青混合料，因此就需要较多的施工器具。施工机具包括铣刨机、储料罐、混合料运输车、压路机等。此外，与其他施工方法相比，上述施工过程还需要较多的人员，因此时间和人工成本的花费更大。

但是，如果路面裂缝极为严重，铣刨灌封将是唯一可行的裂缝处治方法。这种工艺对施工季节的限制与热拌沥青混合料的限制要求相同，混合料在压实后方可开放交通。采用铣刨灌缝技术修补裂缝的使用寿命主要取决于压实后的密度。若密度不足则路面会在交通荷载作用下发生推移，降低使用寿命；若混合料设计不良，路面潮湿同样会缩短其使用寿命。但如果设计合理施工正确，则铣刨灌缝的使用寿命可以高达 5 年以上。

另外，开挖的宽度限制了要求达到的压实度，因此需要开挖合适的面积，采用压路机碾压基层和沥青混合料需要注意的是所铣刨处理的裂缝必须干燥，如果要在原有路面上铺筑新的沥青混合料面层，那么需要在铺筑新面层前将原有面层铣刨。铣刨灌缝的成本取决于开挖填补的宽度和深度。

3. 裂缝修复工艺

结合国内外现有的裂缝填封工艺，按永久性(即耐久性)修补要求，将裂缝填封的主要施工工艺过程分为以下四步：

(1) 裂缝的开槽。对于较宽的成熟裂缝(缝宽≥6mm)，需将破损裂缝开槽后修补。裂缝凹槽通常可采用专用的开槽机或混凝土切割机沿裂缝开凿一条规则均匀的矩形槽，开槽应确保对路面破损小，开槽的目的是将裂缝中的松散碎屑、旧料、杂物切削出去，露出一个坚实的、整齐的裂缝壁面，使填封材料能够顺利地填入裂缝底部，增加填封材料与裂缝壁面间的接触面积，提高其黏结性能，延长填封裂缝的寿命。另外，开槽还可以为正在开裂和即将合拢的裂缝提供一个充足的空间，使填入裂缝中的填封材料免于受到过分的拉、压应力的作用及交通荷载对其的破坏。特别是对于那些可能由于气温变化而产生较大水平位移的裂缝(主要是针对横向裂缝)必须进行开槽填封修补，以适应因水平位移而使填封材料受到的应力。

开槽可以采用垂直刀开槽机、转动冲击开槽机、金刚石刀片开槽机。垂直刀轴开槽机引起破损小，但速度较慢，为 0.5~1.0m/min。转动冲击开槽机造成的破损大，但速度快，可达 3.5~4.5m/min。金刚石刀片开槽机，速度适中，一般为 1.0~2.5m/min。金刚石刀片的直径为 152~203mm，可以沿着裂缝边缘准确切割。用它切割裂缝，可以提供一个规则的壁面平滑的矩形沟槽，而且集料表面更大。

通常大多数裂缝的走向都不太规则，因此开槽时应尽可能开在裂缝中央，不能走偏，同时尽可能减小对周围路面材料的破坏。开槽尺寸应以裂缝宽度和破损严重程度为依据，开槽宽度至少应达到将裂缝破损的松散壁面材料切削掉，直至露出坚实的部分为止，然后再确定一个恰当的开槽宽深比(槽宽/槽深)，即槽的形状系数。槽的宽深比宜取大一些，通常取的值有 1 : 1(如 19m×19m 方槽)和 4 : 1(如 40m×10m 浅槽)。裂缝修复如果存在以下情况，可以不开槽填封。

① 对较细的微缝和未成熟的裂缝(缝宽<6mm)，在随着气温的变化过程中，还有合拢的可能，因此再开槽填封就不太合理，也不经济。②对于无或少水平位移裂缝，或纵向裂缝的填封修补，考虑到节约成本和开槽时间等因素，亦可以不开槽。③如果对裂缝填封是为了

应急，或填封施工环境条件非常恶劣，或按永久性修补工艺过于耗时或无法实施时，可考虑采取应急性(即临时性)修补工艺，即直接采用适于应急修补的材料(改性乳化沥青)对破损裂缝进行填封修补。

(2) 裂缝的清理和干燥。为保证填封裂缝的有效性和耐久性，需对裂缝(或凹槽)进行彻底清洁和干燥。裂缝不论开过槽还是未开过槽，其中或多或少都有一些水分、灰尘、碎屑和杂物。未清洁和潮湿的裂缝壁面会导致与填封材料的黏附性下降，易造成填封材料脱出而使填封裂缝失效。裂缝的清理和干燥工作在整个施工工艺过程中非常重要。美国 SHRP 计划对裂缝处于潮湿或干燥状态下不同填封材料修补裂缝的性能做了对比。在裂缝处于干燥状态下进行填封修补，平均使用寿命为潮湿状态下填封修补的寿命的 2~4 倍；在施工气温大于 40℉($1℉=\frac{5}{9}℃$)时，填封裂缝获得的寿命通常比施工气温较低时的寿命更长些。

清缝的方法一般有压缩空气吹、喷砂处理、钢丝刷扫或高压水喷等方法。其中较为有效、简单的方法有高压空气和热空气吹扫两种，常用于开槽后裂缝壁面的清洁和干燥。高压空气吹扫可以有效地吹走缝中的灰尘、碎屑、杂物和少量水分。吹扫裂缝的压缩空气的压力一般为 0.6MPa、风量在 4~5m^3/min 左右。同时，这种方法还可将裂缝附近(距裂缝左右 15cm 范围)的路表面吹扫干净，并用带导向的防护罩防止被吹散的材料飞溅到旁边车道上。

高压空气吹扫清缝的方式适合裂缝处在干燥状态、气温较高的较理想施工条件，而不适合裂缝处于潮湿状态、气温较低等较恶劣的施工条件下裂缝的清理和干燥。热空气吹扫方式是用温度较高的压缩空气吹扫裂缝，它可以有效地吹净裂缝中的灰尘、碎屑和杂物，而且还能将裂缝内的潮气、水分蒸发掉，使裂缝完全干燥。同时还可进一步地加热裂缝壁面材料至较高的温度，甚至可使被加热壁面材料至黏性的状态。这时再进行裂缝填封修补，不仅可以大大地提高填封材料与裂缝壁面材料的黏结效果，而且有助于保持填封材料自身良好的黏结性。

热空气吹扫是一种较佳的清缝方式，不论是在较理想施工条件还是在较恶劣施工条件下都能实现对裂缝的清理。另外，这种方式还能对潮湿裂缝进行彻底清洁、干燥，并使裂缝壁面材料具有适当的施工温度，可极大地提高裂缝的填封效果。

(3) 填封材料的准备。在对裂缝进行填封修补前，必须事先将所选用的填封材料，根据其使用方法和填装的要求准备好，每一种填封材料都需要某种特定的备料方式，通常填封材料都是先装在储料罐中。对于乳化沥青，有时为了防止在存放期间过早出现分解破乳，可在储料罐中安装搅拌装置。对于非改性沥青(如热沥青)一般可不对材料进行搅拌，但对于聚合物改性沥青和纤维改性沥青，则必须进行搅拌、加热，使改性沥青填封材料保持均匀和温度一致。一般对填封材料的加热、升温，都是用丙烷或柴油先加热导热油，再通过导热油循环间接对填封材料加热，直至填封材料加热升温到推荐的使用温度，使其具有一定的流动性，但应确保不能过热。不同填封材料推荐的使用温度是不同的，一般热沥青为 140~160℃，改性沥青为 180~200℃，而乳化沥青则为 50~65℃。

(4) 裂缝填封。填封材料准备好后，便可对裂缝进行填封。为了确保裂缝凹槽处在最清洁和干燥状态，填封施工应紧紧跟着上一步工艺(即裂缝的清理和干燥)进行，尽可能缩短清缝期与填料期的时间间隔，减少裂缝被再次污染的可能。填缝与灌缝材料灌入裂缝内的形式有很多，一般可以归纳为平齐式、锯槽式、宽带式以及组合式四种类型，其他裂缝修复结构形式都是基于这四种填充方式组合而成。

① 平齐式(Flush-fill)：一般在不用处理裂缝的情况下，直接将填缝材料浇进裂缝，并把多余的材料刮去，保持与路面齐平。②开槽式(Reservoir)：在裂缝上部锯槽，把裂缝处理材料浇入槽内，填料应填满或稍微低于路表面。一般锯槽的宽度为12~19mm，深度为12~25mm。③贴封式(Verband)：就是将填料注入裂缝内直到填满，然后用橡胶滚轴将超出的材料滚压成条带状，如果超出的材料不进行碾压，称之为帽封式。④组合式(Combination)(开槽和贴封式)：将灌缝材料浇入已开槽的裂缝并溢出路表面，然后用橡胶滚轴将超出的材料碾压成条带状，形成的条带关于裂缝对称，一般带宽为75~125mm，厚3~5mm。

几乎所有的填缝和灌缝作业都是将填充料直接填入裂缝或槽中，然而有时会在填料填入裂缝之前，将黏合分隔材料(如聚乙烯嵌缝条)安置在工作裂缝凹槽底部，嵌缝条与凹槽三面相黏结形成整体，从而在填料填入凹槽时阻止填料流入槽底缝中，这样提高了填缝性能。填缝料的形状(尤其刻槽式)会影响填缝性能。裂缝处理和设计常会用到一种形状参数，其定义为裂缝开槽宽度和深度的比值，即宽深比。一般形状参数单独由切缝作业来控制(例如刻槽深度和宽度)，然而形状参数不仅受到切缝作业影响，也受嵌缝条的埋入深度的影响。不管是直接的还是结合的嵌缝条填充，目前推荐橡胶沥青填料的形状参数为1，而硅胶填料的形状参数为2。一般来说，较小的形状参数(窄而深的开槽)会造成填料黏附力损失，而大的形状参数(宽而浅的开槽)则会增加黏附性。嵌缝条的应用需考虑以下两个因素：①应用嵌缝条的成本是否低于直接填料时的成本。②其性能是否比直接填料时的性能有所提高。

工作裂缝一般比较直(比如反射裂缝)，并且边缘损坏非常轻。建议热施工的橡胶改性沥青填缝料多数直接填入缝内，使用嵌缝条也不会增加太多的费用；硅树脂作为填缝料时，应使用嵌缝条。一些弯曲的裂缝，刻槽机操作时很难把握，这样会导致一部分的裂缝遗漏。另外施工中避免不了出现相邻的两道裂缝槽，这就造成这样的难题：是否同时填封刻槽和未刻槽的裂缝，或是对开槽时遗漏的刻槽再统一填封。刻槽机和切缝机是可以控制切割深度的常用器械，而切割的宽度一般用手测量即可控制，考虑到形状因索的影响，嵌缝条一般置于距凹槽底部25~38mm、距路面13~19mm的位置。嵌缝条的宽度一般应该比裂缝凹槽宽25%。因为这样才能竖向固定嵌缝条，并且可以密封凹槽底部，防止填料泄漏。应根据所选用的灌缝材料决定是否对裂缝进行封顶，比如硅树脂和乳化沥青不容易被车轮带走，可采用贴封式或帽封式，而其他容易被车轮带走的材料最好不要采用这种方式。用橡胶改性沥青进行填缝，必须明确是将其做成贴封式还是帽封式结构。一般帽封式结构需要的劳动力很少，但修复的效果没前者好，因为用刮刀或滚轴对裂缝上面多余填充料进行修整将有助于“热黏结”，形成一个整体带，而帽封式结构在裂缝填充后，缝面上的材料可能会继续流动，将导致材料性能下降。因为材料在自动整平后可能会随着温度变化而收缩。贴封式条带一般宽度为76~127mm，厚度为3~5mm，这种方式不切割裂缝，从而使得填缝作业变得方便快捷，贴封式从设计上给裂缝面增加了磨耗带，从而改善了开槽式填缝的性能。

填装填封材料时，首先将储料罐中存放的填封材料，通过泵吸或气压的方式，将其吸出储料罐，然后通过专用的填封料喷洒杆适量地填装入裂缝中或裂缝上，形成所预期的填封结构形式。同时，要求整条裂缝的填封材料填装结构形式一致、均匀，并应从底部向上填装，避免出现气泡而影响填封修补质量。裂缝填装时应连续不断，确保填封材料充满裂缝凹槽，若填封材料凹陷进裂缝中或用量不够，应重新再填些料进去。对于裂缝填封结构形式，推荐采用贴封式。在裂缝填缝过程中，应注意始终保持路表面的清洁，减少碎屑、杂物进入裂缝，避免出现填装质量问题。

4. 封边修整工作

要将裂缝的填封形式做成贴封式，即紧贴在裂缝的上方摊成约3mm的带形，还需要一种专用的"U"形或"V"形橡胶辊对填装的填封材料作最后的成型。这一步成型工艺，可以将部分溢出裂缝的填封材料压迫入裂缝中，还可擦去表面除成型需要部分材料外多余的材料。

填封材料填装和成型完成后，为了保护未凝固的裂缝填封材料，防止其出现轮印或溜滑问题，应立即使用吸收材料，使它们黏到填封材料表面，作为填封材料上面暂时的覆盖物。特别是乳化沥青或改性乳性沥青作为填封材料时，若破乳固化时间较长，那么为了缩短开放交通的时间，这一步工艺就更为重要了。吸收材料通常采用筛好的干净细砂或石屑，施工时将其均匀地撒在裂缝填封材料上，形成一个薄的覆盖层，从而吸收多余的填封材料。吸收材料可以有效地防止轮印，并增加路表面的抗滑能力。待填封材料冷却凝固后，扫去多余的细砂或石屑，最后恢复开放交通。

四、裂缝修复效益及性能评估

整个裂缝修复过程的成本效益都受材料、人力、设备的费用的影响，不同材料和工艺的组合将产生不同的成本效益。因此，选择合理的裂缝修复方法以及工艺可以获得最好的效益和修复性能。裂缝处理的性能评估具有很强的操作性，一般一、两个小时就能完成，且准确性很高。一年应至少进行一次裂缝处理的性能评估，绘制出裂缝处理的失败比例图，并制定后面的养护计划。一般在冬季进行性能评估效率最好，因为在冬季裂缝受低温影响一般都是裂开的。一般选大约152m的路段作为试验段，进行路面裂缝的最初调查，调查过程中需要目测抽样部分裂缝中的填封料是否具备防渗能力。

裂缝处理失败率的估计，可以用测量的失败部分长度除以总的裂缝处理长度来计算：

失败率=100%×(失败长度/总处理长度)

修复效率百分率可以由100%减去失败率计算得出：

修复效率百分率=100%-失败率

通过几次检查可以建立效率时间变化表，最低允许效率水平(通常是50%)，它表明该裂缝在随后的计划中应该进行养护。

第四节 局部缺陷的处治

路面局部缺陷主要出现在路面材料空隙率较大、压实度不足、级配不恰当等承载能力弱和耐水性差的局部较薄弱地方，或者出现在车流量较大或重载、超载、车辆较多的路段，表现为沉陷、推移、拥包、麻面、剥落及松散、泛油、磨光等局部病害。沥青路面表面层出现的局部损害若不及时修补，则这些局部损害在水和车辆冲击荷载作用下，将加速路面破损的进一步扩展。若积水渗入路面基层，则会使基层材料软化，使路面的整体承载能力大幅下降，从而导致沥青路面出现严重的结构性破损。所以，通过对沥青路面进行局部处治，可以避免沥青路面引发更严重的破损。同时，对沥青路面进行及时修补可以恢复路面原有的平整度，改善行车的平顺性、舒适性以及安全性。

一、泛油和磨光

1. 泛油

泛油主要是指沥青层中的沥青向上迁移，溢出到路表，在路面上形成有光泽的沥青膜的现象，通常在路表面还会出现车轮轮迹。一般产生这种病害的原因是：沥青含量过多、混合料空隙太小、混合料高温稳定性差或油石比不当。

绝大多数情况下，泛油仅发生在行车道上，而且是间断式的片状分布。新建高速公路沥青路面常在通车后的第一个高温季节，特别是连续多天高温后，在行车道的轮迹带范围内发生泛油，使行车道上产生两条黑色发亮的连续的或间断的带。泛油是一个不可逆过程，并不能随着温度的降低而恢复到原有状态。随着高温天气延续或到第二个高温季节，泛油还可能继续发展，逐渐扩大成片状，甚至布满整个行车道，病害的严重程度根据具体情况分为轻度、中度、高度三类程度：

轻度：由于沥青过多使部分路面与其他路面比起来颜色较深。

中度：由于沥青过多泛出，使路面构造深度降低，表面失去纹理。

高度：沥青过多使路表面形成发亮的外观，集料被过多的沥青遮盖并且在较热的天气有明显的轮胎轮迹。

因此，对发生泛油的路段应及时处理，避免其继续扩大影响行车安全。可以采取以下措施对泛油病害进行处治：①对路表轻微泛油的路段，表面石料仍外露的路段可不做处理。②对大段泛油的路段，摩擦系数降低，影响行车安全的，可采用撒铺 3~5mm 粒径的石屑或粗砂，然后用压路机或控制行车碾压的方式处治。③在泛油严重的路段，可采用碎石压入法处治，即先撒上 5~10mm 粒径的碎石，用压路机碾压，待稳定后，再撒上 3~5mm 粒径的石屑或粗砂，然后用压路机或控制行车碾压。

2. 磨光

磨光是指路表面结合料被磨损，外露集料在行车作用下表面逐渐变光滑的现象。一般磨光后的集料成圆滑或平滑状，表面纹理丧失，路面抗滑能力下降。发生磨光现象的主要原因是所采用的集料的耐磨性较差，以及车轮的反复作用。有研究表明，车辆低速行驶时的摩阻力主要由路表构造纹理提供，而高速行车的摩阻力主要来源于集料表面的细纹理。因此一旦集料颗粒表面被磨光，细纹理和构造纹理都将大大降低，路面的抗滑性也将随之下降，从而危及行车安全。沥青路面磨光目前并没有严重程度的划分，但是磨光的程度可以在路表摩擦力的减少上表现出来。在发生磨光的路段，可以采取以下措施恢复路面的构造深度，提高车辆行驶安全性。

（1）高速公路路表抗滑能力降低且已磨光的沥青面层，可采用路面摩擦系数恢复设备，如采用机械式喷砂打毛法，打毛后路面外观明显改善，摩擦系数可由打毛前的 32~35 提高到打毛后 54~66（BPN 值，摆式仪测），但是打毛后在高温季节易出现泛油。也可采用路面铣刨机直接恢复其表面的粗糙度。

（2）路面石料棱角被磨掉，路面光滑，抗滑性能低于要求值时，应加铺抗滑层。加铺前，应先处治好原路面上的各种病害，若原路面表面层沥青含量过多，应将其刮除后洒黏层油。罩面形式可采用单层微表处技术，这种技术对于提高路面抗滑性能有很好的效果，或者也可以采用乳化沥青稀浆封层。

二、推移、拥包

推移是一种部分路面沥青混合料在纵向发生位移的病害。另外混合料在发生推移的同时，也相应地发生竖直位移。推移拥包病害并没有严重性等级的划分，但可以通过推移对行车质量造成的影响来界定。在病害处治以前要通过钻取芯样查看路面基层有无破坏，如果是由于基层原因引起的推移、拥包，则应一并将基层铣刨或挖除，然后重新铺筑基层后再铺筑面层，必要时还需要处理路基土或改善排水措施。若钻取的芯样显示基层完好，则只需处理面层。

沥青路面的推移、拥包，可以按下述的要求进行处治：①因施工操作不慎将沥青漏洒在路面上形成的拥包，或已趋于稳定的轻微拥包，使用机械(具)将拥包刨削或挖除，保持路面平整。如果除去拥包后，路面还不够平整，则应予以处治。②因面层沥青用量过多或细料集中而产生的拥包，或路面连续多处出现拥包，但基层仍较稳定，可使用机械(具)将拥包全部铣刨除去，铣刨深度可低于路表面约 10mm。清扫铣刨后修补表面并喷洒黏层沥青，然后用与路面结构基本相同的热拌沥青混合料重铺面层。

三、麻面与骨料外露

麻面是指路面沥青混合料的细集料或部分粗集料散失而造成的路面病害，麻面主要是由于沥青混合料中的酸性集料、集料中含尘量过大等原因造成的沥青的黏附性不足。

对于轻微麻面与骨料外露、且数量较小的路段，可刷一层薄沥青，然后撒石屑或粗砂扫平压实即可。当沥青面层不贫油时，可在高温季节撒适当的细料，并用扫帚扫匀，使集料填充到路面的空隙中。大面积麻面应喷洒稠度较高的沥青，并撒铺适当粒径的石屑或粗砂，撒铺时要使麻面中部部分的集料稍厚，周围与原路面接口部分要稍薄，定型整齐，然后碾压成型。麻面和集料外露比较严重，或有松散且数量较大的路段，可在气温 10℃以上时，清扫干净，重做沥青封层。封层的沥青撒布量为 $0.8 \sim 0.9\text{kg/m}^2$，然后按 $5 \sim 8\text{m}^3/1000\text{m}^2$ 的撒布量撒布 3~8m 石屑或粗砂，扫匀后碾压成型。也可铺筑 10~15mm 的沥青砂罩面。若在低温季节可采用稀浆封层进行处治。

四、剥落及松散

剥落是指沥青膜与集料之间丧失黏结力，从集料颗粒表面脱落下来的病害。典型的剥落是从沥青层底部开始并逐渐向上发展。剥落从沥青层顶面开始并向下发展，就产生松散。对于水导致的剥落的研究表明，集料表面的化学物理性质比沥青的性质更重要。松散是指沥青混合料路面的磨损，是由于细集料的脱落和沥青结合料的缺失所造成的。

造成剥落以及松散的因素有：路面排水不合适、压实不够、集料表面有过多的粉尘、沥青用量偏少或施工气温较低、使用了软质和易碎集料、级配不合理等。

剥落和松散的严重程度可以分为以下三种程度：

轻度：集料和结合料开始磨损，但不是很显著，可以看到一些细集料的缺失。

中度：集料和结合料已经磨损，路面表面纹理变得粗糙并出现凹痕，出现松散颗粒，细集料和一些粗集料已经缺失。

高度：集料和结合料磨损，由于粗集料的缺失使路面表面的质地变得非常粗糙。

对于路面上出现的剥落和松散病害，根据具体的原因以及程度按以下方法进行修复：

(1) 对于因油温过高，沥青老化失去黏结性而造成的松散，应将松散部分全部挖除后，重新铺筑面层。

(2) 因沥青与酸性石料间的黏附性不良而造成路面松散，应将松散部分全部挖除后，重新筑面层。重新铺筑的混合料的矿料不应再使用酸性石料。在缺乏碱性石料的地区，应在沥青中掺入抗剥落剂、增黏剂或使用干燥的生石灰、消石灰、水泥等具有表面活性的物质作为填料的一部分，或采用石灰浆处理粗骨料，以提高沥青与矿料的黏附力，增强混合料的水稳性。

(3) 由于基层或土基软化变形而造成的路面松散，应先处理好基层后，重新铺筑面层。

(4) 因沥青用量偏少或因施工气温较低造成的沥青面层松散，处治方法为：先将路面上已松动的矿料收集起来，待气温升至15℃以上时，按0.8～1.0kg/m^2的用量喷洒沥青，再均匀撒铺上3～6mm的石屑或粗砂（5～8m^3/100m^2），然后用轻型压路机压实即可。

五、沉陷

沉陷是指路面的局部凹陷，是由于路基的不均匀沉降（滑移）或基层局部压实不足导致的。这类病害多发生于路基湿软地段或外侧路肩与路面采用不同材料修筑的路段，尤其是山区路段和桥头。此外，与构造物相邻接的填土路堤压实度不够以及对原地基（介于软土地基和坚硬地基之间）未作适当处理，也将使邻接构造物的路面局部下沉，从而产生桥头跳车危及行车安全。路面沉陷没有严重性级别的划分，但它们可以通过分类测量的方法来确定，因为这样更加精确且可重复。

由于沉陷往往伴随网裂，沉陷处需要通过钻芯确定基层破坏的情况，从而确定是否对基层进行处理。路基未充分固结或压实不足造成的继续沉降往往引起路面的大面积沉降，这种沉降有时伴有贯穿整个路面的结构性破坏，这种现象通常不作为路面沉陷考虑。因路基不均匀沉降而引起的路面局部沉陷，若土基和基层已经密实稳定，不再继续下沉，可只修补面层，并根据路面的破损状况分别采取下列处治措施：①路面轻微下沉，深度$H<20$mm，且无破损，可不加处理。②若路面下沉后，无破损或仅有少量轻微裂缝，可在沉陷区喷洒或涂刷黏层沥青，再用热沥青混合料将沉陷部分填补，并压实平整。③因路基沉陷导致路面严重破损，集料松动、脱落形成坑槽的，应按照坑槽的维修方法。④路面严重下沉，深度$H>$20mm，但土基和基层密实稳定，可只修补面层。对于小面积沉陷，可看成一般变形类病害，采用铣刨后再找平摊铺的处理方式；对较大面积的沉陷，应根据路面的破损状况采取相应的处治措施。对沉降较大、基层破坏的沉陷，可挖除整个面层和基层，再对路基进行稳固处理，比如可采用速效水泥灰浆灌注的方法，待等路基稳定后，再重新铺筑。

桥涵台背因填土不实出现不均匀沉降，可视具体情况选择以下处理方法：①挖除沥青面层，在沉陷的部分加铺基层后重新铺筑面层。②对于台背填土密实度不够，应重新作压实处理，台背死角处的压实应采用小型夯实机具夯实。③宜采用注浆加固处理。

第六章 罩面养护技术与施工方法

在旧沥青路面上加铺罩面层是近年来高速公路大修工程普遍采用的一种方案，是为改善沥青路面的使用质量，提高路面的防水、抗滑能力和平整度，而在原有沥青路面上加铺的薄沥青面层。与结构补强的加铺层不同，罩面多用于路面表面功能的恢复，也常被用作路面预防性养护措施。

第一节 罩面的作用和类别

一、罩面的主要功能

(1) 提供磨耗层。罩面提供一层新的表面层，可改善路面的表观、平整度和抗滑性能，改善路面的行车条件，保护路面的结构，延长路面的使用寿命。

(2) 密封裂缝，防渗水。罩面可以密封路面上的小裂缝，防止水分下渗引起路面的破坏，可有效延长路面寿命，有助于保持路面的结构承载能力。

(3) 改善抗滑性能。罩面可以恢复和改善路表的抗滑性能，提高行车安全性，如超薄磨耗层、开级配抗滑表层、微表处等。

(4) 减少自然老化效应。如采用雾封层和稀浆封层的路面，可有效降低沥青的氧化和硬化速率，延长路面的使用寿命。

(5) 改善表面外观。罩面可改善路表的不规则性，提供均匀表面。由于修补和其他施工活动，使得路面的外观变差或不均匀，采用封层/罩面对路面进行处理，可以明显改善路表外观。

(6) 视觉划分轮廓。封层/罩面可在路肩和主车道之间形成显著的视觉差异，这将有益于高速行车。研究表明，这种视觉差异可以避免车辆在车道和路肩之间的接缝上行驶，因而可以增加路面的寿命。此外，对于路面整体而言，路肩外观和构造的差异还可以提高安全性能。

(7) 避免结构性能恶化。封层/罩面对路面的结构性能有一定程度的改善，如通过密封裂缝，阻止水分进入路面。封层/罩面降低了路况恶化的速率，因而也就延缓了进行结构改善的周期。

二、罩面的分类

罩面一般用来改善由于非结构强度因素所导致的路表面损坏，如波浪、车辙及表面裂缝等，其有效性和耐久性与原路面破坏的原因、程度及罩面层的施工方法有关。从不同的角度出发，罩面有着不同的划分方法：

(1) 按使用功能划分。《公路沥青路面养护技术规范》按沥青路面罩面的使用功能划分为普通型罩面(简称罩面)、防水型罩面(简称封层)和抗滑层罩面(简称抗滑层)。常见的普通型罩面有热拌沥青混合料薄层罩面等，防水型罩面有稀浆封层、碎石封层、雾封层等，抗滑层罩面有超薄磨耗层、开级配抗滑表层等。

(2) 按施工工艺划分。按照施工工艺罩面可分为洒铺类和拌和类。洒铺类罩面是指分层洒铺沥青和矿料，并经碾压形成的表面层。洒铺类包括表面处治、石屑封层、同步碎石封层、橡胶沥青封层和雾封层等。拌和类罩面是指将矿料、沥青结合料和其他成分在现场或在拌和楼拌和后运输到施工现场摊铺、碾压而形成的表面层。拌和类包括超薄磨耗层、稀浆封层、微表处、热拌沥青混合料薄层罩面等。

(3) 按拌和温度划分。按照施工拌和的温度，罩面可以划分为热拌沥青混合料薄层罩面、温拌沥青混合料薄层罩面和冷拌沥青混合料薄层罩面。热薄层罩面需要对材料进行加热，然后才可以施工。

热薄层罩面是一种传统的预防性养护方法，按照面层厚度不同可分为三种，即薄沥青混凝土面层(25～30mm)、很薄沥青混凝土面层(20～25mm)、超薄沥青混凝土面层(15～20mm)；按照级配类型不同可分为开级配、密级配、间断级配；按照实施材料不同可分为普通沥青混凝土薄层罩面(AC系列)、SMA罩面、SAC罩面、超薄橡胶粉改性沥青罩面等。目前，采用较多的为普通沥青混合料、沥青玛蹄脂碎石混合料、多碎石沥青混合料以及橡胶改性沥青混合料等多种混合料。

温薄层罩面需要对材料进行加热，但是加热温度通常比热薄层罩面低20～30℃。它的可压实温度范围大，对环境温度敏感性较低，可在冬季或温度较低的夜间施工，对长运距施工非常有利。目前，应用较多的主要是乳化沥青类或有机添加剂类温拌沥青混合料薄层罩面。

冷薄层罩面不需要对材料进行加热，常温下即可施工，施工方便快捷、交通中断时间较短。目前，应用较多主要是乳化沥青或改性乳化沥青混合料冷薄层罩面。

随着道路交通事业的高速发展，施工机械和筑路材料都在不断改进和完善，因此罩面的种类也随之不断扩充和完善。但是不管施工机械和筑路材料如何变化，由此产生的新罩面类型都可归于以上三类之中。

第二节　罩面的设计方法

一、罩面的适用范围

不同的罩面类型适用的条件也各不相同，我国《公路沥青路面养护技术规范》给出了普通型罩面、防水型罩面和抗滑层罩面的适用范围。

二、罩面的厚度设计

沥青路面在使用过程中，其使用性能将会随着行车荷载和自然因素的作用而逐渐衰变，当损坏达到某一预定标准或最小可以接受水平时，就需要采取养护措施，比如进行罩面或加铺，以恢复和提高路面的使用性能。而不同的养护时机和养护措施对养护以后的性能也会产生不同的影响和不同的经济效果。因此，公路罩面存在最佳罩面时机和最佳罩面厚度的选择问题。

1. 罩面时机选择

罩面的经济性和有效性在很大程度上取决于采取罩面的时机。目前常用的路面大、中修或重建时机决策方法主要针对的是明显的路面破坏，这对于罩面来说不一定合适。因此，罩面时机的确定尤为重要。罩面是一种预防性养护措施，罩面时机的确定方法可采用预防性养护时机的确定方法。不同的预防性养护措施，对不同交通水平和环境的沥青路面，预防性养护的时机选择有所不同。但是由于我国高速公路沥青路面普遍存在早期损害现象，根据实际情况采取预防性养护措施的最佳时机往往还需提前。

2. 罩面厚度确定

罩面层厚度设计因其对路面结构整体承载能力贡献较小，一般不需通过计算确定，但需通过论证分析确定。我国《公路沥青路面养护技术规范》明确规定，罩面厚度应根据所在路段的交通量、公路等级、路面状况、使用功能等综合考虑确定：①当路面状况指数、行驶质量指数为中、良等级，路面仅有轻度网裂时，可采用较薄的罩面(1.0~4.0cm)。②当路面破损、平整度、抗滑三项指标都在中等以下，又要求恢复到优、良等级时，应采用较厚的罩面层厚(3.0~5.0cm)。③高速公路、一级公路罩面宜采用4.0~5.0cm的厚度，其他公路可采用较薄的罩面层厚度(1.0~4.0cm)。④各级公路的罩面层厚度不得小于最小施工层厚度。

当采用封层时，其厚度需根据交通量的大小和材料类型来选择：①交通量较大、重型车较多的路面宜采用厚约1.0cm的封层。②在中等交通量路面宜采用厚约0.7cm的封层。③在交通量小、重型车少的路面宜采用厚约0.3cm的封层。

当主要用于改善路面抗滑性能时，其厚度应结合公路等级、交通量、路面状况和材料类型来选用：①用于高速公路、一级公路时宜采用不小于4.0cm的厚度。②用于二级公路宜用中粒、细粒式沥青混凝土结构，也可采用热拌沥青碎石或者沥青表面处治结构，厚度不得小于最小施工层厚度。

第三节　各类罩面技术详述

一、稀浆封层与微表处

稀浆封层、微表处在我国高等级公路上的应用已经相当广泛，对于改善路表使用状况，预防各种病害起到了非常有效的作用。

SSA(国际稀浆封层协会)普通乳化沥青稀浆封层技术指南中对稀浆封层做了如下定义：稀浆封层是一种将乳化沥青、集料、水和特殊添加剂按合理配比拌和并均匀摊铺到已经适当处理过的路面上的混合料。它必须均匀，并能与原路面牢固连接，在使用期内可提供一个良好的抗滑表面。

ISSA微表处技术指南中对微表处的定义为：微表处是由聚合物改性乳化沥青、集料、填料、水和外加剂按合理配比拌和并摊铺到原路面上的薄层结构。它应能满足摊铺不同截面厚度(楔形、凹形、刮痕面)的要求；不同沥青用量和不同摊铺厚度的混合料，经养生和初期交通作用固化后，均能经受住行车作用，并在使用寿命内保持良好的抗滑性能(高的摩擦系数)；它应能适应迅速开放交通的需要。

我国《公路沥青路面施工技术规范》(JTG F40—2004)和《公路沥青路面设计规范》(JTG

D50—2017)对微表处定义如下：采用适当级配的石屑或砂、填料(水泥、石灰、粉煤灰、石粉等)与聚合物改性乳化沥青、外渗剂和水按一定比例拌制成流动型的沥青混合料，将其均匀地摊铺在路面上形成的沥青封层。改性稀浆封层：当混合料难以达到普通稀浆封层的设计要求时，掺加一定的改性剂，以增强沥青与集料的黏结，使其达到普通稀浆封层的设计要求。ISSA 没有与这一概念相对应的设计施工指南。

(一) 技术特点及适用条件

在旧沥青路面养护阶段，通过合理地使用稀浆封层技术，可以使旧沥青路面的磨损、老化、裂缝、光滑、松散等病害迅速得到修复，还可起到防水、防滑、平整、耐磨等作用。除此之外它对新建沥青路面也可起保护层与磨耗层的作用。

1. 稀浆封层和微表处的功能

(1) 防水作用。稀浆混合料的集料粒径较细，且具有一定的级配。因此，采用稀浆封层和微表处混合料对原路面进行罩面后，它能与原路面牢固地黏附在一起，形成一层密实的表层，可有效防止雨水和雪水渗入基层。

(2) 防滑作用。与其他路面结构不同，稀浆封层和微表处混合料摊铺厚度较薄，通常在空间上集料分布均匀，不产生离析；当沥青用量适当时，稀浆罩面结构还不会出现泛油；而且罩面后路面具有良好的粗糙面，因而抗滑性得到显著提高。

(3) 耐磨耗作用。基于黏结力考虑，通常阳离子乳化沥青对酸碱性矿料都具有很好的黏附性，因此在稀浆混合料设计中可优选坚硬、耐磨性能好的集料，通过提高稀浆混合料自身的性能，达到延长路面使用寿命的目的。

(4) 填充作用。稀浆混合料中含有较多水分，拌和后呈稀浆状态，具有良好的流动性。这种稀浆拥有很好的填充和调平作用，可用于封闭裂缝和填平浅坑，在提高路面平整度的同时减少了路面原有的病害。

2. 使用条件

(1) 当路面结构强度不足和出现结构性破坏时，应首先进行补强处理。稀浆封层作为厚度仅为 10mm 左右的薄层结构，要求原路面保持充足的结构强度，或原路面不能出现结构性损坏；否则在行车作用下，稀浆封层会因为过大的挠曲变形而很快出现开裂，甚至与原路面剥离。

(2) 当原路面出现结构性车辙，或者车辙深度过大时，应对车辙进行预先处理。对于原路面 15mm 以下的流动性车辙，采用单层微表处可以起到很好的维修效果；对于深度在 15~25mm 之间的车辙，宜采用双层微表处；对于深度大于 25mm 的车辙，应首先采用微表处填充车辙；对于深度过大的车辙(40mm 以上)，建议铣刨加铺后再铺筑单层微表处。

(3) 当原路面表面太光滑，完全丧失构造深度时，宜摊铺双层微表处结构。双层微表处结构的一个重要作用就是恢复路表的宏观构造深度和抗滑性能。当沥青表面层采用的是石灰石等不耐磨的石料时，原路面在行车作用下构造深度就会完全丧失，成为“水磨石”。这时如果铺筑单层微表处，由于原路面太滑，常出现“不挂料”的现象，往往摊铺出的表观效果不理想，摊铺厚度没有保证。因此，对于这一类的路面，应采用两层摊铺，第一层摊铺厚度可以很薄，主要增加原路面挂料能力，等成型后再摊铺第二层，这样就可以得到好的表现。

(4) 当原路面存在宽裂缝时，应首先进行灌缝处理。微表处厚度仅有 10mm 左右，原路面未经处理的裂缝会在温差作用下反复胀缩而产生反复张、拉应力，再加上车辆荷载在裂缝处引起的差动位移，会很快引起上覆的微表处层产生疲劳开裂，导致反射裂缝的出现，影响微表处的美观和封水效果。裂缝可根据具体情况采用灌、填缝法处理。

3. 适用范围

稀浆封层可有效地封住路面的轻度裂缝，防止水分的渗入，提高路面的抗滑性能。微表处主要用于防止路面松散、延缓路面老化、提高路面摩擦力、弥补路面微小的缺陷。微表处还有个特殊的功能，就是可用于车辙（深度≤40mm）的填补。从稀浆封层所适用的道路部位来看，我国稀浆封层技术主要应用在如下几个方面：

（1）沥青路面稀浆封层罩面。在旧沥青路面上加铺稀浆封层，可以处治裂缝，提高路面的耐久性和使用性能；在新铺沥青贯入式路面或粗粒式沥青混凝土面层上加铺稀浆封层，可以提高路面的防水性。

（2）水泥混凝土路面稀浆封层罩面。在旧水泥混凝土路面上加铺稀浆封层，可以处治磨光、微裂缝、脱皮、麻面等病害；在新铺水泥混凝土路面上（尤其是碾压混凝土路面）加铺稀浆封层，可以改善行车条件，降低行驶噪声，增加乘客舒适感。

（3）桥面维修或防水处理。在旧桥面上加铺稀浆封层，可以有效处治桥面病害，明显改善行车条件；在新建水泥混凝土桥面上加铺稀浆封层，可以显著提高桥面铺装层的防水性（尤其是城市高架桥），延长桥梁的使用寿命。

（4）高速公路下封层。在高速公路基层上加铺稀浆封层，可以治理基层裂缝，有效提高路面的防水性及耐久性。

（5）砂石路面稀浆封层罩面。在低等级道路砂石路面上加铺稀浆封层，可以使砂石路面具有沥青路面的外观特征，提高砂石路面的耐久性，有效防止扬尘，改善行车条件，明显降低砂石路面的日常养护费用。

（6）其他应用。稀浆封层技术还可以用于城市道路、厂区道路、停车场、运动场等场所。

4. 限制条件

当空气温度和路面温度均高于10℃，并且在铺设完工24h内不出现冰冻的情况下才能铺筑稀浆封层和微表处；应避免在雨天铺筑稀浆封层和微表处，如果在稀浆封层和微表处铺筑前可能下雨，也不宜进行施工。在开放交通前，稀浆封层和微表处需要一定的时间进行固化。因此，稀浆封层和微表处不适用于必须在施工后立即开放交通的情况。在温暖的气候情况下，稀浆封层的固化时间取决于周围环境温度、湿度和乳化沥青的类型，一般至少为2h。调整矿质填料可以缩短初凝时间，但是有可能影响施工的和易性。

（二）稀浆封层和微表处混合料设计

1. 材料选择

（1）集料。稀浆混合料应选择坚硬粗糙、耐磨洁净的粗集料。细集料宜采用碱性石料生产的机制砂或洁净的石屑，如由花岗岩、石灰岩、暗色岩、矿渣以及铁燧岩尾矿等破碎的集料。对集料中的超粒径颗粒必须筛除。FS1中集料最大粒径为2.36mm，ES-2、MS-2和ES-3、MS-3中集料的最大粒径为9.5mm。所有稀浆混合料的级配必须满足0.075mm筛孔的通过率为5%~15%。稀浆层的厚度基本上与一层集料的厚度相同。

ISSA微表处技术指南中对微表处用集料提出了砂当量、坚固性和磨耗损失三项指标，日本乳化沥青协会(JEAAS)微表处技术指南中对微表处用集料提出了表干密度、吸水率、磨耗损失和坚固性四项指标，当需要特别考虑有害物质时又提出了黏土含量、软石含量、针片状含量三项指标。当稀浆封层用于四级以下公路时，粗细集料的质量要求可参照《公路沥青路面施工技术规范》(JTG F40—2004)适当放宽。

(2)(改性)乳化沥青。微表处必须采用阳离子聚合物改性乳化沥青，改性剂剂量(改性剂有效成分占纯沥青的质量百分比)不宜小于3%。稀浆封层可采用普通乳化沥青或改性乳化沥青。

一般情况下，乳化沥青黏度以恩格拉黏度为准，但是在条件不具备时也可采用沥青标准黏度；在南方炎热地区、重载交通道路及用于填补车辙时，BCR蒸发残留物的软化点应不低于57℃；储存稳定性应根据施工实际情况选择试验天数，通常采用5天，当乳化沥青生产后能在第二天使用完时也可选用1天。个别情况下改性乳化沥青5天的储存稳定性难以满足要求，如果经搅拌后能够达到均匀一致且不影响正常使用，此时要求改性乳化沥青运至工地后应存放在附有循环或搅拌装置的储存罐内，并进行循环或搅拌，否则不准使用。

(3)填料。微表处和稀浆封层矿料中可以掺加矿粉、水泥、消石灰等填料。填料应干燥、疏松、无结团。矿粉的主要作用是改善矿料级配，水泥、消石灰等具有化学活性的填料的主要作用是调整稀浆混合料的可拌和时间、成浆状态和成型速度等。填料的掺量必须通过混合料设计试验。

(4)添加剂和水。添加剂可以调节稀浆混合料可拌和时间、破乳速度、开放交通时间等施工性能，并在一定程度上改变混合料的路用性能。常用的添加剂有无机盐类添加剂和有机类添加剂。添加剂种类的选择和计量的确定是混合料设计的一项重要内容，必须经过试验才能确定。微表处和稀浆封层用水不得含有有害的可溶性盐类、能引起化学反应的物质和其他污染物，一般采用可饮用水。

2. 混合料设计

稀浆混合料设计要充分考虑使用要求、原路面状况、交通量、气候条件等因素，选择适当的混合料类型，确定采用分层摊铺、车辙填充等施工方案。稀浆封层和微表处混合料的配合比设计应按照以下步骤进行：

(1)根据选择的级配类型，按要求确定矿料的级配范围。计算各种集料的配合比例，使合成级配在要求的级配范围内。

(2)根据经验初选(改性)乳化沥青、填料、水和添加剂的用量，进行拌和试验和黏聚力试验。可拌和时间试验温度应考虑最高施工温度，黏聚力试验的试验温度应考虑施工中可能遇到的最低温度。

(3)根据上述试验结果和稀浆混合料的外观状态，选择1~3个认为合理的混合料配比，并进行稀浆混合料的性能试验；如不符合要求，适当调整各种材料的配合比例再试验，直至符合要求为止。

(4)当设计人员经验不足时，可将初选的1~3个混合料配方分别变化不同的油石比，按照混合料的技术要求重复试验，并分别将不同沥青用量的1h湿轮磨耗值及砂黏附量绘制成关系曲线图。

(5)在油石比的可选范围内选择适宜的油石比，使得在该油石比情况下混合料的各项技术指标均可以满足要求。对微表处混合料，以所选择的油石比检验混合料的浸水6天湿轮磨耗指标，用于车辙填充的微表处混合料增加检验负荷车轮试验的宽度变化率指标，不符合要求时调整油石比重新试验，直至符合要求为止。

（6）根据以往经验及配合比设计试验结果，在充分考虑原路面状况、气候及交通因素等的基础上综合确定混合料配比。

稀浆封层与微表处混合料设计过程中的关键之处如下：

① 最佳沥青用量。沥青用量由湿轮磨耗试验和负荷轮试验确定。湿轮磨耗试验确定沥青的最低用量，负荷轮试验确定沥青的最高用量，以保证所需要的油石比。

② 最佳用水量。用水量由稠度试验确定。稀浆混合料的含水率对混合料的稠度与和易性及稀浆拌和时间都有很大影响。用量是决定浆液稠度和密实度的主要因素。稀浆混合料的水相是由矿料中的水、乳液中的水和拌和外加的水构成。含水率过低不利于拌和，过高稀浆出现流淌离析。

③ 最佳可拌和时间。最佳可拌和时间由增减添加剂试验来获得。可拌和时间试验是确定稀浆混合料具有充足的拌和时间，这样在施工中可以根据试验成果进行可控性摊铺，避免破乳速度过快；而拌和时间太短，易造成稀浆混合料在摊铺过程中呈松散状态或凝聚成团的现象。

④ 初凝时间和开放交通时间。初凝时间和开放交通时间由黏聚力试验来获得。在最佳油石比和最佳级配的情况下，按符合稠度和符合破乳时间要求的配比进行试拌，然后进行黏聚力试验以达到快速开放交通的目的。

根据试验结果，并结合有关工程实践表明，在运用ISSA的级配范围时，应注意以下几点：

① 普通稀浆封层的级配应根据使用场合的不同进行合理选择；微表处多用于大交通量道路的表面磨耗层，级配宜粗不宜细，必须抛弃传统的热拌沥青混合料的“细料光面”的观念，微表处的表面粗糙，且表观功能良好。

② 由于间断级配将加重集料在运输、卸载过程中出现的粗细集料离析的现象，影响摊铺的均匀性，如果4.75~9.5mm部分的颗粒粒径偏大，形成了实际意义上的断级配，这种级配往往会造成稀浆封层或微表处表观不均匀、大料容易飞散等问题。

③ 稀浆封层较薄，粗集料的大粒径在其中“顶天立地”，对表观效果有很大影响，并且容易卡在摊铺槽后沿，在摊铺槽的拖动下，在微表处表面形成划痕，严重影响美观。因此，矿料中的超粒径颗粒必须在施工前予以清除。

二、碎石封层

碎石封层是在道路表面撒布一定量的结合料后，再在其表面撒布一定量的单粒径碎石，并通过碾压使碎石2/3嵌入结合料而形成一种耐久、抗滑的道路表面的处治方法。它在澳大利亚、南非、美国及欧洲等国家和地区被广泛应用于新建道路的磨耗层、新建轻交通量道路的面层和路面的预防性养护。但是，碎石封层作为路面养护措施，路面需具有足够的强度和刚度、良好的整体稳定性；原路面无严重的坑槽、松散、翻浆、沉陷、泛油、龟裂、网裂、车辙等病害现象；原路面无横坡超限，或中线偏移、平整度差等缺陷。因此，在同步碎石封层施工前，应对原路面坑槽、车辙、沉陷、大裂缝等既有病害进行处治。

（一）碎石封层分类

碎石封层作为表面封层类，是将预先设计好的配合比通过专门的机械将砂石黏结材料铺在原沥青路面上，形成的一层沥青磨耗层。其一般摊铺厚度不大，主要起到增加沥青路面的抗滑、耐磨耗性能，提高平整度、路面防渗水性能等作用。碎石封层根据材料以及施工工艺的不同，又衍生出大量新型技术。按撒布层数，其可分为单层碎石封层、多层碎石封层，国外常用的为双层碎石封层；按照沥青结合料使用类型，可分为乳化沥青碎石封层、橡胶沥青碎石封层以及纤维改性沥青碎石封层等；按照施工工艺的不同，又可分为普通碎石封层(异步碎石封层)、同步碎石封层，国内外常用的为同步碎石封层。同时，碎石封层结合微表处或稀浆封层可形成开普封层。

碎石封层技术在世界各国得到了越来越多的应用，在此基础上，也逐渐开发了橡胶沥青碎石封层和纤维沥青封层技术。橡胶沥青碎石封层是橡胶沥青与碎石封层技术的结合。由于橡胶沥青具有很高的黏度，不仅与封层中的集料有很强的黏结力，而且这种封层与下承层也具有很好的黏结性。

此外，大量的橡胶成分使它呈现出较高的抵抗变形能力，阻止反射裂缝向上传递，可以在加铺之前作为SAMI(应力吸收薄膜夹层)的部分来减少反射裂缝。近年来其也在不加铺的情况下被应用，因为它增加了沥青的弹性，可以把石子黏结得更紧，减少了路表胶黏的现象，与其他养护技术相比(如稀浆封层、微表处等养护技术)，橡胶沥青碎石封层技术具有较强的防水性、极高的防滑性，更具有防止路面反射裂缝的良好性能。橡胶沥青嵌入式封层就是利用橡胶沥青黏度大的特性(黏度高于改性沥青 10 倍左右)，使撒布的双层单粒径石料相互嵌挤并连接成一个整体。

橡胶沥青封层可用做旧沥青路面的维修养护；在水泥混凝土路面出现表面剥离、色泽不一或需要加铺沥青混凝土层时被采用，可治愈混凝土的细小裂缝，防止裂缝的渗水，增强行车的舒适感，消除轮胎产生的噪声；用其在桥面上铺筑封层，可以减轻桥身自重，改善桥面通行能力。纤维封层是由法国 SECMAIR 公司最新开发的一种道路预防性养护技术，它是指采用纤维封层核心设备同时洒布沥青黏结料和玻璃纤维，然后在上面撒布碎石，经碾压后形成新的磨耗层或者应力吸收中间层的一种新型道路建设施工和养护技术。

纤维封层作为一种新型的养护技术，具有以下独特的优点：

(1) 良好的应力吸收和扩散能力。具有网络缠绕独特结构的纤维封层，铺设于旧沥青面层与新沥青面层之间或新建路基与新建沥青面层之间的纤维封层黏结层，兼具有极高的张力与弹力，对外界的应力具有极其有效的吸收和扩散功能，是一种很好的应力吸收中间层；能够有效地抑制反射裂缝出现，有效地阻止因车载负荷过重造成的路面破坏，极大地提高道路的使用寿命。

(2) 高耐磨性。纤维封层设备施工后，紧接其后进行碎石集料撒布；撒布后的集料进入由纤维与沥青结合料形成的网状结构中，压实成型后，集料被结合料网状结构紧紧裹覆，形成了一个复合的力学嵌锁体系，有效地限制了集料的滑移、脱落，能极大地提高路面的耐磨性。

(3) 高防水性。纤维封层其结构为“一层沥青+一层纤维+一层沥青(连续施工工艺)+一层碎石”形成的一层物料相互作用的致密网络缠绕结构。因在原有路面上形成一层致密的保护膜，该封层具有更高的防水性能。

（4）高稳定性。纤维封层因为弹性模量高，延伸力强，其抗拉强度远远大于温度变化带来收缩拉应力或拉应变，降低了面层的低温脆裂性，因此能够有效地抑制沥青路面低温收缩裂缝的产生。

（5）施工快捷性。纤维封层施工是在一台设备上同时完成两层沥青撒布、一层纤维撒布。沥青、纤维洒布后，马上跟进一层碎石撒布，即刻完成纤维封层施工。纤维封层耐磨层施工后乳化沥青破乳后15min即可开放交通。

纤维封层适用在大修路段的基层和面层之间、路基强度好的旧沥青路面与上面加铺层之间用作应力吸收中间层，用以吸收和分散应力，阻止路基裂缝或旧路面的裂缝反射到上面层；适用于基层强度好、出现轻微的龟、网裂现象，需要中修改造的老路面；用作磨耗层，能预防并抑制裂缝继续扩延，并且起到路面防水防滑的作用；还可用于中、小桥梁桥面铺装的防水层，旧水泥路面改造，各等级公路下封层，以及农村公路的路面面层。

（二）同步碎石封层的特点及使用条件

同步碎石封层技术是法国赛格玛公司在40多年的实际筑路养护经验中总结提出的新一代道路养护技术，用专用设备即同步碎石封层车将单一粒径的石料及沥青结合料（改性沥青或改性乳化沥青）同时洒布在路面上，在胶轮压路机或在自然行车碾压下，使结合料与石料之间有最充分的表面接触，以达到它们之间最大限度的黏结，从而形成保护原有路面的沥青碎石磨耗层，改善路表抗滑能力和路表抗渗水能力。

同步碎石封层施工时，沥青在与集料结合时温度也可保证在120℃以上，这使得沥青的流性很好，与集料的接触面积大且接触角为正角，从而保证了沥青与集料的结合性；同时，流动的沥青固有的毛吸现象，可使沥青进入集料表面的微观纹理中，裹覆住集料，防止脱粒，这也保证了同步碎石封层技术能够被应用到高等级公路甚至是高速公路的路面上。美国资料表明在基层上进行同步碎石封层养护，可使路面使用寿命增加到10年以上。

1. 同步碎石封层的分类

同步碎石封层可根据集料粒径、施工工艺、石料品种、沥青结合料类型进行划分。

（1）按石料的粒径范围分类，其可分为细封层、粗封层、加粗封层三种类型。

（2）按施工工艺分类，同步碎石封层分为单石单层同步结构（MSG）、双石单层同步结构（MDG）、双层同步结构（BC）和“三明治”结构（GLG）。其中单封层和双封层是最常用的两种结构。

单封层是在喷洒沥青后立即用集料覆盖的一种处治方式。单封层一般使用快凝沥青。单封层能够提高路面的防水性，密封小裂缝，恢复路面的抗磨耗性能。双层碎石封层包含两次单封层。在第一个封层铺设完毕后，立即铺设第二个封层予以覆盖。第一次洒布使用总量60%的沥青结合料，并铺设粒径较大的集料。第二次洒布剩余的沥青结合料，集料粒径约为第一次的一半。双层碎石封层是对单封层的加强，这种处治方法更加突出了单层碎石封层的优势，即便表面层的集料在行车作用下被磨耗，底面层仍然能够发挥碎石封层的作用。由于底面层碎石嵌入得更深，这种处治方式可以提供更好的集料整体性。与单层碎石封层相比，双层碎石封层的路面更平整，噪声也大幅度降低，这种方法更适于路况较差的路面处治。

（3）按所选用的沥青结合料类型分类。其可分为基质沥青碎石封层、改性沥青碎石封层、乳化沥青碎石封层、改性乳化沥青碎石封层四种。基质沥青碎石封层、乳化沥青碎石封层、改性乳化沥青碎石封层可用于高等级公路的透层。改性沥青碎石封层、改性乳化沥青碎石封层可用于原路的保护层及磨耗层。

2. 同步碎石封层的特点

同步碎石封层是将沥青和碎石在同一台机械上施工洒布，洒布时间只间隔几秒，可使集料和沥青能在高温时立即结合；异步碎石封层则是将碎石和沥青在两种机械上分开施工洒布，两序间的时间间隔大约为10min。洒布车作业完成后，需要及时组织进行人工辅助作业，用清洁的刮耙清除洒布过量的径流油或洒布不均匀部位。相比之下，同步碎石封层具有如下特点：

（1）防水性好。同步碎石封层的实质是靠一定厚度的沥青膜(1~2mm)黏结的超薄沥青碎石表面处治层，其整体力学特性是柔性的，能增加路面的抗裂性能、治愈路面龟网裂、减少路面反射裂缝、提高路面防渗水性能；如果使用聚合物改性黏结料，路面的防渗水性能改善效果更明显。同步碎石封层具有良好的防水性，是因为喷洒的一部分温度适当的沥青结合料可顺利渗入表面微裂缝，弥补了因裂缝造成的路面防水性能差等缺陷；另外，喷洒在路面形成的沥青结合料薄层部分，则形成一层严密的沥青结合料防水层。因同步碎石封层技术能满足公路表面防水性能的要求，所以它可以用来摊铺表面层。

（2）良好的防滑性。同步碎石封层的集料直接接触轮胎，这种集料镶嵌的粗糙度大大提高了原路面的摩擦系数，也使路面的平整度得到一定程度的恢复，满足路面防滑性的要求。

（3）良好的耐磨耗及耐久性。当沥青结合料处于高温时，可以保证沥青结合料和集料之间最大的表面接触程度；沥青结合料的毛吸引力可以产生一个凹面，该凹面与集料紧密结合，不会有集料流失，从而使同步碎石封层具有良好的抗压性和稳固性。同步碎石封层通过采用局部多层摊铺不同粒径石料的施工方法，能有效治愈深达10cm以上的车辙、沉陷等病害点，是其他养护方法无法比拟的。

（4）施工方便。同步碎石封层工序简单、施工速度快，可即时开放交通，满足高速公路快速开放交通的要求；可使用各种沥青结合料；可以在其他养护技术不宜实施的恶劣气候下进行公路作业；可在低温或高温的地区摊铺。

（5）使用经济。无论用于道路养护还是作为过渡型路面，同步碎石封层的性能价格比明显优于其他表面处治措施，可以大大降低道路的维修养护成本。

3. 同步碎石封层的适用范围

同步碎石封层技术主要用于道路的预防性养护和矫正性养护，以及提高高等级路面的防滑性能。无论是高速公路还是普通公路都可以使用此项养护新技术。在欧洲95%以上的公路(尤其是在法国)均采用同步碎石封层进行路面养护。另外，同步碎石封层还可以作为低等路面层。在法国有40%以上的公路就是直接采用碎石封层作为路面，目前使用效果良好。因此，在公路建设资金不足的情况下，采用造价低廉的同步碎石封层作为低等级公路路面无疑是提高路网铺装率的行之有效的措施。

（1）旧沥青混凝土路面的罩面层。封层罩面的作用是：①修补裂缝达到防水保护层。②防滑磨耗层，从而延长各种等级路面的寿命。

（2）沥青路面的下封层。采用同步碎石封层施工，喷洒(改性)乳化沥青，利用沥青的渗透能力，使所有裂缝和空隙中都灌入沥青，从而形成一层防水层，达到了对水损害的防治作用同时，所形成的沥青薄层还起到延缓和消减底层的反射裂缝，增强抵抗应力和应变的能力，这种工艺一般被称为应力吸收膜(SAMI)。

(3) 旧水泥面板路面改造为沥青路面的防水黏结层。在此类工艺中，沥青起到结合料的作用，其洒布量和洒布的均匀性决定了工艺的成败。如沥青洒布量超过一定限度后，沥青结合料将转化为润滑作用，开放交通后，在车辆的作用下，将引起路面结构层的推移、路面的破浪和拥包等变形。使用同步碎石封层设备施工，因其对沥青洒布量由计算机严格控制，能保证各处单位面积内的沥青洒布量，并且在设备的起步喷洒阶段、连续喷洒阶段和停止喷洒阶段沥青洒布量和均匀性始终如一，可以保证施工的质量。

(4) 桥面防水层。同步碎石封层技术是罩面技术中防水性能最佳的。在桥面的防水工艺上，采用同步碎石封层技术施工，将以轻质量的薄层结构完成最好的防水功能。

(5) 乡村公路建设。目前，法国及欧美发达国家乡村公路建设大部分都采用了这种技术，达到了与热摊铺同样的性能，却大大降低了乡村公路建设的造价。通常，在乡村公路砾石路基上，首先用一层大粒径的集料做同步碎石封层，可起到结构层承重的作用；然后，再在上面摊铺一层小粒径集料同步碎石封层，作为表面磨耗层。

(6) 与稀浆封层微表处结合施工。先做单层同步碎石封层，然后在其上再做一层稀浆封层或微表处。同步碎石封层的厚度和稀浆封层、微表处的厚度可根据道路交通量的要求来进行调整。在这样的路面结构中，同步碎石封层作为防水层和黏结层，并能起到一些承重作用。其上的稀浆封层、微表处，能够改善表面纹理，增强耐久性。

(三) 碎石封层配比设计

1. 材料选择

(1) 集料。碎石封层中的集料直接与原路面以及车辆轮胎接触，不仅要求集料能够抵抗行车的压碎和磨光，而且还要为运行车辆提供良好的抗滑性能，因此，集料的压碎值和磨光值等指标必须满足要求。碎石封层用集料最理想的外形是规则的立方体。如果集料扁平，那么轮迹带上的碎石在行车作用下“平躺”在路面上，易形成泛油；而在轮迹带以外的地方碎石“竖立”在路面上，与沥青黏结面积小，容易脱落。因此，要求碎石应是经过反击破碎(或锤式破碎)得到的碎石，针片状石料严格控制在15%以内，几何尺寸合理，不含杂质和石粉，0.075mm通过率一般不应超过1%，压碎值小于14%，并严格经过水洗风干，对石料酸碱性则无特殊要求。

集料的级配是影响碎石封层使用性能的关键指标之一。碎石封层用集料，既可以是有定级配的集料，也可以是单一粒径(集料几乎全部集中在两个相邻尺寸的筛上)的集料。国外文献及我国工程实践认为，用于碎石封层最理想的集料是单一粒径的集料。

集料的级配越好，矿料间隙率越小，越没有空间供结合料来填充，允许的沥青用量范围较窄，设计和施工中稍有不慎就会造成泛油(沥青用量偏大)或碎石脱落(沥青用量偏小)；此外由于粒径大小不一，车辆轮胎与路面接触时，只是与其中突出在表面的大粒径石料接触，从而影响路面的抗滑性能。因此，集料级配越好越不适用于碎石封层。当采用双层或多层碎石封层时，每一层的集料也以单一粒径为佳；但不同层次集料的粒径应有所不同，上面一层碎石封层集料的最大公称粒径一般不得大于下面一层碎石封层集料粒径的1/2。

(2) 沥青结合料。根据碎石封层的类型、使用场合、施工季节、环保要求、施工习惯等，碎石封层可以选择(改性)乳化沥青(PME)、稀释沥青、高性能沥青结合料(PBA)、橡胶沥青(AR)、再生性乳化沥青等沥青结合料。其中，国外以乳化沥青和稀释沥青的应用最为普遍。澳大利亚大部分采用稀释沥青作为结合料，欧洲大部分采用乳化沥青作为结合料，美国既采用稀释沥青也采用乳化沥青。不同的路面状况采用的碎石封层不同，不同的碎石封层所需要的沥青结合料也有所不同。

碎石封层要求沥青结合料有一定的喷洒厚度以裹住碎石，这就要求用于碎石封层的乳化沥青有相当的黏度。美国 ASTM D2397 规定，CRS-2 型乳化沥青 50℃赛波特黏度指标应为 100~400，比其他用途乳化沥青的黏度高很多。制作稀释沥青的基质沥青可选用本地区常用标号沥青。稀释剂的类型，根据开放交通要求、材料价格等条件确定。国外经常用煤油或粗制汽油作稀释剂，制作中凝型、快凝型稀释沥青用于碎石封层。稀释剂掺量一般为基质沥青的 15%~35%。国外多采用稀释沥青而较少采用普通石油沥青，主要是因为稀释沥青更适用于碎石封层：①通过掺加煤油等稀释剂，可以降低沥青喷洒温度，使沥青洒布更加均匀；而普通沥青特别是聚合物改性沥青，由于黏度较大，不容易洒布均匀。②稀释剂的加入使稀释沥青非常“软”，洒布后有相当一段时间可供碎石撒布和碾压；而普通石油沥青在路面上洒成薄层后，其温度会迅速降低，影响其与石料的黏结。

2. 配比设计

对于碎石封层的设计，不同国家和地区有不同的方法，但设计内容均主要包括沥青撒布率和石料撒布率两项，归纳起来可以分为经验配比法和理论计算法两类。

（1）经验配比法。美国很多州（如密歇根州、加利福尼亚州等）的道路科研人员认为碎石封层是“不可设计”的，要求工程师在施工中根据情况在允许的用量范围内确定材料撒布率。

（2）理论计算法。比较有代表性的理论计算法有 Mcleod 法、Lovering 法、美国沥青协会的方法等。以下以 Mcleod 法为例予以介绍。Mcleod 法假设集料平均高度的 70%被沥青结合料填充，且洒布率受交通量、集料特性、路面状况的影响，采用如下的计算公式：

$$B=(0.40H\times T\times V+S+A+P)/R$$

$$H=M/1.139285+0.011506\times FI$$

式中 B——结合料洒布率，L/m²；

H——集料的平均高度；

T——交通量修正系数；

V——松装集料的空隙率，%；

S——表面情况系数，L/m²；

A——集料吸附系数，L/m²；

P——路面硬度修正系数，L/m²；

R——乳化沥青或稀释沥青中沥青的含量；

M——集料的中间粒径；

FI——针片状集料含量。

集料撒布率采用以下公式计算：

$$C=(1-0.4V)\times H\times G\times E$$

式中 C——集料用量，kg/m²；

G——集料的相对密度；

E——浪费系数，%；

其余符号意义同前。

此外，还有一种十分直观、简便的碎石封层设计方法：将碎石均匀、紧密地撒满某平底容器，根据碎石质量和撒布面积计算石料撒布率然后向该平底容器内倒入自来水直至刚好完全淹没石料，倒入水量的2/3与平底容器表面积的比值即为沥青结合料的洒布率。

三、热拌沥青混凝土薄层罩面

薄沥青混凝土罩面(Thin Asphalt Friction Course)是介于“传统磨耗层”与“厚表面处治”之间的一种处治技术。

法国是国际上采用薄层沥青混凝土路面的代表性国家。从1986年开始，各种薄层沥青混凝土面层在法国公路上普遍使用，法国路网约30%道路使用薄层罩面养护，尤其是重交通道路。根据法国标准NFP98-137的定义，非常薄面层(BBM)的厚度为20~25mm；超薄面层(BBUM)的厚度为15~25mm。BBM所选材料非常类似于SMA混合料。与SMA相比，BBM是明显的断级配；胶砂含量少，0.075mm以下粉料的含量少了3~5个百分点，沥青结合料含量少0.5~1.3个百分点。

美国一般认为薄层沥青混凝土的厚度应为15~30mm。Novachip科氏改性超薄磨耗层(Ultra-thin Asphalt Friction Course)源于1986年法国Screg Routes Group的产品，形成于1988年，材料组成类似于SMA。其工艺流程为：在旧沥青路面上铺设一层较厚的改性乳化沥青，然后立即铺筑热拌沥青混合料，紧接着压路机进行碾压，20min内即可开放交通，摊铺厚度10~20mm。改性乳化沥青的加水、黏附混合层的喷洒、改性沥青热混合料拌和以及摊铺，由一台专用设备一次性完成，薄层罩面结构可分为两个层次：表面磨耗层和黏结防水层。表面抗滑磨耗层提供一个安全、舒适、耐久的行驶表面，恢复路面的表面功能，提高路面的抗滑性能，改善路面的平整度；黏结防水层能够保证薄层罩面与原路面结合紧密，防止雨水下渗，适度延缓旧沥青路面的反射裂缝。薄层罩面具有表面处治的全部优点，而没有表面处治需要后续照顾的缺点；可以在不适宜表面处治的气候条件下进行铺筑；在一定程度上调整原路面的不平整度。但是，薄层沥青混凝土罩面必须铺筑在路面结构强度和下层沥青面层的高温抗形变能力满足要求的路面上，而且不能提高路面结构的强度或承载能力，也不能提高沥青路面的高温抗形变能力和防止原路面的反射裂缝。

(一) 薄层罩面的特点及使用条件

1. 薄层罩面的分类

一般来说薄沥青面层是指适于铺筑介于传统的磨耗层(如40~50mm的沥青混凝土、SMA或多孔沥青混凝土等)和石屑封层(如6~14mm的表面处治或稀浆封层)之间的材料。

热拌沥青混凝土薄层罩面分别按照材料级配、厚度以及施工工艺可划分为各种类型。薄层罩面按厚度不同，可将其分为三种：薄沥青混凝土面层25~30mm、很薄沥青混凝土面层20~25mm、超薄沥青混凝土面层15~20mm；薄层罩面按照施工工艺的不同，可分为冷薄层罩面、热薄层罩面和温薄层罩面；按照级配类型不同，可以分为开级配、密级配、间断级配；按照实施材料的不同，又可分为纤维沥青混凝土罩面、SBS改性沥青罩面、novachip改性沥青磨耗层、超薄橡胶粉改性沥青罩面等；按照施工工艺，根据黏层与薄层罩面的施工时间间隔长短的不同，可分为同步施工薄层罩面和分步施工薄层罩面。

2. 薄层罩面的特点及使用条件

热拌薄层罩面具有以下几个特点：服务寿命长；使用性能好，能承受重载交通；可以有效防止下渗水的破坏，具有更好的防水损坏性能；独特的断级配混合料能更有效地降低路面噪声，减少水雾；具有更高的抗滑性能和更好的排水性能，雨天行车安全性好；施工效率高，年施工期长，开放交通时间短；在一定范围内校正表面缺陷，提高路面平整度；必要时需对原路面进行铣刨处理。热薄层沥青混凝土罩面技术是一种经济适用的沥青路面修补技术，同时也可用于新建的沥青路面表面的抗滑磨耗层，广泛应用在沥青路面的预防性养护或者中修养护中。

目前，热薄层罩面技术中主要是热拌密实型沥青混合料（AC）加铺层、沥青玛蹄脂碎石结合料（SMA）、多碎石沥青混凝土（SAC）、橡胶沥青混合料罩面以及超薄磨耗层等。在进行材料选择时，沥青混合料的热稳定性和不透水性成为薄层罩面选型考虑的焦点。比较各种沥青混合料的技术性能、各自特点及适用性，确定混合料类型；设计时要注意对级配进行必要的调整，以保证将来的施工质量；石料的选材可根据混合料类型来确定，如果是 SMA 应采用玄武岩，如果采用其他混合料类型也可以使用优质石灰岩。

（二）超薄磨耗层技术特点及适用条件

超薄磨耗层是将间断级配的沥青混合料与乳化沥青相结合的一项技术，是一种具有较大构造深度、抗滑性能好的磨耗层，适用于路面较平整、辙槽深度小于 10mm，无结构性破坏的公路；也适用于新建公路的磨耗层。按照施工工艺，超薄磨耗层可分为同步施工超薄磨耗层和分步施工超薄磨耗层。同步施工是指乳化沥青洒布与沥青混合料摊铺同步进行，分布施工是乳化沥青洒布与沥青混合料摊铺分步进行。在这里，施工中的乳化沥青不单单起到连接表面层与下承层的作用，更重要的是乳化沥青可以部分进入上部沥青混合料当中，起到封层作用。沥青混合料在摊铺后，压路机紧随其后快速碾压，在短时间内即可开放交通。

1. 技术特点

超薄磨耗层一般铺筑厚度为 15 ~ 25mm，不仅能修补表面破损，而且能够有效提高路面表面的摩擦力，具有表面抗滑性能好、减少雨天水雾及路面水膜、低噪声、施工速度快、开放交通快等特点，预估寿命为 7 ~ 10 年，既可用于道路养护中的路面加铺，也可用于新建道路。

与其他养护措施相比，超薄磨耗层具有以下优点：

（1）施工时间短，大幅减少施工对交通的影响。超薄磨耗层设计时不会对原有路面设计产生影响，施工时原路面一般不需铣刨，摊铺速度快，一次成型，摊铺后最快 20min 可开放交通，并且可在夜间施工。

（2）保护路基，具有超强的黏结性能。改性乳化沥青封层形成一道防水层，能有效封闭路表水渗入基层，保护路基免受水破坏，并与改性沥青热罩面实现超强黏结，防止路面松散。

（3）间断级配混合料结构，可以充分保障路面安全性能。采用间断级配混合料结构，表面层比较粗糙，具有高摩擦系数和高排水能力，从而减少雨天行车水雾，确保路面行驶安全。

（4）理想的经济效益。采用超薄磨耗层处治的路面具有出色的抗老化性能和抗变形能力，其成本比传统路面铣刨加铺罩面4cm的单价低30%。而且据国外使用经验，优良的超薄磨耗使用寿命长达8~10年，具有很好的全寿命周期效益。

2. 使用条件

各种道路中均可以使用超薄磨耗层对路面进行功能性恢复。功能性恢复包括改善路面的平整度、抗滑能力，通过增加少量或不额外增加路面的承载力以恢复路面功能。因此，超薄磨耗层适用于要求具有较长使用寿命且路面噪声较低的城市重交通道路。除此之外，还应满足如下条件：

（1）原路面具有足够的强度和刚度，具有良好的稳定性，基础较好。

（2）可见的路面损坏包括中等及严重的松散问题，伴有轻微的纵向和横向裂缝。在必要的情况下，需要进行中等程度的修复工作。

（3）如果路面出现严重的病害，建议在罩面之前对路面进行铣刨。

3. 适用范围

超薄磨耗层在高等级沥青或水泥路面的预防性养护和轻微、中等病害的矫正性养护中有广泛的应用，同时也可以用于新建道路的表面磨耗层和需要快速开放交通的道路施工项目。超薄磨耗层具有延长路面寿命、改善行驶质量、校正表面缺陷、增加路面抗滑能力、提高道路安全性能、改善表面排水和降低噪声等功能，通常用于下列路况条件下的维修工作：

（1）出现龟裂、网裂、脱皮、露骨、渗水的高等级路面。

（2）路基强度满足要求，路面变形不大的路面。

（3）路面光滑，摩擦系数不够或路面纹理深度不足，需要改善行驶质量的路面。

（4）路基完好的超期服役的高等级沥青路面。

（5）行驶过程中路面噪声过大，需要减少路面轮胎噪声的特殊路面。

（6）路表面横向排水不畅，需改善表面排水的路面。

（三）超薄磨耗层混合料设计

1. 材料选择

超薄磨耗层所用的沥青混合料是一种小粒径、多碎石型混合料，主要用于沥青路面表面磨耗层，为高等级公路路面表层提供具有较好耐久性的微观构造。这种微观构造需要从两个方面来保证，首先是选用良好的沥青混合料级配类型和沥青结合料，防止路面行车过程中沥青胶浆的上浮甚至泛油；其次是选用耐磨性能良好的硬质粗集料。

（1）沥青。由于超薄磨耗层路面具有较大的空隙，与一般的沥青混合料相比，易受日光、空气、水等的影响，因此要求使用的沥青对集料有持久的包裹力、高黏附性，同时还要有较强的抗剥离性，能以较厚的薄膜包裹集料等各种性能。

根据超薄磨耗层沥青混合料的使用要求，在选择沥青时应注意以下几点：

① 黏附性大（高韧性、高抗拉强度）。为保证混合料的稳定性，应将集料强力黏结，即要求有高的包裹力黏附性；同时对集料的高黏附性可以有效防止由于雨水浸透而产生的剥离，保证耐水性。

② 耐候性强。由于混合料空隙率大，易受日光、空气等因素影响，为防止老化，包裹集料的沥青薄膜要有足够的厚度，因此需要使用能形成厚沥青膜的高黏度沥青。

③ 软化点较高。在重交通道路上应用时，混合料应具有较高的抗车辙能力，因此需要

使用软化点及 60℃ 黏度较高的沥青。

超薄磨耗层是一种新型的路面养护技术，国内对其组成材料的选择还没有一个规范性的标准。国内南雪峰等经过试验研究提出了超薄磨耗层组成材料的参考技术指标。

（2）集料。超薄磨耗层的厚度决定其集料的最大公称粒径不宜过大，一般为 9.5mm 或 13.2mm。由于其采用间断级配沥青混合料，且作为抗滑表层，所以粗集料的用量很大，其品质直接影响到沥青混合料的路用性能。因此，超薄磨耗层路面对粗集料的压碎值要求较高，最好采用玄武岩(也可采用辉绿岩)，尽量避免采用花岗岩和石灰岩。粗集料应均匀、洁净、干燥、无风化、无杂质，并且有足够的强度、耐磨耗性、抗冻性、耐腐蚀性、抗冲击性、耐磨光性、抗破碎性以及与沥青良好的黏附性，且必须严格控制粗集料的扁平颗粒含量。须选用反击式或锤式破碎机加工的碎石，不得采用颚式破碎单机加工的碎石，且不允许使用破碎砾石作为粗集料。超薄磨耗层用细集料必须采用机制砂，可以是石灰岩或玄武岩。机制砂为坚硬岩石反复破碎而成，具有良好的棱角性和嵌挤能力，有利于提高混合料的高温稳定性。超薄磨耗层不允许采用天然砂。

（3）矿粉。矿粉在沥青混合料中的作用至关重要，只有当沥青吸附在矿粉表面形成薄膜时，才能对集料产生黏附作用。因此，超薄磨耗层对矿粉的要求很高，一般采用石灰石矿粉，亲水系数小于，与沥青有良好的黏附性，矿粉中小于 0.075mm 的部分应大于 85%，矿粉必须存放在室内干燥的地方，使用时要保持干燥不成团，其质量应符合现行规范关于沥青混凝土面层矿粉质量技术要求。

在超薄磨耗层的沥青混合料中，矿粉的用量最好不应超过有效沥青含量的 1.2 倍，过大的粉胶比不仅会给混合料的拌和带来很大困难，而且还会对其性能产生负面影响。

2. 混合料设计

超薄磨耗层厚度比较薄，混合料粒径比较小，但同时又要求有较好的构造深度和抗滑性能，目前常用的细粒式和砂粒式密实级配混合料难以满足超薄磨耗层的要求，主要是构造深度不够，因此超薄磨耗层混合料级配需要专门研究。超薄磨耗层沥青混合料设计与普通沥青混合料设计相同，混合料的最佳沥青用量采用马歇尔击实试验的空隙率确定。

超薄磨耗层沥青混合料需要满足下列设计指标，经检验合格的沥青用量就可以最终确定为最佳沥青用量：

（1）高温稳定性指标。混合料的高温稳定性指标采用动稳定度和相对变形双重指标。动稳定度按现行规范的试验方法测定计算，相对变形为荷载连续作用 10000 次后测定混合料的变形深度与混合料试件高度的比值。

（2）水稳定性指标。混合料水稳性的指标有残留稳定度和冻融劈裂强度比，根据混合料使用场合的不同，可以对水稳性指标提出不同的技术要求。

（3）抗滑性指标。超薄磨耗层由于用作表面层，因此对抗滑性能要求较高。目前，国内主要使用构造深度进行控制；实际使用中可以借鉴国外经验，引入混合料抗滑性能耐久性指标，即混合料成型后进行车辙试验，连续作用 10000 次后测定轮迹带上的构造深度，并与车辙试验前的构造深度相比。这个比值作为构造深度耐久性指标，要求该比值大于 50%。

（4）其他指标。超薄磨耗层使用的开级配沥青混合料(如 OGFC10 和 PAC20)与密级配沥青混合料设计指标不同，除了马歇尔击实试验确定空隙率外，还应进行析漏试验、飞散试验和进水条件下的飞散试验。

四、其他罩面

（一）开普封层

开普封层是碎石封层系统(Chip Seal)与稀浆封层系统(Slurry Seal)的结合，这种结构首先在南非的开普敦使用，因此称为开普封层(Cape Seal)，多用于中、低等级公路面层或养护工程。这种封层技术价格低廉、性能优良，在国外的发展非常迅速，是一种非常有效的路面养护、维修和重建技术。随着路面技术的发展，表面层引入了微表处系统，结合层使用橡胶沥青材质，这些技术进步使得开普封层结构得到不断的改良。

1. 技术特点及适用条件

开普封层下层采用碎石封层结构(厚度1.0~1.2cm)，起防水黏结作用，并能延缓反射裂缝的出现；上层采用微表处(厚度0.8~1.3cm)，既有良好的抗滑性能又有良好的平整度。

（1）开普封层的特点。

① 开普封层可治愈裂缝，能提供比单层碎石封层更为平整的路面，具有比微表处更高的耐久性。开普封层采用了连续级配石料和柔性沥青结合料，因此其路用性能、表观效果、行车舒适性、安全性等方面都优于一般封层路面。

② 保护基层，避免水损害。在开普封层体系中，透层乳化沥青、碎石封层和微表处均能有效防止渗水。

③ 施工受气候的影响小。在温度适应性方面，开普封层技术可以在一年四季中的任何时候进行，不受气温的影响。在天气状况影响下，由于开普封层体系中采用的高性能改性阳离子乳化沥青能有效地与潮湿的石料相结合，可保证具有良好的黏结强度，因此开普封层技术可在雨后立即施工，不必等到石料完全晒干而延长施工周期。

④ 施工速度快，交通干扰小。开普封层整个施工全部由专用摊铺设备完成，因而节省了大量的人力、物力和工作时间，提高了工作效率；开普封层不需碾压，故而简化了施工工艺，是一种精确而便捷的路面铺筑方式。

⑤ 维修养护操作简易。开普封层技术的另一重要优势就在于其简易的冷拌养护方式。针对大面积的修补，需将原有破损的基层进行认真处理，然后采用高度机械化的摊铺方式进行修补；针对小面积的坑洞修补更可采用人工拌料摊铺，施工方便，维护简单。

⑥ 性价比高。开普封层比直接铺装4cm沥青混凝土路面的使用寿命要长，其路用性能、表观效果、行车舒适性、安全性等方面可以与一般4cm的密级配沥青混凝土路面相媲美，造价却只有其2/3。

⑦ 使公路过渡沉降，适于分期修建。开普封层是柔性薄层路面，能适应路基的轻微过渡性沉降，可延长道路使用寿命。

（2）开普封层的作用机理。

1）高强微表处体系。①高强微表处使用的是优质改性乳化沥青与高强耐磨的石料，具有良好的抗滑耐磨耗作用，路用性能优良，作为路面抗滑磨耗层使用，道路寿命自然相应延长。②高强微表处混合料使用较高的油石比和较多的细集料，因此其空隙率很小，作为上封层，雨水难于下渗破坏基层，增强了基层的耐久性。③高强微表处可为路面提供一个平整抗滑的表面，对美化道路路面表观、增强表观构造深度、提高行车安全性与舒适性效果明显。④高强微表处体系能有效增强路面结构的内聚力，防止石料脱落，提高行车安全性，减少交通事故发生。

2）结合层。①透层乳化沥青和橡胶沥青结合层能进一步防止渗水。乳化沥青的颗粒越细，沥青与石料的接触点越多，对石料的裹覆性越好，在整个混合料中分布也越均匀，使混合料抗水损害的能力越好。②足够厚度的胎体橡胶沥青能延缓路面的反射裂缝。开普封层的胎体橡胶沥青结合层厚度达到了1~3mm，这个厚度的沥青层能有效地吸收路面水平位移的应力，有着良好的形变能力，同时能牢牢黏结下面层与基层顶面，防止出现脱层、推移等病害。③碎石封层中的大集料具有比较好的抗滑性和承载性能。采用碎石封层为主受力结构的开普封层能适应重载交通要求的道路，提高路面抗滑性能。

（3）使用条件。开普封层主要起防水、防滑、耐磨和改善路表外观的作用，能作为路表保护层和磨耗层，而不起承重性的结构作用。为确保施工后的路面质量，开普封层应满足以下条件：

1）具有足够的强度和刚度。原路面及其基层是承重层，应能承受荷载的作用，在重复荷载作用下，不会产生残余变形，也不允许产生剪切和弯拉破坏。

2）具有良好的整体稳定性。开普封层施工后，对路面的稳定性改善很小，且稀浆封层和微表处几乎不具有结构抗应变能力。

3）表面平整、密实、清洁。由于稀浆封层和微表处的厚度和施工方法所限，仅通过它就能达到相当高的平整度是不可能的，应根据《公路沥青路面养护技术规范》的要求进行修补。原路面是否清洁关系到稀浆封层和微表处能否与原路面黏结在一起，所以必保证原路面的清洁。

（4）适用范围。在我国，开普封层主要用于县乡公路及乡村道路；在南非和美国，成熟的开普封层工艺还应用于以下方面：

1）主干道公路。开普封层采用碎石封层或者橡胶沥青碎石封层作为下面层时，可适用于高等级公路。

2）住宅区街道。开普封层在原住宅区道路基层上应用能够使道路的使用寿命延长8~12年。

（二）雾封层与还原剂封层

雾封层和还原剂封层是一种有效的道路预防性养护方法。它是直接在道路表面喷洒或涂刷一层乳化沥青或专门的再生剂，为道路迅速地提供一个黑色的表面。其目的是更新和还原表面已氧化的沥青膜。当路面出现轻微至中等程度的松散和氧化现象时，就应该采用雾封层和还原剂封层进行处理。

1. 技术特点及适用条件

雾封层有隔水、防渗、恢复路表颜色等保护路面的功能；而还原剂封层主要是更新和还原已老化的沥青，保护尚未老化的沥青，使其维持原有性能减缓老化时间。还原剂封层可分为：TL-2000聚合路面强化剂、沥青再生Rejuva SealTM魁道沥青复原剂CAP、ERA-C型沥青再生剂、STAR-SEAL Supreme封涂层等。

雾封层和还原剂封层的特性如下：

(1) 雾封层与还原剂封层的特点。

1) 雾封层与还原剂封层可以封闭道路表面的空隙以及微裂缝，防止水分和空气进入路面结构中而引起路面结构的破坏，对3mm以下的裂缝有自动愈合的作用。

2) 雾封层与还原剂封层能稳住道路表面松散的集料以防止其进一步的松散，可以保护或修复路面因老化所损失的黏结料，减少路面的老化和风化作用。

3) 雾封层与还原剂封层能延迟路面其他病害的出现，维持路面的使用功能，延长道路的使用寿命。

(2) 适用范围。只有在沥青路面具有足够的渗透能力，能够吸收充足的乳化沥青的条件下，才可以使用雾封层与还原剂封层技术。雾封层适用于乳化沥青能够渗透的路面，在老化和松散的热沥青混合料路面、碎石封层表面、开级配或大空隙沥青路面上实施雾封层都是可行的。大交通量或低交通量道路维修养护都可以采用雾封层与还原剂封层。在重交通道路中，雾封层与还原剂封层主要用于防止开级配抗滑表层的松散，同时能够显著划分主车道和路肩。这种方法对于选择适当的养护时机非常重要，如果养护时间偏后，病害发展严重，雾封层与还原剂封层的使用效果就会大大降低。

可以采用雾封层与还原剂封层技术处治的路面病害有：①路表贫油、细颗粒脱落等病害的路段。②轻微纵向、横向或块状裂缝的路面。雾封层在路面产生坑洞、基础出现破坏及其他一些严重的病害情况下是不适用的，也不适合路面摩擦系数较低的路段；在交通繁忙的道路中，雾封层与还原剂封层的应用有所限制，这主要是因为雾封层与还原剂封层可能会降低路面的抗滑性能。

(3) 限制条件。为了更有效地使用雾封层，喷洒后必须形成足够的沥青膜(黏结物必须在开放交通之前结合形成一种连续的膜体系)。在低温时，由于稀释物黏性很低，很难形成沥青膜，所以，温暖无雨的条件是雾封层成功应用的保证。雾封层与还原剂封层不能在大气温度低于10℃和路面温度低于15℃的条件下使用。在乳化沥青没有充分养生前，严禁开放交通。在合适的条件下，养生仅仅需要2~3h。在车辆磨耗路表面部分沥青之前，车速不可过高。

2. 配比设计

雾封层的主要原材料为乳化沥青、水、胶乳和成膜剂，另外可根据需要加入一定量的添加剂。

(1) 材料选择。

1) 乳化沥青。雾封层所用的乳化沥青必须为阳离子类型，对乳化沥青的破乳速度没有严格的要求，但一般建议采用快裂型。较之普通道路用乳化沥青，雾封层用乳化沥青要求乳液的粒度更细，建议采用0.6mm的筛孔对乳液的筛上剩余量进行检测。

2) 水。雾封层对水的要求很高，水质量的好坏将会对雾封层质量产生很大的影响。雾封层所采用的水必须达到饮用水标准，水中不得含有不溶性杂质，pH值需控制在6~8左右。

在进行雾封层材料配制前，还应检测水与乳化沥青的相容性。检测方法是：在一个烧杯中(大于1L)将水与少量的乳液混合，搅拌2~3min，然后将溶液通过一个预先湿润的孔径150μm的滤网。如果有质量超过1%的材料留在滤网上，则说明水与乳液不能相容，不相容的水可以采用0.5%~1.0%可相容的乳化剂(一般为与所用乳化沥青同样的乳化剂)进行处理。将乳化剂加入到水中，搅拌10~15min，然后再加入到乳液中去，同时可进行相容性验证试验，以确信它们的相容性。对无法满足相容性试验的水，雾封层不得采用。

3）改性剂。通常采用SBR胶乳进行改性，其作用是改善雾封层材料的高低温性能。雾封层材料中胶乳的掺量较高，一般需在10%以上。

4）成膜剂。成膜剂的作用主要是有利于雾封层的成型以及提高乳液的稳定性和均匀性。雾封层采用的成膜剂一般为醇类。

5）添加剂及还原剂。根据路面实际情况以及工程的特殊要求，可在雾封层材料中掺加少量的添加剂。雾封层常用的添加剂一般有再生剂、缓凝或促凝剂、储存稳定剂以及增黏剂等还原剂，封层常用的还原剂一般有CAP、HAP、ERAC等类型。

（2）混合料设计

1）混合料。将乳化沥青、水、胶乳、成膜剂以及添加剂按比例进行混合，即可制得雾封层混合料。雾封层在使用前，其储存时间最好不要超过24h，以防止产生沉淀。如雾封层产生沉淀，应停止使用。

2）洒布量确定。取一罐(约1L)稀释的乳化沥青并均匀地倒在$1m^2$的面积上，这代表稀释化沥青的洒布量为$1L/m^2$。如果这种乳化沥青在2~3min之内还不能渗入到路表中，则应该降低洒布量，重做上述试验，直到找到一个合适的洒布量为止。若第一次试验之后路表看起来还能吸收更多的乳液，则提高洒布量重复上述试验，直到找到合适的酒布量为止。

第四节　罩面施工方法

一、稀浆封层与微表处施工

（一）施工前准备

1. 路面既有病害的

实践表明，当原路面存在病害时，应对既有病害进行处治。原路面结构强度不足时，应首先进行补强处理；原路面存在裂缝时，首先进行灌、填缝处理。

许多国家的经验表明，对微小裂缝特别是低温裂缝，在裂缝形成初期就用高黏度的密封胶作贴封式处理是非常有效的。它可以防止雨雪渗入裂缝，避免水分侵入混合料内部发生冻胀或沥青剥落，从而防止病害的进一步扩大。根据裂缝的不同形式与严重程度，应采用不同的处理措施。

对于无支缝的轻度顺直裂缝(缝宽≤5mm)，沿裂缝方向用沥青路面裂缝开槽机开凿出宽深度合适的缝槽，确保密封材料与裂缝两侧壁的紧密黏结，用空压机将缝槽中的灰尘、杂物及周边的松动材料清除干净，灌注改性沥青聚合物密封材料。

对于有支缝的重度斜向裂缝(缝宽>5mm)，沿裂缝外轮廓切除10cm深的旧路面层，用2mm厚的高分子抗裂贴进行贴缝，贴缝前涂专用底层油，然后铺筑10cm厚的AC-16改性沥青混凝土。当原路面存在结构性车辙或车辙深度过大时，建议铣刨加铺后再进行封层。

对于连续长度不超过50m、深度小于10mm，行车有较小摆动感觉的车辙，适宜用热再生技术修复。可先将车辙内及其周围的尘土杂物清除，洒水润湿，然后对路面烘烤、耙松，添加适当数量与原路面相同的材料进行拌和、填补，碾压密实即可。

对于连续长度超过 50m 深度在 10~30mm 之间，行车有明显摆动跳动感觉或严重颠簸的车辙，若基层完整，各面层结合良好，应采取铣刨拉毛工艺，将隆起部分铣刨清除后，再洒布沥青再生剂或乳化沥青稀浆封层处理；若基层施工质量差，在重新摊铺面层前应先处理好损坏的基层。

对于面积较大深度较深(>30mm)的车辙，应采用铣刨加铺工艺，即铣刨路面上面层或中上面层甚至全部面层后，重新摊铺面层。

2. 人员配备及分工

稀浆封层和微表处施工质量的好坏，有赖于一支高素质的施工队伍，取决于他们的知识、经验和技巧。施工队的人员基本组成，应包括队长一名、操作手一名、驾驶员四名(稀浆封层机、装载机、油罐车和水罐车驾驶员各一名)、工人若干。其中，队长负责指挥整个施工队伍、制订计划、人员分工、与交通管理部门的联系，熟悉各个技术环节，处理现场出现的突发事件等。操作手控制各料门的高度和开度、稀浆的稠度和均匀性，并指挥驾驶员控制稀浆封层机的摊铺速度等；各驾驶员应根据操作手的指挥行驶，确保工程质量和进度；稀浆混合料摊铺后，应进行人工整平，并对接缝处进行人工处理。

3. 交通管理与控制

一般稀浆封层和微表处施工路段，交通繁忙，来往车辆较多。为保证安全、顺利地进行施工，施工前应和当地交警等交通执法部门协商，确定交通管制方案、交通封闭形式和封闭时间。施工队的交通管制组应在摊铺前 2h 摆放好交通标志，交通标志应醒目；夜间施工时，应采用反光标志。

4. 施工机具的选用

稀浆封层机是稀浆封层和微表处施工的关键设备。根据稀浆封层和微表处施工工艺的要求，稀浆封层机必须具有给料、拌和、摊铺和计量控制等功能。它能将集料、填料、水、乳化沥青及添加剂按一定的比例输送到拌和筒内，经快速搅拌形成流动态的乳化沥青稀浆混合料，然后通过分料器送入摊铺箱内，均匀地摊铺到路面上。

稀浆封层机的种类很多，不同的稀浆封层机所适宜的路面状况也有所不同。拖式稀浆封层机转移速度慢，转弯掉头困难，作业稳定性差，生产效率低，只适用于县乡道路或小型稀浆封层工程；自行式稀浆封层机运输和作业机动性好，可自行转移工地，生产量大，对于坡道和弯道摊铺也能取得良好的质量，是目前国内外稀浆封层机采用的主要结构形式。间断式稀浆封层机是目前国内采用较多的机型，它在一车料摊铺完后需到料场添加各种原材料后才可继续施工；连续式稀浆封层机可以不间断摊铺作业，类似于沥青混凝土摊铺机，可以实现稀浆封层无横向接缝，可以大大提高生产率，特别适合大型稀浆封层和微表处工程。普通稀浆封层机适用于摊铺慢凝慢开放交通型稀浆封层，目前在国内已得到大量普及；改性稀浆封层机可用于摊铺普通稀浆封层、改性稀浆封层和微表处，但目前国内生产和使用技术都不太成熟。

目前，国内稀浆封层机主要有 HD0、Bergkamp210、VSs 等进口机型和徐工、西筑等公司研制的国产机型。它们的技术性能都有所不同，应根据稀浆封层机的性能及工程的具体要求选用机型。

稀浆封层和微表处混合料摊铺后一般不需要压路机碾压。但用于硬路肩、停车场等缺少或者没有行车碾压的场合时，或者为了满足某些特殊需要时，可使用 6~10t 轮胎压路机对已破乳并初步成型的混合料进行碾压。

5. 稀浆封层机的计量标定

稀浆封层机的计量控制系统，在施工前应进行严格的计量标定。标定步骤为：以原材料在不同刻度下的单位时间或单位转数的输出量为依据，绘制各种原材料的标定曲线；根据标定数据和曲线按照混合料配合比设计的各原材料的质量比来确定不同输出量所对应的刻度，在设备上进行设定。稀浆封层机计量系统的标定工作应在以下情况下进行：①新机器第一次使用前。②每年第一次施工前。③原材料或料源发生变化时。④集料级料配比发生变化时。

（二）施工工艺

施工是稀浆封层和微表处工程的关键环节，要求施工人员熟练掌握施工步骤和施工工艺，严密组织、精心施工。一般稀浆封层和微表处主要包括洒布透层/黏层油、放样画线、摊铺、清扫和开放交通五道工序，但每道工序都会对施工质量产生影响。

1. 施工步骤

（1）原路面处理。实行交通管制后，立即进行路面清扫，保持摊铺路面的洁净。原路面上的雨水井盖、检查井盖、桥梁伸缩缝、路缘石等设施应采取适当的保护措施，完工后都应保证不被封盖住。为了使路缘石不被污染，可在其上粘一层不干胶条，施工完后撕掉即可；为了使雨水井盖、检查井盖、桥梁伸缩缝等不被混合料封盖，可先用油毡将其封盖，并在路缘石上做记号，摊铺过后立即将油毡上混合料铲掉，取出油毡并清洗，以备下次使用。

（2）洒布黏层/透层油。一般情况下不需要喷洒黏层油，当沥青路面严重贫油或用于水泥路面时，则应喷洒乳化沥青黏层油。黏层的喷洒最好在施工放样前进行，以免盖住已放好的样线，并且在封层施工前黏层必须完全凝固。

（3）放样画线。根据施工路面的宽度，调节摊铺箱的宽度，使施工幅数为整数，施画导线，作为封层机行驶的导向线和施工幅数分界线。当有路缘石、车道线等作为参照物时，也可不画导线。

（4）稀浆封层机施工。在施工现场，摆正稀浆封层机位置，调整摊铺箱至要求的宽度和拱度，调整机前导向链轮对准走向控制线，初步调整摊铺厚度，确认各材料的输出刻度；将集料、乳化沥青、水和填料等同时按比例进行拌和，同时仔细观察稀浆混合料的稠度，通过调节水量使稀浆混合料达到要求的稠度，当稀浆混合料达到摊铺容积的 2/3 时，即可施工；稀浆封层机应按设定的摊铺速度沿导线匀速前进，但必须保证稀浆摊铺量与生产量基本一致，摊铺箱中稀浆混合料的体积为摊铺箱容积的 1/2 左右；当封层机中一种材料用完时，应立即停止摊铺，升起摊铺箱，然后将封层机开出施工地点，用清水冲洗搅拌缸和摊铺箱，装料后继续工作。

由于国内采用的大多都是间断式稀浆封层机，那将不可避免地产生横向接缝；由于稀浆封层机的摊铺宽度有限，那么纵向接缝的产生就在所难免。稀浆封层和微表处的横向接缝应采用对接缝，纵向接缝可采用搭接缝。

（5）修复缺陷与清理废料。在稀浆封层与微表处施工中，手工作业是不可避免的，应由施工经验丰富的人员来操作。手工作业主要有：使用橡胶刮板、拖布、铲子等工具修整侧边线、横向和纵向接缝；修补刮痕、拉伤、漏铺的地方或封层机不能铺到的区域。负责修复施工缺陷的人员应随时观察、检查，做到眼疾手快、耐心细致，严禁踩入未破乳成型的封层。摊铺时留下的废料要及时清除，以免污染环境和影响施工。

(6) 初期养护与开放交通。稀浆封层和微表处施工后，封层有一个破乳成型过程，在此时间内仍应封闭交通，禁止一切车辆、行人通行。养护时间的长短视稀浆混合料中水分的排除情况和黏结力的大小变化而定。稀浆混合料成型的影响因素很多，有气候、材料、机械设备、混合料配比等多方面因素，其中(改性)乳化沥青的性能及混合料配比是影响成型的最关键因素。

稀浆混合料成型完成后，应撤除交通管制标志，不得留下任何障碍，保证交通顺畅。

2. 施工要点与注意事项

施工质量的好坏直接影响稀浆封层和微表处路用性能的好坏。因此，在施工中应注意以下几点：

(1) 预湿水。稀浆混合料摊铺前，应对原路面预先洒水。洒水量以路面湿润为准，不得有积水现象，湿润后应立即施工。原路面为非沥青路面或严重少油的沥青路面时，稀浆混合料摊铺前，宜预先浇洒乳化沥青。浇洒的乳化沥青应采用与将使用的稀浆混合料同离子型的乳化沥青，其沥青用量为0.3~0.6kg/m²。稀浆混合料摊铺前，浇洒的乳化沥青应完全破乳，破乳后立即施工。

(2) 控制油石比。施工准备阶段一定要认真检测矿料的“含水率-单位体积干矿料质量”的关系曲线。稀浆封层和微表处摊铺车采用的是体积计量方式，当矿料含水率发生变化时，矿料的体积也会随着变化，这直接关系到稀浆混合料实际油石比的大小。如果不及时调整摊铺车设定，就会造成稀浆混合料的实际油石比发生显著变化。

(3) 接缝处理。稀浆封层的横向接缝应做成对接接缝，施工步骤为：用油毡将前一施工段末端1~3m覆盖，保证油毡末端与材料层边缘平齐；摊铺车后退，使摊铺槽后缘落在油毡上；启动摊铺车开始摊铺；将油毡连同上面的混合料取走，倒入废料车中；清洗油毡，以备下次使用。

稀浆封层的纵向接缝应做成搭接接缝。为了保证接缝的平整，搭接宽度不宜过大。

纵向接缝的位置直接影响路表的美观，如果能够将纵向接缝设在车道上，将会最大程度地减少接缝对路表美观的影响。但是这将对车道线的画线造成一定的困难，特别是接缝处的不平整和粗糙表面会影响车道线的质量，因此建议将纵向接缝放在车道线一侧3~5cm的地方，这样既不会显著影响路表的美观，同时又不影响车道线质量。

(4) 混合料和易性。稀浆混合料在摊铺过程中保持良好的和易性是确保摊铺质量的关键。对于慢裂慢凝型稀浆封层混合料，可在施工过程中用容器接出少量稀浆混合料进行稠度试验，并根据稠度大小适当调整摊铺车的设定或各材料用量；对于快凝型稀浆封层混合料，由于其快凝的性质，从摊铺槽中直接取出混合料后再进行稠度试验，往往来不及完成试验，混合料便已经破乳结团，无法得到混合料的稠度指标，因此，可以采用经验法进行稠度指标检测。

(5) 初期养护。稀浆封层摊铺后，由于稀浆混合料含水率较大，需经过破乳、分离、析水、蒸发、固化成型的过程，因此，在这段时间(3~4h)内应暂时封闭交通，严禁一切车辆和行人通行；对平交道口，可采取撒一层干料来维持交通，待固化成型后再将石屑清扫干净；对漏铺的部位，应及时用同种稀浆混合料修补；稀浆封层不用压实机械碾压，通车后交通车辆自然压实即可，特殊情况下，可采用轮重 4.5t 以下胶轮压路机压实，压实应在混合料初凝后进行；混合料黏结力达到 200N · cm 时，初期养护结束。

开放交通后的 1~2 天内，因封层早期强度不足，稳定性差，仍需设立标志牌，限速行驶，禁止紧急制动，防止搓破路面；对于路面积水应及时排除、晾干，以增加新老结构层的结合。

（6）特殊路段施工。

1）纵坡路段施工：沿上坡方向施工时，摊铺槽中的混合料在重力作用下向槽后缘聚集，因此摊铺厚度会变大；反之，沿下坡方向摊铺时的厚度会变小。坡度越大，这种现象也就越明显。因此，在长大纵坡路段施工时，应注意调节摊铺厚度。

2）交叉口处施工：当稀浆混合料施工中经过交叉口时，必须暂时封闭交通，为了避免对交通的影响过大，一般要求尽量采用快凝型稀浆封层。在混合料接近成型且必须开放交通时，可以考虑在交叉口处的封层表面撒布一薄层石屑，以防止过往车辆将混合料粘走。

3）桥梁伸缩缝处施工：当施工路段中有桥面时，可以直接施工，桥面上的接缝没有必要做任何处理。稀浆混合料进入到接缝中，在行车作用和桥梁伸缩的作用下会很快沿伸缩缝边界脱落，不影响桥梁伸缩缝的作用和桥面的美观。

（7）施工中出现的问题及解决办法。由于稀浆混合料的特殊施工状态，施工过程中出现的问题往往比热拌沥青混合料多，而且这些问题往往影响到成型后混合料的使用性能，甚至可能导致施工无法顺利进行。常见的问题如下：

1）混合料可拌和时间太短。为保证稀浆封层和微表处的顺利摊铺，稀浆封层和微表处混合料必须有充足的可拌和时间。当施工过程中出现摊铺时间不足，施工困难时，一般可以采用以下方法解决：

① 掺加缓破剂。如从摊铺车的添加剂罐中掺加硫酸铝、乳化剂、水溶剂；但应注意添加缓破剂的种类和剂量须根据室内试验确定，而不能照搬其他工程的“经验”。对不同的混合料体系，各种添加剂的作用是不同的。对于某种混合料起缓破作用的添加剂，对于另一种混合料可能不起作用或者起反作用。②改变填料品种或剂量。根据室内试验结果，适当调节添加剂剂量，达到延缓破乳的目的。一般情况下，消石灰的缓破作用要强于水泥。③喷洒预湿水。当路面温度过高时，往往会造成混合料的摊铺困难，这时可将摊铺车上的预湿水开关打开，使稀浆封层和微表处摊铺到路面前的短时间内将路表温度降低。④避开每天的高温时间。选择在早上和下午气温相对较低的环境下施工。⑤加快摊铺速度或减少混合料输出量。通过这种办法可以减少混合料在摊铺槽中的体积比率，避免摊铺槽中搅拌器无法搅拌到的混合料很快破乳并影响整个摊铺槽中混合料的稳定。⑥调整乳化沥青配方。如增大乳化剂剂量、提高皂液 pH 值等。

2）摊铺层表面出现划痕。稀浆封层和微表处表面出现划痕，主要是由于超粒径颗粒存在或摊铺槽中有材料破乳结团，也可能是摊铺槽的橡胶刮板不清洁。

解决办法：集料应堆放在经过硬化的干净地面上，且超粒径部分必须筛除干净，装料时应注意防止大颗粒混入摊铺车料斗中；施工时由施工人员用铁锹将偶尔混入的超大颗粒挑除再平；每车摊铺完毕后，施工人员应及时将摊铺槽内壁清洗干净，同时用铁铲把橡胶刮板上的残留混合料刮除。

3）摊铺不均匀。混合料的成浆状态不好（稀浆混合料太稀或者太稠）及原路面的车辙深度过大，都会导致粗细集料分离，从而造成摊铺不均。

解决办法：严格控制混合料成浆状态，让操作人员不断变化拌和器出料口的出料方向，使稀浆混合料在摊铺槽中分布均匀，让施工人员根据路面状况和摊铺效果对摊铺厚度进行及时调节。

4）摊铺厚度不够。这是施工开始阶段最容易出现的问题，因混合料的可操作时间太短，操作人员就加大用水造成混合料成浆状态太稀，致使摊铺厚度偏小；其次就是摊铺槽的厚度调节不合适；另外我国稀浆封层和微表处施工的造价计算方式是以施工面积为依据，因此施工方也希望摊铺厚度小一些。

解决办法：不能过分依靠加大用水量来控制混合料的可操作时间，当可操作时间不足时，应当从混合料设计和乳化沥青的配方及添加剂的选择上来考虑；让有经验的施工人员来调节摊铺槽的厚度；同时加大监督的力度。

5）表面泛油。稀浆封层和微表处混合料施工完成后出现泛油现象，可能是由于摊铺机标定不够准确或集料过于潮湿而导致摊铺时的实际用油量大于设计量；也可能是施工过程中用水量太大，在微表处表面形成一层油膜，造成假泛油，而下面的集料可能只裹覆了很少的沥青。

解决办法：出现这种情况，首先应该检查摊铺机的标定是否准确，检查各材料计量器读数是否准确，然后就是尽量减少用水量。

6）接缝粗糙不美观。稀浆封层和微表处的摊铺宽度在2.4~4.4m之间，路面全幅摊铺稀浆封层和微表处时，不可避免地出现相邻两幅的搭接；每一辆摊铺车的集料仓容积为8m^3左右，如果以3m宽度摊铺，一车料最多只够摊铺300~400m（视摊铺厚度略有不同），因此，会存在横向接缝。这些接缝如处理得当，一般不会明显影响美观，特别是在通车一段时间以后，接缝逐渐不明显；但是如果处理不好的话，会显著影响美观。

常见的问题有：纵向边界不直，这往往是由于施工过程中稀浆封层和微表处混合料的稠度过稀、跑浆严重造成的；还有的是因为摊铺车摊铺速度太快，导致摊铺槽中缺料而形成的纵向边界严重缺陷。两幅的纵向搭接过高，相邻两幅一般都有8cm以内的纵向搭接，因此搭接部分必然要高出周围部分。为了尽量使纵向接缝处与周围平滑连接，施工时可由专门人员站在摊铺车上，用铁锹等工具将搭接部分抹平、抹薄；同时可适当调低摊铺槽搭接一侧的高度，使搭接处混合料的摊铺厚度变小。

（三）质量控制

施工前必须提供混合料的试验报告，在确认材料没有发生变化和符合要求后，方可施工。施工中应对稀浆混合料性能进行抽样检测。施工后应对路面表观质量（表观效果、横向接缝、纵向接缝、边线等）、抗滑性能（摆值、构造深度）、其他（渗水系数、厚度等）进行检测。

1. 施工监控

（1）乳化沥青。每批或每一罐车乳化沥青按照《公路沥青路面施工技术规范》（JTG F40—2004）或《微表处和稀浆封层技术指南》所列检验项目，根据《公路工程沥青及沥青混合料试验规程》（JTJ E20—2011）检测其技术指标。主要检查项目有蒸发残留物含量、蒸发残留物性质（针入度、5℃延度、软化点）、恩格拉黏度。每次取样试验的分析结果，应及时提交监理工程师审查。

（2）集料。每批或每 1000t 集料进场均应按《公路沥青路面施工技术规范》（JTG F40—2004）所示技术指标进行取样检验，主要检验矿料的级配、砂当量和含水率。

矿料应质地坚硬、干燥、洁净、无泥土和有机质，砂当量应大于 65%，并应符合新选稀浆封层和微表处结构的级配要求。在施工中应严格按照配合比并保证拌和充分均匀。摊铺过程中用容器在摊铺车集料出口接一定量的集料进行级配筛分检验，如实际级配超出设计配合比的允许误差范围，应立即停止摊铺，重新进行配料。由于稀浆封层和微表处的配比最终是以体积计量的，所以每项材料的体积计量必须准确，而细集料的体积计量受含水率的影响很大，必须预先对其含水率进行测定，以便及时调整摊铺车集料仓的设定。当料源发生变化时应重新进行全面检查。每次取样的分析结果，应及时提交监理工程师审查。

（3）稀浆混合料。稀浆封层和微表处施工中应对稀浆混合料进行抽样检测。

（4）稠度。良好的稀浆封层和微表处摊铺要求混合料具有合适的稠度。较为理想的稀浆混合料含水率，一般应是干集料质量的 6%～11%。当含水率低于 6%时，混合料太稠，不便于摊铺均匀，与原路面的黏结也不会牢固；当含水率高于 11%时，混合料太稀，会造成跑浆，不利于保证纵向接缝的顺直性，同时会使细集料上浮，粗集料下沉，而造成离析，对稀浆封层和微表处的路用性能不利。因此，慎重地控制用水量是保证稀浆封层和微表处混合料质量的关键。一般控制含水率在 9%左右，并根据集料与拌和等具体情况适当调整。微表处混合料的可拌和时间只有 2min 左右，无法像普通稀浆封层材料一样进行稠度试验，故只能依靠经验来判断其稠度是否合适。

迎着太阳照射的方向观察刚刚摊铺的材料层，如果表面有大面积的反光带，说明混合料用水量偏大，稠度偏稀；如果刚刚摊铺出的材料层干涩，没有反光，说明混合料偏稠；如果刚刚摊铺出的材料层对日光呈现漫反射，说明稠度适宜。

（5）摊铺厚度。合适的摊铺厚度是稀浆封层和微表处路用性能的保证，它也直接关系到工程的建设成本。稀浆混合料的摊铺厚度应是集料最大粒径的 0.95～1.25 倍左右。厚度检验时必须对每一车所铺设的开始、中间和结束处的断面进行检验，断面的检测位置为两侧和中间各一点，工具用钢尺即可。

（6）车辙修补。普通稀浆封层修补车辙的效果十分有限，而微表处修补车辙则非常有效。然而微表处对车辙的修复效果只能维持在一段时间内，时间的长短将视车辙起因的严重程度而定。为此，ISSA 微表处技术指南规定，对于有车辙的路面，每摊铺 1in（25mm）厚的稀浆混合料，施工时的摊铺厚度应增加 3.2～6.4mm。

深度超过 12.7mm 的车辙要用微表处车辙摊铺箱单独修补。单层修补车辙的深度不宜超过 39mm，超过 39mm 的车辙应采用多层修补方法。在修补车辙时，应时时调节摊铺速度以便保证摊铺箱内有足够的混合料。

（7）开放交通。目前尚无现场试验方法来准确确定开放交通时间，通常根据黏聚力试验和经验法确定。经验法也就是通常所说的“鞋迹试验”：将人的全身质量置于一只鞋的跟部和底部，站在封层上 2s，当离开封层表面时没有集料被带出或黏附在鞋上，则可认为开放交通一般不会给路面带来明显损伤。

当一些路段必须提前开放交通时，可采取撒砂保护的方法：稀浆混合料破乳后，在需要开放交通的路段上撒一层薄砂保护路面，同时，严禁紧急制动和急转弯，将避免粘轮和路面破坏现象的发生。

2. 质量检测

工程完工后 1~2 个月时，将施工全线以 1~3km 作为一个评价路段进行质量检查和验收。

检测结果应符合《公路沥青路面施工技术规范》(JTG F40—2004)和《微表处和稀浆封层技术指南》的要求。

(1) 外观检测。外观检测的标准是，不得有过量的拉伤、刮痕、脱落、松散等缺陷。容许的外观缺陷标准是，每一抽样检查段内宽≥12mm、长≥150mm 的缺陷数≤8 个；任何宽≥25mm、长≥100mm 的缺陷是不允许的，即 25mm×100mm 的缺陷数为 0。

(2) 横向接缝检测。稀浆封层和微表处正常施工时摊铺一个车道 400m 以上才产生一条横向接缝。横向接缝不多，因此交工验收时每条横向接缝都要检测。横向接缝应整齐、平顺和均匀，没有过量的凸起、未覆盖、补丁等。

(3) 纵向接缝检测。纵向接缝应整齐、平顺和均匀，没有过量的凸起、补丁等。检测标准为：搭接宽度<80mm，不平整度<6mm。

(4) 边线检测。边线应与道路的车道线、路缘石的延伸方向一致，线形均匀、整齐、平顺，每 30m 长度范围内的水平波动不得超过±50mm。

(5) 抗滑性能检测。当稀浆封层和微表处作为路面的磨耗层时，竣工后的稀浆封层和表处表面应恢复或提高原路面的抗滑性能。抗滑性能检测和验收应按不同公路等级的要求进行。检测按车道进行，以 1km 为一检查段，每个检查段测 5 个点，即每公里随机选择 5 段“30m(长)×车道(宽)”的区域为抽样检查段。当稀浆封层作为下封层时，不检测其抗滑性能。

(6) 防水性能检测。稀浆封层和微表处的一个主要功能是对路面的防水作用，尤其是稀浆封层作为下封层时，要求其完全不渗水。检测按车道进行，以 1km 为一检查段，每个检查段用面渗水仪测 5 个点并记录测量结果。

(7) 厚度检测。稀浆封层和微表处的厚度是确保其路用性能的一个重要指标。稀浆封层和微表处成型厚度的检测一般采用目测法和钻孔取样法。检测标准是成型厚度在设计厚度的 10%范围内，检测频率为 5 个点/km。

国内应用了微表处的高速公路有四川内宜高速公路、山西太旧高速公路、京沪高速公路天津段、沪杭高速公路上海段、沪嘉高速公路上海段、沪宁高速公路、成渝高速公路重庆段、沈哈高速公路辽宁铁岭段、京石高速公路河北段、石太高速公路河北段、沪杭高速公路。

二、同步碎石封层施工

目前，国内外碎石封层技术主要有同步碎石封层和异步碎石封层。同步碎石封层铺筑的路面性能明显优于异步碎石封层铺筑的路面。所以本部分主要阐述同步碎石封层的施工及其相关工序。

(一) 准备工作

1. 原路面既有病害的处治

碎石封层施工前，应对原路面坑槽、车辙、沉陷、大裂缝等既有病害进行处治；同时确保原路面上方的净空不低于6.4m，以满足碎石封层车料斗卸料时的工作高度。

2. 人员配备及分工

沥青碎石封层施工质量的好坏，有赖于一支高素质的施工队伍，取决于他们的知识、经验和技巧。施工队的人员基本组成应包括队长1人，驾驶员1名，操作手2名，路面清扫工若干。

3. 交通管理与控制

刚施工完的沥青碎石封层需有一段养护成型期。在路面达到一定强度前，应严禁车辆和行人进入；待路面达到一定强度后，才允许车辆通行，但是车辆应限速为40km/h。交通管制对沥青碎石封层的性能非常重要，因此应采取足够的交通管制措施。①施工前必须与当地交通管理部门取得联系，并共同制订交通管制方案。②必须保证施工后有足够的养护成型时间。③采取措施尽可能减少施工对交通的影响。④最大可能使用快速开放交通的沥青碎石封层材料。⑤交通标志应醒目。

4. 沥青洒布参数的确定

同步碎石封层车施工时，相当于乳化沥青和碎石单独洒布。对于乳化沥青的洒布，其主要参数有分层洒布量和洒布路段的长度。

（1）分层洒布量的确定。同步碎石封层车分层洒布乳化沥青时，先确定每层的洒布量。单位面积的沥青洒布量与洒布机的行驶速度、洒布宽度以及沥青泵的生产率有关。其公式为：

$$Q_b = qvB$$

式中　Q——沥青泵的生产率，kg/min；

q——单位面积洒布量，kg/m^2；

v——洒布机的行驶速度，m/min；

B——洒布宽度，m。

根据沥青泵的生产率、洒布宽度可以确定洒布机的行驶速度。确定速度后，将洒布宽度的各种控制阀由洒布手控制，驾驶员按设计的速度行驶，即可保证达到适宜的洒布量。确定洒布量后，应进一步确定每一罐的洒布路段长度。

（2）每次洒布路段长度的确定。为了便于施工，当沥青洒布量确定后，应进一步确定每一罐料能洒布路段的长度，即：

$$L = \frac{KV}{qB}$$

式中　L——洒布路段长度，m；

K——两洒布带重叠系数(0.9~0.95)；

V——洒布机储料箱容积，kg；

q——单位面积洒布量，kg/m^2；

B——洒布宽度，m。

5. 施工机具的选用

（1）同步碎石封层车的选用。同步沥青碎石封层车是整个沥青碎石封层施工过程中的主要机械。同步沥青碎石封层机主要功能是将黏结材料(沥青、改性沥青、乳化沥青或改性乳化沥青）和碎石同步洒铺在路面上，通过压路机碾压成型。

不同的工程，其沥青洒布量、洒布宽度、洒布长度、开放交通时间、工程进度要求都有所不同。同步碎石封层车的选用应根据沥青洒布量、洒布宽度和洒布长度、沥青加热时间等因素确定。

(2) 压路机的选用。一般来说，机械化施工程度高，则应选用压实功能大、作业效率高的压路机；机械化施工程度低，则应选用相应功能且经济的压路机。在选用压路机时，还应该考虑压路机与其他配套施工机械生产率之间可以协调工作，由于沥青碎石封层厚度较薄，所以不适合采用振动压路机。通常初压采用胶轮压路机，复压采用钢轮压路机。

(二) 施工工艺

碎石封层的施工十分简便，主要包括沥青洒布、石料撒布、碾压、清扫和开放交通 5 个工序。每个工序都会对施工质量产生影响。用到的机械也比较少，主要机械有同步碎石封层车、沥青保温油罐车、胶轮压路机和钢轮压路机。

1. 碎石封层的施工步骤

(1) 基层的检查。在浇洒乳化沥青同步碎石封层前，应对已喷洒透层的基层顶面进行检查，有破损地方应进行修补；若有其他污染或杂物应进行冲洗或清扫，当用水冲洗时，应等水分蒸发、表面完全干燥后才可进行乳化沥青同步碎石封层的施工。

(2) 同步碎石封层车施工。在施工现场，采用轮式装载机向同步碎石封层车的集料斗装载符合要求的单粒径石灰岩碎石，用沥青高温罐车泵吸乳化沥青（75~80℃左右）到同步碎石封层车沥青储罐内。为防止高温沥青罐车的输油管阀滴漏沥青，应采用铁质容器接收滴漏沥青；将装好料的同步碎石封层车开至施工起点。操作手调整好各个系统的工作参数，然后指挥驾驶员沿预先设置的控制线起步，行驶速度应控制在 2km/h 左右；打开各料门控制开关，使沥青喷出，同时撒布碎石。乳化沥青洒布量的参数设定要按规定的要求设定。设定后，同步碎石封层车的控制系统就会根据车速自动调节沥青流量，使洒布量控制在设定值，误差控制在±(4%~5%)以内。碎石撒布量也应按试验取得的要求值设定。

(3) 初压。初压时压路机应从外侧向中间碾压，相邻碾压带应重叠 1/3~1/2 轮宽。当边缘有挡板、路缘石、路肩等支挡时，应紧靠支挡碾压。胶轮压路机的碾压时间为同步碎石封层车洒布完沥青和碎石后，待乳化沥青刚破乳完成时开始碾压。根据试验测得的乳化沥青破乳时间，用胶轮压路机以 2km/h 的速度碾压两遍，使单粒径碎石嵌入乳化沥青之中且牢固，没必要进行过多碾压。压实完成后，检查压实路面的平整度、路拱；不满足要求时需调整。

(4) 复压。钢轮压路机的压实是在胶轮压路机碾压两遍后，对沥青碎石封层进行进一步的碾压，使其达到预期的强度。碾压速度应高于初压速度，碾压顺序还是从外侧向中间，相邻碾压带应重叠 1/3~1/2 轮宽。

双层沥青碎石封层的施工步骤与单层同步沥青碎石封层的施工步骤一致，只是沥青和碎石的配比及粒径有所不同。

2. 同步碎石封层的施工要点与注意事项

(1) 使用改性沥青作为黏结料时，为保证雾状喷洒而形成均匀、等厚度的沥青膜，必须保证沥青温度在 180~190℃范围内，石料撒布温度不小于 100℃。

（2）由于各个喷油嘴喷出的扇形雾状沥青重叠情况不同而使沥青膜的厚度有所不同，可通过调整喷油嘴高度使得沥青膜厚度适宜。

（3）同步碎石封层车应以适宜的速度行驶，在此前提下石料和黏结料两者的洒布率必须匹配。

（4）沥青洒布→石料撒布→初压→人工修补→复压、终压，各个工序间的距离应分别为≤20m、≤5m、≤10m、≤5m、≤10m。

（5）派专人手拿竹扫帚紧跟同步碎石封层车后边，及时把弹出摊铺宽度（沥青洒布宽度）外的碎石扫到摊铺宽度内，或加装挡板防止碎石弹出摊铺宽度，并将有重叠的个别碎石扫除，不够的地方人工补洒。

（6）碎石封层所用石料没有级配要求，但粒径范围有严格要求，等粒径石料最理想。石料根据加工的难易程度及路面抗滑性能的要求不同分为2～4mm、4～6mm、6～10mm、8～12mm、10～14mm等5档。常用的粒径范围为4～6mm、6～10mm两种，而8～12mm、10～14mm两档主要用于低等级公路过渡型路面的下面层或中面层。

（7）根据路面平整度情况和抗滑性能要求确定石料的粒径范围。一般路面养护进行一次碎石封层即可。在路面平整度较差时可选用适宜粒径的石料作为下封层找平，然后再做上封层。其中，用于下封层的集料粒径应为上封层集料粒径的2倍。

（8）封层前对原路面要进行认真清扫，作业过程中应保证足够数量的胶轮压路机，以便在沥青温度降低之前或乳化沥青破乳后能及时完成碾压定位工序。

（三）质量控制

同步碎石封层施工过程中应随时对所用材料进行原材料试验和进场检验，并且在施工后对路面表观质量（表观效果、横向接缝、纵向接缝、边线等）、抗滑性能（摆值、构造深度）以及渗水系数、厚度等进行检测。

1. 施工监控

（1）乳化沥青。每次取样试验的分析结果，应及时提交监理工程师审查。对现场制作的改性沥青，取样后应立即灌制试样进行试验，不得在冷却后重新加热或用室内改性沥青制作加工后再做试验；同时，基质沥青每批或每100t按照规范所列检验项目，根据《公路工程沥青及沥青混合料试验规程》（JTJ E20—2011）检测其技术指标。每次取样试验的分析结果，应及时提交监理工程师审查。

（2）集料。每批集料进场均应按《公路沥青路面施工技术规范》（JTG F40—2004）所列技术指标进行取样检验。每次取样的分析结果，应及时提交监理工程师审查。

（3）洒布量。乳化沥青同步碎石封层的乳化沥青洒布应均匀，无漏洒和油层过厚现象，且必须对两旁结构物或设施采取覆盖措施，以防污染；乳化沥青同步碎石封层的单粒径碎石撒布应均匀，不重不漏。

2. 质量检测

（1）构造深度检测。施工后对路面按《公路路基路面现场测试规程》（JTG 3450—2019）规定方法进行路面构造深度检测。按照《公路沥青路面设计规范》（JTG D50—2017）中规定，要求沥青碎石封层路面的构造深度$TD \geq 0.55$mm。

（2）渗水系数检测。施工后对路面按《公路隧道施工技术规范》（JTG/T 3660—2020）规定方法进行路面渗水系数检测。《公路工程质量检验评定标准》(JTG F80/1—2017)及《公路沥青路面施工技术规范》(JTG F40—2004)规定：普通沥青路面路表渗水系数不大于300mL/min，SMA沥青路面路表渗水系数不大于200mL/min；建议沥青碎石封层路表渗水系数不大于250mL/min。

(3) 平整度检测。以3m直尺与路面的最大间隙为测定结构，连续测定10尺，判断每个测定值是否合格，根据要求计算合格百分率，并计算10个最大间隙的平均值；或以平整度仪与路面的标准差为测定结构，全线每车道连续测量，每100m计算一次σ或IRI。

根据《公路工程质量检验评定标准》(JTG F80/1—2017)及《公路沥青路面施工技术规范》(JTG F40—2004)的规定，并结合具体情况，建议沥青碎石封层后路面平整度检验评定要求最大间隙$h \leqslant 5$mm，标准差$\sigma \leqslant 2.5$mm。

(4) 压实度检测。施工后对路面按《公路路基路面现场测试规程》(JTG 3450—2019)规定方法进行路面压实度检测。按照《公路沥青路面设计规范》(JTG D50—2017)中的规定，沥青路面压实度应大于95%，则沥青碎石封层路面的压实度也应大于95%。

(5) 摩擦系数检测。施工后对路面按《公路路基路面现场测试规程》(JTG 3450—2019)规定方法进行路面摩擦系数抗滑摆值检测。按照《公路沥青路面设计规范》(JTG D50—2017)中的规定，沥青路面的摩擦系数抗滑摆值$F \geqslant 45$BPN，则沥青碎石封层的摩擦系数抗滑摆值要求$F \geqslant 45$BPN。

三、超薄磨耗层施工

(一) 准备工作

1. 原路面的处治

超薄磨耗层施工前，应对原路面坑槽、车辙、沉陷、裂缝等既有病害进行处治。不同的病害、不同的损坏程度所采取的处治措施也有所不同。

2. 人员配备及分工

超薄磨耗层的施工与一般沥青混凝土路面的施工相似。施工队的人员组成与一般沥青混凝土路面施工队的人员组成基本一致，但人数却只有传统施工的1/10。

3. 交通管制

交通管制对超薄磨耗层的施工和性能非常重要，因此应采取合理的交通管制措施。施工前必须与当地交通管理部门取得联系，并共同制订交通管制方案；应尽可能减少施工对交通的影响；应在摊铺前2h摆放好交通标志。交通标志应醒目，夜间施工时，应采用反光标志。

4. 施工机具的选用

(1) 拌和设备。选择合适的拌和设备对超薄磨耗层沥青混合料的制备至关重要。具体要求如下：①拌和速度和拌和量应与摊铺机和压实机械相适应。②热料仓和冷料仓进料要相匹配，防止待料，尽量减少溢料。③拌和楼应具有先进的计量、控温、计时设备，可以对混合料进行精确的配比和拌和。④储存仓要有自动保温设备，设置恒温保温，尽量减少拌制好的混合料温度损失。

(2) 摊铺设备。沥青路面摊铺机是影响沥青铺筑质量的关键机械。超薄磨耗层沥青路面的施工要选择功能全、性能好、精度高的摊铺机，一般须符合以下要求：①具有自动或半自动方式调节厚度的装置。②具有自动或半自动方式找平的挂线装置及雪橇装置。③具有可加热的振动熨平板或振动夯等初步压实装置。④摊铺机宽度可以调整。⑤具有足够容量的受料斗，使其在运料车换车时能连续摊铺，并有足够的功率推动运料。⑥具有可将混合料横向铺开的自动和手动的螺旋输送器。

(3) 压实机械。压实的效果极大地影响着沥青路面的强度、稳定性、耐久性、平整度和其他外观品质。压实机械的选型在已知摊铺机的生产率、混合料特性、摊铺厚度、摊铺层位、气候特点后确定。超薄磨耗层混合料的空隙较大，粗集料含量较多而细集料含量较少，混合料主要是靠粗集料相互嵌挤形成强度。振动压路机由于其振动产生的冲击力，会使单位线压力大大提高，造成混合料中的粗集料破碎，从而使细集料增多，空隙率下降，因此这种路面不适宜采用振动压路机压实。

另外，超薄磨耗层混合料的拌和、摊铺、压实温度较高，混合料空隙较大，因此温度散失快，如采用轮胎式压路机易出现轮胎痕迹，这种轮痕难以被后续的碾压作业消除；温度较高，还易出现粘轮现象。因此，这种路面压实时也不宜采用轮胎压路机。

综合比较可知，超薄磨耗层混合料压实宜采用压实功较小的机械。根据施工机械现状、气候温度条件、运料车的供料速度及摊铺机的摊铺速度，选择合适的压实机械。

（二）施工工艺

超薄磨耗层施工技术是将专用的间断级配热拌改性沥青混合料薄层同步摊铺在一层专用聚合物改性乳化沥青黏层上。其施工可按一般沥青混凝土路面施工方法进行，主要施工工序有原路面清理、洒布乳化沥青、混合料拌和、混合料运输、混合料摊铺、碾压、初期养护和开放交通，每个工序都会对施工质量产生影响。

1. *原路面清扫*

原路面可采用清水清洗，清洗后路面应保证完全干燥并晾晒至少 24h 后才可进行下道工序施工；或采用风压机清扫原路面及缝隙内的灰尘和杂物；原路面需要铣刨时必须采用精细铣刨工艺，铣刨后的路面必须彻底清洗，以保证原路面没有任何杂物、灰尘、松散和不稳定颗粒、黏结的粉浆。

2. *(改性)乳化沥青洒布*

超薄磨耗层施工分为同步施工和分步施工。同步施工和分步施工最大的区别就是乳化沥青技术要求不同、洒布时间不同。同步施工是指乳化沥青洒布同超薄磨耗层混合料摊铺几乎同时施工；而分步施工则是用沥青洒布车先洒布乳化沥青，然后才摊铺超薄磨耗层混合料。

同步施工超薄磨耗层要求乳化沥青快裂快凝，使其进入沥青混合料的量较大，一般采用改性乳化沥青；而分步施工超薄磨耗层要求乳化沥青洒布后黏附性较弱，待逐渐破乳后黏附性恢复变强，从而避免运料车等施工机械碾压带走部分乳化沥青，其可采用改性乳化沥青或低标号乳化沥青。不管何种施工方法，(改性)乳化沥青都应在 60~80℃的温度下洒布，并且洒布量必须计量准确，从而保证路面摊铺均匀。洒布量应由试验确定，一般情况下，(改性)乳化沥青洒布量为 0.6~1.2kg/m^2。

3. *混合料拌和*

超薄磨耗层混合料的拌制与普通沥青混合料的拌制大致相同。在拌制之前应首先检查拌和机控制室各项参数的设定值、控制屏的显示值是否无误，目测皮带运输机上各种集料的质量和均匀性，检查冷热料仓有无窜仓等。在混合料拌和过程中，由于超薄磨耗层的空隙较大，且使用了黏度较大的改性沥青，因此必须提高混合料的拌和温度，确保出厂温度在175~185℃之间。同时，混合料中的粗集料用量很多，易产生沥青的析漏和粗细集料颗粒的离析，因此，混合料宜随拌随用。拌和好的混合料应检查有无花白料，油石比是否合理，混合料是否离析等情况。

4. 混合料运输

超薄磨耗层混合料的空隙较大，混合料的温度下降速度比普通沥青混合料快，因此超薄磨耗层混合料的运输应该引起我们足够的重视。

（1）应采用自卸车辆运输，车辆应整洁，防止混合料发生变化。车辆的数量应与摊铺机的数量摊铺能力、运输距离相适应，在摊铺机前形成一个不间断的供料车流。

（2）为便于卸车，混合料运输车的车厢底板和侧板应抹一层隔离剂，并排除可见游离余液，使用油水混合液作隔离剂时，应严格控制油与水的比例，严禁使用纯石油制品。由于隔离剂对沥青可能有稀释作用，应控制使用量。

（3）运料车装料时，应通过前后移动运料车来消除粗集料的离析现象。一车料最少应分三次装载，对于大型运料车，可分多次装载。

（4）应采用双重保温布进行覆盖，以防温度下降。当在外界气温较低或风力较大的情况下运输时，应加盖多层保温布。当气温低于10℃或大风导致混合料降温过快时均不应施工。

（5）为了保证均匀、连续摊铺，在摊铺机前应至少保证有3辆以上的运料车等候卸料。卸料时在距摊铺机前20~30cm处空挡停车，不得碰撞摊铺机。摊铺中由摊铺机顶推车辆同步前进。

5. 混合料摊铺

超薄磨耗层的摊铺与普通沥青混合料相似，但摊铺温度对超薄磨耗层的摊铺质量尤为重要。为防止降温速度过快而造成压实困难，摊铺温度应较普通沥青混合料高。超薄磨耗层摊铺温度不得低于160℃，低于140℃则应废弃。而且，在摊铺前，摊铺机熨平板必须先预热40min左右，使熨平板温度达到100℃以上。摊铺机应缓慢、均匀、不间断地摊铺，确保摊铺的连续性和均匀性。车辆卸完料后快速离开，不得停留，等待卸料车辆迅速退到摊铺机前卸料，确保摊铺机摊铺过程中料斗内始终有料。在摊铺过程中摊铺厚度及高程由摊铺机用移动式自动找平基准装置控制。摊铺速度控制在10~20m/min，输出量与混合料的运送量、成型能力相匹配，以保证混合料均匀、稳定、不间断摊铺。摊铺机作业参数由试验段试铺确定，在施工过程中不得随意调整。人工摊铺时必须按照规范要求进行。摊铺遇雨时，立即停止施工，清除未压实成型的混合料，并废弃遭受雨淋的混合料。

6. 碾压

超薄磨耗层路面的碾压工艺与普通沥青路面的压实工艺基本相同，应遵循紧跟、少水、匀速、慢压的原则。超薄磨耗层碾压需要吨位10~13t的双钢轮压路机，静压时轮迹重叠1/3~1/4碾压宽度。为防止压路机工作中粘轮，应适当洒水保持轮子混润，碾压过程中不需振动。混合料在摊铺后，应尽可能在高温度状态下碾压，压路机紧跟摊铺机向前进行碾压。碾压段长度大体相同，每次压到摊铺机跟前后折返碾压，碾压速度≤5km/h。施工结束后，压路机或其他车辆不能停放在当天施工的超薄磨耗层上。

7. 开放交通

刚施工完的超薄磨耗层，需有一段养护成型期。在路面尚未冷却到50℃之前应严禁车辆进入，待路面温度降低到允许温度时，才允许车辆通行。在环境温度25℃的条件下施工结束后20~40min即可开放交通。

（三）质量控制

超薄磨耗层施工过程中应随时对所用材料进行原材料试验和进场检验，施工温度的控制、混合料沥青含量和级配试验及体积性质检验；并且在施工后对路面表观质量（表观效果、横向接缝、纵向接缝等）、抗滑性能（摆值、构造深度）及渗水系数、厚度等进行检测。

1. 施工监控

（1）沥青结合料。超薄磨耗层中沥青结合料的技术要求相对较高，在施工中有洒布用（改性）乳化沥青和拌和用改性沥青。对于洒布用（改性）乳化沥青，每批或每100t分别按照规范所列检验项目，根据《公路工程沥青及沥青混合料试验规程》（JTG E20—2011）检测其技术指标。每次取样试验的分析结果应及时提交监理工程师审查。对于拌和用改性沥青，每批或每100t分别按照规范所列检验项目，根据《公路工程沥青及沥青混合料试验规程》（JTG E20—2011）检测其技术指标。如果是现场制作的改性沥青，取样后应立即灌制试样进行试验，不得在冷却后重新加热或用室内改性沥青制作加工后再做试验。每次取样试验的分析结果，应及时提交监理工程师审查。

（2）集料和填料。每次取样的分析结果，应及时提交监理工程师审查。

（3）施工温度控制。超薄磨耗层沥青混合料的温度控制是施工中的关键和难点。由于粗集料较多，拌和温度较难控制，施工时应对喷油器的燃料供给严加控制，一般情况下不提倡采取提高细集料供给量，使细集料产生溢仓的方法控制加热温度。集料的温度检验应分为加热仓出口集料温度检验和混合料出厂温度检验。

一般情况下，超薄磨耗层混合料的施工温度应在普通沥青混合料施工温度的基础上提高10~20℃。具体地讲，在施工中各阶段的温度控制如下：①改性沥青加热温度160~165℃。②集料加热温度180~190℃。③混合料出厂温度175~185℃。④混合料最高温度（废弃温度）不高于195℃。⑤混合料储存运输温度损失不超过10℃。⑥摊铺温度不低于160℃。⑦初压温度不低于150℃。⑧复压温度不低于130℃。⑨碾压终了温度不低于100℃。⑩开放交通温度不高于50℃。

（4）混合料级配和沥青含量控制。每天混合料生产稳定后，应分别从运料车和摊铺现场取样，依据《公路工程沥青及沥青混合料试验规程》（JTG E20—2011）中T0722、T0725和T0705的方法分别进行抽提试验和混合料体积指标试验。试验测得的实际沥青含量与生产配合比确定的最佳沥青含量应满足现行规范规定的误差范围；试验测得的混合料级配中关键筛孔（4.75mm、2.36mm和0.075mm）的实际通过率与生产配合比的级配应满足现行规范规定的误差范围；实测的混合料体积指标也应满足现行规范规定的误差范围。

2. 质量检测

超薄磨耗层路面应平整、密实，不应有泛油、松散、裂缝、离析等现象；搭接处应连通、平顺，不得有积水现象。为了检验超薄磨耗层的施工质量和实际路用效果，应进行一系列的检测。

（1）厚度和压实度检测。施工后对路面按《公路路基路面现场测试规程》（JTG E60—2008）规定方法进行路面厚度及压实度检测。

（2）构造深度和摩擦系数检测。超薄磨耗层的抗滑性能是一项重要的路用性能，它取决于集料自身的表面纹理结构和混合料的级配。施工后按《公路路基路面现场测试规程》（JTG 3450—2019）规定方法进行构造深度和摩擦系数检测。

（3）渗水系数检测。由于超薄磨耗层的厚度薄且空隙大，路用性能的好坏还取决于路表渗水系数的大小，因此超薄磨耗层必须进行渗水系数检测。检测方法按《公路路基路面现场测试规程》（JTG 3450—2019）执行。

（4）平整度检测。驾驶员及乘客的行车舒适性能直观反映超薄磨耗层的服务功能，因此在施工后需按《公路路基路面现场测试规程》规定方法进行路面平整度检测。

以上各项检测结果都应满足《公路沥青路面施工技术规范》（JTG F40—2004）的要求。

四、其他罩面施工

（一）开普封层施工

开普封层施工过程类似碎石封层和稀浆封层与微表处的施工：在施工之前需要对原路面病害进行处理；材料组成以及配合比设计参见碎石封层、稀浆封层与微表处原材料要求以及配合比设计；施工机械施工工艺安排以及注意事项、施工监测等同样不再赘述。

（二）雾封层技术施工

雾封层技术与还原剂封层技术施工工艺相似，下面主要介绍雾封层技术的施工工艺。

1. 准备工作

（1）原路面处理。如原路面上有坑洞、边线破损及宽大裂缝，都应进行修补。有较深的坑洞时，应分层填补并压实找平。有宽大裂缝时，可采用公路沥青路面养护技术规范上所述的处理办法进行填缝。填缝料可用高含量乳化沥青与细砂拌制的砂浆，但选用的材料不能与雾封层材料起化学等作用。存在大的拥包和深的车辙时，应先进行铣刨和填充。

（2）人员配备。雾封层施工队的人员基本组成应包括队长1人，驾驶员1名，操作手2名、路面清扫工2人，路面白线的封粘工4人。

（3）交通管理与控制。雾封层施工前必须与当地交通管理部门取得联系，并共同制订交通管制方案，确保施工人员的安全与工程的质量。

（4）施工机械的选用。雾封层所用的施工机具较少，主要有专用沥青洒布车、清扫设备、刮耙、胶布等。

雾封层技术对洒布机械的性能要求较高，应用专用的沥青洒布机。施工前应确认沥青洒布机的泵入系统及喷洒系统是否正常工作，洒布喷嘴的角度是否合适。

2. 施工工艺

通常雾封层的施工工艺可归纳为：封闭交通→原路面处治→材料、机械准备→洒布沥青→早期养护→开放交通。

（1）原路面清扫。为确保雾封层施工质量，雾封层施工时路面必须处于洁净、干燥状态。雾封层施工前，需彻底清除原路面上的松散石料、水泥块以及泥垢、灰尘、残留物等杂质。可用道路清扫机、电动扫帚清扫，也可以用水冲洗。用水冲洗时，必须在施工前24h内完成，以给路面足够的时间达到干燥状态。

（2）材料和设备的准备。施工前需详细检查材料和设备的准备情况。对材料进行质量检验，确保所用雾封层材料满足上述有关雾封层材料的要求。认真检测喷洒车的运行情况，确保喷洒棒的高度能自由调整以及喷嘴通畅。检查确认施工所需的扫帚、毛刷等工具均已就绪。

（3）沥青洒布。雾封层施工应采用专用喷洒设备施工。施工时，须严格控制施工速度和洒布量，雾封层的洒布量一般为0.5~0.7kg/m^2。洒布量过多，雾封层破乳后将造成路表面油量过多，路表滑溜，造成行车不便；洒布量过少将起不到雾封层应有的效果；对局部洒布量过多的部位，可采取洒布约1kg/m^{2}的0.3~0.6mm的细砂进行处理。

（4）养护、验收及开放交通。雾封层施工后，须待乳化沥青破乳、成型后才能开放交通。正常情况下，雾封层在施工后2h左右就能开放交通。雾封层养护期间，仍须严禁任何车辆和行人进入，否则将影响雾封层的成型效果。雾封层施工质量验收标准可参照我国沥青路面验收规范进行。

3. 质量控制

施工过程中雾封层沥青洒布量的控制非常重要，过大会影响路面的抗滑性能，过小可能会达不到封水的效果。所以在正式施工前要在路面上进行小面积喷洒试验，选择最合适的喷洒量。雾封层喷洒到路面上后，在一定程度上会降低路面的抗滑值和构造深度，影响路面的抗滑性能。所以对于雾封层技术的应用要慎重，要保证原路面的抗滑性能较好，在使用雾封层措施后，路面的抗滑性能仍能满足使用要求，同时应具有良好的防水效果。雾封层施工后，为评价其路用性能，可以通过渗水试验对其防水性能进行检验，通过摆式摩擦试验对其摩擦系数进行检验，通过铺砂法对其构造深度进行检验。各项试验的试验方法应严格按照《公路路基路面现场测试规程》的要求进行。

第七章　沥青路面大修方案优选方法

我国沥青路面维修养护方案根据工程规模可以分为日常巡视与检查、小修保养、中修、大修、改建与专项养护工程五大类。与日常巡视与检查和小修保养工程不同，大、中修工程属于修复工程，即采取一定的工程措施，恢复路面功能或路面结构的承载能力。中修工程主要内容是：①沥青路面整段铺装、罩面或封面处理；②局部严重病害处理；③整段更换路面缘石、维修路肩等。大修工程主要内容包括：整段路面改善工程、沥青面层加铺和重大自然灾害造成的路面损坏修复工程等。

第一节　沥青路面修复工程设计

为了使沥青路面的性能维持在一定服务水平上，给道路用户提供一个快速舒适和安全的通行环境，需要不断地投入养护资金，进行及时合理的路面维修养护。

大修工程明显不同于周期性的养护作业(有时也称为正常维护、常规维护、预防性养护)，周期性养护的主要功能是保持旧路面的承载能力，而大修的主要功能则是显著延长路面的服务功能和使用寿命。《AASHTO 路面结构设计指南》中就明确指出，大修工程的目的是通过“4R”——重铺路面(Resurfacing)、恢复(Recovery)、修复(Rehabilitation)、重建(Reconstruction)四种不同程度的修复，有效延长旧路面的使用寿命。日常小修保养多是针对比较单一、明确的病害形式，所采用的维修措施多属于矫正性养护方法，维修措施也较为单一。一般情况下，对于病害评价和处治，按照有关规程进行施工即可，如对裂缝的灌封、坑槽的修补等。当路面需要中修和大修时，路面病害往往较为严重、分布范围较广，可选择采用的工程措施多，投资规模大，需要根据以下原则进行科学合理的设计：①应遵照《公路工程质量检验评定标准》《公路沥青路面施工技术规范》等。②满足一定使用年限内的使用要求，具有预期的使用寿命。③便于在不中断交通的情况下施工，且工期短、对行车与安全的影响最小。④充分利用旧路面材料，废弃物挖运、堆放和占地应降至最低程度。⑤对交通管理、社会影响以及对营运收费影响应减少至最低。⑥根据不同车道、损坏程度和弯沉代表值大小，采取不同设计方案。⑦工程造价经济。

当路面病害程度达到一定状态时，将影响到路面的使用性能。路面可采用的修复措施有路面养护、路面加铺、路面翻修以及路面改建四大类，必须通过科学合理的设计才能取得最好的修复效果。沥青路面修复工程设计分为两个阶段：第一阶段，确定维修策略。采用规范规定的方法和指标对沥青路面状况进行检测与评价，同时考虑交通现状和发展、资金状况以及政策等因素，确定维修措施和规模(采用小修保养、中修、大修或专项工程，即采用预防性养护、矫正性养护、路面修复或重建)。第二阶段，设计修复方案。结合拟采用的维修策略，通过更详细的路况调查和分析，确定一系列可行方案，再通过细致的技术经济分析，确定最优的路面修复设计方案，并完成材料选择、混合料设计以及结构厚度确定等内容。

目前，国内外常用的大修修复方案主要有以下四种：①加铺方案，设计内容包括加铺层类型的选择与厚度设计。②铣刨与加铺方案(翻修方案)，设计内容包括铣刨深度和加铺厚度。③旧料再生方案，设计内容包括再生方式和使用层位和厚度等。④辅助工程的完善，设计内容主要包括排水系统的完善。

每一种修复方案有其最佳的使用条件和适用范围，在设计时应结合原路面结构与排水、路面病害状况及其原因，同时考虑交通、气候环境，以及现有可用技术能力等，并通过经济技术比较，选择最优方案。

第二节　沥青路面修复方案优选

每一条公路的破坏状况不同，产生破坏的原因也极其复杂，因此，设计前必须对每项工程都进行认真细致的分析和工程判断，而且还应进行广泛深入的现场调研和资料收集，根据详实准确的信息确定修复方案。由于受到各种条件的限制(例如有限的资金、工期、设备等)，往往并不存在真正"最佳"的解决方法(即效益最大而成本最低)。然而，实际工程中通常存在一个经济有效的"首选"解决方案，该方案包含一些符合修复策略要求的特性，而且能满足现有的限制条件。修复方案决策就是根据给定的约束条件来确定首选修复方案，选择合适的修复方案是一个非常复杂的工程问题。方案决策可以分为以下三个阶段：

(1) 维修前路面状况的评价。通过收集资料，现场调查和检测以及室内试验分析，评价路面状况并划分路段，进一步确定引起路面病害的原因。

(2) 候选方案的确定。根据路面状况，列出完全针对(消除病害并预防其重现)工程问题的一系列候选解决方案。

(3) 首选方案的选择。通过费用因素和其他项目限制条件的分析，选择首选修复方案。

一、维修前路面状况的评价

维修前路面状况评价是路面修复方案决策和路面修复方案设计的基础。进行路面状况评价的主要目的在于：①通过初始的路面调查，按照一定的标准划分出性能一致的路面段，并且分析确定路面整体结构和功能状况。②通过更加详细的调查，确定病害类型和病害原因以及路面状况。

根据维修前路面状况评价的目的和要求，路面状况评价可以分为以下几个内容：①调查分析路况信息(路面状况初步评价)。②根据路况划分路段(路段划分)。③评估路况数据(路面状况详细评价)。④确定方案限制条件。

在路面状况评估过程中，由于受到时间和资金的限制，为了能够详细地评价不同路段的路面状况，通常首先应对道路全长范围进行初始评价，然后对出现结构性病害的路段进行详细评价。在某种程度上来讲，沥青路面修复工程的规模决定路面状况评价过程中耗费的时间和资金。相对于交通量较低的道路，主干线和交通量较大的道路无疑需要进行更全面和详尽的评价。为了保证路面状况评估工作更为科学、合理有序，应建立一套适合不同路段信息、人员和设备资源情况的路面状况采集评估标准程序。我国现行的规范和标准中仅仅规定了路面状况评估的内容、方法以及评定标准，并没有建立相应的采集评估程序，在实际工作中可以参考美国《AASHTO 路面结构设计指南》建立的路面状况采集评估程序，将路面状况采集评估分为两个阶段：

(1) 路面状况初始评价：①室内数据采集，包括工程所在地、建设年份、大修年份及类型、路面设计、材料和土的特性、交通、气候条件，以及其他可利用的性能数据。②第一次现场调查，包括病害情况、排水状况、平整度、交通控制措施和安全因素。③第一次数据评价，通过第一次数据评价，划分路段，对各路段进行初步判断，提出一系列的候选修复方案，并确定另外需要采集的数据。

(2) 路面状况详细评价：①第二次现场调查，包括钻芯取样、平整度测量弯沉试验、排水试验、竖向净空。②试样的室内试验，包括材料强度、回弹模量、渗透性、含水率、组成成分、密度及级配(必要时)。③第二次数据评价，包括结构评价、功能评价及根据实际情况确定是否需要增加数据。④现场与室内数据的整理，准备最后的评价报告。

1. 路面状况初步评价

通过路面状况的初步评价，可以了解道路的整体状况。路面状况初步评价主要完成以下几点：①通过数据采集和分析处理工作为路段划分以及路面状况详细评价提供依据。②对特殊的路段选择合适的检测仪器，确定路面病害现象，分析病害产生机理并评价路面状况，给出初步的修复对策。

路面状况初始评价是路面修复设计工作的“序幕”，对后续工作影响很大。为了科学合理地开展路面状况初始评价工作，可以将路面状况初步评价分为以下两个阶段：①路面状况调查，通过初步调查，现场实地调查以及路面状况检测收集与路面状况有关的各方面数据信息。②路面状况初步判定，采用有损检测或无损检测的方法测试分析各个路段路面结构的结构承载力，结合各路段的病害情况，初步分析各路段路面状况。

(1) 路面状况调查。路面状况初步评价需要收集真实的资料和数据，主要包括：①现有路面的结构和材料组成，材料性质试验，排水状况，养护历史。②路面病害状况调查，了解路面病害的类型、程度和范围。③路表面弯沉测定，评价路面结构承载力。④路面平整度和抗滑能力检测，评价行车舒适性和安全性。⑤交通荷载调查，了解路面的受荷历史，预估未来的趋势和要求。⑥环境条件(温度和湿度状况)调查分析。

根据《公路沥青路面养护技术规范》(JTG 5142—2019)建立的路面评价模型，参照《公路技术状况评定标准》(JTG 5210—2018)所提出的路面检测要求，沥青路面维修前检测项目主要包括路面损坏、路面平整度、路面车辙、路面抗滑性能、结构强度、路面结构取样试验及病害路基钻探等方面的内容。

为了保证收集资料和数据的准确、详尽，在路面状况初步评定过程中，通常采用资料收集现场调查和路况检测的方法采集路面状况资料。

① 资料收集。路面状况初步调查需要收集与路面修复工程相关的各种数据信息，如施工数据、路面结构数据、交通荷载数据以及已有的监测数据(如路面的历史状况资料)。同时，通过现有路面管理系统也可以简便、快捷地获得路面状况数据。

② 现场调查。路面状况实地调查在路面状况初始评价中非常重要。现场调查主要针对路面出现的各种病害现象。路表病害作为实地调查过程中的主要评价数据，记录时应做到准确详尽，包括结构方面(如切缝、高路堤等)；排水设施、明显的地质特征、病害的发生原因及机理等数据信息均应记录，并且应符合最终评价数据的记录方式。现场调查通常在修复合同中已明确，道路需要修复与改善时开始进行，而且实地调查的资料是判定路面状况时最

重要的数据信息。为了保证调查资料详尽、病害类型以及工程长度的准确性，建议采用徒步调查的方式。在病害调查中，从实用性和经济性角度出发，建议派出两名具有路面病害及机理综合知识的专业人员进行调查；同时，还需要一名调查员对道路区域内的排水结构、道路标志、护栏、水损害标记、交叉口以及其他道路设备的位置和状况进行记录。此外，现场调查还应收集当地地质和路面结构的信息。现场调查中应注意对路面表面病害以及潜在病害的调查与记录工作。

③ 路况检测。通过道路检测获得路况数据可以判断路网中道路的使用状况、损坏程度；同时检测数据也是合理划分路段，制订路面修复方案的依据。因此需要在考虑功能性和结构性两方面因素的条件下进行道路行驶质量、抗滑能力、车辙深度、弯沉以及路面无损检测等试验检测，采集客观的路况信息，最终准确地进行路段划分和路况评价。现有的沥青路面路况检测主要包括路面破损检测、路面平整度检测、路面车辙检测、路面抗滑性能检测和路面结构强度检测。主要使用的评价指标有：路面破损率(DR)、路面状况指数(PCI)、路面行驶质量指数(RQI)、路面抗滑性能指数(SRI)、路面车辙深度指数(RDI)、路面结构强度指数(PSSI)。

上述评价指标可以分为功能性评价指标和结构性评价指标，通常采用行驶质量、平整度、车辙深度、抗滑性能作为路面功能性评价指标；弯沉、弯沉盆参数、动态圆锥贯入仪(DCP)深度和车辙深度作为路面结构评价指标。这些评价指标和参数通常可以作为路面分段的依据。

(2) 路面状况初步评价。路面状况的初步评价可以从路面病害情况和路面结构承载力两个方面进行，通过资料收集、现场调查和路况检测，可以对路面病害的整体状况有较为全面的认识，此时需要针对各路段的状况分别给出病害评价结论。通常评价和讨论之后对路面作出如下判定：需要改善，仅仅存在表层病害、局部病害，需要对路面结构进行补强。

① 路段无大的病害。路段无大问题通常是指可以选择日常养护就可以保持服务水平，一般指的处于使用初期的路面。这种路段经初步调查分析即可确定，不需要进行进一步的详细调查分析；但是，由于病害种类的易变性，仍需考虑这种路段与其他路段的差异性以及病害推迟发生的原因(结构承载力分析的结论尤为重要)。

② 路段仅有明显的表面病害。有时一些病害仅仅发生于表面，并不会影响到路面结构以下或者路基的强度。这些单独的表面病害通常有以下形式：a. 变形；b. 脱落或松散；c. 裂缝；d. 由于泛油和磨光所导致的抗滑力下降。

通常，泛油、磨光和路面松散在路面状况评价中均认定为表层问题；而裂缝和变形只有通过更深入的详细检测和分析才能认定是否仅为表层病害。在没有发生其他形式的病害如路面局部松散、磨光或泛油时可以划定为仅为表层病害，而对于修复方案的确定往往还需要进行更进一步的表层材料检测。

③ 路段出现局部病害。局部病害的主要原因是表层或者下面层排水能力不足。但排水困难时，水分会在路基或者路面层汇集，最终导致路面层的荷载传递受到影响，从而使得路面承载能力下降。排水问题通常可以通过以下方面的观察找出损坏根源：a. 表层排水状况；b. 周围地形地质数据；c. 附近区域的植被。因此，对于上述路段，在路面状况调查时应格外留意。在现场调查时，应尽可能多地记录局部病害产生的原因及机理。在详细调查阶段，应进一步对局部病害原因和机理作深入分析。

④ 可能需要对路面结构进行改善的路段。通常情况下，在路面状况初步评价阶段，仅需要确定病害的种类及其严重程度；当完成路面状况初步评价之后，不能准确确定属于以上哪种类型的病害时，那么就应该考虑可能是结构上的不足引起的。这种路段需要在下一阶段的路面状况详细评价中进行更深入、详细的调查和检测进而准确地确定出病害原因，明确是否需要结构补强。

2. 路段划分

公路工程是一项线性工程，沿线的地质状况、环境条件、交通组成结构设计以及施工质量等都存在较大的变异性，从而导致公路各组成路段的空间特点、病害特征、养护需求等迥然不同。因此，根据不同路段的空间特点及病害特征，合理划分路段，确定不同路段的修复需求，是科学合理地制订路面修复方案的必备条件。路段划分的主要目的是把具有相同属性(破损类型和程度相同)的路段尽可能地划分在同一单元内，为每一个路段单元设计合理的修复方案。

路段划分通常以路面使用性能与技术状况(路面破损、平整度、弯沉等)的测定结果为依据，在路段划分中主要考虑以下因素：①同一路段的路基路面结构、使用性能、交通等状况应基本相同。即将旧路面的破损形态、弯沉值、破损原因相近的划分在同一个路段。②在同一路段内，各测点的弯沉值比较接近。若局部路段的弯沉值很大，可以先进行修补处理。③各路段的最小长度应与施工方法相适应，一般不小于500m，机械化施工时不应小于1km。在水文、地质条件复杂或需要特殊处理的路段，其分段长度可视实际情况确定。

在实际应用中，采用何种方法科学合理地划分路段是工程技术人员最为关心的问题。1995年，RbiG. M. 和Haris N. K. 提出采用非参数聚类分析和动态规划的方法划分路段，但是该方法计算过于复杂，未得到有效的推广利用；2006年，Ahmed Shalaby 和 Alan regain 提出采用最大似然分类的方法进行路段归类；2007年，Richard M Weed 等利用统计学假设检验的方法进行路段划分，并认为这种方法具有高效、简洁的特点；《AASHTO 路面结构设计指南》中对路段划分也进行了详细的论述，提出了“理想”的方法和测量路面响应的方法进行路段划分；国内也有研究人员提出采用聚类分析的方法进行路段划分。

(1)“理想”的方法。这种方法在划分路段时首先分离出影响路面性能的潜在独立因素。这些因素包括路面类型、修筑历史(包括修复和主要的养护)、路面横断面(路面结构层材料类型及厚度)、路基的类型及承载力、交通量和交通组成、路况(平整度、病害等)、环境因素以及养护历史等。随后，工程设计人员可以利用已有的历史信息评估上述各种独立的潜在影响因素，将已有历史信息与路面性能影响因素进行组合，将上述各种独立的潜在影响因素相同的路段划分为同一路段，其具有相同的修复需求。使用这种“理想”的方法时，路段划分的有效性与路面历史信息的准确性直接相关。由于在路况调查阶段，一个或多个设计因素(划分的指标)的变化并不一定显著，所以如果保存有准确详细的历史记录，那么在划分路段时，应以历史信息记录为主，路况调查信息为辅，充分利用历史数据进行分析评估并划分路段。

实际上，这种“理想”的方法源于路面管理系统中路段划分所采用的“预先归类法”。由于公路工程变异性大，历史记录表明性能均一的路段，受到各种因素作用后，现实状况都会或多或少发生变化，例如路面各结构层的实际厚度往往与最初设计厚度之间存在较大的差异。因此，这种方法仅适用于历史记录信息与现实状况差别不大的“理想”情况。

（2）测量路面响应的方法。这种方法以实测路面的响应变量（如摩阻数、弯沉等）为基础，由于路面响应变量的测量值因路段而异，并且与路段长度之间存在一定的函数关系，因此，通过测量路面响应量，采用人工绘制或者计算机数据图形分析系统得到路面响应量与里程之间的关系图，就可以根据响应量的变化情况确定路段划分，得到路面响应变量图后，就可以采用目测法或累积差法来划分路段。其中最简单的方法是通过目测，主观确定相对均匀的路段，但是这种方法难以处理变化情况复杂，且里程相对较长的路段。累积差法作为一种客观的理论计算方法，数学原理简单，易于采用计算机评价，处理的数据量大速度快，便于在实际工程中推广使用。

路面状况详细评价的目标是获取路况较差、需要进行修复路段的更充分的信息，从而为修复策略决策提供更准确的依据。路面状况详细评价主要完成以下方面的工作：①在每个相同路面结构区域内，确定病害的形成机理和产生原因。②以各个相同路面结构区域的路面状况来代表整个路面状况。③进行详细的排水状况调查，为排水系统完善工作提供依据。

在进行路面状况详细调查评价之前，为了更好地确定每个相同路面结构区域的病害产生原因和形成机理，应该充分利用路面特性和病害表现形式以及所有可利用的检测结果和路面状况初步评价时所获得的信息，尤其是对路面状况（包括路面材料、荷载、环境和破坏状况）的准确描述，有助于正确分析并确定每个路面区域的修复设计。

（1）病害产生原因和形成机理。对路面状况进行初步评价之后，当对病害的形成机理和确切成因存在疑问时，应当根据初步评价阶段获得的信息（例如路面类型和已观察到的病害）采用规范的分析程序和试验检测来准确确定病害的形成机理和产生原因。例如，对反映路面状况的数据如弯沉、车辙深度等进行深入分析，并采用适当的检验来验证产生病害的可能形成原因和机理。在确定病害成因的过程中，可能需要进行更多的测试并且不断地重复这个循环，直至能够准确确定病害的成因。病害成因确定后，就可以确定每个路段的路面状况，并且也能为下一阶段的修复设计提供合适的方案。在分析评价过程中，由于沥青路面病害多种多样且成因复杂，影响因素多，所以在路况调查过程中可结合具体路况确定路面潜藏病状和具体原因，通过徒步观察和试验分析等手段，判断病害产生于面层、基层还是土基，是材料原因还是结构原因引起的。

1）水损害路段病害成因调查分析。当路段内病害主要以松散、坑槽、唧浆等水损害为主要形式时，重点进行以下调查和分析：①首先必须对公路全段进行全面系统的调查，调查水损害的形式和程度，分析水分进入路面结构的位置和原因，并重点结合离析现象进行分析。②钻芯取样，分析结构与材料构成的影响，在室内对钻取的芯样进行测量并做抽提试验，以分析原设计的合理性及其存在的不足。③对于水损害比较严重的路段，需要重点勘察排水设施的有效性，为大修设计提供参考，以堵漏补缺。④对沉陷路段开挖探查，分析路基和土基的性能状况，并对强度和含水率等指标进行测试。

2）车辙病害路段的调查和成因分析。在车辙比较严重的典型路段进行开挖，通过测量和观察，进一步了解车辙的成因。①在车辙断面的隆起处、谷底处分别钻芯取样，并在同一断面处的路肩未受荷载作用的位置钻芯，并分别量测各芯样的总厚、各层厚度。②依据以上量测数据，分别计算总的车辙变形量、各层的变形量，分析发生车辙变形最大的层位，并对其进行抽提试验和分析，分析车辙变形是由于沥青（质量或用量）的原因还是矿料（矿料品质或级配）的原因。③观察层间结合情况，是结合紧密还是分离；了解产生结合不佳的原因，是由于层间污染还是黏层油未起效果的原因。④对钻取的芯样，进行车辙试验，分析各结构层的高温抗车辙能力及其对总车辙深度的贡献，确定产生车辙的主要层位。

3）裂缝类病害路段的调查和成因分析。当原路面裂缝严重，裂缝是该路路段的主要病害形式时，应对裂缝进行病害调查，分析其裂缝病害的主要原因，并在设计时予以考虑。在裂缝病害(如纵向裂缝、横向裂缝、龟裂、网裂)处钻芯或开挖，分析裂缝的具体原因。①观察裂缝的下贯情况，分析裂缝是自上而下的荷载裂缝还是自下而上发射裂缝，进而确定裂缝成因。②观察基层芯样是否完整，分析其破坏原因。③试验确定沥青面层与基层的结合情况，明确其原因。

(2）路面排水状况详细调查分析。工程实践表明，路面结构中水的存在可能引起或加速沥青路面的损坏。另外，冬季路面结构保留过多的水分是导致不均匀冻胀和春季冻融翻浆的主要原因。在某些地区冻融循环贯穿整个冬季，导致路面结构承载能力减弱而诱发路面损坏。因此，在进行大修方案设计之前应对路面的排水状况进行认真的现场调研和分析，明确路面水损害产生的原因和机理，并进行针对性设计，完善和恢复排水系统，以避免类似问题的再次发生。

路面排水状况调查一般包括以下内容：

1）路面排水系统的施工记录。路面没有出现水损坏现象并不一定意味着路面没有水损坏的问题，调查时一定要注意潜在的水损坏问题。现场调查路面排水系统时，应寻找路面排水系统的不足或者向养护人员了解排水系统的不足，检查原设计规划的排水设施是否真正设置，还要查看排水设施是否进行了养护，询问定期的清理方法；另外，应该复核以前采集的排水数据以及路面横断面和纵断面数据，如纵坡、横坡、路面各层宽度、各层厚度、填挖深度、表面排水设施(排水沟、涵洞等)的坡度和尺寸、地下排水设施等。

2）路面工程区域范围内的地形和土质。路面是否会出现水损坏以及出现水损坏的严重程度，与工程区域范围内地表水和地下水的运动特征有关。调查当地的地形以及土质状况，是掌握路面区域内地表水和地下水的运动特征的一个重要途径。在调查时可以着重询问以下几个问题：①水是在哪里和怎样流出路表的？②在路面上和路面附近哪个地方收集水？③排水沟内的水平面有多高？④接缝和裂缝内是否含有水？⑤路肩处是否有水池？⑥路旁是否长有茂盛的亲水性植物？

4. 确定修复方案设计的限制条件

限制条件是指制约或影响设计方案的因素。由于限制条件常常影响修复方案的选择，因此路面修复工程中限制条件的确定通常是在路况评价阶段进行的。可能限制方案选择的一些约束条件主要有工程、施工、交通、环境以及经济和政策因素等。

(1）工程因素。工程方面的因素是确定修复方案的类型和修复处理厚度的重要因素。工程方面的因素一般包括道路几何特征、路基状况以及道路周边的情况。

1）道路的几何特征。道路路线的纵坡和竖曲线是选择路面修复方案时应首先考虑的重要因素。纵坡和竖曲线会影响道路沿线的排水状况，同时也会影响车辆的运行速度。一般情况下，车辆行驶速度低，会加速路面使用状况的衰退进程，而且在长大纵坡等线形特殊的路段通常需要考虑采用特殊的材料，以避免相关病害的复发。

2）路基状况。路基是路面修复过程的工作平台，应具有一定的承载能力，以保证各种施工机械的运转和修复工程的展开。通过路面状况评价，可以了解路基的现有状况，对于出现结构性问题的路段，在选择修复方案时应首先考虑对路基进行加强。

3）道路周边的情况。道路周边的情况主要包括护栏、路缘石、边沟和交通控制设施等附属设施以及道路净空。上述因素会直接影响修复方案，尤其是加铺方案的适用情况及加铺厚度。例如在道路下穿某结构物的情况，由于净空高度一定，采取直接加铺的方案势必提高路面高程而降低净空高度；此外，采用加铺方案时，护栏、路缘石、边沟和交通控制设施的高程需要相应地提高，进而导致成本增加，此时就不能采取直接加铺的方式。因此，在选择修复方案时，应对道路周边的情况进行审慎的调查分析。

（2）交通因素。交通量和交通组成是路面设计中最为重要的输入参数，对于修复设计和修复方案的选择同样至关重要。此外，与新建工程不同，修复工程一般不宜采用全封闭施工，因此施工时的交通管制和交通组织也是选择修复方案时必须考虑的影响因素。

1）交通量和交通组成修复方案应能满足在预测交通量作用下达到其设计使用寿命的要求。国内外的调查研究表明，实际交通量的增长情况与设计阶段预期交通量的增长有很大的差别，尤其是在新建工程设计阶段，这种状况更为明显。对于修复工程而言，可以考虑将现有实测交通量及交通组成情况，与原设计阶段的交通预测情况进行对比，由业主综合分析提出一个标准差，修正交通预测的结果，以达到更为准确的交通预测。

2）交通管制和交通组织高速公路的修复工程必须采取半封闭法，在不中断交通的情况下组织施工。因此，在选择修复方案时应重点考虑以下影响因素：①不同修复方案施工路段的封闭长度和施工时间。②不同修复方案交通管制的长度与施工长度的一致性。③不同修复方案在施工路段各工序的组织情况，是否存在危险性。④不同修复方案对道路安全性的影响，例如行车道与路肩的视觉差异，路面抗滑性能是否降低等。

（3）环境因素。气候会影响路面及路基的使用状况。降雨（雪）量和冰冻深度将会季节性地影响路基材料的承载能力。湿度、冻融状况和冬季扫雪除冰工作都会影响路面的使用性能和养护成本。由于不同路面类型的吸热能力及其抵抗冰雪冻蚀的能力有所差别，路面类型也会影响到冬季扫雪除冰工作的难易程度。有些设计人员在选择修复方案，尤其是路面处治方案时，通常仅仅参考其他地区的使用经验，难以保证所选择的修复方案能够适应本地区特殊的环境。因此，在选择修复方案时，应特别注意考虑本地区特殊的环境状况，仔细分析不同修复方案对环境因素的适应性。

（4）施工因素。施工方面的因素对于修复方案的选择尤为重要。例如，净空高度一定，就有可能首先排除加铺方案，或者限制加铺层的厚度。其他的因素如当地的材料及供应情况、工程承包人的施工水平和技术设备状况以及材料的再生利用等都会限制修复方案的选择。

1）当地的材料及供应情况不同的修复方案所需要的材料类型及要求都会有所差别，因此，在选择修复方案时，应首先调查分析当地哪些材料可以用于修复工程，哪些材料能够达到修复工程的要求；否则就有可能从其他地方运输所需的材料，导致生产运输成本的增加。此外，确定当地的材料可以使用后，还需要考虑材料的供应情况和材料生产过程中能源等消费情况，以利于选择材料供应顺畅、生产成本低廉的修复方案。

2）承包人的施工水平和技术设备状况不同，修复方案的施工工艺和必备的施工机械也是不同的，如再生方案中的就地冷再生需要就地冷再生机、就地热再生需要使用热再生机组等。因此在选择修复方案时，还应考虑目前工程承包人是否具备这些特殊的施工设备。此外，相关施工工艺是否成熟也是非常重要的影响因素。如果修复方案的施工工艺尚未大规模推广应用，现有工程承包人的施工经验尚不充分，则会影响到修复方案的施工进度和施工质量。

3）材料的再生利用。修复工程与新建工程最大的不同就是在修复工程中会产生大量的废旧料。废旧料的处理问题对修复工程的经济效益和社会效益有很大的影响。如果将废旧料废弃，一方面会污染环境，另一方面运输废旧料至合适的填埋场所势必会增加修复工程的成本。因此，在修复方案选择时，应特别注意废旧料的再生利用。在选择修复方案时，宜首先考虑再生方案，分析再生后路面结构能否达到要求的设计承载能力。如果因其他因素影响不宜采用再生方案，在选择其他修复方案时，应该考虑该方案在其使用期末再生利用的可能性。

（5）经济和政策因素。一般说来，经济和政策因素对修复方案的选择至关重要。目前，通常根据道路管理部门的养护维修计划或路面管理系统的数据决定道路是否需要修复，并根据每年的资金投入，分配至修复工程。所以，修复工程的资金往往非常有限，尤其是我国目前还不是非常重视道路养护维修问题，相应的工程资金更加有限。选择修复方案不仅要考虑修复效果，还要根据当年的资金投入情况，选择经济效果最佳的方案。在选择修复方案时还需要考虑道路管理部门的政策偏向，如是否需要根据资金投入情况采用阶段式修复方案，是否允许在修复方案选择时考虑新技术、新工艺的使用，需要修复的道路在本地区的政治地位如何，是否需要采用交通干扰小、开放交通快的修复方案等。

综上可见，工程的约束条件常常限制了可选修复方案的数量。如有可能，应制订出详细的计划以回避这些约束条件。一般情况下，影响一个工程的限制因素越多，获得最佳修复方案的可能性越小。

二、候选修复方案的确定

根据维修前路面状况的调查与评价，就可以确定沥青路面候选修复方案，该阶段主要分为：①根据路况提出若干个可行修复方案。②分析可行方案的约束条件，得到满足各约束条件的候选方案。③对各候选方案进行初步设计。

1. 提出可行的修复方案

目前常用的基本修复方案主要有加铺方案、翻修方案、旧料再生利用方案以及辅助工程完善方案四类。①加铺方案是在旧路面上加铺一层新的沥青混合料，可以提高路面结构强度和承载能力，可提供舒适、安全和抗滑的表面，同时也可以修正路拱横坡和路面小的缺陷。②翻修方案，即铣刨和加铺方案。是先行挖除或铣刨旧路面，而后利用新料或部分再生旧料铺设加铺层，在路面表层病害较严重，路面出现龟裂、块裂、坑槽较多车辙变形大情况下选用。当病害严重，且病因多为基础方面引起时，可以采用铣刨面层，挖除路基重建的翻修方案，增加道路寿命，减少频繁的临时维修，但该方案投资大，耗费时间长。③旧料再生方案主要针对路面老化严重，病害较多或严重的情况，将旧料再生层作为面层或基层，也是修复工程常见方案。旧料再生方案常与加铺方案结合采用。目前常用的再生方式有全厚式再生、就地冷再生、热再生等。④辅助工程完善主要针对路面排水系统出现缺陷而导致路面病害以水损害为主的情况，通常与其他方案组合使用。

通过第一阶段维修前路面状况的评价，可以明确路面实际状况以及路面病害的产生原因和形成机理，此时就可以将不同路段的基本修复方案进行组合，提出多个可行的修复方案。由于这些可行的修复方案直接与路面病害相关，因此，需要注意以下两点：①提出可行修复方案的影响因素。可行的修复方案以病害形成原因和机理为基础，因此，在提出可行的修复方案的过程中，需要考虑路面结构承载能力、功能特性、排水系统、材料耐久性、状况或性能的变化情况、限制条件等与路面病害相关的影响因素。②可行修复方案适用的病害类型。可行的修复方案不仅能够有效地修复路面病害，而且还可以阻止或延缓病害的复发。因此，在提出可行的修复方案的过程中，应考虑到上述影响因素并结合路面病害情况，选择并提出适合处治某类病害的合理方案。

2. 选择候选修复方案

由于可行修复方案仅仅考虑了技术上的可行性，并未结合其他客观因素进行筛选，因此根据路面病害状况，针对病害产生原因及形成机理制订若干可行修复方案后，还需要在若干可行修复方案中选择候选修复方案，以供进一步深入分析，最终得到首选修复方案。对于特定的路面病害情况，可行修复方案可能有多种。例如，针对疲劳裂缝的可行修复方案就有加铺方案、翻修方案以及再生方案三种，候选修复方案需要通过权衡可行方案与项目限制因素获得。一般情况下候选修复方案不仅能够修复现有的路面病害，而且能够防止病害的反复出现，并能满足所有限制因素。根据工程的具体情况，候选修复方案通常是多种可行修复技术的组合，可以修复单一的或者多种类型的病害。候选修复方案应结合路况的详细评价状况、各方案技术特点和使用要求进行选择和设计。

在选择候选设计方案时，还应考虑方案的综合效益，对方案的初期投资和后期投资进行综合评估后选择综合效益好的方案作为候选方案。例如，对一损害状况的路面，如仅考虑初期投资，仅对损坏的路面进行快速修补或者表面处理，由于没有从根本上解决问题，这种病害可能将来还会出现，而且会更严重，将来的维修费用也会增加。一般来讲，修复仅用于严重损坏的路段，但有时还需考虑同时修复相邻病害较轻的路段。例如，一段 3km 的路段中仅有 1km 发生严重损坏，通常仅对这 1km 进行修复，但如果对病害较严重的路段进行改造的同时，把一些额外的资金用于修复损坏轻微的邻近路段，这种做法经济上也是合理的。是否需要投入这些额外资金修复病害相对较轻的路段，必须与修复所获得的效益进行权衡比较。此外，在重交通量路段，如果大修工程会引起严重的交通堵塞问题，为了方便起见，可以对病害严重和轻微的路段同时进行修补。

3. 候选方案初步设计

所有候选方案选定之后，应准备进行修复方案的初步设计。初步设计包括加铺层厚度选择铣刨深度、再生方式以及费用估计等。在候选方案初步设计前，需要收集准确详实的信息，并做好以下工作：①明确修复工程的地理位置，相关信息必须完整、准确。②确定在修复过程中道路的优先通行权和出入口控制。③列出修复方案中采用的所有修复措施，并收集整理各种修复措施的设计与施工资料。④如采用加铺方案，需要合理规划在加铺施工前应完成的修复措施以及各种预处理措施的施工顺序。⑤收集与路面结构层相关的设计数据，包括路基、基层、面层、加铺层、路肩、纵坡、车道宽度、缘石及边沟。⑥预估修复处治措施所需要的材料种类及其数量。⑦如果必要的话，应初步预估土方工程量，还应考虑初步排水系统设计。

在候选修复方案初步设计过程中，应特别注意预测的远景交通量以及气候因素对修复方案设计的显著影响。交通量直接影响修复后路面的结构承载力以及设计使用期内的使用性能，交通量超出设计要求同样会导致修复后的路面出现与荷载作用有关的早期损坏现象。因此，未来的交通状况数据是设计修复方案时必须进行细致调查分析的关键因素。气候状况也会诱发修复后的路面出现早期损坏问题，尤其当采用某些耐久性较差的材料时，上述早期损坏问题更为明显。通过合理选择并设计候选修复方案，可以确保路面经受预测远景交通荷载的作用并达到预期修复设计使用寿命，因而能够尽可能减小修复后路面的早期损害问题。在选择和设计候选修复方案时，应根据路面性能模型预估结果或以往的经验进行综合设计。

三、首选修复方案的确定

路面修复方案设计的第三阶段是选择首选修复方案。通过对经济和非经济因素的考虑，对已经确定的若干候选方案进行比较，即可确定首选修复方案。

1. 费用分析

修复方案的费用分析是选择首选修复方案时的一种辅助措施，也是最重要、最客观的决策依据。寿命周期费用分析通常需要计算服务期内所用累积的成本费用，这些成本费用可以分为两大类：

(1) 道路管理部门的成本费用：①初期修复工程费用，包括与修复工程相关的各项费用。②使用期内的养护费用，包括日常巡视、管理以及采用各种养护措施的费用。③修复工程使用寿命周期内的残值。

(2) 道路使用者的成本费用：①由于修复工程施工所导致的交通延误费用。②车辆行驶费用，包括车辆运营成本、燃油费用等。③由于修复工程干扰交通而导致交通事故的相关费用。

进行寿命周期费用分析时需要输入费用和时间两个因素。这两个因素在很大程度上具有不确定性。例如，修复技术的有效寿命往往受到施工质量、材料质量、环境条件、交通情况、路面同时实施的修复和养护工作等因素的影响。此外，选择用于寿命周期费用分析中的输入参数也具有不确定性。因此，为了消除尽可能多的不确定因素，应充分使用路面状况评价过程中采集的修复性能数据进行寿命周期费用分析。选择首选修复方案的关键问题是确定不同候选方案的使用寿命，由于不同候选修复方案的使用寿命有所差别，因此最好在相同的分析期内对不同的候选修复方案进行分析比较，在分析比较中可以采用决策树法或贝叶斯分析法。

目前，有部分道路养护部门往往不进行深入分析，仅仅针对眼前的需要，随意地选择“速效”或“美容”的处治方法，简单处理路面病害。由于并未分析病害的产生原因与形成机理，上述处治方法往往难以从根本上解决病害，从而导致修复后的路面在短期内再次损坏，不得不增加养护维修次数和费用，导致修复方案的寿命周期成本增加。因此，在修复方案决策过程中应特别注意寿命周期成本的理念，同时尽力做好修复方案的寿命周期成本分析。

2. 非经济因素分析

在决定首选修复方案时，寿命周期成本费用，即众多经济因素中必须考虑的影响因素之一；除此以外，还应考虑政策、交通、施工及养护维修等非经济因素。

与经济因素一样，候选修复方案的使用寿命是一个重要的影响因素，这对负责重交通道路的业主尤为重要，因为车道关闭以及交通延迟都会造成相当大的损失。通过修复方法使路面寿命延长的年数是一个重要的时间参数，也是业主决策标准中的一个重要因素。上述影响因素难以用经济指标量化表示，但是在首选方案的决策过程中必须予以考虑。一般可以根据相应的使用性能标准和政策要求，采用客观赋权法与主观赋权法相结合的方法，确定不同影响因素的权重系数，分析比较不同修复方案的排序结果，并结合经济因素分析，确定首选修复方案。

3. 首选修复方案选择

修复方案决策过程中最重要的一步就是从候选修复方案中选择合适的首选方案。一般而言首选修复方案应满足以下几点：①成本效益最优。②能够准确反映路面病害原因及形成机理并修复路面病害。③能够防止路面病害的复发和未来可能出现的病害。④满足经济和非经济的限制条件。

对一个具体工程，需要根据不同修复方案的寿命成本分析并结合项目限制条件，权衡确定首选修复方案。首先应考虑经济因素，然后再考虑非经济因素。一个可行的方案，当费用分析不能表现出明显的优势时，非经济因素可用于辅助选择。当几个修复方案不能以经济标准衡量时，可以采用决策图表法。

使用决策图表法的步骤如下：①选择评价指标，并按每个指标的相对重要性赋以一定的权重值。②按照预期性能确定各方案中各项评价指标的等级。③将各方案的等级乘以相对应的评价指标的权重值得到一个“得分”。④将同一个方案的各项得分相加，总分最高的方案即为首选解决方案。

当选择的评价指标都有相应的评价数值时，决策图表法是一种非常有效的选择方法，但是在某些评价标准下，相应的评价指标等级可能无法反映不同修复方案的优越性。此时应充分考虑以往的工程经验以及专业工程技术人员的建议，结合主客观评价结果确定首选修复方案。

4. 首选方案详细设计

确定了首选修复方案后，就可以准备详细设计计划以及预算，根据相应的设计规范，设计确定首选修复方案的设计内容。在进行首选修复方案的设计过程中，如果设计要求投入费用或者其他条件发生了较大的变化，则必须重新调查评价选定的首选修复方案是否仍然是一个经济有效的方案，否则就需要重新选择成本效益最优的首选修复方案。进行首选修复方案设计前，应收集整理修复设计中需要的各种输入参数。

（1）与修复工程相关的一般信息。与修复工程相关的一般信息比较简单，主要包括项目名称和修复策略的类型等信息。其中修复策略的类型是关键输入参数，因为绝大部分输入参数都与选择的修复策略类型直接相关。

（2）分析参数。分析参数包括不同的性能标准。设计人员可以使用这些设计标准评价设计结果的可接受性。在分析过程中，设计人员应根据规范的标准规定，选择合适的性能标准。常用的分析参数主要有平整度、病害或使用性能标准，以及病害预估参数等。

（3）交通参数。交通参数是修复工程设计与分析过程中必需的关键参数之一。不同修复方案的设计过程都以远景交通状况的预测为基础，其中最为关键的是轴载谱的预测分析。轴载谱可以反映在给定的时间内，标准轴载的分布及作用次数。一般情况下，修复工程设计中，交通参数的确定方法与新建工程一样。

（4）气候因素。气候因素与路面材料和荷载的相互作用状况相对复杂，难以准确确定。

暴雨、温度、冻融循环以及地下水位等因素会影响路面及路基的温度和湿度状况，随之会直接影响路面结构层的承载能力和路面的整体性能。因此，在修复工程设计过程中，应特别注意温度和湿度状况的变化。

（5）路面结构。修复工程有可能涉及路面结构的修复，即采用结构性加铺层。通常结构性加铺层的设计是一个反复验证的过程。首选应选择并分析初始加铺层设计方案，如果初始加铺层设计方案无法满足一个或多个性能标准的要求，就需要修改设计并再次分析。这一过程需反复进行，直至修复设计能够满足所有性能标准。在设计前，需要确定加铺层的厚度、材料性质以及原路面结构，并考虑加铺前应采取的处治措施，如铣刨、就地再生等。初步拟订的最大路面结构层数一般为4层，包括最上面的3层沥青层，以及1层无结合料或化学稳定类结构层。

在首选修复方案的设计过程中，必须采用相关设计规范中规定的设计方法并满足规定的修复要求。具体的修复设计方法和设计过程可以参考本书相关内容。

第三节　沥青路面的加铺与翻修方案

一、沥青路面加铺方案

在原有路面上进行结构加铺层补强处理时，应按照规范规定的加铺层设计方法进行设计。从形式上来讲，罩面作为加铺在旧路面上的结构层，也是一种加铺方案，但罩面是对路面进行结构性能或功能性能的改善（控制指标是路面损坏状况指数PCI），而结构加铺层是对路面进行结构承载能力的提高（控制指标是弯沉）。通常，罩面只有一个层次（沥青层），而结构加铺层是由一个、两个或更多的层次组成，其设计方法类似于新建路面。但在实际应用中，罩面和补强并无明确的区分。有时，罩面厚度大时，也能起到补强的作用。

《公路沥青路面设计规范》（JTG D50—2017）中指出，当沥青路面的整体强度不足时，需要铺补强层；当沥青路面的整体强度符合要求，但平整度差，或路面产生车辙，或沥青老化开裂时可进行沥青罩面。结构加铺层设计应遵循“预防恢复、经济、安全”的总原则进行，具体要做到以下几点：①加铺前要对现有路面病害进行全面、彻底的治理，系统地考虑由于加铺所带来的诸如道路纵横坡调整、路面排水、桥面处理等问题，制订切实可行的解决方案。②根据道路的地理位置及自身特点，结合道路交通量的车辆组成、区段交通量等因素，制订在通车运营情况下的沥青路面加铺层施工组织方案。③根据国家相关法律与法规，制订合理的交通组织方案，以尽可能地减少和避免加铺层施工与社会行驶车辆之间的相互干扰，最大限度地保证路面在加铺层施工期间的安全、畅通。④以相关技术规范为依据结合加铺层的特点，对施工质量提出明确的标准和要求，便于施工期间的质量控制与检查。

1. 常用的加铺层形式

结构加铺层是提高沥青路面结构承载能力的常用方案。根据加铺作业方法，结构加铺层可以分为直接加铺和经过处理后加铺两种形式。

（1）原有路面上直接铺设加铺层。此方法多用于损坏情形并不严重的路面。如果路表面所显示的裂缝细微，路面的变形不大，则在原有路面上直接铺设加铺层具有良好的效益。

（2）原有路面做技术处理后再铺设加铺层。对原有路面的技术处理一般可以分为以下三类：

1）原有路面软弱路段局部修补后加铺。此方法多用于路面呈现大面积龟裂及坑洞的局部软弱路段。加铺层厚度是依据路面平均强度而进行设计的，因此，它并不可能为局部软弱路段提供所需要的额外结构强度。对于这些软弱路段，可采用局部修补方法，将原有路面挖除并换上强度高的材料，以保证其强度达到附近路面的结构强度。

2）原有路面整平处理后加铺。此方法多用于原有路面出现严重车辙，以及由于路面材料不稳定而产生严重的变形等情况。此时可采取局部刨除的方法，车辙和变形较大的路段应先做整平层。

3）原有路面做防反射裂缝处理后加铺。原有路面出现较严重的裂缝现象时，铺设加铺层之前必须对原有路面裂缝做有效的处理，以防止裂缝反射到加铺层之上从而导致路面的加速破坏。所有的严重龟裂必须维修，局部中等损坏程度的龟裂可以采取铺筑土工合成材料的办法防止反射裂缝，不然也应维修。损坏程度达到严重程度的裂缝应修补，建议采用合适的反射裂缝防治方法。对于结构性车辙必须采用铣刨、重新罩面等方法治理。如果车辙严重，应调查产生车辙的层位，评价是否可以采用加铺方案。

2. 结构加铺层的适用范围

在选择结构加铺方案之前，应分析确定结构加铺层是否适用，确定结构加铺层的可行性时，需要考虑的内容为：资金、施工可行性（交通控制、材料和设备情况、天气、施工问题等）以及使用加铺层后需要达到的设计使用年限。一般而言，当路面与荷载相关的病害程度表现为中等或严重时，采用预防性处治方法难以根治病害，寿命周期成本也比较高，此时就可以考虑采用结构加铺层。

沥青路面加铺层从厚度上可以分为薄加铺层和厚加铺层，即功能性加铺层和结构性加铺层。薄加铺层即功能性加铺层仅仅适用于路面出现功能性衰退的情况，例如平整度下降、抗滑能力不足、车辙过量以及松散、老化等。路面一旦出现结构性的损坏时，不宜铺筑功能性加铺层。厚加铺层即结构性加铺层适用于路面承载能力无法满足预期交通量的情况。铺设结构性加铺层不仅可以处理路面结构性损坏并提高路面结构的承载力，还可以修复路面的功能性损坏。

虽然结构性加铺层能够有效地修复路面病害，改善路面状况，提高路面的承载能力，但是这并不意味着结构性加铺层可以用于任何情况。值得注意的是，当旧路面出现下列几种情况时，不能直接采取加铺方案：①旧路面龟裂严重、范围较大需要对旧路面进行刨除和重铺。②由旧路面材料稳定性不足引起较多的车辙，并且会进一步发展。③旧路面基层严重损坏，需要补强才能为加铺层提供足够的支撑。④由于旧路软基的渗透和污染，粒状基层必须被刨除和重铺。⑤旧沥青表层剥落严重，需要刨除或重铺。

二、沥青路面翻修方案

选择设计高速公路沥青路面翻修方案时需要考虑以下五个问题：①铣刨的层位和深度。②铣刨面层和基层后废料的再生利用。③局部路段基层补强。④换填结构方案。⑤新铺混合料设计。

1. 更换面层

沥青路面大修工程中，面层的具体处治措施包括以下几种：①路面出现较严重的波浪及拥包。此种病害只需使用冷铣刨机将波浪或拥包除掉即可。②道路表面磨耗层出现大面积的裂缝、松散，但路面基层结构与横坡良好。这种情况下，只需用铣刨机除掉损坏的面层，保持规定的横坡，然后重新铺设磨耗层。③路面出现磨光、泛油现象。此类病害会使路面变得光滑而缺少摩擦力，解决的方法是首先铣刨面层，然后重新铺设沥青混凝土。④道路表面出现严重车辙时，易造成通车或排水不畅。解决的方法是用冷铣刨方式除掉病害面层，然后重铺面层，使路面恢复原有的几何形状并恢复排水功能。⑤当桥面或隧道内的路面产生病害，因净空高度的限制或是当桥面不宜增加自重时，不宜采用加铺面层进行修补的传统养护方式，而应用铣刨机除掉损坏的面层，重铺表面层，使路面恢复原有的几何形状并恢复排水功能。

大修工程中，当面层出现严重程度的车辙推移和开裂时需要铣刨重铺。首先根据弯沉资料，对那些弯沉值明显大于设计弯沉值的地段，钻孔取样，分析结构不稳定层的深度，如果已经超出了表面层，且面积较小，则适合采用开挖面层至病害影响深度的处治方案；如果面积较大，可采用机械开挖作业，用切割机切割挖补的边缘按“方补”原则确定与路中心线平行或垂直的病害轮廓边缘线，铣刨边缘线较病害边缘线平面几何尺寸需增加 10cm。

在对旧路面材料换填时，换填料可按原设计方案进行设计铺筑，也可对下卧层次采用与原方案相同的材料铺筑，而对表面层可以采用 AC-13 或 SMA-13 等材料并全幅铺筑。

2. 需要开挖面层、基层修补的情况

根据弯沉资料和钻孔取样分析，如果发现病害已影响到基层，则必须对基层进行处理。以弯沉值较大测点的前一个好的测点作为开挖起点，分别沿纵横方向切缝后实施开挖。视下基层的情况确定开挖深度，若下基层不成型或松散，要继续深挖到硬底，并清边、清底。对于开挖基层面积较小的($<1m^2$)，可采用 AC-30 型粗粒式沥青混合料填补；对于开挖基层面积较大的($>1m^2$)，要回填二灰碎石(掺水泥)或与原路面结构层相同的材料，并采用振动夯板或小型振压路机压实，上喷洒透层油，然后依次回填沥青面层。

3. 更换基层或底基层

当铣刨至基层，基层出现下列情况时，需要对其进行翻修：①基层出现连续的疲劳裂缝(网裂、龟裂)，并有多处唧浆，先铣刨上基层，视下基层病害严重程度再决定是否铣刨下基层。②对于松散，未结成板块的基层或虽然板结较好，但块状裂缝成片、纵横向裂缝密集的基层都需要翻修。③上下基层中间形成缝隙，在裂缝处重车行驶后有唧水现象，且锤击检查后发出空声，要翻修上基层路面。

结构力学认为路面结构破坏的根本原因是过度的应力或应变而不是挠度造成。有些路面损坏如推移、拉裂等与弯沉并无直接联系，而是与结构中的应力应变相联系。理想的承载力评价应以应力、应变为基础，评价关键是确定路面的各层弹性模量。因为，无论是通过弹性层状体系理论电算程序，还是诺谟图计算应变，都必须获知各层模量和厚度。其中，厚度可以通过探地雷达无破损检测获得，而模量必须通过一定的技术途径才能获得。

在落锤式弯沉仪(FWD)应用前，由于模量很难获得，以应变为基础的无破损评价是无法实现的；FWD 应用后，建立在弯沉盆特性基础上的路面结构反算方法，使以应变为基础的无破损评价得以实现。鉴于我国 FWD 使用尚不是很普遍，也可以利用静弯沉法反算结构层模量进行判断。根据路表的完好状况选定面层的模量。根据测得的弯沉反算最危险层材料的模量，用其与处于不同破坏程度的典型静模量值之间的对比关系判断该层所处的破坏程度。若表明已经破坏或处于临界状态，则需更换；反之，表明该路面结构的基层和底基层均不需更换。需要更换某一层时，取相应于破坏状态的模量作为该层的模量，然后反算第二危险层的模量，由此模量值判断该层是否发生了破坏和是否需要更换。当有多个基层和底基层时，按照该方法依次类推。

大修过程中，选取重点路段，钻芯取样，或挖除部分路面，通过目测和试验等手段评价路面材料。若结构层有明显破坏，则需更换。若没有明显破坏，室内测试材料的模量和强度，通过比较材料的测试模量与其典型值来确定是否更换结构层。同时也可以将实测的强度与疲劳强度进行比较，若前者明显小于后者，则需要更换。

4. 需要处治路基的情况

沥青路面需要大修时，最为常见的一种病害是路基中含水量过大，造成路基沉陷和回弹模量过低。在目前的沥青路面设计方法中，土基的回弹模量是路基唯一的一个指标。土基是影响沥青路面结构承载能力、结构层厚度和使用性能的重要因素。

土基的强弱直接影响路表弯沉值的大小和沥青路面使用寿命的长短。路面力学计算结果表明，沥青路面的回弹弯沉值绝大部分是由土基引起的。对于沥青路面，土基回弹模量宜在 40MPa 以上。高速公路大修工程中，可以用以下方法测试其回弹模量：①在路面顶面用静态方法测试弯沉，路面各层材料的回弹模量按通常的范围进行取值，反算土基回弹模量。②用FWD 测试路表的动弯沉，反算土基回弹模量。③将路面铣刨后，用承载板法测试土基回弹模量。此外，还要测试路基土的含水率。若路基土含水率过大，应分析原因，采取新的排水或隔水措施。当沥青路面的病害与路基沉陷无关时，不需要处治路基；若出现大量与路基沉陷有关的病害，则需要对路基进行处理。

路基回弹模量不满足要求时，采取以下措施：①浅层处治。其主要有铺设垫层法，包括砂垫层、碎石垫层、二灰土垫层、水泥土垫层等，还可辅以土工布和土工格栅；置换法，将一定范围内的湿土进行清除，然后进行换填(换填材料同垫层)；用固化剂进行处理；强夯加密法等。②用土工合成材料进行加筋，可以铺在路基表面，也可以将路基部分深度挖出进行加筋。③灌浆和高压喷射注浆。④打砂桩、生石灰桩、碎石桩或深层搅拌桩。

5. 柔性基层换填

基层病害一般根据面层来判定，当路面面层出现坑槽、网裂、疲劳裂缝等病害时，一般情况下，路面基层可能存在严重的病害，因此在路面面层铣刨后应对基层做详细检查。当高速公路大修改造需要挖除损坏的基层时，如何进行重铺是一个很大的难题。用半刚性基层作为沥青路面的补强层是目前常使用的方法，此种加铺方案具有结构承载力强、结构层材料设计简单等优点，但也存在诸多问题：工程量大、高程增加多、未能充分利用旧路面强度、不能避免反射裂缝、排水困难，使加铺后的路面重新面临早期损害的可能。铺筑原来使用的无机结合料稳定集料等半刚性基层，需要至少 15d 以上的养生期，对高速公路的交通运营有很大的影响。在维修期间，如果交通长时间压向超车道或者对方行车道，有可能使原本尚完好的超车道或对向车道产生迅速破坏。

为了避免半刚性基层作为补强层的种种缺陷，目前越来越多的大修工程中开始采用沥青稳定碎石层。沥青稳定碎石混合料柔性基层能够有效地解决反射裂缝问题，提高路面的抗水损害能力，施工简便，价格合理。施工时一次摊铺碾压成型，避免了半刚性基层分层摊铺、养生、施工周期长等缺陷，提高了工作效率，缩短了工期，并且可以连着铺筑基层及各层沥青层直至表面，这样使维修封闭交通的时间大大缩短，将影响交通的程度减轻到最低程度，减小了对超车道和向车道的压力，非常适宜于不宜封闭交通的高速公路大修改造。

虽然沥青稳定碎石会增加部分造价，但其使用性能良好，使用寿面长，具有良好的综合效益。沥青稳定碎石基层是欧美各国及日本的高速公路沥青路面最为常用的结构。英国在20世纪60年代，铺筑了几条试验路，对比沥青稳定碎石基层和贫混凝土基层、水泥稳定土基层等沥青路面的使用性能，通过对试验路几十年的变形和开裂观察以及各项试验表明：沥青稳定碎石表现出较其他类型基层更好的使用性能和经济效益。现除法国外的欧洲各国，一般均采用较粗粒径的沥青稳定碎石基层，最常用的为25mm、28mm、32mm、40mm。欧洲正在逐渐统一规范，建议沥青基层混合料统一采用32mm混合料。美国20世纪60年代后，各州开始倾向于采用大粒径沥青混凝土基层，最常用的为25mm和37.5mm；而为了应对重交通沥青路面的车辙问题，越来越多的交通部门考虑采用沥青稳定碎石混合料，以减小或消除重交通沥青路面的车辙变形。

一方面，沥青稳定碎石混合料基层作为一类柔性结构层，具有强的柔性和变形能力，作为应力消散层，大大延缓了路面反射裂缝的发生；另一方面，沥青稳定碎石混合料基层可以与沥青混凝土面层黏结牢固，并且其模量与面层接近，路面结构受力更均匀。国内外研究应用表明，沥青稳定碎石基层具有以下特征：①具有较高的抗剪强度、抗弯拉强度和耐疲劳性能，与半刚性基层相比，不易产生收缩开裂和水损害。②可以作为应力消散层，有效地减少路面结构中的应力集中现象，大大延缓路面反射裂缝的发生。③沥青碎石基层和面层材料的结构相似，沥青碎石基层可以与沥青混凝土层黏结牢固并且模量接近，路面结构的受力、变形更为协调。④沥青稳定碎石修筑时间短，开放交通早，对交通运营影响小，施工时一次摊铺碾压成型，避免了半刚性基层分层摊铺、养生、施工周期长等缺陷，提高了工作效率，缩短了工期，非常适宜于不宜封闭交通的高速公路大修改造。

沥青类基层在大修工程中主要有两种应用情况：一是换填损坏的半刚性基层，二是在原沥青路面上加铺改造。前者基本上不改变原路高程，后者则会受到高程的限制。沥青稳定碎石混合料由于其独特的结构特征，在使用沥青稳定碎石基层进行补强施工时，需要认真对待混合料配合比设计和施工工艺问题，也需注意横向排水以及沥青稳定碎石与两侧原半刚性基层的连接问题。

第四节　混合料再生方案与优选

一、路面再生方法与分类

再生沥青混合料按施工技术主要分成四大类：厂拌热再生、厂拌冷再生、现场热再生和现场冷再生。每种再生技术各有其技术特点，适合不同路面病害情况，使用方向和范围会有一定的区别。对于不同的路面破损状况，应选择合适的再生方案。再生材料应按其特点使用在合适的位置和层位，以达到效益最优的目标。

二、再生方法的选择

实践表明，沥青路面大修时，再生技术已经变成最有吸引力和竞争力的道路维修方法。再生和加铺技术结合使用以后，维修工艺就包括有加铺层以及无加铺层的再生。在实际工程中，选择再生方案时主要从工程、经济、能源三个方面加以考虑。

(1) 工程因素。工程评价最基本部分是通过路况调查或路面评价确定原有道路的状况。路面评价不当会引起再生方法选择不当，从而无法达到预期性能。路面评价应充分考虑以下因素：路面行驶质量，路面的结构情况、损坏的类型、密度和程度，路面原使用的材料和加铺层计划使用的材料，预期设计寿命。

(2) 经济因素。应根据工程造价对再生工艺进行评价，在经济分析过程中考虑各方案的寿命周期费用。

(3) 能源因素。沥青路面的再生降低了运输成本，减少了材料的需求量，可以有效地保护生态环境。然而，节省的能源数量依赖于具体的再生类型。选择再生方法时需要考虑能源消耗。在最终决定维修方式时事先应该考虑以下因素：可以使用的机械，承包人的施工经验，初期投资，寿命周期费用，交通控制，施工长度等。

第五节　沥青路面排水系统的完善

一、路面排水系统的完善

目前，我国绝大多数高速公路在设计时对路面排水问题考虑较少，仅仅是通过沥青混合料设计方面来考虑提高沥青混合料抗水损坏能力。长期以来，路面排水设计一直未得到应有的重视，结果出现了较多的水损害问题。因此，在路面修复过程中，需要结合现场调查，恢复并完善路面排水系统。

1. 完善路面排水系统的设计原则

沥青路面大修过程中需要对原有的排水系统进行详细的调查分析，然后制订合理的修复完善方案。在制订完善路面排水系统的方案时，需要遵循以下两点：

(1) 改善路面结构内部排水系统。路面破损很大程度与路面结构排水设施不完善有关系。我国前期修建的高等级公路沥青路面，由于工程经验不足、规范不完善、施工水平不高等原因，路面排水系统的设置不尽合理，需要在修复过程中进行完善。

(2) 路面施工临时防排水设计。由于路面处治与新建不同，不是一层层由下至上铺上来，而是由上至下挖开路面，再由下至上进行铺筑。对于路面部分需要进行下承层(基层或下面层等)处治的，必须挖开路面一部分，形成坑槽；若施工不及时，雨水进入路面，将存在破损隐患，对保证路面质量非常不利。特别是多雨地区，更要注意施工临时防排水设计。

2. 路面排水系统的组成

路面排水系统包括路面表面排水、中央分隔带排水、路面结构内部排水。

(1) 路面表面排水。一般情况下，路面表面排水分两种形式，一种是漫流排水方式，另一种是集中排水方式。填方段采用集中排水方式，挖方段采用散排水方式。主线填方段及匝道路面采用集中排水，路面水通过边坡泄水槽排入排水沟；主线挖方段以及设置路肩墙的路段采用散排水，土路肩设置平缘石，顶面采用浆砌块石砌筑，路面水通过土路肩直接流入边沟。超高段外侧路面表面排水采用石砌边沟形式，纵向每隔一定距离在分隔带设置大集水井，超高段的路面水通过暗管汇集到大集水井中，再由埋在路基下横向排水管排到低侧的挖方边沟或填方泄水槽中；根据具体的横断面，如果向低侧排水有困难，横向排水管可伸入到路基排水沟中。

在以往的设计中，路肩排水设施排除路面降水通常采用横向分散排水或纵向集中排水两种方式。在路线纵坡较缓、填方边坡较低且边坡坡面不会受到冲刷，降雨稀少地区汇水量不大的情况下，采用横向分散排水方式，其余路段均采用纵向集中排水方式。其形式就是在路肩外侧边缘设置一个开口，将水汇入边坡急流槽，再排到路基坡脚以外的排水设施中。但是在实际运营中发现在沥青混凝土硬路肩与现浇混凝土拦水带相接处出现断裂，产生裂缝，这主要是由于路肩边缘处路基压实度不能满足要求而引起路肩部分路基下沉。而产生裂缝部位正处于拦水带与硬路肩所形成的浅三角形过水断面范围之中，在降雨季节，路面表面水经拦水带拦截，再经由急流槽排离路基的同时，一部分水沿裂缝进入路面结构层内部，浸湿路面各结构层材料和路基土，使其强度下降，变形增加，从而降低了路面结构的承载力，造成路面种种病害的产生，缩短了路面的使用寿命。

由此，在路肩边缘设置拦水带，采取集中排水的方式不可取，路肩排水设计均应采用横向分散排水的方式。建议取消拦水带，让水漫流至路外；为便于路表水的迅速流出，路肩的横坡不应小于3%；如果硬路肩强度不足，还要采用挖除一定厚度的原路肩，采用回填半刚性材料的方法进行补强处理，以保护路面结构。现在公路技术标准对路面横坡、纵坡都有规定，在潮湿多雨地区，应该尽可能采用横坡的上限，以利于排水。在超高路段，水是反向流向路面内侧，必须做好积水井等排水设施，内侧边沟和排水管、盲沟等各种措施都必须仔细检查、落实，并加以完善。

（2）中央分隔带排水。落在中央分隔带上的表面水会渗入到分隔带土体及路面结构内，影响到路面的强度和稳定性，所以中央分隔带排水是高速公路建设地表排水系统的重要内容。对填方路段中央分隔带，其排水系统主要作用是排出中央分隔带范围内的表面渗入水。中央分隔带表面做成向内微凹的横断面形式，落在分隔带上的表面水横向流向分隔带低洼处，集在中央分隔带的中央部位。填方段的中央分隔带内设软式透水管和防水土工布，并每隔一定距离设置集水坑，用以汇集从中央分隔带渗入的水，并通过横向塑料排水管排出路基边坡、边坡泄水槽或路基边沟中。施工时，应先将中央分隔带内的填土按照设计进行开挖，然后埋放软式透水管。挖方段的中央分隔带排水与路基顶面的纵横向盲沟相结合。

（3）路面结构内部排水。降落在路面表面的水，会通过路面接缝、松散等病害处或者面层空隙下渗到路面结构内部。被围封在路面结构内部的水分，会浸湿各结构层材料和路基土，使其强度下降，变形增加。而且进入空隙内的自由水在行车载荷作用下，会成为高空隙水压力和高流速的水流，冲刷材料并从缝隙处向外喷射出带冲刷材料的泥浆（唧泥），促使沥青面层出现剥落与松散，从而使整个路面结构的使用性能迅速变坏。高速公路大修时，应完善原有路面结构内部排水系统。因此，美国 AASHTO 沥青路面结构设计指南对路面结构设计的第一项要求不是承载力，而是排水性能。

我国路面设计一般都不考虑路面结构层内部的排水问题，相反普遍设计了埋置式路缘石、砌筑式路肩等一系列封闭式结构，阻碍了渗入路面内部的水的排出；也有设置盲沟的方式排水，但盲沟的效果都不理想，在使用过程中很容易堵塞，有些盲沟中的 PVC 管，不到 3~5 年就开始堵塞，逐渐失去效用。在路面大修设计时，需要考虑混合料内部层间水和缝隙水的排水问题，保证渗入路面内部的水能排出路外。可考虑采用以下两种方式进行路面内部的排水：①加设路面边缘排水系统。边缘排水系统是由沿路面边缘设置的透水性填料集水沟、纵向排水沟、横向出水管和过滤织物组成的排水系统。②最简单的方法是在中下面层边缘设置 15cm 宽的碎石层盲沟纵向排水方式。其上面覆盖表面层，碎石层纵向每 5m 设一出口；也可以尝试对浆砌路肩和埋置式路缘石每隔几块去除一块，留作路面结构排水。

二、路基排水系统的完善

1. 完善路基排水系统的设计原则

水是造成路基及其沿线构造物病害的主要因素之一。为防止地面水和地下水对路基的损害，在大修时需要详细调查分析原有路基排水系统的不足，进一步完善路基排水系统，确保排水畅通、结构稳定。在制订完善路基排水系统的方案时，需要注意以下几点：

①查明水源和补给的水量对路基的危害程度，分清主次，采取相应设施，完善路基排水系统。②选择合理的排水方案和排水设施，减少地下水、农田排灌水对路基稳定性及强度的影响。③选择合理的排水方案和排水设施，将路表水迅速排出路基之外，最大限度地减少雨水对路基、路面质量的影响，减少因路表水排水不畅或路表水下渗对路基、路面结构和使用性能产生的损害。④应根据实际情况与需要，设置施工现场的临时性排水措施，以保证路基土石方及附属结构在正常条件下进行施工作业，消除路基基底和土体内与水有关的隐患，保证路基工程质量，提高施工效率。

2. 路基排水系统的组成

路基排水系统由边沟、排水沟、泄水槽、路基外沟渠，以及沿线桥涵、涵洞排水组成。高速公路大修时，应对这些排水设施进行进一步完善。

（1）边沟。边沟一般设置在路堑、矮路堤、零填零挖路基及陡路堤边缘外侧或坡脚外侧，主要用来汇集和排除路基范围之内和流向路基的地面水。工程中常用的边沟形式有三种：混凝土预制块、浆砌片石、盖板边沟等。

边沟常见的损坏现象及修复方法如下：①伸缩缝处有渗水现象。这种问题在混凝土预制块边沟中比较常见，处理时可在边沟底部铺设防水层，以防止水渗入路基。②盖板边沟的淤积。这种问题不易发现，养护难度大，出现问题难以修缮。在设计中可以依据地形情况，尽量少采用盖板边沟，也可做成浆砌片石明沟，如采用混凝土预制块时应在底部铺设防水层。

（2）排水沟。排水沟的作用是将边沟、截水沟、取土坑所汇集的水流或路基附近的积水引至桥涵或路基范围以外的天然河流。排水沟路段主要是平坦地段和农灌地段，纵向排水沟过长，沟内的雨水难以排出。在大修过程中应结合横向排水涵等加以完善，在出水不畅路段应设置蒸发池。

（3）拦水带。边坡急流槽拦水带和急流槽主要用于拦截地表径流，减缓地表径流对路基的冲刷。填方路段应设拦水带和边坡急流槽，否则导致路基边坡冲刷、路肩坍塌。边坡急流槽断面尺寸不宜过小，否则雨量大时流水溅至坡面将导致下沉。在大修工程中，应根据调查情况完善拦水带和急流槽，针对冲刷状况可以适当加大边坡急流槽断面尺寸，以深 30cm，宽不小于 50cm 为宜。边坡急流槽在施工前须将基底夯实，不得在虚填土上修筑。

(4) 截水沟。挖方路段路基的上侧山坡上应设置截水沟以拦截地表径流。截水沟应大体沿等高线布置，根据地形地貌尽量在挖方边坡坡口外设置。截水沟设置得是否合理，将关系到地面径流能否顺畅排泄和挖方边坡是否稳定，因此，完善路基排水系统时不可掉以轻心。对于上侧山坡汇水面积较大，一道截水沟不能保证拦截全部地面径流，可设置多道，采取分散径流，降低流速，做到分别拦截，梯次排水。

(5) 急流槽。急流槽是纵坡很陡的人工水槽，主要作用是削减流水的冲刷能力。设置急流槽时需要远接远送，否则出水将周围路基土冲刷后逐渐坍塌，直接危及涵洞与路基的稳定。急流槽出水口应设在自然沟道纵坡较缓处，除做到早接远送外，在养护中应及时修补涵洞及急流槽出口的水毁部分。

(6) 涵洞和通道。实际工程中有一些通道兼作排水涵洞，下雨后通道内有洪水通过，人畜无法通行，给当地群众造成很大不便，在使用过程中也存在安全隐患。在大修过程中，应根据具体情况将通道与排水涵分开设置，或在通道设计时应考虑人行与排水互不干扰的结构形式。

三、沥青加铺层的排水

对于沥青加铺层而言，预防水对路面的损害有两种方案：一是在沥青加铺层下设置排水系统，二是在加铺层下设置下封层。具体方案和步骤如下：

(1) 恢复路面横坡。由于车辆荷载的反复作用和路基的沉陷，原有公路的路面横坡都较小，有的路段甚至出现路基边缘比路中心高的情况。所以，应保证沥青加铺层底面横坡大于或等于 2%，便于路面水迅速排除。

(2) 喷洒透层沥青。在基层顶面喷洒足够数量的透层沥青，增强上下层间黏结的同时还可防止雨水渗入基层。

(3) 在铺筑沥青加铺层前设置防水层。下封层可采用针入度不大于 70 的优质沥青，沥青用量不少于 2.3kg/m^2；也可采用喷洒单层沥青表面处治作为防水层，其材料的规格和用量都应符合单层沥青表面处治的要求。

(4) 设置排水底面层。采用 3.5~4.0cm 厚的多孔隙沥青混合料做路面结构的底面层，可以较迅速地排出进入路面结构层的雨水。多孔隙沥青混合料的空隙率应不小于 20%。在潮湿多雨地区，多孔隙沥青混合料宜采用改性沥青。为提高矿料和沥青的黏结力，可以采用 1.5%~2%的消石灰粉或 2%的水泥代替等量的矿粉加入矿料中。此外，在设计沥青面层时，特别是表面层，建议采用空隙率小于 5%的密集配沥青混合料，或者是采用空隙率小、表面构造深度大黏结力强、变形能力大的 SMA 面层。

四、特殊部位的排水

1. 路桥过渡区的排水

为防止桥头搭板与路面基层形成的三角区域内有积水，在三角区搭板内部横向每 2m 设置一塑料排水管，竖直伸入台背填土的砂砾层中，保证渗入到结构中的水顺畅排出。施工时为防止排水管堵塞，应在其中灌满砂子。

2. 桥面铺装结构的排水

大中桥沥青混凝土下面层在泄水口侧纵向增设一条碎石盲沟，有利于排出桥面结构层内的水分，同时要求泄水口底面必须低于混凝土桥面铺装顶面。为保证桥表面的水顺利排出，桥头位置应增加泄水槽。

3. 凹曲线段路面的排水

从路线纵断面图上可以看出，凹曲线段易于汇水且难以利用纵向排水设施排水，只能依靠路拱横坡或者合成坡度进行横向排水。对于凹曲线段合成坡度小于 2%的地带需增设盲沟，增设方法为凹曲线最低处增设一条，其前后 50m、150m 处各增设一条。

4. 路面损坏路段的排水

老路面有坑槽、裂缝的地方应将其清除，然后用沥青混凝土补铺；车辙较严重形成洼坑的地方，应增设碎石盲沟，防止积水。超高段外侧路缘石砌筑时，缘石下面全部填筑混凝土，防止土路肩的降水渗入结构层内部，造成水损害。

5. 路面施工临时排水

如前所述，完善路面排水系统时必须认真考虑路面临时排水，针对路面临时排水的特点，一般可以采取以下措施：①横向排水管有明显损坏的重新置换。路堑地段降低原排水沟沟底高程，确保横向排水顺畅，同时在沟底设置盲沟以降低路基的地下水位。②增设层间结构排水的下封层。下封层与两侧硬路肩和中央分隔带排水沟的防渗混凝土连成整个横断面的封闭层，切断路面水的下渗途径。

第八章　沥青路面翻修工程设计与施工

当路面出现严重结构破坏时，需要将路面铣刨或挖除，并予以换填，即采用翻修方案。高速公路沥青路面的翻修大致可分为两种情况：一种情况是高速公路接近或到了其使用年限，或者到了大修周期；另一种情况是高速公路出现严重的早期损坏，已经影响到道路的正常使用。本章结合目前我国高速公路沥青路面三种典型病害——车辙、水损害和裂缝，讨论当路面分别出现某种主导性病害时的路面翻修方案的设计过程。

第一节　车辙翻修工程设计与施工

一、车辙病害调查及成因分析

在选择路面大修方案时，特别是在旧路面车辙病害严重的路段，应对车辙成因进行深入调查和分析，包括车辙病害程度调查、交通量调查、路面结构与材料调查等。在此基础上，结合室内试验，分析车辙病害成因，为新铺路面的材料和结构设计提供必要的依据。

1. 车辙病害调查内容和方式

（1）一般全线车辙调查。在病害处治以前，对高速公路全段进行全面系统的车辙病害调查，分析车辙病害的程度和分布状况。

1）采用人工断面量测或激光车辙检测车连续测定路面上的车辙深度，并建立车辙深度与里程之间的关系。采用人工断面量测方法计算路面代表车辙深度时，在检测路段上量测按一定间距（通常为 50m 或者 20m）分布的测试断面上每个车道上的车辙深度，计算路面代表车辙深度（D_τ）。

$$D_\tau = \overline{D} + S\frac{t_\alpha}{\sqrt{N}}$$

式中　$\overline{D}$——评定路段内车辙检测值的平均值；

S——评定路段内车辙检测值的标准差；

N——评定路段内车辙检测的断面总数；

α——置信水平（保证率），一般取 95% 或 90%；

t_α——分布表中随自由度（$N-1$）和置信水平 α（保证率）而变化的参数。

2）根据所测量的车辙深度，将车辙按病害程度划分等级（严重、中等、一般、无四个等级），作为制订不同路段车辙的处治方案的依据。

3）根据车辙在所调查路段上的分布情况，首先分析不同路段车辙程度差别的原因，即车辙是由交通量差别造成的还是由材料或结构差异造成的；然后通过对不同车辙程度的路段的材料和结构设计方法进行对比，吸取教训，总结成功经验，在后续设计中特别加以考虑。

(2) 典型路段断面测量。

1) 在车辙断面的隆起处、谷底处分别钻芯取样，并在同一断面处的路肩未受行车荷载作用的位置钻芯，分别量测各芯样的总厚度和各层厚度。

2) 依据以上量测的数据，分别计算总的车辙变形量、各层的车辙变形量，分析发生车辙变形最大的层位，并对其进行室内沥青含量抽提试验和分析，确定材料对车辙成因的影响。

3) 观察层间的结合情况是结合紧密还是分离。理论分析和试验均表明，路面各层层间结合不佳会加剧车辙病害。因此，对芯样结合状况的观察主要为了了解层间黏结不佳的原因，如层间污染或黏层油未起效果。

2. 室内试验分析

除了现场调查获得车辙分布状况，对钻取的路面芯样测量之外，还应对芯样进行室内试验分析，更进一步了解车辙形成机理，为沥青路面翻修过程中混合料及结构设计提供依据。

(1) 空隙率测试分析。对车辙处同一断面不同位置的芯样进行空隙率测量，可以了解到各结构层空隙率的变化，在一定程度上反映出车辙发生的原因。调查表明，车辙处路面各层的密度一般要大于隆起处和停车道处对应层位的密度，因此开放交通后行车辆荷载对沥青路面的进一步压实是产生车辙的原因之一，同时也说明了车辙产生的第一阶段(压密过程)是很难避免的。

(2) 级配调查分析。对钻取的芯样进行室内抽提试验，可以得到每个芯样的集料级配。但在分析矿料级配时需要注意，由于在钻取芯样的过程中会有一部分粗集料破坏，级配肯定会与实际有一定差别，即芯样级配与原设计相比肯定是变细了，所以在分析车辙成因时，不要被这个现象所误导而完全将车辙归因于级配偏细，忽略了对其真实原因的探究。

一般情况下，可假设在取芯过程中各路段芯样的粗集料受到破坏程度基本相同，通过对不同车辙的路段芯样的级配进行比较，可以由级配差异分析来自级配方面的原因。芯样级配偏细的可能原因(除因取样破坏造成的原因)有以下几个方面：①混合料设计时就偏细。有些工程项目为了设计和施工的方便，多依照以往的经验，设计为 AC 型沥青混凝土，有的也为了防止路面渗水，采用细的混合料级配。②施工过程中，由于料源或者设备参数发生变化，导致级配偏细，偏离设计级配。这是很多车辙路段之所以出现车辙的原因。

(3) 沥青含量测试分析。从现场路面钻取芯样后，需要测定芯样的沥青含量。沥青含量可采用溶剂抽提法、燃烧法等方法测定。其中，燃烧法是一种新型测试方法，具有产生沥青烟气少、测试时间短和可连续测试的优点，得到了越来越广泛的应用。

沥青用量是影响沥青路面车辙的一个重要因素。沥青用量大沥青膜变厚，自由沥青将影响集料之间的嵌挤，成为集料之间互相滑动的润滑剂，就会降低沥青混合料的抗剪强度，在交通荷载作用下，很容易产生车辙变形。研究表明，最佳沥青用量减少 0.3~0.5 个百分点，动稳定度将成倍增加；相反，如果沥青用量增加，即使在施工允许的 0.3 个百分点的范围内，也会造成动稳定度的大幅度减小。如果抽提试验结果为沥青用量偏大，需要具体分析原因。根据我国目前沥青混合料设计和施工情况，造成沥青用量偏大的原因主要为：①混合料设计时沥青用量本身就偏大。目前，我国沥青混合料的设计方法是采用马歇尔法。该法设计的最佳沥青用量比 Superpave 设计法和美国 GTM 设计法设计出的沥青用量要略大一些。②料源发生变化。如矿料性质和级配发生变化，设计的沥青用量与矿料不相适应，使得沥青膜较厚。③由于拌和楼沥青添加系统控制的问题，导致沥青用量偏大。

沥青路面经过行车荷载的作用，不同层位的沥青用量会发生变化，这个情况在分析沥青含量的原因时也应加以考虑。往往车辙比较严重的路段，车辙处上面层的沥青含量要大于停车道处的沥青含量，而车辙处中、下面层的沥青含量明显低于停车道处。根据胶浆理论，可以对产生上述现象的原因进行简单的分析：沥青混合料是由影响沥青混合料黏弹性的沥青胶浆和提供沥青混合料骨架结构与稳定性的矿料两大部分构成。在夏季高温条件下，沥青胶浆基本处于半固体状态，在行车荷载的作用下，轮迹下的胶浆横向流动到隆起处，隆起处的沥青增多。随着变形的进一步发展，细集料也可能发生横向流动，使隆起处的结构变得松散。而中、下面层在行车荷载的作用下，可能出现"振浆"现象，部分胶浆上浮至上一层，一部分胶浆在剪应力的作用下发生横向流动，造成中、下面层的油量变小，

（4）沥青路面厚度测量与车辙变形计算。对钻取不同部位的芯样，测量其总厚度和各层厚度，并计算芯样各层的变形率，用于分析沥青层厚与车辙的关系以及车辙变形的主要层位。沥青面层各结构层的变形是相对于原铺筑厚度或设计厚度的改变量，测定的变形量的大小可以直观地反映出车辙在各结构层的分布情况。

在我国开展的一些调查中发现，车辙变形主要限于表面层和中面层，并且中面层对车辙的变形贡献更大一些。芯样各结构层变形率调查分析结果表明，中面层的平均变形率为57%，是产生车辙的主要层位，对车辙的贡献最大；而上面层的平均变形率最小，只有19%。对于下面层，变形率的值比较离散，个别路段的变形率达到了59%，是车辙发生的最主要层位。分析其原因为，该路段下面层比较薄，只有40mm左右；该路段在施工过程中质量控制不严格，导致下面层比较软弱，从而在行车荷载的作用下产生了较大的变形。因此，由上面的分析，可以认为车辙主要发生在中面层，对于个别下面层比较软弱的路段，车辙主要发生在下面层。

在陕西西宝高速的调查中发现，部分路段的车辙比较严重。通过对车辙处芯样外观的分析发现，部分路段的面层发生了严重的流动变形，其中中面层变形最大。分析其原因为，一方面是中面层所承受的剪应力最大，其在路表以下6cm左右处出现峰值；另一方面中面层采用的是基质沥青，自身的抗车辙能力较差，在路面温度达到60℃以上时，沥青胶结料的黏度急剧下降，沥青混合料的抗剪强度大幅降低，胶浆和细集料在行车荷载的作用下发生横向流动，产生失稳性车辙。

实际上，面层各层占车辙总变形的比例并无定数，各层变形的大小与各层的强度大小、轴重大小、荷载持续时间及温度等有关：①当公路上运行的车辆轴重小、车速快、温度较高但持续时间短时，表面层则有可能产生较大的车辙变形。②当表面层使用了改性沥青时，中面层极有可能出现较大的变形。③当车速低，轴载对路面的作用时间长，特别是当中、下面层没有采用改性沥青，高温性能较差时，将会引起中面层和下面层出现较大的变形量。④当轴重大时，由此引起的剪应力峰值下移，有可能引起中面层，甚至下面层产生较大的变形。

（5）结构层层间结合情况调查分析。沥青路面车辙大小和沥青层与基层的接触条件也有关。我国现行的《公路沥青路面设计规范》（JTG D50—2006）中假设层间接触为完全连续状态，但是实际上层间接触往往介于连续状态和滑动状态之间。国内大量理论分析表明，当沥青层与基层的层间结合状况由连续状况变为滑动状态时，层间剪应力会急剧增大，沥青路面更易出现车辙。在沥青路面调查过程中，通过查看不同路面结构路段芯样的层间接触情况，

可以分析层间结合状况对沥青路面车辙的影响。

对陕西省几条高速公路的调查发现，在大多数出现严重车辙的路段上，路面结构芯样的层间接触状态很差，基层和沥青层的整体性已完全丧失。对河北省唐山市迁曹公路的调查发现，在路面和桥面铺装层出现严重车辙的路段，铣刨部分沥青层后可以明显看出沥青层和基层已经完全分离，同时在沥青层和基层之间存有大量水分，这将进一步弱化层间的黏结状况，导致沥青路面出现大量车辙。

因此，沥青层与基层黏结差也是产生车辙的一个重要原因，在沥青路面翻修过程中需要采取方法改善或增强沥青路面结构的层间接触。

二、抗车辙的翻修方案材料组成设计

大量调查和研究表明，沥青路面车辙是剪切变形破坏。1987 年 Eisenman 的报告指出，车辙的初期阶段主要是由压密造成的，后期主要是由于混合料剪切流动引起的，并且后期的流动变形是车辙的主要成因。SHRP 的研究表明，车辙是一种剪切破坏，是重复荷载作用下的剪切永久变形的累积。因此，为了提高沥青路面的抗车辙能力，就需要提高沥青混合料的抗剪强度。对路面车辙严重的路段翻修时，应以提高沥青混合料高温性能为目标，结合路面车辙成因调查分析结果，针对具体病害成因，进行材料组成设计，并重点考虑材料选择、混合料类型和级配、混合料空隙率和设计方法等因素。

1. 材料选择

沥青混合料属于分散体系，在较高温度范围内，是由强度很高的矿质粒料和黏结力相对较弱的沥青结合料所构成的混合体。一般采用库仑的内摩擦理论分析沥青混合料在高温状态下的强度和稳定性。

$$\tau = c + \sigma \tan\varphi$$

式中 τ——沥青混合料的抗剪强度，MPa；

σ——正应力，MPa；

c——沥青混合料的黏结力，MPa；

φ——沥青混合料的内摩擦角，rad。

其中，内摩擦角取决于矿料及其级配特征，而内黏聚力取决于沥青及其数量，所以在路面车辙病害翻修过程中进行材料设计时，应设法提高沥青混合料的抗剪强度。选用优质的材料，并进行级配的优化与设计，以取得最大的内摩擦力；确定合适的沥青用量和粉胶比，以使混合料取得最大的黏聚力。

（1）集料。集料是构成沥青混合料的主体。集料的规格、形状、质地等均对混合料高温性能有影响，在选择集料时，应选择质地坚硬、粗糙棱角多且与沥青的黏附性强的集料。集料中的针片状颗粒易在施工碾压或在交通荷载作用下被压碎，从而诱发路面病害。因此必须限制粗集料针片状颗粒的含量，一般要求表面层不超过 15%，其他层不超过 18%。细集料的棱角性对混合料的高温性能也有影响。天然砂表面光圆，影响混合料的嵌挤作用，所以对天然砂的含量应该适当控制：一般热拌密级配沥青混合料不宜超过集料总量的 20%；对重载交通及上坡路段，天然砂不宜超过 10%；SMA 和 OGFC 混合料不宜使用天然砂。为了提高细集料的棱角性，在路面车辙病害翻修过程中，应采用机制砂。机制砂与石屑不同，石屑含有大量的不耐冲击的薄片和棱角；而机制砂则没有，其形状接近于立方体，有助于提高混合料的嵌挤作用，从而提高混合料的高温稳定性。另外，集料本身性质与矿料级配交互作用也会影响混合料的性能。为了验证 Superpave 提出的以“限制区”和“控制点”为特征的混合料级配的合理性，美国 NCHRP 用 3 种集料与 3 组不同级配混合料进行了车辙试验。试验发现，不同组合混合料车辙试验的平均车辙深度除与级配有关外，还与矿料类型有关，并不是某种级配的混合料性能肯定就好。

（2）沥青结合料。沥青结合料的质量和用量决定着沥青混合料黏聚力的大小，也影响着混合料的内摩擦力。因此，为了提高修复后沥青路面的抗车辙性能，在车辙病害翻修时应使用黏度大的沥青，且其用量要严加控制，如原路车辙病害比较严重，上、中面层沥青混合料应采用低标号、黏度大的沥青，如采用 50 号沥青，甚至更低的标号，如高模量沥青 30 号或 10 号大量改性沥青。试验结果表明，同样级配的沥青混合料，采用改性沥青可使车辙试验动稳定度成倍增加，能显著提高混合料的高温抗车辙性能。在翻修方案的沥青混合料设计中，对车辙比较严重的路段，建议使用 SBS 等热塑性橡胶类改性沥青或 PE、EVA 等热塑性树脂类改性沥青。

近年来，为了防治沥青路面的车辙病害，涌现出了大量的改善沥青混合料高温抗车辙性能的产品，诸如各类抗车辙剂、纤维、高模量沥青、天然沥青等，但是各类产品改善效果不一，使用前应通过试验择优选择，并注意这些产品对其他路用性能的不利影响。另据有关研究认为，就沥青对沥青混合料高温性能的影响来说，沥青含量的影响也很重要。对于细粒式或中粒式密级配沥青混合料，适当减少沥青用量有利于抵抗车辙。

因此，当用马歇尔法进行混合料设计，且主要考虑高温性能时，沥青用量应在介于最佳沥青用量 OAC～OAC-0.5%内选择。但对于粗粒式或开级配沥青混合料，在考虑抗车辙时应综合考虑级配集料对沥青的吸收性、集料与沥青间的黏结力、混合料的空隙率等，不能简单地采用减少沥青用量的方法来改善混合料的抗车辙性。

2. 混合料类型和级配

混合料类型和级配也是影响沥青混合料的高温性能的一个重要因素。国内外对集料级配的研究比较多，通常认为沥青混合料的高温抗车辙能力有 60%是依靠集料的嵌挤力。合理的级配可以使集料形成骨架嵌挤结构，增加内摩阻力，提高沥青混合料的高温抗车辙性能。集料粒径对沥青混合料的高温稳定性有相当大的影响。传统的观点认为，集料越粗对抗车辙越有利，因此我国的路面结构中集料粒径一般比较大。例如，沥青路面表面层集料经常为 13mm 公称粒径，而我国则常用 16mm 公称粒径，中下面层更大。但是车辙试验表明，对 AC-13、AC-16、AC-25 沥青混合料，公称粒径越大并不意味着动稳定度越高。

美国在验证 Superpave 配合比设计成果的西部环道试验中，将集料分为粗、中、细 3 种级配。该试验表明，热拌沥青混合料在最佳沥青用量，空隙率 8%时，粗级配的车辙深度最大，细级配次之，中级配最小。交通运输部公路研究所的试验结果也表明，在最佳沥青用量时，在不同粒径的混合料中，中粒式沥青混凝土的高温抗车辙能力最好，其次是细粒式，粗粒式反而最差。所以不能一味追求通过增大粒径来提高抗车辙性能。

另外，传统观点认为，粗级配混合料的抗车辙性能好，即在最大公称粒径一定的前提下，粗级配（级配范围下限）的混合料高温性能要优于细级配（级配上限）美国 SHRP 在最初的设计指南中建议采用通过“限制区”下缘的粗级配，但在西部环道的现场试验却发现，出现车辙最早、修补次数最多的恰恰是粗级配混合料，反而细级配混合料表现出较好的抗车辙能力。同样在 NCAT 足尺试验路中，根据 SHRP 方法设计了多组混合料，包括限制区之上的细级配限制区下(BRZ)粗级配、通过限制区(TRZ)的级配，铺筑了共 46 段试验段。研究发现，不论是 ARZ 还是 BRZ 都没有表现出显著突出的或优于对方的抗车辙性能，而且试验段混合料的抗车辙性能与所采用的矿料类型有很大的关系。后续的大量室内试验也证明了这一点。

所以说根据级配曲线位置所定义的粗细级配不能作为选择和确定矿料级配的依据。从级配方面提高混合料的高温稳定性关键在于设计，应保证矿料粗细搭配合适，既有粗集料所提供的抵抗移动变位的能力，也有细集料提供的点接触的摩擦阻力，从而形成嵌挤密实级配。

3. 空隙率

空隙率表征沥青结合料填充集料间隙后剩余的空间，是影响沥青路面路用性能的重要因素，对沥青路面高温抗车辙性能的影响也特别大。例如，我国规范规定夏炎热区中、轻交通量条件下，密级配沥青混合料设计空隙率为 3%~5%；而对于重载交通的情况，空隙率宜适当提高到 4%~6%范围内，以减小沥青用量，再通过合理的碾压工艺来提高沥青路面的抗车辙性能。根据我国压实度指标大于 98%的要求，现场空隙率一般在 5%~8%之间。

目前国内外一般要求现场空隙率在 3%~8%之间，但从实际路面调查结果表明，现场空隙率离散性非常大，分布在 2%~18%之间，过小和过大的空隙都将导致多种病害的发生。大量的研究表明，沥青混合料的残余空隙率不能太小，因为在夏季如果其内部没有足够的空隙供沥青结合料热膨胀的话，必然会引起泛油和流动，从而在行车荷载的作用下很容易发生失稳性车辙。美国 Westrack 环道试验的结果表明，4%的现场空隙率是最小空隙率的临界界限。德国专家 Gauer 从沥青的热胀解释德国对最小空隙率的要求，认为最小现场空隙率不得小于 3%。

4. 混合料设计方法

采用不同的混合料设计方法设计出的混合料，由于设计参数、指标限值和技术要求不同，设计结果也各不相同，因此沥青混合料抗车辙性能也不同。沥青混合料主要由沥青胶结料、集料和空隙三要素构成。沥青混合料设计的任务就是确定三要素在沥青混合料中的适宜体积比例。沥青混合料的常规设计过程一般包括三个主要内容：确定适宜集料级配、确定最佳沥青用量、工程性能评价等。现行的沥青混合料的设计方法主要有马歇尔方法、Superpave 设计方法和 GTM 设计方法等。

(1) 马歇尔设计方法。这是目前我国规范推荐使用的混合料设计方法。这种方法通过室内试验，根据稳定度与流值(荷载变形关系)、密度与空隙率(体积特性)的分析得出混合料最佳沥青用量(配合比)。马歇尔设计方法适用于密实型沥青混合料的设计。现在研究普遍认为，马歇尔法采用的体积参数和经验性参数，难以保证沥青混合料路用性能，特别是马歇尔稳定度、流值与沥青混合料的高温性能相关性不好。但马歇尔法所需设备价格低廉，便于携带，受到设计和施工单位的欢迎，在我国有较长的应用实践，是目前沥青混合料配合比设计和施工质量检测的主要方法，今后一段时间仍将大量应用。

(2) Superpave 混合料设计方法。Superpave 沥青混合料的体积设计过程分成以下几个部分：①原材料的选择。②集料结构的选择和设计。③最佳沥青含量的选择。④沥青混合料水稳定性分析。

与现行的密级配沥青混合料马歇尔设计方法相比，Superpave 混合料体积设计有以下几个重要不同之处：①Superpave 采用了更加接近于实际路面压实状况的旋转压实成型方式。②增加了混合料短期老化，使更适合于大粒径（25~50mm）的集料。③加大了试件尺寸（直径150mm），更适合于大粒径（25~50mm）的集料。④实时测量高度与旋转次数，并绘制压实曲线，从而能够评价混合料的压实特性。⑤在最大压实次数时规定了一个最大密度，使混合料的抗车辙能力更有保障。⑥在初始压实次数时规定了一个最大密度，避免了不稳定混合料的产生。⑦将混合料结构的选择作为设计过程的主要部分，使混合料的结构更为合理。

运用该法设计的沥青用量接近或略小于马歇尔法设计结果，由于该法具有诸多优点，我国越来越多的高速公路借鉴该法设计混合料，是以后混合料设计方法的一个发展方向。

（3）GTM 混合料设计方法。美国工程兵旋转压实剪切试验机（GTM）是美国工程兵团 20 世纪 60 年代发明的用来进行重载交通情况下柔性路面设计的工具，1978 年被列入美国 ASTM 规范。它是通过对试件旋转揉搓成型的同时测出材料的抗剪强度及剪应力，并确定出最佳的沥青用量。GTM 方法确定沥青混合料最佳沥青用量的方法与传统马歇尔击实法确定最佳沥青用量的方法不同，它主要依靠三个指标：密度、应变比（GSI）和抗剪安全系数（GSF）。

GTM 设计方法的优点为：①模拟路面实际受力情况，采用应力应变原理进行设计。②拥有三种不同直径试模，可以对大粒径混合料进行试验。③针对不同接触压强进行设计，与路面实际情况更接近。④设计的沥青混合料基本上不会产生剪切变形。⑤可以进行级配优化。

国内有不少研究人员对上述三种常用的混合料设计方法的设计结果进行了比较：①从混合料体积指标比较可知：在级配完全相同的情况下，马歇尔法（Marshall）确定的油石比最大，SGC 旋转压实法次之，GTM 旋转压实法确定的最佳油石比最小。采用 GTM 法和 SGC 旋转压实法设计的沥青混合料拥有较大的相对密度，而马歇尔法设计的混合料密度最小。②由采用上述三种方法设计的 AC-20C 型混合料车辙试验结果可知：在级配完全相同的情况下，GTM 法设计的沥青混合料车辙动稳定度最高，SGC 法设计的次之，Marshal 法设计的沥青混合料车辙动稳定度最低。

通过分析认为，由于 Marshall 法设计的混合料沥青用量偏大，相对密度偏小。一方面较多的沥青致使混合料抗剪强度较低，荷载作用下容易产生侧向流动，不利于提高沥青混合料的高温稳定性。另一方面，偏小的密度在施工时用较小的压实功能就可以达到，致使沥青混合料在开放交通后被继续压密的可能性增加，从而使沥青路面就会出现较大的车辙。采用 GTM 或 SGC 旋转压实法设计的沥青混合料具有较大的相对密度和最小的沥青用量，这就要求在施工过程中施加较大的压实功能，达到提高混合料矿料颗粒间的嵌挤锁结作用，使混合料的抗剪强度得到提高，从而使沥青路面表现出良好的抗车辙性能。

三、抗车辙的翻修结构方案设计

车辙是沥青路面结构在交通和高温环境下作用下引起的永久变形，在翻修方案设计时，要结合路面结构在行车荷载与高温条件下的响应进行设计，沥青路面车辙变形是各层永久变形的总和，而各层的永久变形与该结构层处的温度以及所受到的剪应力有关。沥青路面由于受辐射的影响，路面内部的温度要高于外部气温，且在表面下一定深度范围内，不同位置处的温度随气温变化呈现出周期性的变化，但是峰值是逐渐滞后的。由此可知，温度和行车荷载对沥青路面的车辙具有重要影响，如何采取适当的翻修方案是方案设计时应考虑的重点之一。一般可以从以下几方面入手：

1. 优选抗车辙性能好的混合料类型

沥青路面面层材料可选用密级配沥青混凝土，如 SMA 和开级配抗滑表层 OGFC。

（1）连续级配混合料。连续密级配混合料可以获得最佳的密实度和较大的黏结力，密实防渗水、耐久性好，施工控制简单，是我国沥青路面最常用面层材料。但由于采用最大密实理论的连续级配，矿料不能构成最大的内摩阻力，其强度主要受黏结力所左右，在现代重型汽车交通荷载作用下，路面可能因热稳性不足而产生车辙、波浪、推移等变形，从而影响路面的正常使用。因此我国《公路沥青路面施工技术规范》（JTG F40—2004）对级配进行了较大的调整，使级配范围变大，根据 4. 75mm 通过量将混合料划分成粗细两种类型，规范建议对于重载、高温地区沥青路面采用粗型级配，并采用改性沥青，如 SBS 改性沥青，或者采用高模量沥青混合料，或者在沥青混合料中添加抗车辙剂。

（2）SMA 混合料。SMA 是由改性沥青、矿粉、纤维及少量细集料组成的马蹄脂填充间断级配的粗集料碎石骨架间隙形成一体的混合料，或者说是由互相嵌挤的粗集料骨架和沥青马蹄脂两部分组成的。在 SMA 中掺加纤维增强剂，对材料要求高，初期投资较大。SMA 的组成中，粗集料骨架占到 70%以上，混合料中粗集料相互之间的接触面（或支撑点）很多，细集料很少，玛蹄脂部分仅仅填充了粗集料之间的空隙，交通荷载主要由粗集料骨架承受。由于粗集料颗粒之间互相良好的嵌挤作用，沥青混合料能够产生非常好的抵抗荷载变形的能力，即使在高温条件下，沥青玛蹄脂的黏度下降，对这种路面抵抗能力的影响也不会太大，因而有较强的高温抗车辙能力。因此，充分利用集料嵌挤作用提高沥青路面高温抗车辙能力这一点是极其重要的。

另外，由于其采用了优质材料和间断级配，使混合料的使用性能全面提高，除高温抗车辙能力强之外，同时兼具良好的低温抗裂性能和疲劳耐久性，也具有良好的表面功能，是沥青路面面层首选材料。SMA 结构能全面提高沥青混合料和沥青路面的使用性能，减少维修养护费用，延长路面的使用寿命。澳大利亚规范认为其可以延长路面使用寿命 50%，欧洲一般认为可延长 30%~40%以上。美国佐治亚州使用了 SMA 面层后，车辙问题减少了 40%左右。如果同时使用改性沥青，则沥青玛蹄脂的性能进一步大幅度改善，再使用优质石料，使集料的嵌挤作用增强，将使各种性能更加优良；尽管初期投资有所增加，但总体上将产生重大的经济效益。但要注意 SMA 设计与施工控制较难，需要精心设计，在施工过程中需加强施工管理与控制，否则易出现泛油或离析现象。

（3）开级配磨耗层。所谓开级配抗滑磨耗层（Open Graded Friction Cousses，OGFC），是一种间断开级配沥青混合料，设计空隙率为 20%左右，一般用于旧路面罩面或新设计的路面表层。OGFC 沥青混合料采用开级配形式，粗集料能够形成骨架结构，且为了保证矿料之间黏结性、抗老化性能，一般要求采用高黏度改性沥青，使混合料具有高的黏结力和内摩擦力，具有显著的高温抗车辙能力。另外，由于该种路面设计空隙率高，地表降水可透过多孔排水沥青表层沿下面层表面排至两侧泄走，因此使用这种面层不仅有效地降低了表面积水引起的雨雾、溅水及眩光，还能使气流顺利消散，使噪声降低 3dB 左右。

OGFC 沥青路面其耐久性比一般沥青混合料路面要低，主要表现为：OGFC 路面在使用一定时间后，空隙会由于灰尘、污物堵塞而减少，排水、吸音效果降低，产生老化、剥落的现象会较早。由于这些问题，使得 OGFC 路面的使用品质下降。

因此 OGFC 沥青路面在具有许多优点的同时，也带有相应的缺陷。但如果在选料、设计养护方面采取专门措施，在某种程度上，可消除或弥补这些不足。比如聚合物改性沥青 OGFC 路面的耐久性比不改性的高，这是因为改性沥青可增加沥青膜的厚度，延缓沥青的老化，同时也可改善沥青与矿料间的黏结力。再如高压注水吸出法或双氧水发泡清洗污染等工艺可消除空隙堵塞，保持路面排水吸音等功能。这些措施都可以提高 OGFC 路面的耐久性。

2. 根据具体情况选择使用柔性基层和组合式基层

传统观点认为，车辙是路面各结构层永久变形的总和，由于半刚性基层几乎不发生塑性变形，故而半刚性基层沥青路面产生的车辙变形小，但大量实际调查结果和研究成果表明情况并非如此。

20 世纪 90 年代中期，孟书涛等人结合“八五”国家重点攻关项目“半刚性基层沥青路面加速加载试验研究”，对半刚性路面的永久变形进行了研究，发现半刚性基层沥青路面变形主要发生在沥青层内，雨水是导致车辙变形的重要因素。因此，应重视沥青混凝土的组成设计。21 世纪初，重庆公路科研所利用室内环道设备对三种不同路面结构进行了加速加载试验，其结果表明，无论是半刚性基层还是柔性基层，车辙变形主要局限于沥青层内，并且柔性基层路面的永久变形略小于半刚性基层路面。

理论分析和计算表明，在荷载作用下沥青路面结构内产生的最大剪应力在路面深度 4~6cm 处，同时最大剪应力的大小也与层间模量比有关，若面层与基层之间模量差别太大，路面结构内的剪应力随之也增大，也即基层模量增大。因此，路面中最大剪应力增大，反而易出现车辙。现在有的研究者提出柔化半刚性基层的思路，以减小车辙。所以在翻修方案设计时，可根据情况选择使用柔性基层，如沥青稳定碎石、级配稳定碎石，而底基层仍可使用半刚性基层，形成组合式基层的沥青路面。因此，建议可先铺筑试验路段，总结经验，逐渐扩大使用范围。

3. 根据沥青路面受力特性安排结构层次

行车荷载和气候环境对沥青路面上、中、下面层的作用和影响各不同，应力和温度在路面结构内的分布状况的差异使沥青路面各层次处于不同状态，因此在沥青路面翻修设计中，应根据沥青路面受力特性，结合各层混合料的特点进行设计，以提高修复后路面的抗车辙能力。

上面层在沥青路面的表面，与车轮直接接触，主要承受压应力的作用，剪应力值较小。因此，上面层应依据层厚与粒径的关系选择适宜的集料粒径，可以选用粗集料含量较少、细集料含量较大、沥青用量较高的松排骨架结构或内摩阻力较大的悬浮密实结构。由于面层集料粒径较小、压实度易于实现，在保证良好密水性能的基础上，可设计出具有较高抗压回弹模量的路面结构层。中面层是剪应力值最大、分布最集中的区域。同时路面结构层内部温度最高值出现在路表 4~9cm 处，中面层正处于该温度最高的区域，而且中面层在上面层的覆盖下热量散失慢，长时间处于高温的不利状态，所以中面层是更易发生车辙的结构层。中面层宜选用中粒式沥青混合料(如 AC-16)，再依据层厚和粒径的关系确定层厚。一般宜选择粗集料含量较多、细集料含量较少、沥青含量较小的骨架密实结构(SMA-16)，应在保证具有较高抗剪强度的基础上设计空隙率较小、施工时不易离析的路面结构层。

下面层所承受的荷载和气候条件较上面层和中面层有所缓解，处于两向拉伸区，因此必须具有良好的抗疲劳开裂性能，可采用连续密级配混合料，要求空隙率小和高密水性，以保证混合料的疲劳耐久性，防止水分下渗至基层。另外，在一些特殊路段，需要注意根据具体情况进行分析，比如在长陡坡路段，或道路上行驶的车辆轴重大、车速慢时，也需要对下面层进行改性。这是因为轴重加大(超载车辆)，路面结构内剪应力就会增大且下移，有可能引起下面层的剪切变形；同样，如果车速慢，荷载作用时间长，传递彻底，也会引起下面层内较大的应力值和较长的作用时间，所以在山区公路的长陡坡路段或超载车辆多行驶速度慢的道路，其路面结构的下面层也建议采用改性沥青。

4. *加强路面结构层间接触*

调查发现沥青路面车辙大小也和沥青层与基层的接触条件有关。20 世纪 70 年代中期，英国曾对表面层滑移进行过广泛调查。英国运输研究试验室(TRL)研究了导致滑移破坏的因素。研究结果表明，滑移多发生在碾压时表面层温度较高、基层温度较低且路基强度不足的情况。

半刚性基层沥青路面是我国高等级公路路面结构的主要形式。我国现行的《公路沥青路设计规范》(JTG D50—2017)中只考虑了层间接触为完全连续状态。实际上，根据材料特性和施工质量的不同，一般路面结构的层间结合条件都处于完全连续和完全滑动状态之间。层间界面处的连接情况对应力分布的影响非常大。

当上层界面从完全光滑变成完全粗糙时，第一层底面的径向拉应变变大，而第二层顶面的径向拉应变变成了压应变。这表明接触界的特性显著影响着应力应变分布。Brown 和 Brunton 针对不同路面结构进行了层间不良接触影响路面寿命的研究，认为两界面中的任一界面为部分连续，都会显著缩短路面寿命。AlHakim 对承载力较弱、中等、较强、很强的典型路面结构进行研究，考察表面层和联结层之间的层间接触对路面寿命的影响。结果表明，当剪切反应模量值接近 $10MN/m^3$ 时，路面寿命平均缩短 20%；当层间完全滑动时，路面寿命会进一步缩短至 50%。

国内的研究人员也计算分析了不同层间界面条件下沥青路面的力学行为。计算表明：①半刚性路面的面层-基层层间接触状态由连续变为滑动时，面层剪切应力和剪切应变将明显增加；由常温季节的连续状态到高温季节的滑动状态时，计算点剪应变增加 160.4%。因此，路面在高温季节滑动状态是极为不利的，更易产生由于剪应变过大而出现的流动性车辙。②半刚性路面的面层-基层层间接触状态由连续变为滑动时，路表压应变将明显增大，常温季节增大 26.5%，高温季节增加 13.2%；由常温季节的连续状态到高温季节的滑动状态时，计算点的竖向压应变增加 198.6%。因此，高温季节滑动状态是极为不利的，路面易产生压密型车辙，考虑到交通荷载引起的水平力是不可避免的，表面层与联结层的层间接触是非常重要的。如果层间接触不良，拉应变将显著增大。所以，加强层间接触是防止车辙病害的一个重要方面。

在路面方案设计时，应对基层-面层、面层之间的层间处治提出明确的材料类型及其技术要求，加强层间的结合，提高路面结构的整体性能。一般沥青路面施工时，可采用喷洒黏层的方式提高层间的接触状态。根据《公路沥青路面施工技术规范》(JTG F40—2004)的规定，黏层油宜采用快裂或中裂乳化沥青、改性乳化沥青或快、中凝液体石油沥青。虽然起到了一定的黏结作用，但温度稳定性和黏结能力难以满足使用要求，尤其是对大交通和重载多的高速公路。研究和应用表明，采用稀浆封层、SBS 改性沥青、胶粉改性沥青和环氧改性沥青作为层间黏结层，或沥青桥面铺装的防水黏结层将会显著提高路面的使用性能。

5. *适当增加结构层厚度*

沥青层厚度是影响沥青路面车辙的重要因素，但是究竟如何影响，国内曾经一度认为厚度越大，车辙越严重，所以为了防治车辙，认为必须采用薄的沥青层，甚至把减薄沥青层作为抵抗重载交通的一种技术措施。但是，近年来国内外研究人员通过对实际道路的调查研究表明，当沥青层厚度在50~200mm时，车辙变形的差别其实并不太明显，最大车辙深度一般出现在10mm左右。美国的罗杰斯等人对美国道路性能进行调查，发现全厚式沥青路面的车辙深度的平均值为0.18in，即4.6mm，并不比薄层沥青路面大。Hofstra还指出，沥青路面的变形在路表面最大，越向下越小，一方面是由于下部抵抗塑性流动变形的能力强，另一方面，是下部的剪切应力小的缘故。根据对AASHTO试验路的测定，车辙量随沥青层厚度的增加而增加，但当厚度在20~25cm时就达到了极限，沥青面层再加厚车辙深度不再增加。

1997年TRL报告中(Design of long-life flexible pavements for heavy traffic)对英国的干线公路M6等51条道路的柔性路面进行开挖调查，发现当沥青层厚度大于180mm时，车辙的发生速率迅速降低，其车辙主要集中在沥青层上面部分。同时，对45条密级配沥青碎石基层的柔性路面调查后认为，沥青层厚度在180~360mm时，车辙深度与沥青层厚度之间并不存在显著的相关关系。此外，Nunn等人对沥青混凝土层厚度超过200mm的路面车辙进行分析，发现厚沥青混凝土层路面车辙仅限于表面层几厘米内，即没有出现结构性的永久变形。JacobUzan的研究也表明，在采用稳定类沥青混凝土材料的情况下，所有路面结构层都对永久变形有贡献。

因此，增加沥青层的厚度可以增加沥青路面的整体劲度，从而减少路面车辙。在相同基层条件下，沥青层厚度由100mm增加至190mm，累积永久变形由14mm降低到小于11mm。

我国对沥青路面使用情况的调查中，也发现沥青层厚并不一定会导致严重车辙的现象。京津塘高速公路和广深珠高速公路是目前我国沥青层最厚的两条高速公路，京津塘高速公路沥青层厚度达20~25cm，广深珠高速公路的沥青层更厚达30cm。这两条高速公路并没有使用改性沥青，沥青层也是极为普通的密级配沥青混凝土，当地的气温和荷载状况也同样苛刻，但是这两条高速公路使用十余年来并未出现严重的车辙。

第二节 水损害翻修工程设计与施工

一、水损害调查及成因分析

当路面病害主要是水损害而且比较严重时，在制订大修方案时，首先必须对高速公路全段进行全面系统的水损害病害调查，分析水损害产生的原因，为翻修方案的制定提供参考。

1. *调查水损害形式及程度*

对全路段的水损害的形式以及程度进行详细调查，包括病害的种类、多少、分布情况等。①对沥青路面出现的损害拍照，并对麻面、松散、唧浆、坑槽、沉陷等进行分类统计，按不同程度划分等级。②记录、计算沥青路面发生病害的位置、面积等。③在雨天对道路的排水情况进行现场标记，对路面排水不畅和积水路段要标记清楚。④对水损害严重的地方，挖开沥青层查看不同层面发生的病害以及材料和结构状况。

2. 钻芯取样分析混合料材料构成

(1) 确定沥青含量。由于路面离析区域的粗、细集料分离，沥青混合料中的沥青含量就存在差别，粗集料集中的部位由于其较小的比表面积通常含有较低的沥青用量。Khedaywi 和 White(1995 年)通过室内抽提试验对不同程度的离析试样进行研究，发现随着试样离析程度的增加，抽提的沥青用量在减小。Brown(1989 年)的研究也认为，路面离析区域的沥青含量较均匀区域约低 1%～2%。

路面出现离析现象后，粗集料集中的部位由于沥青用量少，不足以完全裹覆矿料颗粒，因此矿料之间的黏结力差，易出现松散和坑槽病害。

(2) 分析矿料级配。级配离析是造成一些水损害的主要原因，在调查中应重点分析所用混合料类型，并判断其是否偏离设计。级配离析还是最常见的离析现象，与混合料粗、细程度和级配特征有关。混合料最大公称粒径越大，混合料中粗、细颗粒越容易发生分离，且对外界扰动敏感，在拌和、运输、摊铺过程中容易产生级配离析现象。Khedayw 和 White(1995 年)通过室内试验研究了多种级配曲线的可能离析程度，结果表明粗集料含量高的级配混合料最易发生离析现象。

一般情况下，连续型的密实级配要比间断级配较容易摊铺成均匀一致的路面。间断级配的沥青混合料由于缺少某档中间集料，在施工过程中的可能离析程度比连续级配更加严重。通常，沥青混合料离析的程度与 9.5mm、4.75mm、2.36mm 这三个筛孔的通过率的变化相关。我国原规范中所列的级配范围有 AC-Ⅰ型、AC-Ⅱ型、AK-A 型和 B 型，经过调查普遍反映，原规范的 AC-20Ⅱ型和 AC-25Ⅱ型沥青混合料用于中下面层时，空隙率普遍偏大，是造成路面水损害的重要原因；而表面层使用的 AK-A 型和 B 型，也存在空隙率大易渗水和离析现象。正是由于实际应用中存在比较严重的水损害现象，现行规范已将此类级配取消或合并。

(3) 调查层厚与粒径的关系。调查发现，沥青层较薄的沥青路面也越易发生水损害现象。这是因为路面层厚较薄时，在摊铺过程中不仅可能产生压碎现象，还有可能导致较严重的离析现象。所以需要调查和测量沥青层厚及总厚，考察沥青层厚与混合料的公称最大粒径是否匹配。

沥青混合料的公称最大粒径过大，与层厚不相匹配，会引起以下几个方面的问题：①造成粗细集料的离析，而且层厚越薄，越容易形成局部区域空隙过大，成为透水、积水和唧浆的场所，导致沥青与集料的剥离。②影响压实效果，一方面粗集料容易压碎，另一方面矿料颗粒之间的嵌挤不易形成。③薄层的混合料散热越快，温度降低越快，碾压越困难。

我国目前施工中常用的中、下面层的层厚较薄，采用的公称最大集料粒径往往偏大，在摊铺过程中，混合料在螺旋分料器输送过程以及摊铺机摊平板和振捣器的作用和影响下，会产生粗、细集料的分离，从而发生离析。产生离析处的路面空隙率往往较大，导致沥青路面局部早期水损坏。

3. 调查层间接触情况

调查时也可对路面结构层之间的接触情况进行调查。当沥青层之间、沥青层与半刚性基层之间的接触较差时(如结构层之间由于各种原因造成污染层与层之间局部或者完全脱离，使得外界水分顺利进入路面结构内部)，将使沥青路面的工作条件发生不利的变化，引起路面水损害病害。我国《公路沥青路面设计规范》(JTG D60—2015)的结构设计以弹性层状体系理论为基础，在设计结构厚度和验算沥青层底的拉应力时，假设各层之间是完全连续的；但实际情况是并非连续的，受到污染和未喷洒黏层油、透层油的沥青路面，沥青层之间、沥青层和基层之间有可能变为不完全连续，处于滑动与连续之间。理论分析证明，层间变为非连续状态时，层底会产生较大的拉应力，并最终引起路面损害。在调查中如发现有接触状况不佳的问题，如钻芯取样时层间完全脱落，说明层间是完全滑动；如钻芯后经敲击后层间脱落，则说明是层间部分连续。这些都是早期损害的原因之一，需要进一步分析产生这种层间接触差的原因。

产生沥青层之间不连续的可能原因有：①由于采用分层铺筑各沥青层的施工不衔接，各项附属设施施工对已铺沥青层造成污染。②从路面空隙和裂缝等破损处渗入路面结构内的水分，积滞在半刚性基层表面而不能迅速排除。③半刚性基层上未喷洒好透层油，渗透不够或者根本不起作用。④对半刚性基层表面没有清除干净，有浮灰。⑤在季节性冰冻地区，基层表面受到冰冻而损坏等。

4. 调查排水状况

在我国沥青路面水损害调查中发现，水损害常与以下情况有关：①路面结构未设计任何排水结构层和防水层，基本上依靠路面纵坡、横坡来排除地表积水，造成路面结构设计远不足以抵抗水分的浸入。②在高速公路有的填方路段虽然设置了沥青砂拦水带，目的是将地表水沿路肩边缘通过急流槽排入路基外，但急流槽没有按照有关规范合理设计，进水口方向与路线垂直，路面纵坡较小或超高段局部渐变率较低(没有经过验算)时，不仅不能使路表水迅速排出，反而阻挡排水形成局部积水，进而引发水损害。③在盲沟等排水系统施工过程中偷工减料，造成盲沟被堵塞，未能发挥作用，也是导致路面水损害严重的主要原因。④中央分隔带边缘和路面边部压实度不足，交工后雨水侵入，导致边部水损害逐步向中部扩散。

所以在调查水损害成因时，需进行以下调查：①调查全线路面的纵坡、路拱横坡等，检查其设计是否合理，尤其在弯道和凹曲线路段。②对翻修道路的排水设施进行调查，检查其排水是否符合要求，包括对路表排水、路面结构内部排水、中央分隔带排水设施的调查，以及对路基排水设施包括边沟、拦水带、涵洞、急流槽等的调查。③在北方冰冻地区，应考虑积雪与表面层的不均匀性和路面排水系统的设计。

二、抗水损害的翻修方案材料设计考虑因素

从材料的角度分析，水损害是由于矿料与沥青的黏附性不足以抵抗水分的作用而引起的。为了防止水损害，需设法增强矿料与沥青之间的黏附性，提高沥青混合料的水稳定性。对以水损害为主且严重到需要翻修的路面，进行设计时应从以下三个方面来考虑：一是进行合理的材料设计，改进材料，提高沥青混合料本身的抗水损害性能，如选用黏附性好的沥青和矿料、采用聚合物改性沥青结合料、添加抗剥落剂等；二是采用合适的路面结构，如选用合适的混合料类型、设计良好的排水系统，防止水渗入路面结构层；三是采取预防性养护措施，防止或减缓水损害的发生与发展。

1. 集料

集料应洁净、干燥，表面粗糙、质地坚硬耐磨；特别是选择与沥青黏附性好的集料，这对提高沥青混合料的水稳定性最为有效。在通常情况下，石灰岩等碱性石料，与沥青的黏附性好，但耐磨性能差，不能适应沥青路面表面层抗滑及耐磨耗的需要，一般不作为面层的材

料。相反，花岗岩、砂岩、石英岩等酸性岩石，石质坚硬、致密、耐磨性强，能充分发挥集料之间的嵌挤作用，但它们与沥青的黏附性能却不好，容易在水分的作用下造成沥青膜的剥落，很快导致沥青路面的掉粒、松散、坑槽等水损害破坏。在选择使用这些石料时应谨慎，如使用时应考虑添加抗剥落剂、消石灰等措施。

在沥青路面的应用上，通常以集料与沥青的黏附性作为集料分类的基准，分为以硅铝为主要成分的亲水、憎油的，与沥青黏结性不好的酸性石料；以钙、镁为主要成分的，与沥青黏结性较好的碱性石料。从水稳定性的角度出发，应选择二氧化硅含量低、碱值高的石料。一般在沥青层的中、下面层、沥青稳定碎石基层中都可采用石灰石，如果磨光值能够符合要求，也可以用作表面层或磨耗层。

就集料与沥青的黏附性而言，若集料中含有泥土，对沥青混合料的水稳定性的影响也很大。因土含有负电荷，它是强亲水物质。另外潮湿的集料使其黏附性也会大大降低，过分潮湿的集料在拌和厂可能不容易烘干，将严重影响混合料的质量。滞留在混合料内部的水分夏季遇高温会变为水蒸气，使沥青膜从集料表面撑开，容易造成剥离。

因此，必须注意清除集料外的覆盖层，减小含泥量，使生产的集料保持干燥、洁净。石屑的质量必须符合规范要求，为减小含泥量，可以使用机制砂。矿粉是沥青混合料中对水稳定性影响很大的材料，它的比表面积最大，吸附的沥青量最大，所以矿粉必须是石灰岩等碱性石料的磨细矿粉。

2. 沥青结合料

沥青结合料可以选用含有较多地沥青或地沥青酸酐的沥青，这些沥青具有较强的表面活性，与集料中的碱性物质能形成很强的黏结力。采用改性沥青是改善沥青混合料的水稳定性的非常有效的途径，当采用普通沥青黏结力不符合要求时，一般采用改性沥青都能满足要求，而且通常不再需要添加抗剥落剂和掺加消石灰。由于改性沥青自身黏度大，与集料的黏附性也大，与各种集料的黏附性可达到 4 级以上。

3. 掺加外加剂提高沥青混合料的水稳定性

为改善沥青混合料的水稳定性和耐久性，提高沥青与集料的黏附性和抗剥离性能，可通过掺外加剂提高路面的抗水稳性：①可用一部分石灰、水泥代替矿粉。②在沥青中添加少量环烷酸类高分子有机酸、石油沥青与煤沥青混合等都能改善黏附性。③添加钙、镁、铅、锰等各种类型的金属皂，能够有效地提高沥青与集料的黏附性。④掺加抗剥落剂，可以改善沥青与矿料之间的黏附性。

《公路沥青路面施工技术规范》(JTG F40—2004) 中规定，当使用不符要求的粗集料时，宜掺加消石灰、水泥或用饱和石灰水处理后使用，必要时可同时在沥青中掺加耐热、耐水、长期性能好的抗剥落剂，也可采用改性沥青的措施，使沥青混合料的水稳定性检验达到要求。掺加外加剂的剂量由沥青混合料的水稳定性检验确定。在沥青混合料中掺加消石灰作为抗剥离措施在国外使用较多。

1991 年，美国 Hicks 对不同类型的抗剥落剂的研究认为，消石灰的抗剥离效果要优于液体胺类抗剥落剂、改性沥青和波特兰水泥。1992 年，由佐治亚州交通部资助，Watson 通过对 125 条道路进行了钻芯取样来评估其抗剥落性能，试验结果表明用石灰作为抗剥落剂的效果非常明显。1998 年，捷克的 Luxenburk 研究结果清楚地表明，消石灰能提高混合料的稳定性和抗车辙能力。国内学者也开展了对消石灰的研究，认为掺加水泥或消石灰后沥青混合料的水稳定性和高温稳定性有明显的改善，对混合料的低温性能影响不大。

应该注意的是，抗剥落剂中有许多产品的受热稳定性往往较差，在使用前注意通过试验确定。《公路工程沥青及沥青混合料试验规程》(JTJ E20—2011)规定，为了甄别某些不合要求的抗剥落剂，可进行沥青混合料的浸水马歇尔试验、冻融劈裂试验以及浸水车辙试验，且在试验前必须预先对掺加抗剥落剂的沥青混合料进行短期老化及长期老化试验。

三、抗水损害的翻修方案设计

1. 合理选择表面层的空隙率

为防止水分对路面的不利影响，应防止水分下渗进入路面内部，而对进入路面中的水能快速排除，以此为原则来选择路面结构层混合料类型，也即路面空隙率足够小，防止水分的渗入或者路面空隙率足够大，水分能自由流动，不会在车载作用下形成动水压力。一般认为，表面层的空隙率为3%~5%时，即当路面现场空隙率小于8%时(相当于设计空隙率4%，压实度96%时)，沥青层中的水在混合料内部以毛细水的形式存在，在荷载压力下不会产生大的动水压力，不容易造成水损害破坏。

2. 路面表层选择合适的沥青混合料类型

为防止水分渗入，可以使用：①传统的连续级配，如我国常采用的AC型沥青混凝土，设计空隙率为3%~5%。②粗集料间断级配的沥青混凝土，如沥青马蹄脂SMA，设计空隙率为3%~4%。③细集料间断级配沥青混凝土，如英国的热压式沥青混凝土HRA，该结构路面空隙率极小，一般用在桥面铺装上，为防止水分在路面中滞留，也可以采取及时有效的排水措施，如使用大孔隙排水式沥青混合料，如OGFC，利用其透水性将水分沿其完善的路面内部排水设施排除出去。

对防治水损害而言，防止水分渗入沥青路面各结构层是至关重要的，因此从这个角度讲，表面层采用密实式的沥青混凝土要优于多孔沥青混凝土。因为即使表面层采用大孔隙沥青混凝土，仍然要在其下面设置至少一层的密实式沥青混凝土来阻止水分进入结构层。总体来说，为了减少高速公路沥青路面早期水损害的发生，建议沥青路面表面层采用密实式沥青混凝土。从工程实践来看，表面层混合料采用间断级配也显示出明显的优势，比如目前常采用SMA，空隙率小(3%~4%)，透水性极小，对表面层下面的沥青面层和基层既起到很好的保护作用和隔水作用，又具有较高的高温稳定性和抗滑性能。然而，SMA也同样存在问题，也有可能出现离析现象，不乏出现早期水损害现象。

究其原因，最主要的是SMA对材料和施工技术要求很高，如果施工控制和管理不到位，也很有可能出现问题。开级配抗滑磨耗层(Open Graded Friction Courses简称OGC)设计空隙率为20%左右，地表降水可透过多孔排水沥青表层进入路面内部，并从设置的下封层表面流至路面边缘排水系统，通过纵向集水管和横向集水管(沟)排离路面。使用这种路面结构，需要设置完善有效的路面内部排水系统，要求降落到路面上的水分能很快渗入路面，并从排水系统中排除。Superpave混合料的级配是通过围绕0.45次方的级配曲线上控制点和禁区来选择混合料级配的。混合料级配除了满足控制点和禁区的要求外，还要根据所得混合料的体积指标空隙率(V)、矿物集料骨架空隙率(VMA)及沥青填隙率(VFA)来设计集料的结构，最后还要对混合料进行水敏感性评价。因此，按Superpave的设计方法设计的混合料抗水损害能力也较高。

我国《公路沥青路面施工技术规范》(JTG F40—2004)取消了原来的 AC-Ⅱ和 AK 型抗滑级配，对原规范中的级配类型进行了归并、调整，统一称为 AC 型，混合料的设计空隙率规定为 3%~5%。调整后的 AC 型级配比以前的 AC-I 型的级配范围变大，在较宽的级配范围内如何选择与设计矿料级配就相当重要。沈金安通过试验和研究证明，采用 S 形级配具有相当的优势，它的抗车辙性能优于 AC-I 型和 AK 型级配，较好地吸收了两种级配的优点，弥补了各自的缺点，施工时高温碾压无推拥，压实容易，既有较大的构造深度，又改善了 AK 类级配透水严重的缺点，建议可以作为沥青路面表面层和中面层使用，可以有效遏制水损害。

3. 层厚要与混合料最大公称粒径匹配

路面层厚与其混合料颗粒粒径不相匹配时，在摊铺过程中不仅可能产生压碎现象，还有可能导致较严重的离析现象，从而引发水损害。所以在选择混合料类型时，应选用合理的公称最大集料粒径，并与沥青面层压实层厚相匹配。美国 Superpave 提出沥青层厚度宜为公称最大粒径的 3 倍。澳大利亚规定沥青层厚度宜为公称最大粒径的 2.5 倍；对于 SMA 公称最大粒径为 7mm、10mm、14mm 的适宜层厚分别定为 20~30mm、25~35mm、35~50mn。《公路沥青路面施工技术规范》(JTG F40—2004)规定，沥青面层集料的最大粒径宜从上至下逐渐增大，并应与压实层厚度相匹配。对热拌热铺密级配沥青混合料，沥青层的压实厚度不宜小于集料公称最大粒径的 2.5~3 倍；对 SMA 和 OGFC 等嵌挤型混合料不宜小于公称最大粒径的 2~2.5 倍，以减少离析，便于压实。一般而言，层厚宜采用公称最大粒径的 3 倍以上，且公称最大粒径越大，层厚应越大。

4. 采用排水基层 ATPB

加强路面内部排水，防止水分对沥青路面的不利影响是沥青路面结构设计和材料设计考虑的重要方面。一段时间以来，由于沥青路面水损害严重，有些高速公路为了减少水损害，沥青面层采用空隙率小的连续密级配沥青混合料，以减少水分的渗入，但是该措施不仅没有从根本上解决水损害问题，而且带来了较为严重的车辙病害。水分进入路面的渠道是比较多的，而且难以避免，所以采取措施及时排除进入路面结构内部的水分就显得非常重要。在路面结构内设置排水基层是国外沥青路面结构设计中的常用措施。西方发达国家特别重视沥青路面内部的结构排水问题，美国在 NCHRP 和 TRB 的 LTPP(2002 年)研究项目“设计和施工因素对路面性能的影响”中的调查就认为：“基层类型是各项性能最重要的影响因素，而且基层排水与否也有非常重要的影响”。20 世纪 80 年代末，美国、法国、日本就相继修建了排水基层试验段，并取得了很好的效果。美国加州大学的研究表明，设置排水基层的柔性路面的使用寿命至少要比不设排水层的柔性路面长 33%。美国加利福尼亚州的研究认为，该州每年新建的路面，采用内部排水设施的路面能节省 1100 万美元的维修费用，因而采用内部排水设施所增加的资金投入可以很快从路面的使用性能提高、使用寿命的增加和养护工作量的减少中得到补偿。美国 AASHTO2002 年版设计指南推荐的路面结构组合设计中，主要根据道路的交通量大小选用混合料类型。指南推荐轻交通量道路的基层可采用密级配的混合料；中等交通量可采用密级配混合料和 ATPB 排水基层(适用情况 50‰)；对于大交通量的重交通道路，推荐基层结构采用密级配和 ATPB 排水基层(适用情况 100%)，可以取得很好的效果。

目前我国对排水基层的应用研究还很少，我国于 1997 年颁布的《公路排水设计规范》才把路面内部排水写进去，但规范中仅对内部排水系统的结构设计、材料组成结构尺寸等方面作了原则性的规定，在很多方面还很不详尽，实践应用还比较少，有待于更多的研究来使之细化和完善。

5. 设置封层，防止水分渗入

设置防水层的目的是防止进入沥青表面层的水继续下渗到沥青中、下层，以及到达并滞留在基层顶面，避免其导致冲刷、唧浆和路面坑洞等水损坏。在降雨量大，水损害现象较为严重的地区，在大修工程沥青路面结构设计中可采用上封层和下封层。

封层的设置方式有以下几种：①在沥青路面的基层上喷洒透层油以后并做下封层，防止水分对基层的浸湿。②在表面层下设置封层可采用改性乳化沥青封层，既作为黏层油，又起到封水作用。③表面层上做微表处封层，将其作为预防性养护措施，可以防止水分下渗，也可提高路面的抗滑性能。

采用以上措施，防止雨水进入路面结构内部，可以大大减轻水损害程度。封层的主要目的在于封水，要达到这样的目的，要求其与所黏结的层次有良好的黏结外，还必须有一定的厚度。根据不同的情况和功能需要，封层可以做成不同的形式，在沥青路面的层间黏结中主要是只应用于基层与面层之间的下封层。

下封层一般应具有如下作用：①封层可以提供一层沥青防水膜，用来封闭基层表面，阻止外界水分的入侵，使水分从基层表面蒸发。②施工机械和车辆在稳定类基层上行驶或需要临时开放交通有时是不可避免的，应设立下封层保护基层。③封层可以为稳定类基层与未来铺筑的沥青面层之间提供黏结。④具有一定厚度的沥青封层在经过临时交通的磨损后仍能保证较高的完好率，可对于基层形成一个永久的防水层。另外，针对在半刚性基层加铺沥青混凝土面层后在温度变化和荷载作用下容易产生反射裂缝，进而导致面层开裂剥落、表面水下渗损坏路面的情况，相应的下封层还应具有吸收缓解应力和减少、延缓反射裂缝产生的功能。这类特殊应用的下封层被称为应力吸收层或应力吸收膜。

6. 加强施工控制，提高沥青路面质量

为了防止路面水损害，不仅要从设计上采取相应措施，也要从施工方面加强控制，减少沥青路面离析现象，加强压实和质量检测，提高沥青路面质量，消除质量隐患。

各种原因引起的路面离析是沥青路面水损害的主要原因，目前高速公路沥青路面的一些早期破坏，如松散、裂缝、坑槽、构造深度不均等，都与沥青混合料的离析程度密切相关。美国 NCHRP44 项目研究了离析对路面性能的影响，认为许多潜在的引起热拌沥青路面破坏的因素中，影响最严重的是沥青混合料的非均匀性。该研究表明，沥青路面的回弹模量、动态模量、抗拉强度等力学指标随着离析程度的加深而降低，沥青路面的渗透性随粗集料离析的增加而增加。他们还调查了 6 个州的路面状况，发现疲劳裂缝或纵向裂缝也与路面发生离析有关。该报告最后表明，要减少路面损坏，减少养护工作和巨额耗资，关键要使沥青路面的离析现象和不均匀性最小化。

为了防止离析导致路面水损害，可以采取以下措施：①保证料源的稳定，确保矿料的加工质量和供应数量。②加强矿料级配、拌和温度、油石比的控制，保证各指标在设计要求的范围内，注意过程检测，并根据情况的变化进行动态调整。③根据不同施工情况、天气情况调整沥青混合料的出场温度。④沥青混合料运输过程要采取措施减少温度离析和级配离析，必须保证供料及时和装卸合理，建议使用沥青混合料转运车，以从根本上改善温度离析和级配离析。⑤沥青混合料摊铺机的机械参数和运行参数应根据试拌试铺的工作参数进行合理调整。应增加反向螺旋解决支承处的离析；在摊铺过程中，调整好摊铺机熨平板的激振强度，使各块熨平板的激振力相一致；尽量减少摊铺机收料斗的收放次数。⑥在沥青面层摊铺温度出现较大差异的路段，在沥青混合料可压实的情况下，可对较低温度区域，通过增加压实功的措施来增加密实度，减小温度离析对沥青面层质量的影响。

为了尽可能提高沥青混凝土面层的密封性，施工时应从两方面来提高沥青面层的压实度。根据沥青混合料技术特点，选择合适的碾压工艺，选取合理的压路机技术参数；保证沥青混合料出场温度符合设计要求。同时，为减少人为因素影响，采用压实度、空隙率双控指标，建议表面层的压实度不小于98%，中面层和(或)底面层不小于97%。在以98%和97%作为上面层和中下面层的压实度时，现场空隙率分别约为6%和7%。在这种情况下面层的透水性就会大大减小。同时在提供压实标准的同时，还应加强施工管理，在压实过程中精心施工，不留死角，保证压实施工质量。

第三节　裂缝类病害翻修工程设计与施工

一、裂缝类病害调查及成因分析

按照我国《公路路基路面现场测试规程》(JTG 3450—2019)的规定，可用人工检测方法或用量尺测试路面上各类破损的位置、长度或面积，描绘破损示意图，并且按照破损类型和破损严重程度，将调查的裂缝类破损分为龟裂、不规则裂缝、纵向裂缝及横向裂缝。对裂缝数量的描述，通常采用定性与定量相结合的方法，定性评价分为轻度、中等、严重三个等级，定量评价可用计算裂缝率和计算最大缝宽两种方法。每种裂缝按照破损的严重程度分为轻、中、重三级，调查指标为破损面积，最终通过换算成PCI(路面状况指数)进行评价。高等级公路的半刚性基层路面上的裂缝若为各种形式的单根裂缝，可采用长度计算，称为裂缝度；对于路面上发生的龟裂和块裂，计算裂缝率。单根裂缝对路面的影响，可将长度通过换算系数换算成面积，一般采用长度乘以0.3m宽度进行换算。

在翻修前，对以裂缝为主要病害的沥青路面的调查内容如下：

1. 裂缝形式调查

(1) 调查路段全线病害的种类以及裂缝的形式，并详细记录桩号位置。

(2) 调查裂缝的密度(间距以及宽度)和裂缝边缘损坏程度，对不同裂缝程度进行分类，裂缝间距用于评价路面损坏程度，采用调查路段面积与裂缝长度的比值计算；裂缝密度用于评价给定长度的路面横向裂缝的发生程度，按每100m长路面计算。边缘损坏程度用于评价裂缝缝边损坏情况，按缝边损坏长度与裂缝的长度的比值评价。

2. 裂缝病害成因调查

当分析沥青路面裂缝病害成因时，需要观察裂缝的下贯情况、芯样的完整程度、层间黏结等状况。

(1) 首先目测裂缝的分布特点、位置、间距宽度等，初步判断裂缝的形成原因。裂缝按照其与行车方向的关系，分为横向裂缝和纵向裂缝。横向裂缝是沥青路面最为多见的一种路面病害，多为温度裂缝、反射裂缝和沉降裂缝。温度裂缝大体垂直于路线方向，裂缝间距变化在数米至100m之间。当路面宽度大于裂缝间距时，还将产生纵向温度裂缝，从而形成块状裂缝。反射裂缝呈横向裂缝，是半刚性基层沥青路面的常见病害。一般而言，半刚性基层强度越高，干缩和温缩越严重，反射裂缝也越多，同时裂缝的发展除与半刚性材料质量相关之外，也与面层和基层的联结状况以及面层材料的性能有关。

纵向裂缝表现为沿路面行车方向分布的单根裂缝裂缝方向与路面中心线大体平行，一般成熟的纵向裂缝都较长，达到20~50m。路面纵向裂缝有自上而下的裂缝，也有自下而上的纵向裂缝。纵向裂缝大多属于表面裂缝，多是由于路基不均匀沉降、压实不均匀等引起，也有发生在施工离析的部位和两幅摊铺的交界处。

自上而下的纵向裂缝，一般发生在沥青路面行车道两侧轮迹带边缘。当基层发生破坏时，沥青层会显得承载力不足，从而产生疲劳损坏。在这种情况下，裂缝将从底部开始，向上扩展，最后导致沥青路面网裂而彻底破坏。

块的尺寸约为50cm以上，面积在0.1~10m^2范围内。沉降裂缝一般表现为纵向裂缝，多出现在山区、丘陵区的高速公路，在半填半挖路段和高填方路段，碾压比较困难、不容易做到的均匀碾压处，在通车以后由于汽车荷载与雨水的作用造成路面不均匀沉降，由此产生裂缝。

(2) 钻芯取样。对大修路段全线裂缝病害调查，在不同裂缝处挖坑或钻芯。在钻取芯样时，可钻取深度至基层，根据基层完整性、裂缝的扩展宽度及延伸方向，进一步了解裂缝开裂的原因。钻芯至基层后可以根据基层芯样的完整性和下层裂缝的扩展宽度，判断是否是由于基层破碎开裂导致的自下而上的反射裂缝。

根据调查表明，在硬路肩侧以及中央分隔带两侧一般的裂缝形式有：表面发生开裂，但是其下并未开裂；面层裂缝已经贯穿，基层未开裂。钻芯至基层后，可以根据基层的完整性和上层裂缝的扩展方向和宽度，判断是否是由于面层开裂导致的由上而下的荷载裂缝。

(3) 观察基层芯样是否完整，分析其原因。基层如果开裂破碎，会降低沥青路面结构的承载力。一方面，破碎裂缝会反射至面层产生反射裂缝；另一方面，承载力低会导致面层出现大量荷载裂缝。

调查发现，有的沥青路面虽然面层黏结很好，但基层质量很差，层间接触也不好。在纵缝处钻取芯样显示，沥青面层与基层黏结比较好，但上基层与下基层脱开，且下基层的下部碎裂，未取出石灰土底基层。在严重纵缝路段表面完好处取芯，层间黏结比较好，但是基层竖向裂开，下部松散，未取出底基层。

(4) 试验确定沥青面层与基层的结合情况，明确其原因。层间黏结情况不好的沥青路面更易发生裂缝病害。在裂缝比较多的路段，从没有损坏的路面钻芯发现，沥青层都黏结在一起，钻取的芯样完整，但层间脱开。由于面层和基层未设黏结层，使得面层与基层也有脱开现象。同时，发现在表面层和中间层设置防水黏结层以及基层顶面设黏结层的路面裂缝数量显著减少。在温差较小的地区，半刚性路面的温度裂缝数量少于温差较大地区。

二、抗裂的翻修方案设计考虑因素

减缓裂缝应该主要从路面材料和路面结构角度着手，主要针对裂缝类病害的路面翻修，设计方案应考虑的因素如下：

1. 材料设计

沥青路面的低温开裂是当沥青面层温度随着气温下降而下降时，产生体积收缩变形，沥青面层受板底摩擦力的约束，变形受阻而转化为低温收缩应力。当收缩应力累计达到沥青面层结构强度时，沥青面层即发生开裂。因此从防止沥青路面低温开裂这个角度来看，降低混合料的收缩性和提高沥青混合料的低温柔性均可提高沥青混合料的低温抗裂性能。

（1）沥青。沥青品种和等级是影响路面开裂的重要因素。在路面裂缝比较严重的地区，选择沥青时应注意：①应选择温度敏感性低的沥青。温度敏感性低的沥青应力松弛能力强，不易出现开裂。②沥青混合料劲度模量是影响低温开裂的主要因素，而沥青劲度是决定沥青混合料劲度模量的关键，在同样条件下，选择低温劲度模量小的沥青具有较好的低温抗裂性能。③当温度敏感性相同时，针入度较大的沥青，劲度模量较低，比硬沥青的路面裂缝少。④低温延度大的沥青低温柔性好，抗开裂性能好，所以可选择低温延度（10℃延度）值大的沥青。⑤老化后，沥青的柔韧性会降低，应选择老化后延度值大、针入度比高的沥青。⑥聚合物改性沥青具有显著低温柔韧性，使用SBS改性沥青、SBR改性沥青等可以明显改善路面的抗裂性能，延缓开裂时间、拉大裂缝间距。

（2）由沥青混合料研究可知，矿料的线收缩系数远小于沥青，比沥青低两个数量级，从这一方面讲，提高矿料在沥青混合料中的体积分数，降低沥青体积分数，将有助于低温收缩性的改善，但这样会使混合料的柔性降低；相反，增加沥青用量，提高沥青在混合料中的体积分数，可以改善沥青混合料的低温柔性，但沥青混合料的收缩性会增大。

1）沥青用量对沥青混合料的抗裂性能的影响。沥青混合料的抗裂性能取决于沥青混合料的应力松弛性能和收缩性能。应力松弛性能强，则应力不易累积；收缩性小，则不易产生大的收缩应变。增大沥青用量会使混合料应力松弛性能提高，但同时也会增大其收缩性。

2）矿料级配对沥青混合料抗裂性能的影响。粒径粗的、空隙率大的混合料收缩率小，温度应力小。一般情况下，中粒式的温度应力小于细粒式；沥青稳定碎石的温度应力要小于沥青混凝土；骨架空隙结构的混合料收缩小，温度应力要小于悬浮密实结构的沥青混凝土，但前者应力松弛能力却小于后者，且其抗拉强度也小。不同沥青混合料由于其构成特点的不同，其收缩性和应力松弛性能不同，对抗裂性能的影响互有抵消，所以级配与路面横向开裂率之间的关系非常复杂。骨架密实结构的沥青混合料如SMA兼具收缩小、应力松弛能力强的优点，具有良好的抗裂性能。

另外，低温柔性好的混合料未见得低温性能就好，因为柔性好的沥青混合料收缩性往往较大，容易出现较大的收缩变形；相反，收缩性小的混合料也不一定其低温抗裂性能好，收缩性小的沥青混合料低温柔性较差，不能有效地松弛温度应力。由于沥青混合料的收缩性与低温柔性是沥青混合料矛盾的两个方面，所以对沥青混合料低温性能的评价也应从这两个方面进行。

日本的研究表明，沥青面层上的裂缝数量与面层混合料的种类有很大的关系，认为沥青砂面层的裂缝数量要比密实式断级配沥青混合料面层的裂缝数量多得多。沥青混合料中加入矿粉使沥青胶浆的黏度比沥青单体的黏度大一个数量级，使开裂的可能性增大。采用抗拉强度高的沥青混合料，当路面大幅度降温时，若面层表面产生的温度应力大于表面层沥青混合料的抗拉应力，面层就会开裂。面层沥青混合料的抗拉强度越大，面层就越不容易开裂。影响沥青混合料抗拉强度大小的因素有沥青、质量、矿料级配（密实级配优于半开级配和开级配）、空隙率和压实度。通常，压实度高和空隙率小的沥青混合料抗拉强度较高，采用不透水的密级配沥青混凝土作为路面结构层，设计空隙率宜降低，采用2%~4%，有条件时尽可能采用SMA做面层。同时较好的沥青混合料，可以降低混合料的不均匀性。

2. 抗裂沥青路面结构设计

我国“七五”期间开展了国家科技攻关项目“高等级公路半刚性基层沥青路面结构设计和抗滑表层的研究”，对沥青路面的反射裂缝得出了如下结论：对于开裂的半刚性基层沥青路面，当沥青层较厚（厚度≥12cm）时，路面降温时最大的温度应力发生在面层表面，易于形成对应裂缝；当沥青层较薄（厚度<9cm）时，情况有所不同，一般为反射型裂缝。面层、基层的类型和厚度、层间接触均对路面裂缝开裂率有影响。

（1）选择空隙率小的混合料作为面层。选择空隙率小、不透水的密级配沥青混凝土作为路面结构层，设计空隙率为2%~4%，尽可能采用沥青马蹄脂碎石混合料（SMA）作为面层，其兼具收缩小、应力松弛能力强的优点，具有良好的抗裂性能。

（2）适当增加沥青层厚度。一般认为，较厚的沥青面层对半刚性基层有很好的隔温保护作用，可以明显缓解半刚性基层顶面大幅度降温，也可明显减少半刚性基层的温度变化，从而减少半刚性基层温度裂缝的产生。对于干缩裂缝，在铺筑较厚的沥青面层后，可以减少半刚性基层材料的水分损失，所产干缩应力比暴露的基层小很多。在一般情况下，铺筑沥青面层前没有干缩开裂的半刚性，在铺筑较厚的沥青面层后也就不易产生干缩裂缝。

有研究表明厚度超过15cm的面层可以有效防止反射裂缝的扩展。增加加铺层厚度，一方面可以减少旧面层的温度变化，并降低加铺层的拉应力；另一方面可以增加路面结构的弯曲刚度，降低接缝处的弯沉差，减少加铺层的剪切应力，同时，可以延长其疲劳断裂寿命。但单纯依靠增加加铺层厚度的方法有其弊端，一方面可能会受到路面高程的限制；另一方面必将大幅度增加路面造价，而且在夏季高温时沥青混合料高温蠕变易产生车辙，同时会削弱由于旧水泥混凝土板作基层而产生的强基薄面的优势，故而这一方法有很大的局限性。

同时，在其他条件相同下，当面层超过一定的厚度后，产生的温度应力可能越大。室内光弹模拟试验表面，在其他条件不变的情况下，降温30℃，面层厚15cm，表面温度应力为1.085MPa；面层厚12cm时，表面温度应力为0.702MPa；面层厚9cm时，表面温度应力为1.0MPa。由此可知，沥青面层厚12cm时表面温度应力最小，15cm时表面温度应力最大。通过调查也发现，厚12cm左右的沥青面层横向裂缝也最少。

从已铺筑的高速公路的实例来看，裂缝情况随着面层厚度的加大有明显的改善，但车辙随着路面厚度的增加而随之增加。如广深高速公路，路面总厚度为100~110cm，这个结构当初是外商出于商业目的确定的，是不合理、不经济的结构；从现在的情况来看，表面车辙严重，下雨后积水，出现大面积松散，翻修率高。

（3）合理选用基层类型。横向裂缝大多是面层缩裂和反射裂缝综合作用的结果。基层材料性质不仅对其本身开裂有影响，也对面层的温缩应力大小有影响。基层常用类型及材料有半刚性基层（水稳碎石、二灰碎石等）、无结合料基层（如级配碎石、级配砂砾等）、沥青稳定类基层（如沥青稳定碎石等）以及刚性基层（如贫水泥混凝土等）。

我国最常用基层类型是半刚性基层，虽然具有一定的刚度和强度，但由于本身的原因，受温度影响易产生温度收缩裂缝；同时，半刚性基层完工之后，由于水分变化易产生干缩裂缝。这些裂缝在半刚性基层成型过程中和在交通荷载和环境因素综合作用下，逐渐扩展并延伸至沥青面层，即形成所谓的非荷载型反射裂缝。另外，半刚性基层表面致密、平整，由于不是连续施工，有时也有浮灰或污染，与面层的附着性能差，这都是半刚性基层沥青路面裂缝严重的主要原因。贫混凝土具有良好的整体性和优良的抗冲刷性，使其产生沉陷、唧浆以及坑槽等病害的可能性大大降低，从而减少维修和养护费用，提高路面服务水平。但贫混凝土基层刚度较大，具有较强的温缩与干缩特性，也较容易产生裂缝，并使其上沥青面层产生反射。

裂缝级配碎石作为无结合料的粒料类材料，本身不会产生缩裂，同时可以吸收其下结构层裂缝尖端应力，常被用作防止反射裂缝的措施。即在半刚性基层（底基层）和沥青层之间加设一层过渡层，所形成的"倒装式"结构，可有效减少路面裂缝，是国外常见的一种路面结构。但由于碎石过渡层的强度和稳定性都比沥青层和半刚性基层弱，成为软弱夹层，需要注意其上面的沥青层厚度不能太薄，级配碎石层也不能太厚，以防止沥青面层出现疲劳破坏。沥青稳定碎石在欧美国家是常用的基层形式，它具有较高的抗剪切强度和耐疲劳特性，与半刚性基层相比，不易产生收缩开裂，能有效防止反射裂缝的产生，且具有较强的承载能力、水稳性与质量稳定性的特点，修筑时间短、形成的路面结构受力均匀、受水与冰冻影响较小，维修费用低。

现在，国内越来越多的工程项目采用沥青稳定碎石基层。在半刚性基层沥青路面翻修过程中，设计方案可分为两种：一种是仍采用原方案，但需要采取措施降低其开裂的可能性；另外一种是采用柔性基层，如沥青稳定碎石。采用组合式基层时，也应注意加强层间黏结。

3. 进行半刚性材料组成的合理设计

基层是沥青路面最主要的承重层，其质量直接影响道路路面的早期破坏和寿命。基层的工艺水平也直接影响其质量。我国多条高速公路沥青路面严重的早期裂缝病害，尤其是网裂，都与基层质量不好、集料离析和不均匀性（含级配、结合料剂量、含水率和密实度等）过大等因素有关。部分高速公路上的局部严重车辙也与基层质量不好有关。沥青路面翻修时，若基层需要翻修，且还需采用半刚性基层时，可通过合理的组成设计降低缩裂的发生率，如调整结合料用量与比例，增加粗集料含量并严格设计级配，以尽可能减小其温缩和干缩系数，增加半刚性基层材料的抗裂性能。

4. 加强层间结合

在沥青面层与基层结合不好的情况下，沥青路面易发生推挤、滑移裂缝，还将导致其他病害的发生。在喷洒透层沥青（或黏层沥青）或铺设下封层之前，基层顶面没有清扫和冲洗干净，上面有薄层砂土或二灰，甚至有局部外来素土层。这些砂土或二灰将直接影响到透层沥青渗入基层，或影响黏层和下封层与基层黏结，导致沥青面层和基层接触不好。

5. 采取隔离层隔离收缩裂缝的措施

这种措施的主要思想是：在半刚性基层之上加设隔离层，使基层的收缩开裂尽可能少地影响沥青面层，少反射到沥青面层。

（1）土工织物。土工织物包括聚丙烯或聚酯织物和聚乙烯、聚丙烯或聚酯无纺织物。无纺织物夹层的主要作用与橡胶沥青应力吸附夹层相似，而织物由于模量稍高，可对加铺层起少量加筋作用。

（2）土工格栅。格栅包括聚丙烯或聚酯土工格栅、玻璃格栅和金属格栅。土工格栅的厚度为0.8～1mm，模量为900～2500MPa，临界应力和应变与织物相近。金属格栅的厚度为2～4mm，其模量可达到8000～10000MPa。刚度大的夹层对于降低加铺层内因温度下降而引起的应力和应变的作用不如软夹层，但对于降低荷载产生的应力应变的作用则远大于软夹层；采用复合式夹层(下层为应力吸收层，上层为金属格栅)，虽然可以像软夹层那样减少温度引起的反射裂缝，但仍保留了软夹层不能降低加铺层荷载应力的缺点。

(3) 橡胶沥青封层(SAM)和应力吸收膜(SAMD)

国外曾采用SBS和EVA(乙烯醋酸乙烯)橡胶沥青应力吸收中间层(ASM)防止反射裂缝，具有一定效果，证明其可以减少和延缓反射裂缝。这是一种高弹性低劲度的软夹层，厚度为10～50mm，模量为10～10MPa。其作用为降低基层与加铺层之间的黏附阻力，使二者易于蠕动、滑移，从而减少温度下降引起的反射裂缝。同时，由于隔开了接缝(或裂缝)端部，它可以降低加铺层底面的载荷能力。但据francken的分析，软夹层对距底面3～5mm以上的加铺层，以及位于接缝(或裂缝)之间的加铺层内的承载能力具有不良影响，使其应力和应变比不设夹层时反而增大。

国外还有用软沥青混凝土作为中间层，实践表明它对气候寒冷情况下防止反射裂缝较为有效。这种方法成功的关键在于沥青黏度和中间层厚度的合理选择。此外，国内外尚有采用开级配沥青混凝土(沥青碎石)作中间层，但严格讲，沥青碎石仍具有较高模量，能传递裂缝尖端的高应力及应变，虽然该层较厚时具有较好防裂作用，但不经济。Strata应力吸收层是美国科氏公司专门针对反射裂缝设计的，其胶结材料采用高弹性的聚合物材料，集料最大粒径为9.5mm，混合料弹性模量较低，承受变形的能力较强。Strata技术已经得到了很多成功的验证，于20世纪90年代就得到同行业的认可。

此外，氯丁橡胶改性乳化沥青和细集料也可作为应力吸收层。氯丁橡胶改性乳化沥青可以增加混合料的黏聚力和弹性性能，同时具有较低的温度敏感性(因此能够显著提高应力吸收层低温下的柔韧性)，且与集料有很好的黏附性。由于这种应力吸收材料的集料选用细集料的密实结构，因此这种应力吸收层也具有较高的强度。值得注意的是，夹层结构能够起到很好地防止反射裂缝的作用，其防裂效果与夹层模量有关，同时使用夹层会增加夏季产生高温车辙的可能性，因此运用夹层结构防裂应充分考虑夹层模量对弯沉的影响。

6. 降低和分散半刚性基层对沥青层的影响

降低半刚性基层对沥青层的影响，就是使荷载作用下半刚性基层裂缝的开张幅度较小，以及重车通过时裂缝两边的相对沉降差较小，即裂缝处有较好的传荷能力。目前，国外常用的方法有两种：设置预切缝和预先粉碎基层。

(1) 设置预切缝。设置预切缝的目的是把总的裂缝张开幅度分摊到大量的微细裂缝上，其难点在于合理控制预切缝的间距。基层预切缝方法是在铺沥青面层前将半刚性基层按一定间距设置预锯缝且设法让这种裂缝仅保留在基层，而不反射到面层。它的防裂原理主要是通过锯缝改善基层约束条件，从而在一定程度上释放温度应力来达到防裂目的。同时，在锯缝防裂基础上铺设一定宽度土工织物，既起到了防渗作用，又在一定程度上缓解了裂缝处沥青面层应力集中，从而延缓或消除了面层反射裂缝的产生。

基层采用预锯缝来减少沥青面层反射裂缝的措施在国内外工程实践中有一定的应用。国外应用较早的，如德国1986年设计规范规定，当沥青面层厚度小于或等于14cm时，基层厚度不管多大，只要基层抗压强度不大于12MPa，基层必须预切缝。为了避免薄沥青面层下水泥稳定土基层产生不规则的、紊乱的裂缝反射到沥青面层上，也为了减少裂缝的破坏作用，建议在水泥土基层上每隔 8 ~ 12m 做一假缝，深 6 ~ 8cm，缝宽 10 ~ 12mm，这种做法在法国也应用较多，一些国家已经作为标准的方法规定在规范中。我国曾经在黑龙江省哈双高速公路上根据法国专家的要求进行过基层预切缝，但是并未能取得预期效果。目前，该做法很少应用。

（2）预先粉碎基层。预先粉碎基层是采用荷载（交通或振动）使基层粉碎，半刚性材料的收缩就会分布到这些细小的裂缝中，不会产生横贯裂缝。但是这种做法与设置半刚性基层的目标（提供较高的强度和承载力）是相矛盾的，因此这样的处理方式在我国是难以认可的，也没有应用过，其效果究竟如何还有待研究。

7. 提高沥青面层的均匀性

沥青混合料的均匀性对裂缝的影响特别大，在施工过程中也特别难控制。施工中受不同环节的影响，使沥青面层产生不均匀性的可能较大。面层的不均匀性又将导致面层产生较多的薄弱点，每个薄弱点都是容易产生低温收缩裂缝和温度疲劳裂缝的位置。

因此，在沥青路面面层中产生温度应力或温缩应变的过程中，这些薄弱点抗收缩应变的能力往往很差。产生非均匀性的主要因素有：沥青混合料矿料级配的变化，混合料的拌和温度时间，粗细集料的离析，温度离析，面层厚度变化，压实度变化等。因此，在调查过程中发现相同面层结构的同一条高速公路上，裂缝的形式以及分布有较大的差别。

沥青混合料的均匀性包括矿料级配的均匀性、拌和的均匀性、有无粗细集料的离析和离析现象的轻重程度、面层压实度和空隙率的一致性以及层厚的一致性。沥青面层的均匀性越好，其强度也就越均匀，面层表面的薄弱处也就越少。因此，在其他条件相同的情况下，沥青面层均匀性越好，表面产生温度裂缝的时间可能越晚，温度裂缝数量也会越少。

第九章 沥青路面加铺层工程设计与施工

随着使用时间的延续，沥青路面的使用性能和承载能力不断降低，无法满足正常通行的要求，当采用罩面或局部维修处治的方法无法满足要求时，就需要采用厚加铺层(结构加铺层)，以处理路面结构性损坏，并提高路面的承载能力。加铺层方案是沥青路面大修最常见的方案。路面加铺层设计工作主要包括现有路面结构状况调查、弯沉评定以及加铺层厚度计算。路面加铺层施工则要注意对原路面的改善工作。

第一节 旧路结构调查分析与评价

在进行结构加铺设计与施工之前，需要根据确定的调查指标和调查方法，对使用中的路面进行结构状况调查与评定，以获得旧路路面结构状况和强度，分析损坏的原因，并结合调查结论提出加铺方案。

一、路面结构状况调查

旧路路面结构状况调查工作，主要包括以下几方面：①交通调查。实地观测当前的交通量和交通组成，通过调查分析预估交通量增长趋势，确定年平均增长率，为结构加铺层厚度设计提供交通量依据。②路基状况调查。调查沿线路基土质、填挖高度、地面排水情况、地下水位等地质、水文状况，以确定路基土组成及其干湿类型，为结构加铺层排水设施的设置提供依据。③路面状况调查。调查路面结构类型、组合和各层厚度，开挖试坑进行量测和取样试验量测路基、路面宽度，详细记载路表状况及路拱大小。对路面的病害和破坏，应详细记录并分析其产生原因。

二、路面结构承载力调查

旧路路面结构强度和承载能力评定通过弯沉调查进行，在确定路面的计算弯沉值时，应采用路段划分方法对路面进行合理分段，对旧路路面进行弯沉检测时，每一车道、每路段的测点数不少于20点，且应以标准轴载测定为准，各路段的计算弯沉值可按下式计算：

$$l_0=(\bar{l}_0+AS)K_1K_2K_3 \tag{9-1}$$

式中 l_0——路段的计算弯沉值，0.01mm；

$\bar{l}_0$——路段内旧路路面上实测弯沉的平均值，0.01mm；

S——路段内旧路路面上实测弯沉的标准差，0.01mm；

A——保证率系数，补强二级及二级以上公路路面时，A 取1.5，补强三、四级公路时，A 取1.3；

K_1、K_2——分别为季节影响系数和湿度影响系数，可根据当地经验选用；

K_3——温度修正系数。

由于路面在一年的不同时期具有不同的强度，而经加铺修复的路面必须保证在最不利季节具有良好的使用状态，因此，对旧路路面弯沉值的测定应在不利季节进行。若在非不利季节测定，应按各地的季节影响系数进行修正。

第二节　加铺层的损坏模式与设计指标

一、结构加铺层的损坏模式

通过路况调查与分析，目前沥青路面加铺层的损坏主要有以下五种典型形式：

1. 沥青加铺层翻浆

这种加铺层损坏形式一般发生在路面使用初期，损坏主要与材料的均匀性、路面结构模量组合、高速行车引发的动水冲刷作用以及重载超载等因素有关。设计时应重点考虑处理好水的作用，进行合理的结构层模量组合，并保证材料的均匀性。

2. 整体承载能力不足引发的疲劳开裂

这种加铺层损坏形式一般出现在路面使用寿命的中后期，是一种传统的路面损坏形式，也是我国路面加铺层设计方法控制的重点，主要原因是加铺层结构整体强度不足或交通过于繁重。设计时应着力提高加铺层结构的整体强度和沥青层的弯拉疲劳性能，保证沥青层的厚度，减少弯拉疲劳作用的影响。

3. 剪切强度不足引发的纵向开裂或车辙

这种加铺层损坏形式可能发生在结构加铺层使用过程中的任何阶段，损坏主要与重载超载车辆过多、加铺层沥青混合料抗剪强度不足以及加铺层结构不合理等因素有关。设计时应从材料和结构两方面出发：一方面提高加铺层沥青混合料的高温抗剪切能力；另一方面优化加铺层结构形式，合理设置加铺层的厚度及模量组合，提高加铺层结构的抗剪切性能。

4. 层间黏结强度不足引发的沥青层推移

这种加铺层损坏形式也可能发生在结构加铺层使用过程中的任何阶段，损坏主要与加铺层和旧路面结构或基层之间黏结强度不足有关。设计时应重点控制加铺层与下卧层之间的层间黏结性能，采用改性沥青、改性乳化沥青以及橡胶沥青等黏结强度较高的黏结材料作为黏层，同时在施工过程中注意避免层间污染，以免降低层间黏结性能。

5. 低温开裂

这种加铺层损坏形式主要发生在低温季节，绝大部分损坏的原因与沥青路面低温缩裂相同，但是也有少数特殊情况值得注意，尤其是当在旧路面上设置加铺层时，由于旧路面沥青材料的老化等原因，沥青加铺层的温度收缩性能与旧沥青路面存在较大的差异，导致收缩应力不均匀变化，从而产生低温开裂。设计时也应从材料和结构两方面入手：一方面采用温度敏感性好、低温性能优良的沥青材料；另一方面合理设置加铺层厚度，并考虑设置过渡层，提高沥青加铺层的抗变形能力。

二、结构加铺层的设计指标

结构加铺层设计的任务就是在设计年限内将上述各类加铺层典型损坏形式控制在可接受

的范围内，每一种设计方法都需要针对典型损坏形式确定合理的设计指标。国外通常采用层底弯拉应变、路表总变形量等作为设计指标，AASHTO 设计方法还在 PSI 评分中以路面平整度作为主要指标。目前我国《公路沥青路面设计规范》(JTG D50—2006)中规定的加铺层设计方法主要以加铺层整体强度和疲劳开裂作为主要的控制对象，以路表回弹弯沉和层底弯拉应力作为设计指标。

1. 以路表回弹弯沉值作为结构加铺层整体刚度的设计指标

弯沉值标准是以路面在车辆荷载反复作用下出现纵向裂缝为临界状态，以纵向网裂为破坏状态，它主要反映在车辆荷载作用下路面结构整体，包括加铺层和结构层部分应力与抗力对比失衡状态时的表观特征。车辆荷载作用下的路表回弹弯沉是弹性层状体系理论计算的一个指标，它与路基顶面压应变有密切关系。路表回弹弯沉是路面加铺层及各结构层的变形与土基回弹变形之和，且土基回弹变形占路表总回弹变形的比例一般在 90%以上，因此，路表回弹变形能够反映土基的工作状态，弯沉值的大小表征了路面整体刚度的大小或承载能力强弱，即加铺层和路面结构扩散荷载应力的能力。

2. 以弯拉应力作为结构加铺层疲劳开裂的设计指标

在车辆荷载的反复作用下，加铺层层底产生拉应力或拉应变而导致加铺层出现疲劳开裂。我国加铺层厚度设计考虑的是弯拉应力，而国外的一些设计方法主要采用最大弯拉应变作为设计指标。长安大学王朝辉的研究表明，随着加铺层模量的增大，加铺层的弯拉应变减小，而弯拉应力增大，两者的变化趋势并不一致；同时，考虑到我国加铺层材料普遍采用模量较大的改性沥青，并且我国路面现场疲劳寿命方程缺失系统全面的研究，还没有建立科学合理的统一疲劳方程，因此，在现阶段采用最大弯拉应力作为设计指标控制加铺层的疲劳开裂是可行的。

实际应用表明，我国规范规定的两类加铺层设计指标能够较好地指导结构加铺层厚度设计，但是加铺层损坏现象极为复杂。对于加铺层和原路面结构的温度应力引起的疲劳、沥青老化、沥青混合料高温性能欠佳而产生的车辙变形、剪切破坏等，仅仅依靠现行设计指标还无法解决。

虽然国内研究人员积极探索提出了一些新的设计指标，如采用层间最大剪应力指标控制层间黏结强度，采用竖向最大剪应力指标控制加铺层混合料强度等，但是这些设计指标还处在研究阶段，无法大面积推广应用。因此，目前还需要从材料选择、混合料优化设计、结构组合等方面弥补现有加铺层设计方法的不足。

第三节　各国沥青路面结构加铺层厚度设计方法

一、沥青路面结构加铺层设计方法分类

加铺层设计方法和新路面结构设计是一样的，唯一不同的就是加铺层设计需要考虑旧路面进行加铺时的状况和剩余寿命。目前，国内外的加铺层设计方法可以归为以下三种类型，即经验法、弯沉法和力学经验法。

1. 经验法

纯经验的加铺层设计方法一般以已知路面信息为基础，如使用年限、交通量、施工状

况、结构性分段和环境等因素，建立加铺层厚度性能与上述这些路面信息之间的经验关系式，然后应用此经验关系式来确定所需的加铺层厚度。目前国内外常用的经验设计方法主要包括以下两种类型：

（1）组分分析法。此方法假设若路面已经损坏且消耗了总寿命的一部分，则其使用状况与薄一些的路面结构相似，也就是说，考虑总寿命消耗了一部分之后，有效厚度将减少。由于有效厚度同各路面结构层的类型、状况和厚度有关，因此这种方法称为组分分析法。大部分正在使用的组分分析设计方法中采用了补足厚度缺额的概念，即加铺层厚度等于过去和未来交通量状况下在目前的路基上进行新的路面结构设计厚度减去现有路面结构的厚度。下面的方程式是一个典型的厚度缺损设计方程：

$$H=H_{req}-cH_{press} \tag{9-2}$$

式中　H——加铺层厚度；

H_{req}——新的结构设计所需的路面厚度；

H_{press}——现有路面结构厚度；

c——状况修正因子。

（2）路面状况评价法。基于路面状况评价的加铺层设计方法通常根据评估人员的知识和经验评价，路面状况、加铺层修复措施的要求以及类型主要依据评估人员的主观判断。评估人员根据对路面预期行为的个人判断，同时考虑当地的路面类型、材料、病害、交通状况、排水设施、地形、植被以及季节气候状况进行加铺层设计。

美国地沥青协会(AD)的有效厚度法、AASHTO的结构缺损法和加利福尼亚州的组成部分分析法都是经验法。在经验法的设计过程中，不需要对路面作出弯沉测试的，它主要是以旧路加铺时的状况为依据，仅凭经验作出判断。这种基于结构能力的分析方法，在理论上是可行的，但由于考虑的因素不够全面，很多参数都是靠经验来确定的，使得在实际操作时，还存在不少问题。

2. *弯沉法*

弯沉法有时又称为挠度法。弯沉法中的“弯沉”有以下两层含义：一是弯沉与达到“破损”时的荷载重复作用次数，如N或使用年末的PCI或服务性能之间的关系。弯沉值越小，在破损出现之前容许的荷载重复作用次数就越大。二是随着加铺层厚度的增加，加铺层上的弯沉值是逐渐减小的，加铺层厚度增加到能承担未来交通荷载重复作用次数所需要的次数为止。

美国地沥青协会、加利福尼亚州和路易斯安那州所用的设计方法都是建立在弯沉法基础上的。基于弯沉的加铺层厚度设计方法仍然是经验性的，其适用性受到在建立此方法时所用资料性能的限制，当遇到了不同的材料、环境状况、路面结构、交通水平和路基状况时，就一定要建立新的经验关系式或至少要对旧的关系式进行修正。但弯沉法的一个主要优点就是能在现场对路面整体结构进行测量。同时，其测试速度快，相对成本较低，有很多种设备类型可以选用。

3. *力学经验法*

力学经验设计方法的主要特征是根据不同路面结构层中的应力和应变来确定路面对荷载的响应。在确定路面寿命时，采用指定破坏准则下的路面响应与荷载重复作用次数之间的疲劳关系式来进行力学经验方法设计与弯沉方法设计并不是互相排斥的，大部分方法采用基于弯沉测试下的应力和应变作为与路面性能有关的响应。这种设计体系与“弯沉法”的不同是：用来建立性能关系式的弯沉值往往是以力学模型为基础的，而不是直接依据观测资料而得到的。这种方法的优点在于，只要能够计算应力或应变，那么对于任何的路面结构，都可以计算其所需加铺的加铺层厚度。力学经验法既考虑了过去的、又考虑了现在的疲劳破坏和永久变形，以确定足够的加铺层厚度，对于一系列的加铺层厚度来计算过去和未来的疲劳破坏，选择产生可容许的“疲劳破坏”下的加铺层厚度。

力学经验设计方法的主要缺点是，为了正确地描述路面结构和材料特性，需要考虑两个方面：①大量的材料试验和评价。②为确定所有需要的输入资料根据弯沉测试反算材料特性。环境因素对材料特性的长期影响，常使得难以准确地描述现场实际路面的特征。此外，许多力学方法依赖于计算应力或应变与破坏准则之间的经验关系式，并且这种方法一般需要计算机进行设计，计算非常复杂，工作量大。

4. 性能分析法

该设计方法考虑了环境、荷载、结构、材料、经济和性能等因素，将寿命、周期、费用分析引入罩面设计，可同时提供沥青路面最佳加铺时机和最佳加铺层厚度的选择。该方法的核心就是加铺后沥青路面(复合式沥青路面)的结构行为方程。该方程可以预先估计路面在采取罩面或加铺措施后，其使用性能随时间或轴载作用次数的变化规律，从而为建立基于性能的加铺层设计方法奠定良好的基础。

上述四类常用的加铺层设计方法各有优、缺点，在研究应用时，应针对具体的限制条件，选择确定合适的设计方法。

二、国外沥青路面加铺层设计方法

从沥青路面加铺层设计方法的分类可以看出，沥青路面加铺层设计方法可以以经验为基础(经验法)，也可以以理论为基础(解析法)，当然也可以将理论与经验相结合(力学经验法)。目前，在上述几类加铺层设计方法中，常用的有如下几种：

1. 美国地沥青协会(AI)法

1969 年，AI 发表了路面修复设计方法，该方法的目标是为路基提供足够的保护，主要通过对路面几何及结构的改善来提高路面的通行能力和结构承载力，从而为车辆提供更安全的行驶条件。AI 法认为路面结构性能的缺陷主要是由于交通量增长、路面材料性能变异以及设计方法不完善所造成的。AI 法总结了不同病害形式的产生原因，但是并没有给出不同修复措施的评估与修复方案设计之间的具体区别，只是根据路面组成结构分析和路面响应分析(如弯沉)，提出了用于路面结构性能缺陷评估和加铺层设计的两种经验性方法。这些方法适用于所有柔性路面，并且可以用于解释病害产生原因及其力学机理。

2. 动态圆锥贯入(DCP)法

DCP 设计方法也是一种经验性的路面修复设计方法。该方法以南非德兰士瓦省广泛使用的动态圆锥贯入试验(DCP)为基础，采用与路面结构分析相同的假设条件。DCP 法主要用于薄层路面以及天然碎石亚层结构，但是最近有研究表明，DCP 法也适用于轻微胶结的层状结构。DCP 法的目标是达到一种均衡的路面设计，并且优化路面材料的强度。通过设计满足预期交通量要求的路面结构，并比较设计路面与已有路面 DCP 性质的差异，就可以达到 DCP 法的设计目标。DCP 法以路面结构层的组合形式提出多种能够满足一定的设计交通量要求的设计路面。因此，需要结合原有路面结构和当地的材料情况，采用试错法来确定最经济的修复措施。DCP 设计法允许设计人员在修复设计中充分考虑个人经验。

3. TRRL 表面弯沉法

交通运输与公路研究实验室(TRRL)以 1956 年后公路调查数据的研究和实验为基础，在 1978 年提出了路面评估与修复设计方法，并最早采用路面弯沉作为设计参数，通过路面弯沉的测量，依据路面各结构层的变形特征，确定满足设计交通量的加铺层厚度，以达到延长路面使用寿命的目的。TRRL 表面弯沉法的主要设计内容如下：①路面表面弯沉的测量；②实测弯沉值的校正；③过去、现在和将来交通量的预测；④在达到极端条件之前，预测路面的剩余寿命；⑤在设计交通量的条件下，设计加铺层厚度，延长路面寿命；⑥根据路面结构条件的变化比较加铺层设计。

4. SHELL 加铺设计法

SHELL 加铺层设计方法是由阿姆斯特丹的皇家壳牌试验室根据 SHELL 新建路面设计手册提出的。该方法最初用于设计新建路面，后来逐步发展完善，也可用于旧沥青路面的沥青加铺层设计。SHELL 设计法是一种理论设计法，根据线弹性理论建立由以沥青材料为主的上层(面层)、以粒料类或胶结材料为主的中间层(基层)和一个半无限空间体的底层(路基)组成的三层结构模型。在该结构模型中，主要采用各结构层的变形模量、泊松比和层厚作为材料参数，对路面结构进行分析，并建立设计图表，根据设计图表确定路面加铺层的设计厚度。

SHELL 设计方法开发了以线弹性理论为基础的计算程序 BSAR，以计算路面结构的应力和应变。在计算过程中，采用的控制指标如下：①作用在路基表面的垂直压应变，用来控制路基材料的变形；②作用在沥青面层的水平拉应变，用来控制沥青层的开裂；③作用在基层的拉应力和拉应变，用来控制基层的开裂。

SHELL 设计法采用无损检测(NDT)——落锤式弯沉仪(FWD)评估旧沥青路面的特征。与其他设计方法不同的是，SHELL 设计法在设计过程中考虑了加铺层的材料特性，以及路面结构的温度梯度效应，通过加权年平均气温指标 W-MAAT 反映不同季节状况，同时在设计中还考虑了对路面结构层变形情况的核查。但是 SHELL 设计法仅仅根据沥青层的疲劳以及路基变形建立设计图表，不能评估松散颗粒层的特性；虽然考虑了温度，但是仅仅将温度变化作为一种气候影响因素，与实际状况还存在一定差距。

5. 南非力学设计法

南非公路和交通运输技术部根据多年重车模拟设备(HVS)进行路面加速加载试验的试验数据和线弹性理论，提出了南非路面修复设计法。该方法采用线弹性理论以及多年 HVS 试验得到的结果编制了路面行为目录。南非力学设计方法在设计过程中，假设路面状况是路表弯沉的函数，通过路面行为目录或者是计算机模拟路面在加载条件下的响应进行路面分析，对分析计算出来的应力应变以及变形等关键参数进行加权处理来进行路面修复设计。南非设计法可以为不同类型的路面结构层各种可能的材料因素提供一个综合的理论分析，是少数可以评价如基层或底基层的颗粒状材料等路面结构层、各种路面材料的方法之一。但是，南非路面修复设计法没有提供对路面结构层永久变形的评价或是路面的整体评价。虽然南非设计法承认温度和湿度等环境变化的重要性，但是由于相关研究尚不充分，目前南非路面修复设计法中并没有考虑环境因素的影响。

6. AASHTO 路面加铺层设计法

AASHTO 路面加铺层设计法认为加铺修复的目标是改善路面结构性能，需要加铺的厚度是满足将来交通需要的结构性能和旧路面结构性能的函数，并通过加铺层结构数确定加铺层的厚度。AASHTO 路面修复设计法也是以弯沉为基础，但是并没有直接采用弯沉作为设计指标，而是根据路面弯沉并考虑季节和温度效应，反算路基回弹模量和路面有效回弹模量。通过路基回弹模量、设计 PSI 损失、加铺设计可靠度以及柔性路面整体标准差等设计输入参数和无损检测法、路况调查法以及残余疲劳寿命法，分别确定未来交通所需要的结构数和旧路面有效结构数，并以此确定设计加铺层厚度。AASHTO 路面修复设计法特别强调弯沉测量以及钻芯和材料试验确定路基路面结构性能的重要性，同时充分考虑了交通量的增长变化情况和路面状况衰减状况，以设计确定合理的加铺层厚度。

三、考虑铣刨深度的加铺层设计方法

国内外沥青路面加铺层设计方案主要有直接加铺、铣刨部分结构层加铺以及铣刨部分结构层并铺设补强层后加铺三种类型。除了直接加铺的方案外，其他方案都需要将原路面结构铣刨一定深度。此时原路面结构厚度减小，如果仍采用铣刨前原路面结构的弯沉等响应量表征或反算原路面结构模量，并以此为基础进行结构加铺层设计，显然是不合理的。此外，在沥青路面结构加铺层设计时，旧路面结构表面弯沉等响应量达到何种程度需要铣刨，有待进一步研究。

针对上述问题，国内外都进行了积极的探索研究，提出了一些考虑弯沉折减或铣刨深度控制的设计方法，其中有些设计方法已经成为地方或国家规范的方法。在此介绍国内外两种考虑铣刨深度的加铺层设计方法，即加利福尼亚州交通运输部柔性路面修复指南设计方法和我国学者提出的基于弯沉控制的沥青路面铣刨厚度设计方法。

1. 利福尼亚州交通运输部柔性路面修复指南设计方法

加利福尼亚州在沥青路面大修工程中对沥青路面材料的再生利用尤为重视，在设计施工时，采用此项技术的关键问题就是如何确定铣刨及加铺层的厚度。为了更好地指导沥青路面材料的再生利用，合理地确定铣刨及加铺层的厚度，加利福尼亚州交通运输部在 2001 年修订的《柔性路面修复指南》(Flexible pavement rehabilitation manual)中，明确给出了沥青路面铣刨及加铺层厚度确定方法。该方法根据旧路面实测弯沉值，计算得到铣刨深度处弯沉折减百分率，并参考多年实测积累的数据确定总摊铺层厚度，用总摊铺层厚度减去铣刨厚度，就可以得到铣刨再生后加铺层的厚度。从本质上讲加利福尼亚州柔性路面修复指南设计方法以多年积累的数据经验为基础，是一种经验性的设计方法。

(1) 确定 80%分位数弯沉值 D_{80}。加利福尼亚州柔性路面修复设计方法采用 80%分位数弯沉值 D_{80} 作为沥青路面加铺层设计时的计算弯沉值。80%分位数弯值 D_{80} 的定义为：通过统计路段所有测试弯沉值，其中有大约 80%的弯沉值小于该值，而有 20%的弯沉值大于该值。与采用路段平均弯沉值作为设计指标相比，采用 D_{80} 作为设计计算指标，考虑了一定的保证系数，可以保证设计的加铺层厚度大于根据平均值计算得到的加铺层设计厚度，设计结果偏安全，有利于保证加铺层的使用寿命。

80%分位数弯沉值 D_{80} 的计算方法如下：

$$D_{80}=\bar{x}+0.84S \tag{9-3}$$

式中　$\bar{x}$——测段内平均弯沉值，ft；

D_{80}——测段内路表80%分位弯沉值，ft；

S——测段内所有测值标准差。

（2）确定路表容许弯沉值 *TDS*。通过现有路面面层厚度、交通状况指数 *TI*（Traffic Index）及基层类型等，确定现有路面的剩余容许弯沉值 *TDS*（Tolerable Deflection at the Surface）。当 D_{80} 小于或等于 *TDS* 时，则认为原路面结构承载力满足使用要求，加铺层的厚度可以采取薄层罩面；当 D_{80} 大于 *TDS* 时，则应对原路面采取补强措施，此时加铺层的厚度必须通过计算来确定。

（3）初拟铣刨深度并确定铣刨深度处弯沉值 *DM*。根据工程实际情况并参考以往使用经验，初拟铣刨深度 h。根据 Hannon 等人的研究成果，铣刨深度每增加 0.10ft（30mm），弯沉值就将增加 12%。因此，铣刨深度处的弯沉值 *DM*（单位：in）可以根据表面弯沉计算得到：

$$DM=D_{80}+\left[12\%\cdot\left(\frac{h_{\text{mill}}}{0.10}\cdot D_{80}\right)\right] \tag{9-4}$$

（4）确定铣刨深度处弯沉折减百分率 *PRM*。加利福尼亚州柔性路面修复设计方法在确定加铺层厚度时，主要依据弯沉折减百分率直接加铺时，弯沉折减百分率考虑的是容许弯沉 *TDS* 和代表弯沉 *D* 之间的差异；铣刨加铺时，弯沉折减百分率考虑的则是容许弯沉 *TDS* 与铣刨深度处弯沉 *DM* 之间的差异。由此可以得出铣刨深度处弯沉折减百分率 *PRM*（Percent Reduction in Deflection Required at the Milled Depth）的计算方法。

$$PRM=\left(\frac{DM-TDS}{DM}\right)\times100\% \tag{9-5}$$

需要注意的是，为了避免铣刨深度过大，指南中规定了 *PRM* 的最大值，即铣刨深度处的 *PRM* 不得大于 70%。在实际计算过程中，由于 *PRM*=70%的位置并不明确，因此，需要根据初拟铣刨厚度进行不断的试算，才能确定最终的设计铣刨厚度。

（5）确定设计铣刨厚度和加铺层厚度。加利福尼亚州柔性路面修复设计方法在路面结构设计中主要采用等效碎石的概念，即将不同的路面修复材料按照相应的换算因子换算为统一的等效碎石。在结构设计中确定等效碎石层的厚度，即可根据不同材料的换算因子，得到采用不同材料的加铺层厚度。

按照上述等效碎石换算的方法，可以采用如下步骤确定铣刨和加铺层厚度：①根据计算得到的 *PRM* 值确定修复路面结构病害需要铺筑的合计等效碎石（Gravel Equivalence）的厚度。②利用查表得到的等效碎石厚度，减去铣刨重铺部分等效碎石层的厚度（铣刨重铺部分的厚度乘以相应材料的等效碎石换算因子 *G*），得到加铺部分等效碎石厚度。同样，根据加铺部分的等效碎石厚度，利用加铺材料的等效碎石换算因子 G_1，就可以最终确定加铺层的厚度。

需要注意的是，计算得到的铣刨和加铺层的厚度需要采用“向右取整”的处理方法得到最终的设计厚度。例如，采用冷再生沥青混凝土（CRAC），其等效碎石因子 *G* 取 1.5；加铺部分采用密级配沥青混凝土（DGAC），*G* 取 1.9。密级配沥青混凝土的等效碎石厚度=（合计当量碎石厚度）-（冷再生沥青混凝土的厚度）×1.5，则密级配沥青混凝土的厚度=（密级配沥青混凝土的等效碎石厚度）/1.9。从功能和成本两方面考虑，在采用上述方法确定加铺层厚度时，还需要考虑以下问题：除去铣刨重铺部分的厚度，计算得到的加铺层厚度至少应比直接加铺方案的加铺层厚度小 0. 10ft，如果不满足，需要重新拟定铣刨深度再次试算，直至满足该条件。

2. 基于弯沉控制的沥青路面铣刨厚度设计方法

在进行沥青路面加铺层设计时，国内主要采用以下两种方法控制铣刨厚度：①根据落锤式弯沉仪(FWD)的测试数据和各结构层厚度，反算路面各结构层的模量，然后根据各层的模量确定铣刨厚度。②根据施工经验，依据旧路面代表弯沉值和加铺层设计弯沉值，采用《公路沥青路面养护技术规范》中的计算方法，求得路面结构强度系数 SSI，然后根据 SSI 的等级确定铣刨厚度。a. 当 SSI 为优以上时，在病害处治之后，对旧路进行功能性恢复；b. 当SSI 为良时，根据病害，一般铣刨全部沥青面层；c. 当 SSI 为中时，铣刨全部沥青面层，当基层强度不足时，铣刨至基层底；d. 当 SSI 为次、差时，铣刨全部旧路面结构层。

这两种方法在使用中都存在一定的缺陷：根据 FWD 测试结果反算得到的是动态模量，使用中需要换算成静态模量，存在一定的误差；而根据 SSI 等级确定铣刨厚度时，将全部沥青层作为一个结构层对待，在不需要铣刨全部沥青层的情况下仍然将全部沥青层铣刨，增加了施工成本。针对上述问题，长安大学王朝辉博士采用了理论计算的方法，建立了铣刨前旧路面代表弯沉值与铣刨一定厚度后路面代表弯沉值之间的关系，提出了采用铣刨前旧路面代表弯沉值控制沥青路面铣刨厚度的加铺层设计方法。这种设计方法的设计步骤如下：

（1）确定可满足直接加铺的最大旧路表面代表弯沉值l_1，根据路面高程等，确定直接可加铺沥青层最大厚度 h 及其设计模量E_1；结合设计弯沉值，按照加铺层设计方法，反算可满足直接加铺要求的旧路顶面当量回弹模量最小值E_1；按照弯沉与回弹模量关系式 $E=1000\dfrac{2p\delta}{l_1}m_1m_2$，确定可满足直接加铺的最大旧路表面代表弯沉值$l_1$。

（2）确定铣刨至上面层底面前最大旧路代表弯沉值l_2。假设铣刨上面层厚度为 h 上，由此可以确定可加铺沥青层的最大厚度为 $h=h_1+h_{上}$与设计模量E_2(多层时，设计模量可以为多个)；结合设计弯沉值 l，反算铣刨上面层后旧路当量回弹模量最小值E_2，并根据理论计算建立的关系式，确定铣刨上面层前最大旧路代表弯沉值I_2。

（3）确定铣刨上中面层前最大旧路代表弯沉值I_3。假设铣刨上、中面层厚度($h_{上}+h_{中}$)，由此确定可加铺沥青层最大厚度$h_3=h_1+h_{上}+h_{中}$与设计模量E_3(多层时，设计模量可以为多个)；结合设计弯沉值 l_1，反算可满足要求的旧路当量回弹模量最小值 E，并根据理论计算建立的关系式，确定铣刨上中面层前旧路代表弯沉值I_3。

（4）确定铣刨至某一厚度前最大旧路代表弯沉值 l_1 加铺层设计时，原有沥青层可以按照上、中、下结构层为铣刨依据，也可以采用某一特定的厚度作为铣刨依据。此时，可以假设铣刨某一厚度为 h，由此可以确定可加铺沥青层的最大厚度 $h=h_1+h$；与设计模量 E(多层时，设计模量可以为多个)；结合设计弯沉值 l_1，反算可满足要求的旧路当量回弹模量最小值 E，并根据理论计算建立的关系式，确定可满足铣刨该厚度前的最大旧路代表弯沉值。

（5）确定以弯沉值为依据的铣刨设计标准。①当旧路表面代表弯沉值评定等级为优时，进行功能性恢复；②当旧路表面代表弯沉值 $l\leqslant I_1$时，不考虑病害时直接加铺沥青层；③当旧路表面代表弯沉值$I_1\leqslant l$ 时，铣刨至 h 厚度底加铺沥青层；④当旧路表面代表弯沉值 $l<I_1\leqslant I_2$时，铣刨至上面层底加铺沥青层；⑤当旧路表面代表弯沉值$I_2<l\leqslant I_3$时，铣刨至上、中

面层底加铺沥青层；⑥当旧路表面代表弯沉值 $I>I_3$ 且弯沉值评定等级为良好时，铣刨全部沥青层再加铺沥青层；⑦当旧路表面代表弯沉值评定等级为中时，铣刨全部沥青层，挖除部分或全部基层，同时设柔性或半刚性补强层，再加铺沥青层；⑧当旧路表面代表弯沉值评定等级为次差时，应对整个路面结构进行翻新。

（6）确定铣刨厚度，进行加铺层设计。实测旧路弯沉值，按照规范方法计算旧路代表弯沉值，根据上述已确定的设计准则，确定铣刨厚度，进行加铺层设计。

（7）设计示例高速公路原路面结构为：4cm 中粒式沥青混凝土；5cm 粗粒式沥青混凝土；7cm 热拌沥青碎石；20cm 水泥稳定碎石基层；35cm 石灰稳定土底基层。

旧路修复处治设计弯沉值为 29. 3(0. 01mm)，可直接加铺的加铺层厚度为 4cm，其设计模量取 1200MPa。假设铣刨面层后的加铺层材料、厚度与原路面结构材料相同，铣刨上面层后加铺的上面层设计模量取 1200MPa，铣刨中面层后加铺的中面层设计模量取 1000MPa，铣刨下面层后加铺的下面层设计模量取 800MPa。

按照步骤(1)确定可满足直接加铺的最大旧路表面代表弯沉值，对于该高速公路，旧路处理设计弯沉值与可直接加铺的加铺层厚度都较小，故可以取 $I_1=29.3(0.01\text{mm})$；按照步骤(2)确定铣刨上面层前最大旧路代表弯沉值 $I_2=30.0(0.01\text{mm})$；按照步骤(3)确定铣刨上、中面层前旧路代表弯沉值 $I_3=32.6(0.01\text{mm})$。根据路面强度评定与等级路面强度指数计算公式：SSI=路面设计弯沉值/路段代表弯沉值，可计算出路段代表弯沉值所在评定等级范围，。

由此，可以通过弯沉值确定该高速的铣刨设计标准。①当旧路表面代表弯沉值 $l\leqslant29.3$ (0. 01mm)时，不考虑病害直接加铺沥青层或进行功能性恢复。②当旧路表面代表弯沉值 $29.3(0.01\text{mm})\leqslant l\leqslant30.0(0.01\text{mm})$ 时，铣刨至上面层底加铺沥青层。③当旧路表面代表弯沉值 $30.0(0.01\text{mm})\leqslant l\leqslant32.6(0.01\text{mm})$ 时，铣刨至上、中面层底加铺沥青层。④当旧路表面代表弯沉值 $32.6(0.01\text{mm})\leqslant l\leqslant35.3(0.01\text{mm})$ 时，挖除全部沥青层再加铺沥青层。⑤当旧路表面代表弯沉值 $35.3(0.01\text{mm})\leqslant l\leqslant44.4(0.01\text{mm})$ 时，铣刨全部沥青层，挖除部分或全部基层，同时设柔性或半刚性补强层，再加铺沥青层。⑥当旧路表面代表弯沉值 $l\geqslant44.4$ (0. 01mm)时，对整个路面结构进行翻新。

四、我国沥青路面加铺层设计方法

我国《公路沥青路面设计规范》(JTG D50—2006)中采用的修复设计方法与 AASHTO 设计法类似，将原路面上测得的弯沉值换算为旧路面当量回弹模量，引用当量回弹模量的概念，可以把在现有路面上实测弯沉值换算为假想路基的当量模量，从而用弹性层状体系理论公式进行加铺计算。当加铺层为单层时，以双层弹性体系为设计计算的力学模型，加铺 $n-1$ 层时，以 n 层弹性体系为力学计算模型。加铺层设计时，仍以设计弯沉值作为路面整体刚度的控制指标。对沥青混凝土面层和半刚性材料的基层、底基层，还应进行层底拉应力的验算。设计弯沉值各加铺层层底拉应力、面层剪应力和容许应力的计算方法，弯沉综合修正系数及加铺层材料参数的确定与新建路面设计的各项规定相同。

1. 加铺层设计流程

我国规范规定的加铺层设计方法与新建路面相类似，首先应根据原路面综合评价结构、公路等级、交通量等设计因素初拟选用直接加铺一层或多层沥青层、加铺沥青面层和半刚性基层、沥青面层和贫混凝土基层、沥青面层和沥青碎石基层以及沥青面层和级配碎石基层等加铺层结构设计方案；然后根据加铺层结构选用相应的路面类型系数，计算各方案的设计厚度，并比较确定最终设计方案。主要设计步骤如下：

(1) 对原有道路进行技术调查，掌握设计及养护维修资料。

(2) 按设计任务书的要求或调查交通量的有关资料，确定面层与基层类型，计算设计弯沉值 l_s 与各整体性加铺层的容许拉应力。

(3) 测定分析路段的弯沉值，计算代表弯沉值 l_s，并考虑温度修正系数。路面弯沉值是以 20℃为测定沥青路面弯沉值的标准状态，当沥青面层厚度小于或等于 5cm 时，不需温度修正；当路面温度在 20℃±2℃时，也不进行温度修正；其他情况下测定弯沉值均应进行温度修正。

(4) 计算原有路面的当量回弹模。

(5) 拟订结构组合方案及设计层位，确定各加铺层的材料参数。

(6) 根据加铺层的类型确定设计指标。当以路表回弹弯沉值为设计指标时，弯沉值综合修正系数 F 按计算确定：

$$F=1.45\left(\frac{l_s}{2000\delta}\right)^{0.61}\left(\frac{E_1}{P}\right)^{0.61} \tag{9-6}$$

当以弯拉应力为设计指标时，仍按新建路面设计方法进行计算。

(7) 采用弹性层状体系理论设计程序计算设计层的厚度，对于季节冰冻地区、中湿与潮湿路段，还应验证防冻厚度。

(8) 根据各个方案的计算结果，进行技术经济比较，确定最终采用的加铺层设计方案。

2. 加铺层设计注意事项

结构加铺层设计方法源于新建路面设计方法，但是与新建路面的设计方法还存在一定的差异，在加铺层设计过程中需要注意以下几点：

(1) 做好旧路面的路况调查，加铺层的主要目的是改善旧路面的功能和结构性能，因此在加铺层设计前应采用路面病害调查和路况评价方法，对旧路面的路面状况进行详细的调查分析，为加铺层设计提供可靠的数据支持。

1) 重点调查破损情况，包括裂缝率、车辙深度、修补面积等。路况调查确定的路面损坏程度是加铺层设计的重要依据，同时加铺层施工时必须根据旧路面的损坏状况确定相应的处理措施，而后才可以铺筑加铺层。因此，路况调查对于加铺层的设计与施工至关重要。

2) 采用贝克曼梁或落锤式弯沉仪(FWD)等无损检测方法评价原路面结构承载能力。应用弹性层状体系进行加铺层设计时，旧路表面的计算弯沉值 l 是很关键的一个参数。因为根据 l 可以计算旧路面的回弹模量。

一般认为，旧路面下卧层回弹模量与计算弯沉值成反比关系。目前，国内对路面回弹弯沉值的测定工具主要是贝克曼梁，近年来由于落锤式弯沉仪具有测试效率高、能很好地模拟行车荷载对路面的作用等优势，其应用越来越普遍。但是，贝克曼梁作为一种规范的方法在我国使用多年，相关的设计计算方法和经验公式比较成熟，而且贝克曼梁为静态加载，而落锤式弯沉仪为动态加载，《公路路基路面现场测试规程》及《公路沥青路面设计规范》中都规定，应用落锤式弯沉仪测量检测时，应建立其与贝克曼梁测量结果的相关关系，将测得的弯沉值转化成贝克曼梁的弯沉值，再计算路段的代表弯沉值。

3) 根据破损情况调查和承载能力测试与评价，结合路面外观选择好、中、差路面典型使用状况，进行分层钻孔取样和试验，采集沥青混合料和基层、底基层、土基的样品，分析破坏原因，判断其破坏层位及是否可以利用。

4）钻孔取样调查路床范围内路基土的压实度、分层含水率与土质类型等，分析路基的稳定性、强度以及路基路面范围内排水状况等。

（2）计算各路段的计算弯沉值。各路段的弯沉值应采用 BZZ100 标准轴载汽车，用贝克曼梁测定原有路面的弯沉值(或 FWD 测定)，每 20~50m 测一点，弯沉值变化较大时可加密测点，每车道、每路段的测点数不少于 20 点。各路段的计算弯沉值 l_0 应按下式计算：

$$l_0=(\bar{l}_0+Z_aS)K_1K_2K_3 \tag{9-7}$$

式中 l_0——路段的计算弯沉值，0.01mm；

$\bar{l}_0$——路段内原路面上实测弯沉值的平均值，0.01mm；

S——路段内原路面上实测弯沉值的标准差，0.01mm；

Z_a——与保证率有关的系数，高速公路、一级公路，$Z_a=1.645$，二级公路，$Z_a=1.5$，三、四级公路，$Z_a=1.3$；

K_1、K_2——季节影响系数和湿度影响系数，根据当地经验确定；

K_3——温度修正系数。

（3）计算原路面当量回弹模量。

1）确定旧路面的当量回弹模量时，应根据路段的划分，分别按照贝克曼弯沉值(或 FWD)计算各路段的当量回弹模量值。

2）各路段的当量回弹模量应根据各路段的计算弯沉值，按下式(轮隙弯沉法)计算：

$$E_t=1000\frac{2p\delta}{l_0}m_1m_2 \tag{9-8}$$

式中 E_t——旧路面的当量回弹模量，MPa；

l_0——旧路面的计算弯沉值，0.01mm；

m_1——用标准轴载的汽车在原路面上测得的弯沉值与用承载板在相同压强条件下所测得的回弹变形值之比，即轮板对比值；

m_2——旧路面当量回弹模量扩大系数。

其他符号意义同前。m 值应根据各地的对比试验结果论证确定，在没有对比试验资料的情况下，可取 $m_1=1.1$(轮隙弯沉法)进行计算

3）计算与旧路面接触的补强层层底拉应力时，m_2 按式(9-9)计算。计算其他补强层层底拉应力及弯沉值时，$m_2=1.0$。

$$m_2=e^{0.0037\frac{h'}{\delta}\left(\frac{E_{n-1}}{p}\right)^{0.25}} \tag{9-9}$$

式中 E_{n-1}——与旧路面接触层材料的抗压模量，MPa；

h'——各补强层等效为与旧路面接触层 E_{n-1} 相当的等效总厚度，cm。

4）等效总厚度 h' 按下式计算：

$$h'=\sum_{i=1}^{n-1}h_i\left(\frac{E_i}{E_{n-1}}\right)^{0.25} \tag{9-10}$$

式中 E_i——第 i 层补强层材料的抗压回弹模量，MPa；

h_i——第 i 层补强的厚度，cm；

$n-1$——补强层层数。

第四节　沥青路面结构加铺层的设计原则

一、结构参数对沥青路面加铺层的影响

结构参数对加铺层内部的应力应变响应有很大的影响，主要体现在材料模量、加铺层厚度和层间接触情况方面。

1. 材料模量对加铺层应力应变的影响

材料模量随着材料的组成及温度、湿度等环境因素而变化，不同的材料组成、不同环境条件下，沥青加铺层内部的应力应变响应是不同的。大量研究表明，随着沥青加铺层模量的增加，加铺层轮隙中心处的弯沉值逐渐减小，而拉应力和剪应力逐渐增大，并且变化幅度较大。

由此可见，由于沥青混合料的模量随温度降低而增大，气温越低，加铺层内部的应力变化越不利，在冬季会由于拉应力过大而产生温度收缩裂缝。虽然加铺层模量增加在一定程度上减小了弯沉值，但并没有减轻车辆荷载应力的作用。因此，在加铺层设计时，应控制加铺层的模量不宜过高；当加铺层模量较大时，宜采用拉应力作为控制指标。但是，当旧路当量回弹模量减小时，加铺层的弯沉值及应力应变都会变大，此时加铺层容易开裂。因此，在设计加铺层时，需要对旧路结构状况进行详细的调查分析，对强度较低的路段进行补强处理，提高基础的模量和稳定性。

2. 厚度对加铺层应力应变的影响

沥青加铺层的厚度与加铺层的抗裂性能有很大的关系，一般来说，加铺层厚度越厚，抗裂性能越好，但是加铺层的厚度也并非越厚越好。通常，加铺层的厚度超过 15cm 时，从成本上讲是很不经济的。大量研究表明，随着加铺层厚度的增加，弯沉值基本上呈线性减小；层底拉应力先增大后减小，大约在加铺层厚度为 10cm 时，层底拉应力达到最大值；而最大剪应力主要表现为减小的趋势。

综合以上结果，在车辆荷载作用下，加铺层内部的应力应变相应于厚度的关系比较复杂，并非越厚越好。当加铺层厚度较大时，虽然能够在一定程度上改善其应力应变响应，但是改善效果有限，而且由于经济方面的原因，加铺层的厚度也不能过厚。

3. 层间接触状况对加铺层应力应变的影响

我国设计规范中假设层间接触状况为连续状态，而实际使用中加铺层的层间接触状况通常介于光滑接触与连续接触之间，为半结合状态。新铺筑沥青加铺层时，由于在旧路上洒布了黏层，油层间可视为连续接触状态。当加铺层使用一段时间后，由于各种原因，层间开始出现滑移现象。国内外大量的研究表明，在车辆荷载作用下，当加铺层与旧路之间的层间接触状况由连续变为光滑时，沥青加铺层内的弯沉、应力、应变都会急剧增加。层间处于光滑状态时，加铺层的应力应变响应处于最不利的状态。

因此，为使结构受力状况最有利，在进行沥青加铺层铺筑之前，必须对旧路采取拉毛撒布黏层油等措施，增强旧路与加铺层之间的黏结。

二、沥青路面结构加铺层的典型结构形式

近年来，国内多条高速公路沥青路面进行了大修，采用的沥青加铺层结构形式多样，概括起来主要有以下几种典型结构形式：

（1）处治原有沥青路面+沥青加铺层：适用于裂缝不太多的情况下恢复路面的表面功能。

（2）处治原有路面+(封层)+夹层(土工织物、玻纤格栅或应力吸收层 SAMI)+沥青加铺层：夹层材料有利于减少反射裂缝，约束沥青面层的横向变形，适用于各类情况。

（3）铣刨原有路面+(夹层)+沥青加铺层：适用于桥梁、隧道或高程受限的路段。

（4）铣刨原有路面+再生基层或补强层(半刚性基层或大粒径沥青碎石、级配碎石等)+(夹层)+沥青加铺层：适用于路面损坏严重的情况，用于提高沥青路面整体结构强度。

尽管理论分析和室内试验能够对各种典型加铺层的结构形式进行分析比较，但与实际状况仍有较大的差距。为此，可以调查分析国内近年来比较有代表性的几条高速公路加铺层使用情况，明确不同结构加铺层形式在车载荷载和自然环境等因素综合作用下的使用性能。

第五节　结构加铺层的设计施工

一、加铺层施工步骤

进行沥青路面结构加铺层施工时，包括如下施工步骤：修补病害区域及改善内部排水系统、修复车辙(刨除或铺设调平层)、路面加宽(需要时)、洒布黏层、铺设沥青加铺层(包括反射裂缝的防治)。一般说来，路面结构加铺层施工可以按路面病害处理和铺筑加铺层两步进行。

1. 施工前对旧沥青路面处理

（1）沥青路面整体强度基本符合要求，车辙深度小于 10mm，轻度裂缝而平整度及抗滑性能差时，可直接加铺罩面，恢复表面使用功能。

（2）对中度、重度裂缝段宜视具体情况铣刨路面。不铣刨旧路面时，可对裂缝进行灌缝处理，修补松散、坑槽等，必要时采取防裂措施。对沥青层网裂、龟裂或沥青老化的路段，应进行铣刨并清除干净，设置黏层沥青。

（3）当整体强度不足时应加铺补强层。对严重裂缝的路段，可根据路面开裂深度或结构破坏情况，确定挖除深度和范围。

2. 旧路面铣刨施工

对于路面较大的龟裂、密集的坑槽、沉陷、车辙等病害或路面局部修补处理，我国目前主要采用的方法为冷铣刨热摊铺和冷(热)再生两种。旧路面的铣刨在这两种施工工艺中占据主要地位。对旧路面进行铣刨处理主要为了解决以下问题：①重建路面的纵、横向坡度，为随后的摊铺加铺层准备一个平整的底平面，保证加铺层厚度的均匀一致，确保加铺层的平整度。②消除横断面不规则而导致摊铺加铺层难以正常施工。③清除经受严重剪切破坏而不适宜用于再生的破损混合料。④为铣刨后的路面提供良好的粗糙度和抗滑能力，一方面保证

新旧路面层间接触良好，另一方面为临时通车提供便利。⑤薄层铣刨还可以用于修复路面磨光，如恢复泛油、集料磨光路面的抗滑能力。

旧路面的铣刨施工包括切边铣刨、铣刨废料运输、刨边角、清扫余渣、铣刨面复查等工序。

（1）切割机切边。切割机切边主要是为了保证边线笔直、坑槽槽壁垂直、槽边整齐。确定修补面积后，需要把铣刨面用粉笔标记，然后用切割机将修补面积边线切出来，切缝深度一般为4cm，切割机切边可以在铣刨前，也可以在铣刨后，在铣刨后切边更容易保证边线笔直，但是容易遗留过多的边角，增加了刨除边角的工作量。

（2）铣刨机铣刨。根据刻画好的铣刨面积和铣刨深度沿行车方向逐刀进行铣刨。一般面层的铣刨深度为4cm，也可以参考本章介绍的方法计算得到。需要注意的是，如果坑槽中有松散物或积水，则需要增加铣刨深度，直至彻底露出坚实底层为止。对于未铣刨而直接加铺的路面，铣刨机要来回行驶，将其拉毛，拉毛痕迹深度为3~5cm。

铣刨机铣刨路面时应注意，铣刨机的铣刨宽度对于每台铣刨机而言是固定的，但是铣刨的速度是可变的。铣刨速度过快，会将路面刮松，使路面不平整、不连续，同时影响铣刨机的使用寿命；铣刨速度过慢，会影响施工进度。因此，在铣刨施工时，应根据路面病害及修复工程的具体情况，将铣刨速度控制在合理的范围内。通常情况下，铣刨机铣刨速度的影响因素主要包括以下几方面：①病害类型。铣刨不同类型的病害铣刨速度不同，如铣刨比较严重的龟裂、网裂，由于路面松散，铣刨速度较快；而铣刨深度较深的车辙，铣刨速度则较慢。②铣刨厚度。铣刨厚度越深，铣刨的速度也就越慢。③原路面结构类型。不同的路面结构类型，其密实度、坚硬程度都不相同，铣刨速度也有很大的差别。④调迁距离。由于铣刨作业往往是逐块进行的，经常需要调迁设备，因此，调迁设备距离的长短对铣刨作业的速度也有很大的影响。

（3）铣刨废料运输。铣刨机铣刨时，需要通过固定的传输皮带，将废旧混合料装入运输车辆，运送到固定的地点存放，以备再生利用。如果采用就地再生的方式，由于不需要远距离运输储存铣刨废料，因此，对铣刨旧料的运输并无严格要求。

（4）刨边角、清除余渣。用液压镐（风镐或人工）将铣刨机刀头自然形成的圆弧与切割机切缝间的少部分残留路面清除，然后采用人工或清扫机将坑槽内残留杂物清扫干净。如有需要，可以采用空压机将整个作业面吹扫干净。

（5）铣刨面复查。最后要对铣刨面进行检查和测量，查看铣刨面是否平整，松散物是否都铣刨清除，槽壁是否整齐垂直，测量铣刨深度是否合适，并记录铣刨后各测点的高程。如果合格，则可以进行下一步摊铺施工。

3. 加铺层施工质量控制要点

沥青路面加铺层往往作为一种大、中修养护的重要手段。在以前，人们对加铺层的设计施工均不太重视，认为沥青加铺层与沥青表面层的施工是一回事。其实，加铺层施工与沥青面层施工既有相似的地方，又有不同的地方，主要体现在以下三个方面：①新路中面层经过挂线施工有较好的平整度，表面层只需按照铺设厚度自动找平，就可获得较优的表面平整度，而旧路面平整度较差。②新建路表面层与中面层均为新铺面层，性质接近，所以两层之间联结性能好，无需增加黏结层。但是旧路面构造深度小，混合料性质已发生变化，与新铺混合料联结不足这必然涉及黏结层的选择与施工。③旧路面使用了一定年限，必然会出现或多或少不同程度的裂缝，这些裂缝会反射到加铺层。所以，如何将这种不利影响减少到最低限，是加铺层设计和施工的重要内容。

二、加铺层反射裂缝的防治

在路面加铺层设计时，必须特别重视对原有路面裂缝的处理，否则即使加铺层本身有足够的结构强度，也无法避免短期内产生反射裂缝。反射裂缝本身不但会减弱路面结构强度，并且会导致路面水渗入基底，从而加速路面的破坏。形成反射裂缝的原因多且复杂，过去几十年所采用的防反射裂缝的处理方法形形色色，先后采用的防治措施有：增加沥青层厚度、设置应力-应变吸收薄膜夹层(麻袋布、土工织物)、加筋沥青层(纤维、织物，土工网)、设置隔离层(石屑、砂)等。

高速公路大修工程中，旧沥青面层的裂缝存在会对其上新铺沥青加铺层产生影响，极有可产生发射裂缝，所以在旧沥青路面上进行加铺沥青层时，应做好反射裂缝的防治与处理。

1. 增加沥青混合料的抗裂性

原材料是影响沥青混凝土质量的根本因素，严格把好进场材料关对沥青混凝土生产质量将产生至关重要的影响。生产沥青混凝土所需材料为沥青、石料、填料。关键的材料沥青要选重交通道路石油沥青、改性沥青，其性能、指标必须符合路面施工要求。集料在沥青混合料中起到整体骨架作用以抵抗路面的变形，集料本身的强度特性、集料与沥青的黏附性、集料的棱角性和集料的级配对沥青混凝土路面的强度、高温稳定性和水稳性起到决定性作用。石料应结合当地的地材情况，根据路面的使用性能和要求确定。要采用优质石料，用先进的锤式破碎生产。要控制石料中的扁平状含量，扁片颗粒含量多会增加石料的表面积和沥青用量，降低混合料的抗形变能力。一般选破碎面较多、扁平颗粒较少的石料，并且必须达到洁净、无杂质、无风化，具有良好的颗粒形状，抗压强度应不低于三级，压碎值小于25%，与沥青材料黏结力不低于三级。矿粉要洁净、干燥、无杂质，有30%能通过0.074mm筛孔，亲水系数小于1.0，外观无团粒、结块。砂的细度模数为2.3~3.0，含泥量小于1%。华南理工大学的研究表明，旧路面上的沥青加铺层抵抗反射裂缝的能力主要取决于混合料本身。混合料类型相同时，使用改性沥青并适当增加沥青用量可以明显提高混合料抵抗反射裂缝的能力。矿粉用量、纤维用量及纤维品种对反射裂缝的影响也很大。目前，旧路面加铺层常采用沥青碎石作为底面层。但是研究表明，这种类型的混合料抵抗反射裂缝的能力较差。

在沥青正常使用范围内沥青用量越大，混合料疲劳寿命越长，即抵抗反射裂缝的能力越强。江苏省交通科学研究院的研究认为，同样厚度的沥青加铺层，采用不同的沥青，不同的沥青混合料，设置不同的防裂层，其抗反射裂缝能力明显不同。例如，上面层采用SMA-16混凝土的抗裂能力是AC-16型沥青混凝土抗裂能力的两倍以上，使用改性沥青的混合料抗反射裂缝能力有所增强。

2. 原有路面裂缝的处理

对已有较多裂缝的旧路面可以采取多种措施进行处理，以延缓和减轻反射裂缝。

(1) 在旧沥青混凝土路面上做封层。用橡胶沥青做的表面处治(应力吸收膜SMA)是延缓反射裂缝的主要表面封层。近些年，一些国家较多地采用SBS橡胶沥青。SBS橡胶沥青形成弹性膜，在路面温度低时具有需要的低弹性模量和满意的黏结性能。用它做的表面处治的使用寿命是普通沥青的两倍。由于橡胶沥青的延度大大增加了，并且有高的弹性恢复性，在已开裂的旧路面上铺筑 SBS 可以明显减少裂缝反射到表面的危险，并大大减少水透入下层的危险。

(2) 填缝。在摊铺加铺层之前，不管是否用橡胶沥青层、土工织物或开级配混合料，对于宽度大于 6mm 的裂缝都应进行填缝处理。填缝的目的是限制路表水进入基层和土基，基层和土基的含水率小了，支承能力就大，在荷载作用下的弯沉就小，其结果是不容易产生反射裂缝，填缝的材料可用橡胶沥青或聚氨酯等材料。

3. 增加沥青加铺层的厚度

增加沥青加铺层的厚度，裂缝必须穿过更长的距离才会到达路表面。加铺层厚度的增加意味着道路弯曲刚度的增加，交通荷载引发的应力相应减少。较厚的加铺层减少了路面温度的变化，温度荷载诱发的加铺层中的拉应力也随之减少。但增加到一定厚度后，防止反射裂缝的效果不明显，也不经济，且沥青路面容易发生拥包、推移、轮辙等病害。通常，并不单纯地以增加厚度来防止反射裂缝，而是结合采用其他措施。

4. 采用加筋沥青层

把纤维加入沥青混凝土或者加铺层底部，铺设土工织物形成加筋加铺层，可以延缓反射裂缝。目前，我国道路中用得较多的是玻璃纤维格栅。玻纤格栅具有较高的拉伸强度和较低的延伸率，耐高温性能极其优越。为了很好地与沥青混凝土相容，其表面还附着一层沥青涂料。加筋沥青混凝土加铺层能显著减少路面裂缝，而且随玻璃纤维网厚度增加，进行表面涂胶处理后，其加筋和防止反射裂缝效果更好。

另外，采用格栅夹层可有效消除地基脱空产生的不利影响。

(1) 设置橡胶沥青夹层。在沥青加铺层铺筑之前，在已开裂的旧路面上或整平层上，将模量为 10~100MPa 的橡胶沥青做成一层厚 1~3cm 膜，这层膜称为应力变消减膜夹层。它可以使旧路面的移动不传递到沥青加铺层，减少加铺层中由原路面裂缝造成的应力，从而减少反射裂缝，并能阻止表面水渗入到基层，从而消除路面破坏的主要因素。

(2) 土工织物夹层。包括聚丙烯或聚酯织物和聚乙烯、聚丙烯或聚酯无纺织物。无纺织物的厚度为 0.4~4mm，模量为 10~160MPa，临界应力为 5~20MPa，临界应变为 40~140。而织物的厚度较薄些，为 0.4~0.7mm，模量则高些，为 400~1500MPa，临界应力和应变相应为 40~140MPa 和 8%~15%。

无纺织物夹层的主要作用与橡胶沥青应力吸附层相似。而织物由于模量稍高，可对加铺层起少量加筋作用。在加铺沥青面层前，土工合成材料的铺设对于控制轻微或中等程度的反射裂缝及龟裂比较有效。在旧路面的纵、横缝上粘贴无纺土工布，能有效地减少路表水通过接缝渗入基层。处理原路面对织物的使用性能很重要。原路面上的坑洞和宽的裂缝应先填塞，必要时设置一层整平层，以保证织物的牢固粘贴。某高速公路大修加铺时，凡遇到裂缝、坑槽及基层病害，处理后全部铺设玻璃纤维土工格栅和公路专用聚酯长丝单面烧毛土工布。一方面，能防止反射裂缝；另一方面，土工布浸渍沥青后又能形成一个理想的防渗层，具有良好的防水和保温作用，可阻止路面雨水的下渗，不致造成基层软化，还可使旧路面、土工布与新罩面黏结成一个整体，增强新旧路面的黏结性。

(3) 土工格栅。包括聚丙烯或聚酯土工格栅、玻璃格栅和金属格栅。

(4) 设置开级配沥青混凝土底层。开级配沥青混凝土底层能在一定程度消减旧路面裂缝所产生的应力，从而减少和延缓反射裂缝。但是，当设置薄层开级配沥青混凝土时，效果不明显，一般认为开级配沥青混凝土底层厚度不得小于8cm。

5. *应用玻璃纤维格栅防治反射裂缝*

玻璃纤维格栅由高模量的玻璃纤维线组成，正面涂有改性沥青聚合物，背面有黏胶，具有高抗拉强度、低延伸性、无长期蠕变性、与沥青混合料有较好的相容性、高温稳定性好、耐化学侵蚀、耐物理侵蚀、抗剪附着力强、对沥青混合料有嵌锁和限制作用、铺设方便等特点。

(1) 确定施工路段。使用玻璃纤维格栅前，必须对施工路段精心挑选。为了最大程度上发挥玻璃纤维格栅的功能，原路面的结构必须稳定，必须没有唧泥过大的变形及强度不足等现象。如果路面结构不稳定，就必须先解决结构问题，然后再解决防治反射裂缝问题。

(2) 进行路况评价。应对施工路段进行现场路况评价，包括测量弯沉值等。这些数据用来确定原路面的回弹模量值，并得出路面状况值指数(PCI值)。最后根据路况评价结果和养护技术规范，确定旧路维修方案。

(3) 确定最小加铺厚度。使用玻璃纤维格栅加固沥青混合料进行加铺，加铺层最小厚度一般为3~4cm，可根据混合料的级配类型确定。

(4) 选择玻璃纤维格栅。目前国内可用于道路工程的玻璃纤维格栅品种很多，在选择时必须注意产品的技术性能。根据现行的《公路土工合成材料应用技术规范》的规定，用于防治路面裂缝的玻璃纤维格栅，其网孔尺寸宜为其上铺筑的沥青面层材料最大粒径的0.5~1倍。玻璃纤维技术要求指标应符合要求。

(5) 处理病害、调平路拱。对旧沥青路面进行加铺，在铺设格栅前，必须对旧沥青路面上所有的坑槽裂缝等病害预先处理完毕。若旧沥青路面拱度不合适，修补裂缝与坑槽区域不平整，就必须先调平找拱，为铺设玻璃纤维格栅提供一个良好的平面，使旧路面的平整度满足要求。同时，应清洁旧路面，以保证加铺层与旧路面连接状态良好。

(6) 铺设、预紧与固定格栅。铺设格栅时，先将一端用固定器固定，然后选用合适的方法将格栅预先拉紧，张拉伸长率宜为1%~1.5%，张紧后再将另一端也固定。纵向和横向铺设的格栅都应相互搭接，横向搭接宽度一般为8~10cm，并根据沥青混合料摊铺方向，将后一端压在前一端的下面。纵向搭接宽度一般为5~8cm，可采用尼龙绳或铅丝绑扎固定，固定间距不应超过1.5m。

(7) 喷洒黏层油。铺设玻璃纤维格栅前，不需要喷洒黏层油。铺设后，应喷洒热沥青作为黏层油，以利于新铺上覆层与旧沥青路面的层间连接。热沥青黏层油的喷洒量以保证格栅与旧路面的连接良好为准，一般为0.4~0.6kg/m^2。

(8) 摊铺、碾压沥青混合料。沥青混合料的摊铺与碾压按照现行的《公路沥青路面施工技术规范》(JTG F40—2004)的要求执行即可，但应注意施工车辆不得在格栅上转弯。在摊铺时如出现沥青混合料摊铺机机轮打滑现象，应在黏层油表面撒一部分石屑。

施工注意事项：①严格控制运送混合料的车辆出入，在格栅层上禁止车辆急转向、急制动和倾泻混合料脚料，以防止对玻纤格栅的损坏。②玻纤格栅背胶易溶于水，雨天或路面潮湿时不得施工。③玻纤格栅为玻璃纤维制造，对人体皮肤易产生刺激作用，施工人员须戴防护手套。④当使用的胶轮压路机需注水增加质量时，其注水量不能太满，以防溢流到玻纤格栅上造成其背腹失去黏性。⑤玻纤格栅铺设过程中，若发现原路面有较小的坑塘没有预先填平，可在铺好的格栅上将对应坑塘的部分剪去，以便在铺上层沥青混合料时能完全填平坑塘。⑥格栅铺设时，要求路面温度在5~60℃。

6. 合理处置加铺层

对加铺层的处理可以分为两类：一类是采用预切缝工艺对加铺层进行处理；另一类是提高加铺层材料的抗反射裂缝的能力。沈大路曾对预切缝工艺进行了研究，表明采用预切缝是行之有效的。其工艺主要是在加铺层上预先进行切缝，切缝缝距30m左右，位置宜对准原路面的横缝，切缝宽3mm，深度应透过加铺层并深入下层1.5cm，切缝完毕后立即用乳化沥青灌缝。影响沥青混凝土加铺层抗反射裂缝的因素如下：

（1）沥青的稠度和氧化速度。沥青用在路面上的稠度是延缓反射裂缝的一个重要因素。沥青的温度敏感性、周围的气候条件、沥青用量及其抵抗硬化的能力都影响裂缝发展。在沥青中加硫可使沥青混合料在高温时有足够的稳定性，同时降低低温劲度，以抵抗冬季的反射裂缝。反射裂缝出现的迟早，部分地取决于沥青氧化的速度。沥青加铺层混合料采用低稠度的(针入度200~300)优质沥青，在混合料拌和过程中，保证沥青不过多氧化(温度不过高和加温时间不过长)，可以增加沥青面层材料抗拉开裂性能。

（2）沥青混合料的孔隙率。孔隙率明显影响沥青混合料的疲劳寿命。压实得好的材料可延缓裂缝的展开，还可以减轻路面使用过程中沥青的硬化。

（3）混合料中沥青的含量。增加沥青的含量，可以提高沥青混合料抗疲劳开裂能力，同时还可以使混合料更密实，使沥青不容易老化。

提高加铺层材料的抗反射裂缝的能力，主要是指加掺加剂改进和加强沥青混凝土抗反射裂缝的能力。总结世界各国过去数十年的经验，选用抗老化性能好、黏度低的沥青可以增强沥青混凝土面层抗反射裂缝的能力。改良和加强沥青混凝土抗反射裂缝能力的各种方式中，以乳化橡胶沥青和SBS改性沥青的使用较有效果，但也是好坏参半。此外，SMA路面具有沥青含量高、孔隙率小、变形能力大等优点，是一种理想的沥青加铺层结构。

7. 大修时沥青加铺层防反射裂缝处理的建议

根据以上各种防反射裂缝处理方法的讨论，结合目前高速公路的特性和损坏形态以及国内对沥青路面施工作业的经验，提出可适用于高速公路沥青加铺层防反射裂缝的处理方法建议。

防反射裂缝处理是加铺作业中的重要部分，对防反射裂缝处理和加铺层设计应该作整体规划。一方面，路面加铺的目的经费的投入等会影响防反射裂缝处理方法的选择；另一方面，防反射裂缝处理方法又会影响到加铺层的设计、经费及使用效益。

第十章　沥青路面的再生技术与优选

路翻修改造过程中会产生大量的废旧料，这些旧料作为路用材料，仍有很高的利用价值。因此，旧料的再生利用也被作为大修方案之一。本章主要论述沥青路面的再生技术与方案优选。

第一节　沥青路面再生技术概述

一、沥青路面再生途径与再生剂

沥青路面在长期使用过程中，在车辆荷载和气候因素的作用下，其构成材料的质量发生了变化与衰减，主要表现为矿料级配的退化和沥青的老化。根据旧沥青的老化状况，可采用以下三种方式进行再生：

① 新、旧沥青调和再生。将标号较高的新沥青与旧沥青混合，较软的新沥青与已老化的旧沥青掺配混合，掺配后的沥青达到路用沥青标准。②再生剂再生。在旧沥青中加入适量的再生添加剂，添加剂既可以调节旧沥青的黏度，同时又能补充旧沥青所失去的化学组分、恢复原沥青的性能，甚至还能超过原沥青的性能。③混合再生。在添加新沥青的同时，加入再生剂混合后，再生料能获得较好的性能。

1. 新、旧沥青调和再生

沥青胶体结构理论认为沥青是一种胶体分散体系。研究表明，只有当沥青中各组分的相对比例满足一定的关系时，沥青才具有较好的性质。沥青路面质量劣化的实质是沥青结合料发生老化，即沥青胶结料的组分发生变化，芳香分减少，胶质和沥青质增加。沥青化学组分的这种“移行”引起的沥青物理、力学性质的变化，会导致针入度变小、软化点和脆点升高，沥青变硬、变脆，延伸性降低。根据组分调节理论，老化沥青中加入其所失去的组分，使组分比例重新协调就能恢复沥青的性能。由于新鲜的软沥青中含有较多的软沥青质成分，通过调和使旧沥青的性能达到一定的水平，从而达到沥青再生的目的。

2. 再生剂再生

在选择沥青的再生方法时，应根据旧料中沥青的含量和老化程度来综合确定是否需要使用再生剂。为了尽可能地利用旧料，工程中希望采用较大的旧料掺配率，但如果沥青老化较为严重，若采用新旧沥青调和再生，需要较大的新沥青掺配比例，经济性较差，这时可以考虑采用添加再生剂的沥青再生方法。一般认为，当回收的旧沥青的针入度小于40(0.1mm)时，宜考虑使用再生剂进行再生。再生剂的一般定义为：用以改善结合料的物理化学性质而添加于沥青之中的材料或能改善已老化沥青的物理性能的碳氢化合物。再生剂有如下的作用：第一，调节旧沥青的黏度，降低旧沥青黏度，以达到沥青混合料所需的黏度，软化过于脆硬的旧沥青混合料，使其在机械和加热的作用下充分分散，以便与新沥青新集料混合均匀，并保证胶结料具有足够的黏附性。第二，渗入旧混合料中，并与旧沥青充分交融，重新溶解分散那些在老化后凝聚起来的沥青质，调节沥青胶体结构，以达到改善沥青流变性质的目的。

根据已有的经验表明，当沥青路面材料中的旧沥青的针入度低于30(0.01mm)时，应考虑使用低黏度油料作为再生剂。用来作再生剂的低黏度油料主要是一些石油系列的矿物油，如精制润滑油时产生的抽出油润滑油、机油和重油等，有些植物油也可作为再生剂。在工程中还可利用上述油料的废料，以降低成本。再生剂含有大量的轻质成分(主要是芳香分和饱和分)，将其添加到老化沥青中能调节沥青组分、改善沥青的流动性能。当旧沥青中加入了再生剂时，再生剂中缩合度高的芳香烃对老化沥青中的沥青质和胶质的吸附、溶解作用，要远远高于原老化沥青中小分子芳香分和饱和分对它们的吸附溶解作用。因此，旧沥青与再生剂的化学组分的重新分配，将改善沥青四种组分之间的配伍关系，形成更为稳定的胶体结构，从而改变沥青的流变性能，使沥青性能满足规范的要求。

二、再生方案的特点及其适用条件

1. 沥青路面冷再生技术

冷再生技术具有环保、经济、施工工期短的优点，同时具有较高的交通安全性。根据施工工艺，冷再生分为就地冷再生与厂拌冷再生。

(1) 沥青路面就地冷再生技术。沥青路面就地冷再生技术是指采用专用的就地冷再生设备，对沥青路面进行现场冷铣刨、破碎和筛分(必要时)，然后根据筛分结果和混合料的配合比设计，掺入一定数量的新集料、再生结合料、活性填料(水泥、石灰等)和水，经过常温拌和、摊铺、碾压等工序，一次性实现旧沥青路面再生的技术。

就地冷再生是在冷铣刨技术的基础上发展起来的，其特点是：除少量的添加剂外，不需要运输原材料，节省大量运输费用；全部旧沥青路面得到再生利用，节省了大量宝贵资源；具有施工效率高、成本低、开放交通快等优点；冷再生沥青混合料具有一定的柔性，如用作沥青路面的基层，可吸收半刚性基层裂缝引起的反射裂缝尖端应力，降低反射裂缝的发生率。此外，与重建基层的维修方法相比，就地冷再生方法的成本效益要好很多。

沥青路面就地冷再生，分为沥青层就地冷再生和全深式就地冷再生两种方式。对于一、二级公路，再生层可作为下面层、基层；对于三级公路，再生层可作为面层、基层，用作上面层时，应采用稀浆封层、碎石封层、微表处等作为上封层；使用水泥、石灰等作为再生结合料时，再生层只可作为基层。

(2) 沥青路面厂拌冷再生。技术厂拌冷再生，是将回收沥青路面材料(RAP)运至拌和厂，经破碎、筛分，以一定的比例与新集料、沥青类再生结合料、活性填料(水泥、石灰)、水进行常温拌和常温铺筑形成路面结构层的沥青路面再生技术。沥青路面厂拌冷再生技术的特点是：不能充分利用废弃材料中的旧沥青，但其生产过程几乎不需要专用设备就可实现；可以有效解决不能热再生回收的旧料(如改性沥青混合料、老化严重难以再生的混合料)废弃和环境污染问题；对各种废旧材料进行再生处理，对材料的处理和路面状况无关，具有很大的工艺柔性；厂拌冷再生材料的质量较容易控制；但厂拌冷再生通过冷铣刨旧路面，然后运回工厂再生，最后运输到施工现场，其运输成本比现场冷再生要高。当用于三四级公路的上面层时，应采用稀浆封层、碎石封层、微表处等作为上封层。

2. 沥青路面热再生技术

(1) 沥青路面就地热再生技术。沥青路面就地热再生技术也称表面热再生技术，是利用一整套的沥青路面热再生机组对旧沥青路面进行加热软化、耙松后收集到机组的卧式连续搅拌机上，添加新骨料，补充新沥青(或再生剂)，经拌和后倾倒于机组的摊铺器上，然后进行摊铺、捣实、熨平，再用压路机压实，最终实现旧路的就地再生翻新的一项技术。

就地热再生施工速度快，实现了沥青路面材料的就地再生利用，并且不需材料的往返运输，节省了运输费用，一般用于高等级公路沥青路面表面层病害的修复。沥青路面的就地热再生，有以下几方面的作用：①修复沥青路面表面层的病害。②恢复沥青表面层的物理力学性能。③恢复沥青路面的平整度，修复沥青路面的车辙。④实现旧路面沥青层材料的就地再利用。

就地热再生的局限性主要表现在以下几方面：①处理厚度小，翻修深度仍只能局限于表层，故适用于处理车辙、泛油、麻面和磨光等表面缺陷。②由于其不加或很少加入新料，致使无法有效地调整配合比，故不适用于表面层集料级配不满足要求的路面。③新骨料搅拌重铺后会改变原路面的高程，不符合原高速公路的纵断面标准。④对层厚不均匀或质量状况变化大的路面，难以保证其施工质量。⑤暂无法处理采用改性沥青铺筑的表面层。⑥初期设备投资大。

原路面上有稀浆封层、微表处、超薄罩面、碎石封层的，不宜直接进行就地热再生。就地热再生前，应先将其铣刨掉，或经充分试验分析后，作出有针对性的材料设计和工艺设计。改性沥青路面的就地热再生，宜进行专门论证。

(2) 沥青路面厂拌热再生。技术厂拌热再生，是指先将旧沥青路面铣刨后运回工厂，经破碎、筛分后，根据旧料中沥青含量、沥青老化程度、碎石级配等指标，掺入一定数量的新集料、沥青和再生剂，并重新进行配合比设计，使混合料达到规范规定的各项指标，最后按照与新建沥青路面完全相同的方法重新铺路面。

国外多年的实践经验证明，厂拌热再生沥青混合料路面能够达到所要求的各项性能指标。这种再生方式属于结构性再生，能够有效地用于各种条件下旧沥青路面的再生利用，是一种适用广泛、灵活、简单，又能保证施工质量的旧沥青路面再生技术。

厂拌热再生具有以下优点：①厂拌热再生有精确的计量、筛分控制装置，能够保证配合比的精度，并可获得再生质量更好的旧沥青混合料。②厂拌热再生能够在进行面层的再生之前，对破坏的基层进行补强，因此，可以用于处理基层损坏的路面。厂拌热再生适用于对各等级公路回收沥青路面材料进行热拌再生利用，再生后的沥青混合料根据其性能和工程情况，可用于各等级公路的沥青面层及柔性基层。

第二节　沥青路面再生技术分类

一、沥青路面冷再生技术

沥青路面冷再生技术主要包括就地冷再生技术和厂拌冷再生技术两大类。总的来说，二者均可采用乳化沥青和泡沫沥青作为再生结合料。

(1) 就地冷再生。就地冷再生施工由专用再生机械(如铣刨机等)实现，其核心是一个装有若干个硬质合金刀具的切削转子。转子旋转时向上切削现有旧路铺层材料(若只铣刨面层，则称浅层再生；若面层和基层、底基层一起铣刨，则称深层再生)。在转子切削材料的同时，来自再生机前面并由再生机推动前行的水罐车中的水通过软管输送给再生机，并由机载系统喷洒进拌和罩壳内。喷水量由再生机的微机控制系统进行精确的计量，在拌和罩壳内与被切削下的材料进行充分均匀的混合，以便达到压实所需的最佳含水率。同时，为了提高再生基层材料的强度，也可以加入一种或多种其他种类的稳定材料，如乳化沥青、泡沫沥青、水泥等。

(2) 厂拌冷再生。利用路面挖掘机将基层和(或)底基层有时连同面层一起挖出，用运料车运至拌和站，先进行分类破碎并分级堆放，再按新(底)基层材料同样设计、拌和和施工的方法进行再生。值得注意的是，当破碎的旧材料满足不了基层或底基层材料的要求时，需添加新集料混合使用。厂拌冷再生可使用乳化沥青或泡沫沥青作为再生结合料，再生混合料的拌和宜采用专用拌和设备。另外，厂拌冷再生混合料每层压实厚度宜为6~16cm，厂拌冷再生的施工工艺与就地冷再生的区别在于：前者是将回收的沥青路面材料运至拌和厂(场、站)，然后得到再生混合料。此外，厂拌冷再生宜采用专用拌和设备。

因此，根据再生结合料的不同，沥青路面冷再生技术又可分为乳化沥青冷再生技术、泡沫沥青冷再生技术和无机结合料冷再生技术。本节主要介绍前两种应用较多的冷再生技术，即乳化沥青冷再生技术和泡沫沥青冷再生技术。

(一) 泡沫沥青冷再生技术

泡沫沥青，即将热沥青和水在专用的发泡装置内混合、膨胀，形成含有大量均匀分散气泡的沥青材料。泡沫沥青冷再生，即对旧有路面及基层材料(也可掺入一定比例的新石料)，利用发泡技术使沥青呈泡沫状态，与再生骨料黏结在一起，经过摊铺、碾压、成型，然后在上面铺筑一定厚度的沥青面层，从而形成柔性基层(全深式)或混合式基层的沥青路面结构。泡沫沥青冷再生技术替代常规再生黏结技术，形成新型路面再生材料，其施工适应性好，具有突出的节能和环保优势，且泡沫沥青冷再生工艺可使损坏的路面在很短的时间内恢复其行驶性能，能够即时开放交通，这也是泡沫沥青冷再生技术最近几年在欧美得以迅速推广的主要原因，同时该技术在我国旧路改造中也具有非常好的推广意义。

1. 泡沫沥青冷再生技术特点

泡沫沥青冷再生包括厂拌冷再生与就地冷再生两种再生方式。其中，泡沫沥青就地冷再生除设计较烦琐外，其在施工中是相当简单的，而且具有开放交通快、施工要求时间充裕、后期面层厚度要求放宽、病害少、使用年限延长等优点，特别适合公路的大中修、养护等旧路升级改造作业。泡沫沥青厂拌冷再生是将原路面材料集中厂拌后的再生使用，与就地冷再生相比，具有以下特点：采用强制式拌和设备，拌和效果好，同时可以滤除超粒径材料，从而保证再生材料的质量；拌和料采用摊铺机进行施工，施工工艺成熟，平整度较好；厂拌再生技术可以较好地控制维修后的路面高程，从而保持原路面高程而不致增加；铣刨后可以及时发现下承层的病害，并进行相应的处理。鉴于泡沫沥青再生层出色的结构强度和抗裂缝能力，并且在其上加铺沥青罩面可以减薄，一般采用泡沫沥青再生料用作柔性基层。与半刚性基层相比较，泡沫沥青柔性基层不仅具有更好的抗疲劳性能，而且可以延长高速公路使用寿命。泡沫沥青再生层施工完成后，可直接在其上加铺沥青面层，这样不但大大缩短了工期，而且减少了维修施工对交通运行的影响。另外，若未能及时对泡沫沥青再生料进行摊铺，即使露天存放数周，也不会产生质量问题，从而提高了施工的灵活性。

2. 泡沫沥青发泡机理与过程

（1）泡沫沥青发泡机理。泡沫沥青的发泡机理，是通过将少量的常温水和空气喷入普通热沥青(160~180℃)中，水遇高温沥青即迅速蒸发，形成饱和蒸气，导致热态沥青产生爆炸泡沫，其体积迅速膨胀至原来的15~20倍，形成泡沫沥青。同时，沥青的黏度降低，从而能够与集料在常温下拌和，形成的泡沫沥青混合料可以在常温下储存，可随取随用。在冷水和空气的喷入过程中，冷水首先在气压的作用下分散为数量众多的细微水体(近似于水雾状态)。当这些分散的细微水体遇到热沥青时，两者在极短时间内完成的热交换即可使水体微粒达到汽化温度，再加上压缩空气的同时注入，会在热沥青内部形成众多蜂巢状的膨胀空气室。此时，汽化水体微粒表面和沥青薄膜表面张力、汽化水体及压缩空气共同形成的内部气压达到相对平衡状态，即沥青发泡状态。

（2）沥青发泡效果评价指标及其影响因素。沥青发泡效果的优劣通常采用膨胀率和半衰期两个指标评价膨胀率，衡量泡沫沥青黏度。膨胀率是指沥青发泡时所能够达到的最大体积与原始体积的比值(无量纲)。沥青的体积膨胀倍数越大，施工和易性越好。半衰期衡量泡沫沥青的稳定性，是指沥青发泡状态达到最大体积的时刻至泡沫消散至最大体积一半时所需的时间(以s计)。半衰期越长，沥青泡沫衰减越慢施工中能提供的有效拌和时间越长。

因此，需要选择膨胀率较大、半衰期较长的发泡条件来制作泡沫沥青。然而，国内外对泡沫沥青的膨胀率和半衰期的要求范围不尽相同。我国《公路沥青路面再生技术规定》(JTG F41—2008)规定膨胀率大于或等于10，半衰期大于或等于8s。

3. 泡沫沥青冷再生混合料配合比设计

（1）泡沫沥青冷再生技术要求。作为沥青稳定材料，泡沫沥青冷再生材料的成型原理不同于热拌沥青混合料，但同时作为冷拌和材料，泡沫沥青冷再生材料又具有柔性材料的性质。所以，应结合其自身的特点，进行混合料的组成设计。

（2）泡沫沥青冷再生混合料设计步骤。

1）取样。为了给试验室混合料设计提供准确、可靠的试验样品，应依据路面再生的方式，采集具有代表性的试样进行混合料的设计。对于就地冷再生施工，应该根据路面结构设计的再生深度，采用铣刨机铣刨现场取样；进行厂拌冷再生配合比设计时，应从处理后的回收沥青路面材料料堆中取样。一般情况下，建议取样槽的长度为2~4m，深度为再生深度所要求的深度，宽度为再生机的铣刨宽度。取样时，应从取样槽的中部取样，并且注意取料的均匀性，防止产生离析。在道路大修前的路况调查阶段，如果能够专门开挖测试坑进行有关的调查和试验，并提取材料进行实验室配合比设计，应是最好的办法。

2）试样分析。铣刨材料自然含水率的测定：将所取样品材料放进60℃通风烘箱中烘干48h至恒重，计算其自然含水率，作为现场施工和试验室试验的参考数据。铣刨材料筛分试验：采用四分法从铣刨料中取筛分样品，将准备筛分的两种样品放入60℃通风烘箱中，烘干至恒重。然后密封冷却至室温，随后进行筛分。试验铣刨材料的砂当量与塑性指数试验：砂当量指标可以有效地反映细集料的含土率，是评价集料洁净程度的一项有效指标。同时，为了检验铣刨材料的塑性指数，按照《公路工程集料试验规程》中规定的方法进行砂当量和塑性指数试验。铣刨材料密度的测定：依据《公路工程集料试验规程》分别采用网篮法和容量瓶法测定粗集料的毛体积密度以及细集料的表观密度。对于回收的沥青路面材料，分成0~5mm和大于5mm两档分别予以测定。

3）沥青。沥青应符合《公路沥青路面施工技术规范》(JTG F40—2004)中关于“道路石油沥青技术要求”的70号或90号沥青的规定。在使用选定的沥青制备泡沫沥青之前，需要对该种沥青进行发泡试验，每种沥青发泡特性的评价指标为膨胀率和半衰期。发泡试验的目的是确定适宜的发泡温度和发泡用水量，以便使给定的沥青在该条件下获得最佳的发泡性能(最佳的膨胀率与半衰期)。发泡试验可在2~3个发泡温度下进行。首先确定每一发泡温度下的最佳发泡用水量，然后再比较在最佳发泡用水量、不同发泡温度下的发泡效果，以此最终确定最佳发泡条件。虽然目前在制备泡沫沥青时，没有对泡沫沥青的膨胀率和半衰期进行严格的规定，但根据以往国外对泡沫沥青的研究成果可以发现，普遍接受的条件是膨胀率指标大于10，同时半衰期不低于8s。

4）级配设计。在确定泡沫冷再生混合料级配时，根据材料的筛分结果，按照尽量靠近级配曲线中值以及控制0.075mm筛孔的通过率不低于3%的原则进行设计。与AC型矿料的级配范围进行比较，发现泡沫沥青混合料的级配要偏细，对细料含量的要求较高，尤其是对4.75mm以下各筛孔通过率的要求很高。由于大多数铣刨材料中的细集料偏少，因此，常常需要向铣刨料中添加一定量的细集料。细集料的添加比例，可以根据细集料的级配，选取不同的比例，如10%、20%、30%，然后分别测试不同添加量的材料在不同沥青含量下的物理力学性能，从而确定细料的添加量。

(3) 泡沫沥青再生混合料配合比设计中的要点。

1）泡沫沥青用量。为了寻求每组材料的力学指标随沥青含量变化的情况，可向每组级配中加入不同沥青含量的泡沫沥青，进而通过马歇尔试验确定最佳沥青用量。泡沫沥青冷再生混合料中，泡沫沥青添加量折合成纯沥青后，占混合料其余部分的干质量的百分比一般为1.5%~3.5%，水泥等活性填料剂量一般不超过1.5%。

2）拌和用水。泡沫沥青混合料在拌和与压实时需要加入一定的水，以保证较好的拌和效果与压实度。水的预拌主要有三方面的作用：首先，促进结团集料的分解；其次，在拌和过程中有利于沥青的扩散；再次在集料基体间充当润滑剂。但是，过多的水将会影响压实效果及混合料的强度，因此，在拌和以及压实的过程中，必须确定一个最佳用水量。根据研究成果，最佳拌和用水量与材料的级配及拌和、成型温度有一定关系。考虑到泡沫沥青混合料抗水损坏性能的要求，应根据材料的级配、当时的气温等条件，选取拌和用水量。

3）试件的制备。按规范要求拌和混合料，并制成标准的马歇尔试件(每面击实75次)，试件击实后在室温下养生24h后脱模，再置于40℃的通风烘箱中进一步养生72h，以确保混合料中不含水分。

4）养生。养生就是泡沫沥青混合料经过一段时间，伴随水分含量的减少而逐渐形成强度的一个过程。研究表明，压实后的泡沫沥青混合料并没有达到其最大强度，进行养生能使混合料强度逐渐增长。经养生后的试件要进行水稳性试验(试验的方法可以采取浸水的方法)。通过试验可知在25℃的水浴中浸水24h后，可以使试件处于完全饱水状态。据研究，混合料的养生方法如下：试件成型后(75次马歇尔双面击实)，首先不脱模养生1d，其次40℃通风烘箱养生至少3d，最后25℃水浴浸水1d。

5）设计沥青用量的确定。在同一坐标轴上绘制所有试件(干燥和浸水)的ITS-沥青含量

(加入的沥青)关系曲线。选取浸水试件的最大 ITS 所对应的沥青含量作为沥青含量的设计值，用于泡沫沥青混合料的设计。

(二) 乳化沥青冷再生技术

乳化沥青，即石油沥青与水在乳化剂、稳定剂等的作用下，经乳化加工制得的均匀沥青产品。乳化沥青冷再生技术是指以乳化沥青作为再生结合料的沥青路面冷再生技术。

1. 乳化沥青冷再生技术

乳化沥青具有无毒、无臭、不易燃烧、生产工艺简单、原料价廉易得、便于冷施工等特点，其主要技术特性为储存稳定性和混合过程中的稳定性等。与其他冷再生料的添加剂相比，乳化沥青或改性乳化沥青具有明显的优势，优点主要有：

(1) 乳化沥青，特别是改性乳化沥青再生混合料较普通沥青混合料的低温抗裂性、高温稳定性、耐久性都得到了改善，其强度特征接近石灰(或水泥)稳定粒料(半刚性材料)，但具有一定的柔韧性和良好的抗疲劳特性。用其取代半刚性基层材料铺筑道路基层，可以有效地防止反射裂缝、减少温度裂缝、增强抗车辙能力以及改善早期强度。

(2) 乳化沥青中沥青微粒带有电荷，可与带有相反电荷的骨料微粒作用，使二者能牢固、均匀地吸附在骨料表面。同时，与热沥青相比，采用乳化沥青可节约 30%的沥青。

(3) 采用乳化沥青可缩短工期、提高工效、延长施工季节、降低对气候条件的依赖程度。乳化沥青冷再生料拌好后，可立即进行摊铺碾压，压实结束后 2h 即可开放交通，有效降低对交通的影响。

(4) 常温下的乳化沥青呈液态，集料在冷、湿状态下即可与乳化沥青拌和，可以节省大量的能源。因此，乳化沥青混合料是一种经济、环保的道路材料，乳化沥青冷再生技术也是一项绿色的道路维修改造技术。

(5) 改善施工条件，减少环境污染。乳化沥青可在常温下使用，这既改善了施工条件，防止了烧伤、沥青中毒等事故的发生，也减少了对环境的污染。但是乳化沥青需要在专业厂内进行加工，生产成本高、质量控制要求严；由于乳化沥青中含有 40%左右的水，在与原路面材料进行拌和的过程中，有可能出现水量超过最佳含水率的现象，导致无法碾压成型；需要的养护时间较长，且随乳化沥青种类的不同而变化。

2. 乳化沥青冷再生混合料配合比设计

(1) 乳化沥青冷再生技术要求。乳化沥青，按其微粒所带电荷可分为阴离子型、阳离子型和非离子型；按破乳速度快慢又可分为快凝型、中凝型和慢凝型，其中快凝型又有快凝(QS)和速凝(RS)之别，可根据不同的施工要求选择不同类型的乳化沥青。乳化沥青应在常温下使用，使用温度不应高于 60℃。通常情况下，厂拌冷再生宜采用慢凝型乳化沥青，就地冷再生宜采用中凝型或者慢凝型乳化沥青。

(2) 乳化沥青冷再生混合料设计步骤。

1) 取样。在对乳化沥青的厂拌冷再生混合料进行配合比设计时，应从处理后的回收沥青路面材料堆中取样；而在进行就地冷再生混合料的配合比设计时，应从铣刨机铣刨的回收沥青路面材料堆中取样。

2) 矿料级配设计。应根据公路等级、工程性质、交通特点、材料种类等因素，对乳化沥青冷再生混合料进行级配设计，并通过对条件相当工程的使用情况进行调查研究后确定。

对于回收沥青路面材料、新集料等各组成材料的级配设计，要以回收沥青路面材料为基础，并掺加不同比例的新集料，使混合料的合成级配满足工程设计级配的要求。

3）确定最佳含水率（OWC）。根据《公路土工试验规程》（JTG E40—2007）的方法，对合成矿料进行击实试验，确定最佳含水率。乳化沥青混合料设计时的试验用水量为4%，然后变化含水率进行击实试验，获得最大干密度，此时混合料的含水率即为最佳含水率。

4）确定最佳乳化沥青用量（OEC）。首先，以预估的沥青用量为中值，按照一定的间隔变化得到5个乳化沥青用量。保持最佳含水率不变，向拌和机内加入足够（约1150g）的拌和均匀的混合集料（含回收沥青路面材料）。然后掺入乳化沥青进行拌和，制备出马歇尔试件，并进行击实试验，用真空法实测各组再生混合料的最大理论相对密度。乳化沥青冷再生混合料中，乳化沥青的添加量在折合成纯沥青后，占混合料其余部分干质量的百分比一般为1.5%~3.5%，水泥等活性填料剂量一般不超过1.5%。

3. 乳化沥青冷再生技术设备及施工工艺

（1）常用的乳化沥青冷再生设备。常用的乳化沥青冷再生设备主要由沥青路面铣刨装置、乳化沥青喷洒装置、螺旋分料装置、摊平装置及行走系统和控制系统组成，包括再生主机和配套机械。通常，施工组需要配备以下设备：冷再生机、乳化沥青罐车（一般为2台）、单（双）钢轮震动压路机、胶轮压路机、运输车、平地机及摊铺机等。

（2）乳化沥青冷再生施工工艺。乳化沥青冷再生施工工艺分为厂拌冷再生工艺和就地冷再生工艺两种。

1）厂拌冷再生工艺：首先将旧沥青路面铣刨后的旧料集中运输到厂拌地，经过对大块旧料的二次破碎和级配分析，并根据路面不同层次的质量要求，进行再生料的配合比设计，确定旧沥青混合料的添加比例。旧料、乳化沥青新集料等在拌和机中按一定比例重新拌和成新的混合料，从而获得优良的再生沥青混凝土，铺筑成再生沥青路面。

厂拌冷再生具有以下特点：①可以按沥青上、中、下面层进行沥青混合料的配合比设计。②可分层铣刨及摊铺。③再生沥青路面的各项技术指标不低于新铺沥青路面的相应技术指标等。

2）就地冷再生工艺：与厂拌冷再生不同，乳化沥青就地冷再生主要是利用专用再生机械对原路面进行就地铣刨，其施工过程表现为随设备的行走而向前推进。首先，铣刨装置将旧路面铣刨并破碎。其次，喷洒装置按照要求喷入相应比例的乳化沥青，同时铣刨装置将各种材料（稳定剂、水泥、水）搅拌均匀。然后，在摊铺宽度范围内，通过分料螺旋装置进行均匀分料，并摊平。最后，用压路机压实路面成型。这样形成的路面可用作高等级公路的基层。乳化沥青就地冷再生层的压实厚度宜为8~16cm。施工时，旧路面的铣刨与再生料的拌和可就地完成，不需经过料和再生料运输，节约了施工成本。

乳化沥青就地冷再生工艺包括：对破碎后的旧沥青路面材料进行再加工处理；再生混合料的配合比设计；添加那些用于校正骨料级配特性曲线的新骨料等。添加乳化沥青，若用于增加路面结构强度，处理厚度为10~15cm；若用于改善原路面性能，处理厚度为5~12cm；若用于增强路面刚性的混合型黏合剂（为沥青、水和水泥的混合物）中，还可以大大缩短道路重新开通所需要的时间。

4. 乳化沥青冷再生施工质量控制

如果废旧料中的粗集料比较少，不能满足作为柔性基层的要求，可以考虑加入一定的粗集料和细集料，这样不仅能形成骨架密实型结构，而且也较容易压实。在废旧料中加入的乳化沥青量不宜过多，当再生料用于基层时，乳化沥青的添加量一般为3%～5%。拌和过程中的添加用水量要考虑铣刨后废旧沥青混合料的含水率，总用水量不宜太高，一般为4%～6%，当矿料中细料多时，则取高限。

拌和总用水量的多少，将直接影响乳化沥青混合料的压实效果。用水多，乳化沥青的破乳速度则慢，将会影响开放交通的时间。乳化沥青混凝土混合料的摊铺宜用摊铺机来完成，摊铺过程必须缓慢、均匀、连续不断地进行，其间不得随意变换速度或中途停顿。采用机械摊铺的混合料，不宜反复进行人工修整。当出现横断面不符合要求、构造物接头部位缺料、表面不平整、局部混合料明显离析的情况时，可采用人工局部找平或更换混合料的方法予以处理。

摊铺整平后的乳化沥青混合料，待晾晒20～30min之后再进行碾压，以避免发生推移现象。最好先用轻型压路机静碾初压1～2遍，使混合料初步稳定，然后用振动压路机挂振碾压，使整个厚度范围内的混合料都能得到振动压实。当有粘轮现象发生时，应在碾轮上洒少量水或涂少量废机油。采用乳化沥青拌制的混合料，虽经压实，但其中仍然还有水分在不断蒸发，使路面内部产生空隙，故要在其上铺筑封层，以提高路面的密实性、稳定性和耐磨性。成型后要自然养护1～2天方可铺设罩面。

二、沥青路面就地热再生技术

就地热再生一般只对原沥青路面表面层进行再生，再生深度一般为20～50mm。当沥青路面表面层出现各类裂缝、坑槽、拥抱、泛油、搓板等病害或路面平整度、摩阻力等路用性能下降且路面破损深度小于6cm，未波及基层时，便可以应用就地热再生技术恢复沥青路面的使用性能。就地热再生是一种连续式的现场热再生作业方式，具有经济、高效、快速、环保、节约等特点。

（一）沥青路面就地热再生混合料配合比设计

1. 取样

将原路面按路况分段，然后对这些典型的路段分别进行取样，取样深度约为5cm(一般为上面层全厚)，取样质量约60kg。为了尽量少破坏旧沥青混合料的级配，应采用小型加热机加热取样，并进行以下工作：测量面层厚度；确定旧沥青混合料的理论密度；确定旧沥青混合料的沥青含量(油石比)级配等。另外，将试样洗净、晾干，然后对其中的一部分予以加热松散，并进行离心抽提试验以及回收旧沥青常规试验(针入度、延度及软化点)，以判断旧沥青的老化程度。

2. 确定工程设计级配范围

在行车荷载和自然因素的反复作用下，沥青路面中的矿料颗粒容易发生损伤和破碎，引起级配的变化。因此，需要对那些由旧沥青混合料的抽提试验得到的矿料进行筛分，以判断旧路面中沥青混合料的级配。就地热再生混合料的工程设计级配范围应符合《公路沥青路面施工技术规范》(JTG F40—2004)对热拌沥青混合料的相关规定，然后根据前期路况调查中旧路面的车辙情况和制订的施工方案以及公路等级、工程性质、交通特点、材料品种等因素，并通过对条件大体相当的工程使用情况进行调查研究后确定级配范围。

3. 矿料级配设计

为改善原路面的矿料级配，就地热再生混合料中一般需掺加新沥青混合料。其中，根据旧沥青路面材料的矿料级配和拟订的设计级配范围来确定掺加的新沥青混合料的矿料级配。当再生混合料的配合比不能满足级配要求时，可综合考虑再生厚度、新沥青混合料的掺配比例和级配、再生沥青性能、再生混合料性能等因素，对级配范围进行调整。

4. 确定再生剂的添加量

首先，充分考虑再生路面的气候、交通特点、层位、纵横坡、超高等因素，确定旧沥青再生的目标标号。由于热再生工艺自身的特点，再生沥青的目标标号不应高于该地区所使用的新沥青标号，以防再生标号太高，使再生沥青路面的高温稳定性降低。一般情况下，掺加的新沥青的标号可选择《公路沥青路面施工技术规范》(JTG F40—2004)中所规定的该地区的新沥青标号。当选择掺加高标号的新沥青时，可适当减少再生剂的用量。根据旧沥青再生的目标标号，用试配法进行旧沥青的再生试验，即将回收的旧沥青按一定间隔，掺加不同剂量的再生剂，测定再生沥青的三大指标，并绘制变化曲线，用内插法初步确定再生剂的用量。试验中再生剂的添加量为再生剂的质量百分比。

5. 再生沥青混合料的油石比的确定

再生沥青混合料的油石比由三部分组成：旧沥青混合料的油石比、掺加的再生剂以及新沥青混合料的油石比。由于就地热再生工艺的局限性，新沥青混合料的油石比是按照普通沥青混合料的配合比设计来确定的。若沥青混合料的合成油石比偏小，则应考虑再加入一部分新沥青。需注意的是：新沥青应先混入再生剂，然后再均匀地加入到旧沥青混合料中去。再生沥青混合料以旧沥青加入再生剂后形成的油石比为最低油石比，按照如下步骤确定：首先，按一定的间隔确定5个新沥青用量，分别成型马歇尔试件。其次，按《公路沥青路面施工技术规范》(JTG F40—2004)中规定的方法测试试件的毛体积相对密度、吸水率、最大理论相对密度以及再生混合料的马歇尔稳定度和流值。然后计算空隙率沥青体积百分率、矿料间隙率、饱和度等物理性能指标，并进行体积分析。最后，由此确定出再生剂用量的百分比以及最佳油石比。

6. 再生混合料的验证试验

再生沥青混合料验证试验包括再生沥青检查和再生混合料检测两项内容。再生沥青检查是在旧沥青中混入新沥青后，测定其针入度(25℃)、延度(15℃)及软化点。再生混合料检测是对再生沥青混合料与新沥青混合料拌和成型(3组)进行马歇尔试验，以检验其空隙率、稳定度、流值、矿料间隙率及沥青饱和度等是否满足《公路沥青路面施工技术规范》(JTG F40—2004)的要求。若满足，则表明再生沥青混合料的性能达到了预期目标。

(二) 沥青路面就地热再生技术设备及施工工艺

1. 就地热再生技术设备

沥青面层热再生联合机组包括红外加热器、路面铣刨机、搅拌机、混合料摊铺机、热沥青罐、新集料仓等装置以及自行式的行走驱动装置。其工作过程为：先用红外加热板把沥青面层烤热软化，再用铣刨机铣刨旧沥青层，并收集到一台双卧轴连续搅拌机上，添加新集料、再生剂和补充新沥青，经搅拌后将沥青混合料排至摊铺机上，进行摊铺、捣实熨平，完成就地重铺全过程，再用压路机碾压，使旧路的沥青层全部被利用，得到一条翻新的沥青路面。

国外沥青就地热再生设备，如 HIPAR 公司的 G5 摊铺列车、马泰克公司的 AR2000 超级再生机、卡罗泰康 Roadmix PR0037RM、维特根 Remixer4500 等；国内就地热再生设备，如中联重科自行研制的 LF4500 型综合复拌机、鞍山森远沥青路面热再生设备——“AD5140TR 修路王”和 AD5140TLX“王中王”等。

一般，就地热再生设备主要由以下几个部分组成：一台配备多组加热元件的预加热机；一台配备同样功能加热装置的再生机、耙松装置、整平装置、温控系统、拌和装置；一台自重 12t 以上的双钢轮振动压路机和一台自重 15t 以上的轮胎压路机。如维特根就地热再生设备为一台或两台加热机和一台再生机，它们与运成品料(在加入混合料的情况下)载货汽车和压路机构成一个施工机组。

2. 就地热再生施工工艺

根据路面的破损情况和修复后路面质量等级的不同要求，就地热再生施工工艺主要有以下四种：整形、重铺、复拌、加铺。整形是重新修整道路断面的过程，即用就地热再生设备将旧路面加热到一定的温度，并把路面翻松，然后整平、预压实，最后用压路机碾压成型，重铺是一种在整形的路面上再铺设一层新的沥青混合料，然后用压路机同时压实整形层和新铺层的方法。复拌是指用就地热再生设备将旧路面加热到一定温度后翻松，通过材料输送装置将翻松后的材料送入搅拌器。同时，把特别配制的新热沥青混合料、沥青或恢复沥青性能的再生剂按适当比例加入搅拌器，由搅拌器叶片把新旧材料拌和均匀。然后，摊铺、整平、预压实。最后，用压路机碾压成型。加铺是指加入再生剂改善旧路面沥青和沥青混合料的性能，同时加入新的沥青混合料，使新沥青混合料在再生沥青混凝土路面上同时形成一层全新的沥青混凝土面层。可以说，加铺也是复拌与重铺的综合。

一般地，就地热再生采用复拌热再生方法。具体施工步骤如下：

(1) 施工准备。施工前的准备工作包括机械设备的转运、材料的供应等。再生设备单机质量一般达 50t，体积庞大，需要两台 30t 以上的吊车进行转运。沥青混合料的供应与沥青混合料搅拌站相协调。为满足就地热再生连续施工的需要，应及时保障安全设施、消防器材和现场检测设备的供应。

(2) 旧沥青路面的加热软化。将已损坏的旧路面加热到 140～170℃，以软化沥青材料。加热软化过程由加热机和再生机中多组红外加热器完成，可独立调节输出的燃气压力，避免沥青加热过度。

(3) 磨耗层的耙松。再生机上的旋转式耙松器将软化的铺层材料耙松到所需的深度，并将其输送到搅拌锅内。

(4) 回收材料的拌和。分析对现有铺层所取的芯样，确定混合料的配合比。将新添加的材料(热混合料、级配骨料或再生剂)与回收材料加入搅拌锅中，拌和均匀形成新的磨耗层材料。

(5) 再生材料的摊铺。将拌和锅中的再生材料倾泻至加热后的刮平面上，并由伸缩式熨平板摊铺成规定的轮廓。应单独加热刮平面，以确保摊铺时再生层与下层之间连接牢固。

(6) 路面的压实。配套使用大吨位的振动双钢轮压路机、轮胎压路机对摊铺后的路面进行压实，使再生路面的路用性能达到设计要求。

三、沥青路面厂拌热再生技术

沥青路面厂拌热再生技术具有较好的适应性，适用于各类破坏形式的路面。厂拌热再生技术其以下优点：经过严格的配合比调整，可确保再生沥青混合料的技术指标不低于全部使用新料拌制的沥青混合料的相应指标，其路用性能也可满足高等级路面的使用要求；既可利用原路的废弃材料重新铺筑路面，也可将回收料再生后用于其他工程；既可用作高等级路面的基层，也可用作其面层；施工过程能够得到保证；开放交通时间短。

（一）沥青路面厂拌热再生混合料配合比设计

厂拌再生混合料的配合比设计应通过目标配合比设计、生产配合比设计、生产配合比验证三个阶段，确定回收沥青路面材料（RAP）的掺配比例、新材料的品种及配合比、矿料级配、最佳沥青用量。

在配合比设计的过程中要考虑四个方面的问题：再生料的质量（旧料掺量的适宜性）；再生混合料的经济性（旧料的最大掺量）；拌和工艺的限制；再生混合料的用途（道路等级及再生料所用于的道路层位）。

1. 确定工程设计级配范围

厂拌再生混合料配合比设计时，回收沥青路面材料（RAP）应从处理后的回收路面材料的料堆取样。使用其他取样方式进行混合料设计，还应用料堆取样的回收沥青路面材料（RAP）进行设计检验和比较。

2. 确定回收沥青路面材料掺配比例

在对再生沥青混合料进行设计时，关键的一步是确定旧料的大致掺加比例。为了得到高质量的再生沥青混合料，应该减少旧料的掺加比例，但从经济性的角度考虑，应在保证性能满足要求的基础上尽可能多地掺加旧料。在确定这个合理的掺加比例时，需要考虑两类因素：一是材料本身的因素，如矿料级配和性质、旧沥青性质、旧料含水率等；二是加工设备，如拌和楼的生产能力等，以保证满足再生沥青混合料的性质及相应的生产能力。

一般而言，回收沥青路面材料（RAP）与新材料的典型掺配比例为 10∶90～30∶70；采用连续式拌和设备，RAP 与新材料的比例最大可达 50∶50。实践证明，回收沥青路面材料的使用比例小于或等于 20%是最成熟的技术，优先推荐使用；如果回收沥青路面材料的老化程度较轻［针入度≥30（0.01mm）］，质量变异性控制较好，生产设备的生产能力允许，则 RAP 可放宽至 30%。若 RAP 比例超过以上规定，则需要进行室内试验与铺设试验论证。

再生沥青混合料矿料级配范围确定以后，可将回收矿料作为级配设计时的一种矿料，与新集料一起，通过图解法或者试算法等确定旧料以及各级新料的比例。

3. 选择新沥青标号和再生剂用量

（1）确定再生沥青目标标号。对于厂拌热再生混合料，应根据公路等级、混合料使用的层位、工程所处的气候状况、交通量、设计车速等条件，选取与当地同等条件道路致的沥青标号作为再生沥青的目标标号。若回收沥青路面材料的掺配比例较大，也可根据实际情况，将沥青的目标标号适当降低一个等级。

（2）确定新沥青标号。分为以下几步：

1）根据回收沥青路面材料的性质、掺配比例选择新沥青。

2）需要根据新旧沥青混合调和法则确定新沥青标号的，按照下式确定新沥青（再生剂）的黏度。

$$\lg\lg\eta_{mix}=(1-a)\lg\lg\eta_{old}+\alpha\lg\lg\eta_{new} \tag{10-1}$$

式中　η_{mix}——混合后沥青的60℃黏度，Pa·s；

η_{old}——混合前旧沥青的60℃黏度，Pa·s；

η_{new}——混合前后新旧沥青或再生剂的60℃黏度，Pa·s；

α——新沥青的比例，$\alpha=\frac{P_{ab}}{P_b}$；

P_{ab}——新沥青用量；

P_b——总沥青用量。

3）根据黏度确定新沥青的标号。如需新沥青和再生剂配合使用，新沥青与再生剂的掺配比例可按照式(10-1)计算。应首先选择合适标号的沥青，存在下列情形之一的可使用再生剂：计算得到所需的新沥青标号过高，市场供应存在问题；回收沥青路面材料掺配比例较大或者回收沥青路面材料中旧沥青含量较高；根据计算得到新旧沥青掺配比例和再生剂掺量，进行新旧沥青掺配试验，试验验证再生沥青标号。

4. 估算新沥青用量P_{ab}及其占总沥青用量的比例

（1）估计再生沥青混合料的沥青总用量。回收沥青路面材料掺量不超过20%时，热再生混合料的总沥青用量与没有掺加回收沥青路面材料的沥青混合料基本一致，可以根据工程材料特性、气候特点、交通量等条件，结合当地的工程经验进行估计。也可按下式估计沥青总用量：

$$P_b=0.035a+0.045b+Kc+F \tag{10-2}$$

式中　P_b——估计的混合料中的总沥青用量，%；

K——系数，当0.075mm筛孔通过率为6%~10%时，$K=0.18$；当0.075mm筛孔通过率等于或者小于5%时，$K=0.20$；

a——2.36mm筛孔以上集料的比例，%；

b——通过2.36mm筛孔且留在0.075mm筛孔上集料的比例，%；

c——通过0.075mm筛孔矿料的比例，%；

F——常数，$F=0\sim2.0$，取决于集料的吸水率，缺乏资料时采用0.7。

（2）估算新沥青用量P_{ab}。按照下式计算再生混合料的新沥青用量P_{ab}：

$$P_{ab}=P_b-P_{ab}\times n/100 \tag{10-3}$$

式中　P_b——热再生混合料的总沥青用量，%；

P_{ab}——RAP中的沥青含量，%；

n——RAP掺配比例，%。

5. 矿料配合比设计

根据回收沥青路面材料的老化程度、含水率、矿料级配的变异情况以及工程的实际情况、沥青混合料类型拌和设备的类型及其加热干燥能力、新集料的性质等，确定新集料与回收沥青路面材料的掺配比例。回收沥青路面材料的掺配比一般为15%~30%。

6. 确定最佳沥青用量

以估算的新沥青用量 P_{ab} 为中值，取 P_{ab}、$P_{ab}\pm0.5\%$、$P_{ab}\pm1.0\%$ 这 5 个沥青用量，按照《公路沥青路面施工技术规范》(JTG F40—2004)的马歇尔试验方法确定最佳新沥青用量(OAC)。在确定最佳用量过程中需要注意：

① 将回收的沥青路面材料置于烘箱中加热至 110℃，加热时间不宜超过 2h，避免 RAP 的进一步老化。②据新沥青的黏温曲线确定混合料的拌和与成型温度，新集料加热温度宜高出拌和温度 10~15℃。③再生混合料拌和时的投料顺序是：先将回收沥青路面材料粗细集料倒入预热的拌和机预拌，然后加入再生剂和新沥青，最后加入单独加热的矿粉，继续拌和至均匀为止。总拌和时间一般为 3min。

7. 配合比设计检测

对用于高速公路的密级配沥青混合料，需在配合比设计的基础上，按照《公路沥青路面施工技术规范》(JTG F40—2004)中热拌沥青混合料配合比设计方法的有关规定，对各种使用性能进行检测，包括高温稳定性、水稳定性、低温抗裂性能、渗水系数等各种检测。对不符合要求的沥青混合料，必须更换材料或重新进行配合比设计，直至满足要求为止。

(二) 沥青路面厂拌热再生技术设备及施工工艺

1. 厂拌热再生技术设备

厂拌热再生工艺所需的基本设备与就地热再生一致，包括再生机、摊铺机、压路机等，但拌和设备多种多样。在目前公路路面大修工程中，广泛采用连续式和间歇式拌和设备。

间歇式拌和设备所特有的“二次筛分”装置，较易使混合料的级配满足要求。但也有其不足之处：①不能为旧沥青混合料提供准确的计量(加热后的旧沥青料有黏性，这会使计量困难、计量速度慢且难以控制计量精度)。②不能为旧沥青混合料提供足够的加热量以及充分的搅拌时间，使得旧沥青的再生不能有效进行。③处理旧料的数量非常有限，再生质量低劣。④加热旧沥青料时产生的烟气会对环境造成二次污染。连续式搅拌设备效率高、产量大、能耗低、可靠度高等固有的特点，经过改进的连续设备用于沥青混凝土再生时更有显著的优点，在先进国家公路路面工程中得到广泛的应用。连续式拌和设备，如美国生产的连续式双滚筒拌和设备 RDB9640，采用新、老集料同时入烘干筒的方式。

旧沥青回收料是在烘干筒的外筒的强制搅拌区加热，这时的新骨料已经被加热到 200℃，旧沥青回收料吸收新骨料的部分热量，又吸收从烘干筒内壁传出来的热量。在此区的热气温度最高约 300℃，由于与燃气不接触，沥青不会老化。即使产生少量的沥青烟气，也会在强大气流的负压之下被吸入主燃烧室而燃烧干净，不会对环境造成丝毫污染。另外，旧沥青回收料在冷态时进行计量，计量精确度高，“双滚筒式”搅拌设备能为旧沥青混合料提供准确的计量、足够的加热量和充分的搅拌时间；加热旧沥青料时产生的烟气全部由主燃烧室再燃烧，这样一来便不会对环境造成二次污染；新、旧料，再生剂以及新沥青的混合十分充分，使得旧沥青的再生能够有效地进行。虽然连续式再生设备具有以上优势，但由于我国料源差且不稳定，再生料的级配控制便会遇到问题，因此在我国，间歇式再生设备的应用较多。

2. 厂拌热再生施工工艺

厂拌热再生施工包括现场旧料的回收、集中加热拌和、运输、摊铺、碾压等几个步骤。与常规的沥青混合料施工相比，厂拌热再生施工主要增加了旧料回收、破碎、筛分步骤以及集中拌和时的冷料加热装置和输送装置。与普通沥青路面的施工工艺相比，再生沥青路面混合料的拌和复杂程度大大增加。如何确保旧沥青混合料的再生质量是加热与拌和过程的关键。

（1）旧沥青混合料的回收。沥青路面再生利用的第一步必须对旧料进行有效的回收，包括旧料的铣刨、破碎、筛分和储存等步骤。旧料回收后，在拌和厂采用锤式破碎机进行破碎，并可通过调整锤头间距来控制破碎颗粒大小，防止破坏旧集料的颗粒组成。若条件允许，宜对回收沥青路面材料（RAP）分批次破碎，以利于石料级配稳定。破碎后的回收沥青路面材料宜筛分成粗细两档材料，一般可以筛分成0~5mm的细RAP和5mm以上的粗RAP。也可以根据回收沥青路面材料的情况以及再生沥青混合料的最大粒径，将粗RAP部分筛分成两种规格，根据拌和设备的实际情况，以便质量控制与满足不明显降低生产能力的原则。破碎后的旧料的堆放场地应加盖顶棚，并应设有良好的防、排水设施，以防回收料含水率过大难以烘干或因太阳曝晒而使回收料结块，影响搅拌的均匀性。

（2）再生沥青混合料的加热拌和再生。沥青混合料的拌和是厂拌热再生施工的核心技术，需要考虑如何对旧料进行加热以获得较高的成品温度、怎样减少沥青的再次老化以及何时加入再生剂（如必要）等问题，以获得最佳的再生效果。混合料的拌和采用连续式双滚筒拌和设备，加料前应对配料斗的下端进行扩大处理，防止仓口堵塞。为减少老化程度，施工中应严格控制烘干筒的火焰温度及加热拌和时间，保证待新、旧沥青混合料拌和到颜色均匀一致时再出料。在开始拌和前的一段时间内，由于混合料的级配、油石比和温度均不稳定，不能应用于工程。因此，应尽量连续作业减少开、停机次数，以免影响混合料的质量。出厂前应对沥青混合料的马歇尔稳定度、流值以及空隙率等指标进行检验，以确保生产的再生沥青混合料可以满足路面的使用要求。

对于不符合设计质量要求的方面，应及时找出原因，修正混合料的配合比设计，直到满足要求方可出厂。为了提高再生混合料的质量，连续式沥青混凝土拌和设备可以增加一套集料预分级处理系统，使连续式沥青混凝土拌和设备的功能得以提升，具有与间歇式搅拌设备一样的集料“二次筛分”功能，从而拌制出符合级配要求的再生混合料。

（3）再生沥青混合料的运输摊铺和碾压。再生沥青混合料的运输、摊铺和碾压的方式与普通沥青混合料基本一致，但应特别注意以下两点：①由于旧料不能加热过高，出厂的再生沥青混合料的温度可能偏低，因此，应确保混合料在运输的过程中，其温度不会有较大的降低，以保证摊铺时的温度。②由于旧沥青在烘干的过程中会不可避免地出现老化现象进而影响混合料的和易性，使得混合料的表面黏度较大，不利于摊铺及整形，故在混合料的温度较高时，应及时对其进行碾压。

第三节　旧路再生调查评价与方案选择

一、旧沥青路面工程评价

工程评价是旧沥青路面混合料再生利用最重要的方面。在确定再生方案之前，需对沥青路面进行如下工程评价：路面外观评价、历史信息评价、路面性能评价、破损评价经济分析等。

1. 路面现状调查

原路面状况调查内容一般包括路面状况指数（PCI）、国际平整度指数（IRI）、路面强度系数（SSI）、车辙深度、下承层的承载能力和原路面结构厚度。路面调查还必须包括详细的外观检查。外观检查的评价内容有：损坏类型、各损坏类型的严重性和各损坏类型的频度，以评定给定区域的表面平整度、裂缝和缺陷。

沥青路面的表面损坏可归为六大类，包括：①路面缺陷。如松散或风化、坑槽、泛油、路肩车道啃边等。②变形。如车辙、波浪、拥包等。③裂缝。包括荷载型裂缝、非荷载型裂缝以及复合型裂缝。④养护活动。有表面修补、破损修补、坑槽修补、公共设施沟槽修补/修复、封缝撒铺式修补等。⑤基层/路基问题。⑥行驶质量和安全性。

在选择路面再生利用方案时，应结合路面的破损状况，分析路面再生利用的条件，选择合适的再生利用方案。工程评价最基本的部分是通过路况调查或路面评价确定旧路面的状况。

2. 原路面历史信息调查与分析

历史信息评价也应作为再生方案选择程序的一个部分，应收集原路面设计资料、完工/施工数据、质量控制/质量保证施工数据等，一般包括原路面的结构、材料和路况等方面的资料；还应收集原路面通车营运期间的养护活动记录和路面检测资料，并结合施工资料、竣工资料，分析病害成因。历史信息量越大，工程规范越详细，路面评价时越容易确定路面破损的原因。确定路面破损原因的可靠度越高，评价和选择合适的再生方案就越容易。

3. 路面性能评价

为了确定路面破损的原因，需要更多的数据和信息，并通过现场和实验室试验来确定路面物理性能。所需测定的路面物理性能有：

（1）平整度。路面平整度可用来反映路面服务能力，且直接与车辆行驶费用有关，路面完工时的平整度直接影响服务年限。平整度是最常用来确定道路是否需要维修或重建的控制因素。

（2）车辙。路面车辙评价可以从简单的外观评价到使用超声波或激光测量车辆通过时道路的横断面变化的自动技术。但最常用的测量车辙深度的方法是在车辙上横放一根参考直尺（1.2~3.0m），测量直尺底部到车辙最深处的距离。车辙是第二个最常用来确定道路是否需要维修或重建的控制因素。

（3）摩擦系数。摩擦系数在很大程度上取决于路面粗集料的微观纹理，它在短期内可迅速变化，通常与表面状况及降雨有关。从长期来看，随交通的运行，大多数路面均表现为摩擦系数逐渐减小。随时间和交通变化，可能使摩擦系数减小的路面因素有：面层破损、车辙、沥青泛油、污染、面层空隙率、面层集料磨光。

（4）强度。路面强度、结构充足性、结构强度、荷载能力或结构能力的评估可以通过评价路面材料、路基和厚度或直接通过现场测试来估计。

（5）材料性能。材料性能的评价需进行取样，取样应有足够的数量来合理地代表材料。路面取样可评价集料和沥青剥落的情况，如裸露的集料、易碎的混合料等。

旧路面结构能力的评价可通过破坏性或非破坏性方法来确定。破坏性方法有试钻、试掘或取芯，需要进行如下工作：①确定旧路面层厚度。②通过弯沉测试、现场 CBR 试验等评价路面现有强度。③旧路面材料取样用于实验室随后的材料评定。

非破坏性方法用于评价旧路面现有结构能力，通常是通过确定在外加荷载作用下路面的反应或弯沉进行的，如贝克曼梁和落锤式弯沉仪等。其中，弯沉盆测量可用于计算各种作为性能标准的路面参数。

通过以上调查和测试，计算路面状况指数（PCI）、国际平整度指数（IRI）、路面强度系数（SSI）、车辙深度、下承层的承载能力、原路面结构厚度。

4. 破损评价

外观评价、历史信息评价和路面性能评价的结果可用于评价和确定路面破损的原因。如果不能找到路面破损的确切原因，需进一步开展调查工作以全面掌握道路性能。

二、旧沥青路面混合料材料分析

在收集资料和现场调查的基础上，应在旧沥青路面上取样，通过随机取样的方式获得有代表性样品，用于回收沥青路面材料的性能分析，是再生混合料配合比设计和性能验证重要的步骤，也是正确设计再生混合料的基础。

1. 现场取样

在对旧沥青路面进行评价和分析时，应在具有代表性的位置取样，并结合工程拟采取的再生工艺，采用不同的取样方法。

（1）沥青层就地冷再生、全深式就地冷再生的施工过程均采用冷铣刨，因此，适合使用小型铣刨机方法获取回收沥青路面材料（RAP 样品）。通常情况下，小型铣刨机铣刨得到的回收沥青路面材料的级配比实际施工时的偏细一些。

（2）就地热再生中回收沥青路面材料是通过热铣刨得到的，热铣刨过程中石料破损比冷铣刨要轻得多，因此，回收沥青路面材料取样适合采用路面切割方法或钻芯取样方法，不应采用铣刨机铣包方法。

（3）厂拌热再生、厂办冷再生适宜采用在回收沥青路面材料堆取样，现场取样仅仅是在工程前期工作需要时采用。

2. 材料性能测试与评价

根据需要，取得足够数量的回收沥青路面材料（RAP），并采用分料器法或四分法对取得的 RAP 进行试验检测，试验检测内容主要包括：

（1）回收沥青路面材料评价。根据烘干前后回收沥青路面材料质量的变化，计算 RAP 的含水率；采用干筛法试验方法参照《公路工程集料试验规程》。其中对回收沥青路面材料进行筛分试验，确定回收沥青路面材料的级配；用 4. 75mm 筛筛除回收沥青路面材料中的粗颗粒，进行砂当量指标检测，试验方法参照《公路工程集料试验规程》。

（2）沥青含量和性质测试。按照《公路工程沥青及沥青混合料试验规程》执行。

（3）矿料级配和集料性质。将抽提试验后得到的矿料烘干，待矿料降到室温后，用标准方孔筛进行筛分试验，确定回收沥青路面材料中的旧矿料级配。回收沥青路面材料的沥青含量与级配也可以采用燃烧法确定。若集料在燃烧过程中由于高温导致破碎，则不适宜进行该法。

回收集料性质测试包括：压碎值、视密度、吸水率、与沥青的黏附性、细长扁平颗粒含量、细集料的棱角性。

（4）路面病害成因分析。通过对回收沥青混合料的试验测试，对试验结果进行统计计算与分析，可分别进行横向和纵向统计分析。横向分析指对同一路段不同车道进行分析，纵向分析指对不同路段同一车道进行分析。根据不同路段、不同部位回收沥青混合料性质、沥青含量和性质、矿料级配和集料性质的差异，并与路面病害调查结果进行相关分析，确定沥青路面病害成因，为再生沥青混合料设计提供依据。

3. 路面老化沥青回收与分析

沥青老化是沥青质量衰减的主要原因。在荷载和气候因素作用下，沥青胶结料发生不可逆的质量劣化，脆性增加，柔性变差，黏附性降低，沥青混合料的低温性能疲劳耐久性、水稳性降低，表现为裂缝、龟裂、松散、坑槽等病害的出现。这是沥青路面达到极限破坏状态的标志，也是路面大修和改造的依据。沥青老化实际上表现为各组分之间配伍性的失调，老化后沥青的沥青质含量增加，胶质和芳香烃含量减少，饱和烃由于轻组分裂化和挥发，其含量也降低了。为了评价沥青路面在使用过程中沥青的老化程度，一般是通过从路面取样，并用有机溶剂(如三氯乙烯等)将沥青从混合料中抽提出来，然后用一定的方法从溶液中将沥青回收，最后再将回收沥青进行各项指标测试及组成分析，并与原样沥青的各项性能指标进行比较，以评价沥青的老化状况。

《公路工程沥青及沥青混合料试验规程》中沥青回收方法有阿布森法与旋转蒸发器法。两者的主要区别是旋转蒸发器法通过旋转在水浴中的烧瓶，并在负压下蒸发烧瓶中的溶剂，该法加热过程比较柔和，回收所需时间更长。离心法抽提阿布森法回收沥青的试验时间约为4h，离心法抽提——旋转蒸发器回收沥青的试验时间约为6h，且不易判断溶剂蒸发结束的时间。阿布森法仪器更简单，价格低廉，便于推广应用，故建议采用阿布森法从沥青混合料中回收沥青。如果采用其他方法，需要进行重复性和复现性试验，并进行空白沥青标定。

三、沥青路面再生方案选择程序

1. 初选再生方案

根据详细的工程评价结果，初步进行再生维修方案的选择，可基于三方面进行选择：判断和经验、当地使用的决策树和流程图、人工智能方法(如专家系统)。不同的沥青路面再生方法的技术特点也不尽相同，因此，在具体确定再生方案时，应针对道路破损的类型、范围和程度，结合当地的集料质量、交通量/交通类型以及气候状况，并对不同的再生方案进行经济分析，选择最适宜的再生方案。

2. 经济分析

经济分析，即通过考虑各种再生方案的寿命周期费用，比较不同的再生方案，进而确定经济效益最优的方案。寿命周期费用是指在固定的分析周期内，道路的所有费用和收益。寿命周期费用的组成有：初期维修费用、后期维修费用、养护费用残值、工程和管理费用以及维修和养护期间的道路使用者的费用(乘车时间、车辆运转、事故、不舒适性、延误费用和额外运行费用)。另外，还包括美化、污染、噪声费用等，但由于这些费用很难量化，通常以主观的方式进行处理。虽然经济分析可为再生方案的选择提供依据，但为了作出更理性的决策，还需考虑其他因素，主要有：现有破损类型和程度；现有道路材料的使用年限/状况和再生的可能性；预期设计年限和性能；交通增长率；现有道路的结构能力；环境状况；今后所容许的养护活动；道路线形；排水和路面设施；交通调节能力和交通安全；施工范围；工程的位置和规模；承包商的能力和经验；对附近居民的影响；可用预算；正确的工程决策。

3. 沥青路面再生方案选择程序

进行沥青再生方案的选择，首先要进行路况资料的收集和现场病害的调查，以评价现有路面的状况，并确定路面损害的决定因素；其次要根据所维修道路的几何形状、交通量增长情况、道路性能和环境以及财政预算情况，选择几种可行的再生方案和维修技术；最后要分析各可行方案的初期投资费用和寿命周期费用，并进行经济分析和评价，选择技术经济均合理的再生维修方案。

第十一章　沥青路面的改扩建方案与施工

高速公路改扩建工程是在原有道路的基础上，为了改善原有道路的通行能力或者提高道路结构强度而进行的建设工程。

第一节　高速公路改扩建工程概述

一、高速公路改扩建的目的和依据

高速公路改扩建工程的目的和基本任务就是对原有交通拥挤的高速公路进行拓宽，对沿线设施进行技术改善，提高原有高速公路的通行能力和交通服务水平。高速公路进行改扩建工程的必要性体现在以下几个方面：①改扩建工程能够显著改善高速公路使用性能。采取改扩建维护措施，使高速公路因行车荷载和环境因素的不断作用而逐渐衰减的性能得到恢复，改善路况，保证车辆快速、安全、舒适地运行。②改扩建工程通过有限的资金投入，创造更大的经济效益。高速公路的改扩建工程，通过对现有高速公路的监测与评价、可行性研究规划、设计和施工，并在资金有限的条件下，将资金使用到最需要采取措施并能取得最佳效果的路段上去，使现有路网保持合理服务水平，使高速公路创造更大的效益。改扩建工程可以使现有高速公路网更加协调有效。高速公路改扩建的规模与该高速公路在区域公路网内所起的作用密切相关。在科学、合理的路网规划和对现有道路的布局和技术参数分析的基础上，通过改扩建使现有高速公路网更加协调有效。对于一条正在运营的高速公路而言，是否需要对其进行改扩建工程建设，首先需要进行可行性分析，可行性分析涉及该高速公路性能的评价以及该高速公路残值利用的经济效益。根据高速公路改扩建工程的特性，对高速公路进行改扩建工程建设或对其改扩建工程可行性研究的依据如下：

（1）高速公路路面结构强度。根据《公路沥青路面养护技术规范》，沥青路面的强度用强度系数(SSI)作为评价标准，按下式计算，即：

$$SSI=\text{路面设计弯沉值}/\text{路段代表弯沉值} \tag{11-1}$$

规范中将 SSI 分为 5 级：

优：$SSI \geqslant 1.0$；

良：$0.83 \leqslant SSI < 1.0$；

中：$0.66 \leqslant SSI < 0.83$；

次：$0.5 \leqslant SSI < 0.66$；

差：$0.3 \leqslant SSI < 0.5$。

规范规定，当沥青路面强度系数在中等级以下时，认为高速公路强度不满足设计要求，应采取对原有高速公路进行结构补强的措施。

（2）高速公路交通量适应程度。原有高速公路的交通拥挤程度是衡量其通行能力大小及其服务水平的一个重要指标。通过对原有高速公路交通量的统计调查分析，可以为评价现有高速公路的交通量适应状况提供资料，进而作为提出相应高速公路改扩建工程技术改造标准的依据，以达到提高现有高速公路通行能力和满足交通需求的目的。一般将描述道路交通拥挤程度的指标定义为交通拥挤度，其计算公式为：

$$调查段拥挤度=\frac{\theta}{c} \tag{11-2}$$

式中　θ——调查路段标准车型交通量，高速公路为小汽车；

c——调查路段设计通行能力，即在一定设计服务水平下，路段横断面每小时允许通过标准车数量的最大值。

交通拥挤程度的划分标准是：通畅路段，拥挤度<1；拥挤路段，拥挤度≥1；阻塞路段，拥挤度≥1.5。

我国将道路的服务水平和交通拥挤度作为是否需要改扩建的依据。当道路拥挤度为1~1.5时，可根据改扩建工程的可行性研究报告确定是否改扩建；当道路交通拥挤度大于1.5时，道路交通基本上处于阻塞状态，应立即对现有道路进行改扩建。

二、高速公路改扩建的指导方针与原则

高速公路改扩建工程应以“全面规划，协调发展，科学合理，积极改善，保证畅通”为基本指导方针，在科学合理的养护维修的基础上，在交通需求和技术经济可行的前提下，积极、适度地进行高速公路改扩建。为科学合理进行高速公路改扩建工作，并确保其行之有效，具体的高速公路改扩建工作应贯彻执行以下几个技术政策：

（1）重视对旧路的调查与分析工作，包括对旧路的路面现状调查和交通量调查，分析现有道路病害程度及其产生原因，正确评价其现有技术特性，科学地论证改扩建工程的等级和经济的合理性与可行性。

（2）在满足改扩建技术要求标准的前提下，对旧路进行充分挖潜改造，合理利用和减少占地数量和工程量，并且要因地制宜，充分利用旧路材料，加强综合治理，保护生态平衡，防止环境污染。

（3）积极采用国内外有关科研成果，在工程中推广使用新技术、新设备、新经验，注意科学合理地进行改扩建工程，注重技术与经济效益相结合。

（4）研发改扩建工程专用机械，减轻劳动强度，提高工作效率。同时，针对改扩建工程中的技术难题，开展有针对性的科学研究。通过技术进步解决高速公路改扩建方面的技术难题，达到多、快、好、省的目的。

（5）针对改扩建工程设计，做到技术上先进可行、经济上可行合理，并坚持按程序进行改扩建技术工作。

依据上述高速公路改扩建工程指导方针和技术政策，根据国内外的建设经验，结合我国实际情况，高速公路改扩建时应该遵循以下原则：

（1）合理选择方案，减少对现有道路交通的影响。避免因实施封闭施工而导致中断交通有可能给沿线的国省道和城市道路带来巨大的交通压力，以及可能导致的交通瘫痪，论证采用合理的技术方案，减少对现有道路交通的影响，以及改扩建给社会和经济带来不利影响。

（2）最大限度地节约土地资源，减少拆迁数量。我国大部分高速公路两侧均为耕地，而

土地资源稀缺可贵，故节约土地、减少征地拆迁数量是改扩建方案必须要考虑的条件之一。

（3）利于项目的可持续发展以及区域经济的发展。应做好调查研究工作，充分考虑道路网的规划和发展，合理确定改扩建工程规模，同时要考虑减少高速公路改扩建对地方道路交通畅通的影响。

（4）有利于道路维护与管理。改扩建方案不仅要有利于近期施工，而且要考虑到道路养护、交通事故处理时交通组织的需要，同时要保证道路维护和交通管理的便利。

（5）最大限度地利用现有道路交通设施。在保证设计标准的前提下，要尽可能地有效利用现有道路及构造物。以两侧拓宽作为设计的主要思路，尽量减少土地的征用和建筑物的拆迁，以达到节省投资减小影响的目的。

（6）因地制宜，采用成熟合理的工程技术，控制工程风险。为确保降低改建工程施工对既有道路正常营运的影响，须考虑施工机具、设备的适用性，并引入非常规的设计理念。同时，构造物等的加宽施工要以简便、安全、可靠为原则。

（7）工程费用合理。改建工程必须考虑节省改建工程成本，采用技术经济合理的方案。

三、高速公路改扩建工程的内容和程序

高速公路改扩建工程的设计内容与新建公路类似，主要包括旧路路况调查、改扩建方案确定和改扩建路基、路面结构设计等。

1. 旧路调查

旧路调查从以下几个方面考虑：

（1）交通量现状调查与分析。旧路的交通现状是决策高速公路是否要进行改扩建的依据，同时也是确定改扩建工程规模和设计标准的主要依据。因此，在改扩建前，首先要进行旧路的交通量现状调查和分析。

（2）高速公路状况调查与评价。路况调查是高速公路改扩建工程中的一项重要内容，对改扩建道路的路况调查与评价不仅是改扩建的依据，也是判断旧路可利用性的标准。调查内容包括：路基填高、路基宽度、土基干湿类型、路面使用状况、路表回弹弯沉等。

（3）轴载调查分析。轴载调查是在高速公路交通量调查的基础上完成的。轴载调查与分析的目的是预测改扩建设计周期内行车荷载对路面的破损作用，科学地制订改扩建道路的路面结构厚度，合理地确定高速公路改扩建的规模与投资。

2. 旧路评价与交通需求分析

改扩建高速公路沥青路面评价是对路面的使用质量进行的综合性评价。评价方法是根据对旧路调查的参数，计算旧路的综合评价指标(PQI)。

3. 改扩建技术标准和改扩建工程方案

由于利用旧路和提高标准是相互矛盾的，且我国原有高速公路修建方式多种多样，各路段的技术标准和路况也不尽相同，所以在决定高速公路改扩建方案时，应结合各路段的实际情况，进行反复的技术经济比较和论证，确定科学合理的改扩建技术标准。而改扩建设计方案须在可行性研究的基础上，通过上述调查、分析，首先提出对旧路可能采取的改扩建方案，接着对其加以反复研究，预测各个改扩建方案的经济效益，判别改扩建方案在技术、经济及其社会环境等各方面的可行性，最终选择出对社会及自然环境没有不良影响的最佳改扩建方案。

第二节　高速公路改扩建方案优选

一、改扩建工程的类型和特点

改扩建工程可以大体划分为两类：已预留工程的改扩建和未预留工程的改扩建。

1. 已预留工程的改扩建

为了缓解建设资金紧张和交通需求大的矛盾，国内有相当长度的高速公路采取了一次规划(有的采取了一次设计)分期实施的方式进行建设。这些道路多是按4车道实施6车道预留。预留方式主要有两种：一种是重点路段(大桥隧道、互通等)一次实施，一般路段两侧预留；另一种是路基、结构物一次完成，中央两车道路面预留。两种预留方式均有采用。

2. 未预留工程的改扩建

高速公路均为4车道高速公路，改扩建的主要目的是提高通行能力和道路服务水平。这类高速公路改扩建工程需要注意的技术问题较多，这些技术问题总体上可以归纳包含在两个阶段中：一是前期方案决策阶段；二是勘察设计和工程实施阶段。高速公路改扩建工程方案的选择要根据上述两类情况充分论证，因地制宜、有针对性地制订最优化方案。

二、改扩建方式的分类及比较

国内外高速公路改扩建工程主要有近距离新建(扩容)和加宽(扩建)两种方式。

1. 近距离新建方式与加宽方式的特点及比较

(1) 近距离新建方式。近距离新建方式是指在不改变现有高速公路的基础上，在距其几公里(一般是5~10km)范围内新建一条高速公路，与现有高速公路基本平行，提高整个通道的通行能力，进而达到分担现有高速公路交通量的目的。该方式是缓解已有高速公路交通拥挤的最佳方式之一。新建方式的优点主要有：有利于吸引已有高速公路交通，缓解其交通拥挤状况，经济效益好；施工不会对已有高速公路交通产生相互干扰；已建高速公路能全部利用，不产生废弃工程，社会影响小等。新建方式的缺点主要有：工程投资规模大，路网布局不均；建设里程较短时，吸引交通量有限，投资效益不佳。

(2) 加宽方式。加宽方式就是在已有高速公路的两侧或一侧加宽几条车道的建设方案。该加宽方式的优点主要有：利用已建高速公路部分工程，占地拆迁较少，工程投资相对较小；不改变已有的管理养护模式，且规模变化较小等。加宽方式的缺点主要有：施工对已有高速公路交通产生干扰，且交通量越大，干扰越大，从而使施工期延长；部分工程，如互通立交排水防护几乎全部废弃重建，社会影响不好；新老路基桥涵结构物衔接困难(尤其是软基路段)；交叉工程可能发生净空不足，引起其他工程变化；另外，单向车道数增加较多后，将降低单车道通行能力。

(3) 近距离新建方式与加宽方式的比较。两种不同改扩建方式的选择，会影响到地区经济的发展，牵涉到路网的布局，并与环保工程、投资、交通组织及社会环境等密切相关。采用何种方式，应充分考虑每条高速公路技术交通状况、使用情况、地形地质条件、沿线土地利用、城镇建设规划和经济发展产业布局以及当地高速公路管理建设经验等因素，综合比较论证，择优选择。

与近距离新建方式相比，在老路基边坡上拼宽(扩建)的基本原则是最大限度地利用既有资源。与近距离新建复线相比，它能节约土地一半以上。老路拼接加宽工程规模相对较小，占地少，有利于后期交通管理和养护。此外，从理论上讲，一条8车道高速公路的通行能力，大于两条4车道高速公路的容量和。

从经济角度来说，影响改扩建方式选择的因素主要有两方面：一是路网规划和布局；二是经济布局和交通的适应性。由于现有高速公路的存在已经对沿线经济发展等各方面产生了深远影响，选择现有高速公路拼接加宽方式更加符合现实需求。因此，现阶段我国高速公路的改扩建大多采用加宽的方式。

2. 各种加宽形式的特点及比较

近距离新建方式与新建高速公路相类似，可以参考新建高速公路的相关特点进行处理。拼接加宽方式一般可以分为单侧加宽、两侧加宽、分离加宽、混合加宽。

（1）单侧加宽。单侧加宽是针对原有高速公路一侧受建筑物限制，从另一侧对原有高速公路拼接加宽的方式。单侧加宽的优点主要有：不加宽一侧路基的防护、排水沟、防撞护栏等设施可继续使用；施工对公路上的交通影响较小，原有的公路可继续维持交通；施工工作面大，有利于大型机械开展工作。单侧加宽的缺点主要有：因路基中心线发生偏移，平面线形需重新拟合；原有的中央分带用作行车道，其内部的排水、通信管道、防撞护栏等设施须拆除，新中央分隔带内的这些设施须重建；路基加宽侧的防护、防撞护栏等设施无法利用，须拆除重建；上跨桥梁因主线平面线位向一侧偏移，导致桥梁净空(净宽和净高)不足，须拆除重建；原主线桥梁分两幅设置，合并为一幅技术难度大，施工困难且对旧路造成交通干扰，加宽侧互通匝道线形调整较大。

（2）两侧加宽。两侧加宽是在原高速公路的路基两侧直接拼接，基本保持原有高速公路的几何线形，原有的中心线可留作加宽后高速公路的中心线。两侧加宽的优点主要是：为改扩建方案的实施提供了有利的条件，即使是在两侧建筑物密集区，两侧加宽也可使路线按原有平面、纵断面线形顺利通过，采用两侧加宽方案将大大减少征地和拆迁费用；中央分隔带及内部的排水、通信管道、防撞护栏等设施可充分利用；新老路幅横断面能有效组合，路拱规则，可继续使用，路面排水简单；部分上跨桥梁净空(净空和净宽)影响不大，主线桥拼宽难度较小，施工也较方便；沿线互通式立交大多为单喇叭形和叶形，大部分立交均可通过调整匝道半径，达到匝道拟和来完成改建，改动量较小。两侧加宽的缺点主要是：路基两侧的防护、防撞护栏等设施不能利用，须拆除重建；施工工作面小，不利于大型机械开展工作；施工对公路上的交通影响较大，必须做好施工期间的交通组织和安全工作；新老路基之间的沉降差异难以控制，增加了施工技术难度，并影响了运营效果。总体优点是占地少，工程规模小，节省投资；缺点是新老路基之间的差异沉降较难控制，施工期的交通组织和安全工作复杂。

（3）分离加宽。分离加宽是在现有高速公路的两侧或一侧适当位置新建两条单向或一条双向公路，与原路一起组成多车道的高速公路，以达到扩建目的。在新老路基之间设置分隔带或将新老路基拉开一定的距离，使平面和纵断面同时分离，以便跨越全部的互通和主要相交道路。分离方案结合运营交通组织和“集散加快速”的思路还可以从细节上分为多个方案：

① 内侧老路作为“集散”道路，满足短途交通的需求，外侧新建车道作为直达车道(只

与部分互通连接)，以满足快速通行的需求。②内外侧车道都与互通相接，内侧行驶小汽车外侧行驶其余车辆，为小汽车提供快速服务。③外侧车道与互通相接，封闭老路上部分现有互通的出口，实现内侧车道的直达通行，将外侧车道作为“集散”道路使用。

该方法的优缺点基本同新建方案。主要优点是：施工期对现有交通干扰小，可基本维持现有高速公路的功能；施工质量相对易于控制和保证，技术风险小；新路部分可采用以桥代路，适应性较强；支线上跨桥梁可最大程度上得到利用，减少废弃工程量；能较好地解决直接拼接所引起的主线桥桥下净高不足问题；有利于形成快速+集散的交通组织模式，提高整条道路的通行能力。该方法的主要缺点是：用地较多，工程直接投资相对较高；快速车道与集散车道之间车辆转换的灵活性受到一定的限制；在总车道数不超过 8 车道时，分离方式总的断面通行能力不及直接拼接方式的总断面通行能力强。

(4) 混合加宽。混合加宽是由上述加宽方式中的两种或两种以上组合的加宽形式。这种加宽方式由于几何线形发生扭曲，平面线形须重新拟合。

总体比较认为，单纯从降低工程拼接难度、降低交通组织难度的需要出发，采用分离加宽方式不具优势。方案设计时，拼接加宽和分离加宽并不完全孤立使用，根据不同路段的具体情况，可联合使用。两侧拼接为主、局部分离为辅的方式是对病害桥和重点互通路段进行分离，以降低桥梁拼接的技术难度、有利于互通的改扩建，更好地满足了互通转向交通量的需求。

第三节　高速公路改扩建工程路基设计与施工

一、原有路基状况调查与评价

在高速公路改扩建工程中，应对原有路基进行详细调查，分析并评价原有路基技术状况，结合路基工程的技术要求进行改扩建路基工程的设计和施工，并考虑消除旧路基存在的缺陷与不足，防止因路基加宽拼接带来的问题。

1. 原有路基状况调查

原有高速公路路基调查应采取资料收集、现场调查和勘探试验相结合的综合方法。在搜集原有高速公路路基勘察设计、竣工图和养护等资料的基础上，进行原有路基现场调查测量。根据原有高速公路的路况进行分段，并选择具有代表性断面，对路面各结构层、上路床、下路床、上路堤、下路堤及地基土进行勘探试验。钻孔深度和取样试验应符合《公路工程地质勘察规范》(JTJ 064—98)的有关规定。按照新建路基的要求，进行改扩建路基范围的地基勘察。

改扩建路基勘探孔宜与原有路基勘探孔布设在同一路基横断面上。调查原有路基支挡工程地基地质条件、基础形式和使用状况。必要时，应对支挡工程地基进行勘探试验。原有填方路堤和挖方路段路床土应进行下列试验：①物理性质试验：天然含水率、天然密度、土粒相对密度、粒径组成、液限塑限等。②力学性质试验：重型击实、CBR、固结试验、直接快剪等。原有路堤和挖方路段路床土应在上述试验基础上，计算出下列指标：干密度、最佳含水率、最大干密度、压实度、平均稠度、压缩系数和压缩模量等。根据原有高速公路的路况，选择有代表性的路段，进行老路路基路面几何尺寸、弯沉、承载板测试，确定其回弹模量。各项测试均应符合《公路路基路面现场测试规程》的有关规定。

2. 原有路基状况分析评价

根据调查、测量、试验和水文分析资料确定原有路基高程能否满足路基设计规范中有关路基设计洪水频率的规定。确定原有路基填料能否满足路基设计规范中路基压实度和路基填料最小强度的要求。确定路基土的平均稠度及路基所处的水文状态，分析评价路基最小高度能否满足路床处于干燥、中、湿状态的要求。分析评价路基边坡的稳定状态、各种防护排水设施的有效性及改进措施。分析评价原有路基病害的类型、分布范围、规模、成因，以及原有路基病害整治工程措施的效果，并提出路基病害整治措施。

软土地区路基在设计施工时有特殊的要求，改扩建工程中对软土地区原有路堤分析评价应注意以下几点：①分析评价原有路基的各种地基处理路段的软土地基固结度、固结系数、压缩变形发展规律和抗剪强度增长规律，确定原有路基的各种地基处理路段的软土地基固结度和剩余沉降值(包括主固结和次固结)。②分析评价原有软土地基处理方法的效果及其改进措施。③分析评价拓宽改建路基与原有路基之间的稳定性和差异沉降、拓宽改建路基对原有路基稳定和沉降影响程度，确定新拼接或增建路基软土地基处理措施。

二、高速公路路基改扩建工程常见病害及处治方法

高速公路路基在改扩建过程中，由于改扩建部分的路基与原有路基在填筑材料、压实程度等方面有很大的差异，在新老路基交界处等变动范围极易出现差异沉降等引发的病害。因此，在改扩建工程中，应特别注意此类病害的形成原因及防治措施。

1. 高速公路路基改扩建工程常见病害

高速公路路基改扩建工程中，要对现有路基进行处理，势必会破坏现有路基的稳定性，而且新老路基由于其建造时间不同，所处的应力状态也不尽相同，因而会出现一些改扩建工程中特有的病害。

(1) 新老路基交界处的纵向裂缝。一般路堤容易出现此问题，因为结合部分两边的新老路基沉降速率不一样，沉降量不同，导致结合部位存在应力集中和突变的现象，弯拉应力大而结合界面强度较低，因此，该处常会产生开裂错台。另外，新拓宽路基边坡坡角在填土重力作用下会逐渐发生侧向位移，进一步带动上面填土的沉降和侧向位移，使整个拓宽部分的填土沿结合部位产生横向和竖向移动。由于这两方面因素的作用，会在交界处形成纵向裂缝。

通常，新老路基出现施工后沉降差异，路基失去稳定的原因可概括为以下方面：实施加宽后，老路基下的地基因在改造时已经基本固结沉降到位并且所增加的荷载远小于新加宽部分，其沉降量会小于新加宽部分地基的沉降；而基于新路基本身的填筑材料、压实度等问题，新路堤本身出现沉降；因施工工期短，土基及新路基的固结下沉未到位，工后沉降大。基于以上因素，最终表现为路堤内的破裂面(顶部破裂面)在老路范围向外的土体下沉侧移，将路面拉裂造成纵向开裂。

(2) 公路改扩建后路基翻浆。翻浆现象主要发生在我国北方各省及南方季节性冰冻地区。另外，沿溪线、越岭线、林区道路路段改扩建后易发生翻浆。翻浆的产生既有自然原因，也有改扩建时施工的原因。

自然方面的原因主要是：①土质。粉性土最易翻浆，且土中水分增多时强度降低快，易

失稳；黏性土只有在水源充足且冻结速度慢时才可能出现翻浆；砂性土一般不翻浆。②温度。一定温度与冷量是形成翻浆的重要条件。当冰结线长期停留在路面下较浅处时，路基上部易翻浆。③水。路基附近的地面积水及较高的地下水位提供的充足水源也是翻浆的重要条件。路基拓宽时，如果不注意排水设施的设置，地面水和地下水渗入路基，导致路基含水率过大，或对过湿状态的原路基未加处治，均会留下冻胀和翻浆隐患。

施工方面的原因主要是：在翻浆多发地段没有考虑防冻影响，未设防冻层，抗冻防水性能差；路基高程设计低，填土高度小，地下水位高，路基常处于潮湿状态；改扩建时，树根、草皮等未清除彻底；分层压实不够；施工中排水不畅，路基被水浸泡，冻结时聚冰严重；施工土层中含有大量粉质土、腐殖土、盐渍土、大块冻土等。

(3) 改扩建时提高路堤带来的问题。为提高老路的技术标准，采用了提高路基高度的办法。但高路堤会造成施工困难、占地过多、行车不安全、路基稳定性变差、变形严重等现象。在稳定冻土路段，尽管可以减少路基路面的不均匀变形，但增加了纵向裂缝产生的可能性；而对于不稳定冻土地区，提高路堤高度不仅不能减少波浪、沉陷等变形类病害，反而会加剧纵向裂缝及边坡冲蚀等，使路基纵向裂缝随路基增高而严重。产生此病害的原因是：填筑高路堤，路堤自重增大，引起地基沉降，侧移增大；路基抬高使边坡面积增大，雨水汇水面积加大，受雨水冲刷，水对路基侵蚀作用影响明显；填土不均匀，压实指标难以确定，导致施工压实不匀，造成路基的不均匀沉降。

(4) 路基边沟冲刷改建后，易出现路基边沟冲刷，导致冲毁路肩，直接危及路面。出现此现象主要是由于路基拓宽时，破坏了原来的边沟植被，而新修边沟的植被还未形成，若边沟土颗粒较细，当流水的流速超过了悬浮泥砂的临界速度时，就会导致边沟被冲刷。

(5) 路基边坡坍塌。此病害主要发生在改扩建后的沿溪线和高路堑地段，出现此类病害的原因是在改扩建时对沿线地质水文情况调查勘探不充分；对于较难开挖的岩石边坡路基边坡未达到设计边坡度。

(6) 防护支挡工程出现问题。改扩建后公路挡土墙可能倒塌或被水冲毁。其原因主要是：墙的埋置深度不够，墙背回填土不实，选料不合格，回填土不是分层洒水夯实，填料的内摩擦角小于设计填料的内摩擦角。

2. 高速公路改扩建常见病害的处治方法

针对高速公路改扩建工程中路基可能出现的上述病害，在施工时要注意做好以下防治措施：

(1) 防止纵向裂缝的措施。开挖的台阶尺寸按从路堤边坡坡角向上、各层台阶高度逐渐减小、宽度逐渐变大的方法施工。若加宽段较窄，应采用合适的压实设备与合理的施工工艺，保证压实机械的工作面，确保加宽部分的路基压实度，接缝外(老路肩)的草皮、树根、腐殖土、杂土等必须处理干净，否则会使路基整体强度不足而产生不均匀沉降。老路肩质量较差，达不到设计要求时，将土路肩翻晒或掺灰重新碾压，以达到质量要求。新老路基交接处，应同时采用强夯或大吨位振动压路机碾压新老路基的施工方法，这样不仅可以保证填筑路堤的密实，而且老路基的土质结构受到强烈振动后密实度能与加宽的填方地段在一定深度内保持接近，不产生差异沉降。在低路堤新老路基结合部位采用多层(一般为3~5层)土工布处理，土工布宽一般为4cm以上，水平铺在新老路基结合部位上；而高路堤由于不均匀沉降差大，影响范围大，破坏力大，故在新老路基与路面结合部位采用高强度的土工格栅处理，以加强新老路基的结合强度。另外，在路基与路面结合处可铺设土工布。设置重力式路堤挡土墙，减小路基横断面(路基自重力也相应减小)或增设一定宽度的反压护坡道，提高土基承载力，以有效控制路堤的侧向滑移，达到减小不均匀沉降的目的。

(2) 防止翻浆的措施。当老路基出现翻浆病害时，可将老路基表层 30cm 内翻松，掺入适量石灰或砂砾重新整平、碾压密实，局部翻浆严重的部分应进行深层特殊处理，还可对表层以下 30~50cm 进行换土处理。为了将路基中水分排出，降低路基土壤中的地下水位，减轻冻结时水分的聚集，从而使路基上层土壤保持干燥，通常可以扩大边沟、截水沟、排水沟，设置盲沟、截水盲沟、立式渗井等拓宽部位。路基顶部每隔一定距离(一般为 20~50cm)增设横向碎石盲沟，与新老路结合部的纵向盲沟相连(盲沟顶部均用防水土工布覆盖)。在分隔带中设防水层，在防水层上设置碎石盲沟，并在纵坡低处将水引出路基，在路面与基层顶面之间设防水层，通常采用沥青表处封层(厚度一般为 1cm)。适当提高路堤。路基上部增加了临空面积，有利于水分蒸发，同时免受水浸、雪埋，土壤保持干燥，在冻结过程中不致因过分聚冰而失稳。在一些工程中、重冰冻地区及粉性土地段，不能单靠提高路基保证其稳定性，还要与其他措施配合使用，如砂垫层、石灰土基层等。地下水位或地面积水水位较高，路基处于潮湿或过湿状态且又不宜提高路基时，可铺设隔离层。通常，隔离层铺设在路基顶面以下 0.5~0.8cm 处，其目的在于隔断毛细管水上升进入路基上部，防止在负温差时的水分积聚，保持路基上部处于干燥状态。

(3) 防止抬高路基带来问题的措施。抬高路堤，自重增大，地基沉降增大。分析表明，设置砂砾等排水垫层改善地基排水状态，采取措施保护冻土，减小冻土融化深度，以适当降低路堤填筑高度，可以减小地基融沉变形。老路基为软土地基时，采用粉喷桩、砂桩、塑料排水板、碎石桩等进行处理，并配合填入轻型材料，同时在新老路基与路面结合部位采用挖台阶及铺设土工布或土工格栅等措施。对于稳定性较差的高路堤路段，还可以采取在坡脚处设置支挡工程的措施，稳定路基。

(4) 防止边沟冲刷、边坡坍塌的措施。改扩建公路开挖路段，应采取合理的施工方案，特别是对于地质破碎带，更应由上而下进行削坡，同时对较高较陡边坡进行有效防护，注意将老路边坡边沟填满压实到位。截水沟设置应及时，边沟应保证畅通，不在路肩上植树。

三、高速公路路基改扩建工程设计技术要求

通常一般路基定义为：在良好(正常)的工程地质条件下，填挖高度不超过设计规范或技术手册所允许的范围，其设计可以直接参照现行规范规定或标准图，结合当地实际条件进行，而不必进行个别论证和详细验算。而对超过规定范围的高填路堤或深挖路堑，以及地质和水文等条件特殊(如泥石流、岩溶冻土、雪害、滑坡、软土挤地震等地区)的路基，为保证路基具有足够的强度和稳定性以及合理、经济的横断面形式，需要进行个别特殊设计。

1. 改扩建工程中路基的基本要求及设计要点

为保证高速公路的使用品质，对路基的基本要求有如下两方面：

(1) 足够的整体稳定性。对现有高速公路的改扩建，必然要打破原有相对平衡的状态，处于稳定状态的原地基，也有可能由于加宽、填筑或开挖的结果，引起受力状态的改变，导致路基失稳。例如，在软土地基上填筑加宽路堤或在岩质或土质山坡上开挖路堑时，有可能由于填土的附加应力超过软土地基的承载力或是路堑开挖的结果，使上侧坡体失去原有的支

承，出现路堤的不均匀沉陷或坡体的滑塌破坏等，从而导致交通阻断或行车事故。因此，为保证高速公路的畅通与安全，必须选用正确路基加宽方式、合理的断面形式与尺寸，采取有效的排水、防护和加固等工程措施，确保路基在不利环境条件下具有足够的稳定性。

(2) 足够的强度和刚度。路基及地基在自重和车辆荷载的作用下会产生变形。由于新老路基的强度与刚度不同，所产生的沉陷、固结变形和不均匀变形会使路面结构出现过量变形和应力增大，导致路面过早损坏，影响高速公路使用性能。因此，在路基的改扩建工程中，不仅要选择合适的填料，而且要采取必要的措施改善水温状况、加固软弱地基等，保证新老路基具有足够的强度和刚度，以及新老路基质量的均匀性，确保道路的使用寿命和服务水平。

为保证路基的强度和稳定，对一般路基的改扩建设计要做到以下几点：

① 设计之前，做好全面调查研究，充分收集沿线地质、水文、地形、地貌、气象、地震等设计资料，并做好对现有高速公路历年路况资料及当地路基的翻浆、崩塌、水毁等病害的防治经验及对策的调查。

② 山岭、重丘区的路基，应根据当地自然条件，特别是工程地质条件，选择适当的路基横断面形式、边坡坡度以及边坡加固与防护措施。在地形陡峻和不良地质地段改扩建时，应注意开挖，不宜破坏天然植被和山体平衡；在狭窄的河谷地段，不宜侵占河床，可视具体情况设置其他结构物和防护工程。

③ 陡坡上的半填半挖路基，可根据地形、地质条件，采用护肩、砌石或挡土墙。开挖一侧应注意开挖对山体平衡的不利影响，填筑一侧应注意新老路基的不均匀变形。

④ 沿河及受水浸淹路段的路基边缘高程，应高出路基设计洪水频率的设计水位与壅水高、波浪侵袭高之和，再加安全高度 0.5m。对路基废方应妥善处理，以免造成河床堵塞、河流改道或冲毁沿线构造物、农田、房屋等不良后果。

⑤ 采用分离改扩建方案时，应处理好与整体式路基的相互衔接以及边坡防护工程，设置完善的排水设施，并做到与自然景观相协调。

⑥ 在季节性冰冻地区，工程地质、水文地质不良地段，应采用水稳性好的填料填筑路堤。必要时，应对老路基进行换填，并结合防治冻害和翻浆的具体措施，进行路基、路面、排水等综合设计。

2. 改扩建路基的综合设计要求

高速公路改扩建路基加宽工程的断面可划分为老路基、新加宽路基及新老路基结合部三个部分。三部分的原始条件、形成过程、设计与施工方法差别较大，然而从加宽路基结构上讲，三者必须在路基整体强度和稳定性方面达到统一。

(1) 老路基部分。在一些高速公路中，特别是结构性路面病害(沉陷、龟裂和网裂)较多的路段，往往是老路基的含水率过大导致强度小而引起的，有些水分来自路面缺陷，有些来自路基边坡，也有些来自中央分隔带以及各种来源的地下水。在进行改扩建时，可采取换土、加强压实等措施提高老路基的强度和稳定性；或根据情况采取抬高路堤的方法，达到安全高度，远离地下水侵蚀或隔离地下水，保证土基工作区干燥，并加强两侧边沟排水通畅。

(2) 加宽路基部分。为了防止新老路基结合处产生不均匀变形，同一断面新老路基部分必须保持均匀的强度，应尽量保证路基封顶后两部分弯沉值达到一致。由于新老路基的形成条件、沉降时间、压实方法、水文状况都存在差异，同一层次的强度不可能达到完全一致。

因此，设计时要采取互相验算校核的方法，以求路面容许弯沉值的一致、路基顶强度的一致。加宽路基填料多为就地取土或老路土的再利用，该土质纷杂、不均匀，给质量控制及压实带来一定难度。

因此，必须采取密切跟踪压实检测的方法，必要时需同点同时进行击实试验和现场测定，并且可适当提高压实标准。如果时间允许，可令加宽路基路面隔年施工，留有一定的沉降时间。如果条件允许，加宽部分填土可采用一定比例的粗粒土，使压实后沉降时间缩短，且大部分沉降在当年完成，而工后沉降减少。

（3）路基结合部分。老路肩作为部分加宽路面的基础，其强度直接关系到加宽路面的质量。有些老路肩可作为加宽路基利用，有些却不能。实际施工应因地制宜，确认实地路肩强度，确定取舍程度。老路肩至少应切除 80cm 以上，以确保结合部土基 0~80cm 压实度，并以压实度检测为控制手段，当 50cm 以下达不到压实标准时，应继续下削。

四、高速公路路基改扩建工程施工技术

高速公路路基改扩建工程中，由于新老路基状态不同，施工时存在一定的干扰，因此，在路基改扩建施工过程中，不仅需要遵照新建路基工程的各项规定，同时还需要注意改扩建工程自身的特点。

1. 高速公路路基改扩建工程施工要点

高速公路的改扩建工程受老路自然状况制约，在选线上无法充分考虑地形地貌、地质土质的特殊情况。在确保既有路堤稳定的前提下，充分考虑影响新老路基稳定性的各种因素，重点应抓好地基处理、采取控制施工速率、改良路基填料性能等关键施工环节，使工程能够达到提高路基强度，减少路基工后沉降，保证路基稳定的效果。

（1）加强软土地基处理。新建路基地基沉降占有较大比重，特别是软土地基路段。地质不良的软土地段应根据地质资料采用有利于加快地基固结沉降或提高地基承载力的设计施工方案，有效减少工后沉降。现有的地基处理方法一般有三种：浅层换填、排水固结和复合地基方法。

（2）控制改扩建工程中的路基填料。路基改扩建工程一般是在维持交通的基础上进行实施的，老路部分还需承担正常的交通，虽经部分分流，但交通量仍然比较大且重载车辆多。为确保工程质量，可通过大吨位振动压路机、冲击式压路机来碾压土体以及增加碾压遍数，从而减少土体本身孔隙率，增加路基压实度减小路基本身沉降。同时，也可填筑无机结合料改良土或 CBR 值较好的材料，如碎石土、砂砾等。对路堤较高、原地基承载力低的路段，也可考虑采用轻质路基填料（如粉煤灰），以减轻路堤自重，减少土基荷载。

（3）提高结合部压实度。为加强新老路的结合、提高路基的整体强度和稳定性，老路基边坡应采用开挖多层台阶方式衔接，结合部必须碾压到位。若大型压实机械无法碾压到边，就要用小型振压设备压实，确保加宽路基任何部位压实度均符合要求。

（4）延缓施工节奏。路基填筑速度的控制对控制地基沉降并最终有效控制路面纵向开裂十分重要。可对新修路基采用超载预压 3~6 个月，加速新修路基的工前沉降。有时也可根据需要，在路基填筑完工后增铺临时简易路面，增加路基工后沉降的时间，并通过行车碾压加速工后沉降的完成。

（5）强化接合部位处治。应强化新老路基结合部位的处治，路基施工时在新老路衔接的

台阶处可设置土工格栅，有效增加新老路基间的黏结力，减少不均匀沉降和侧向位移，使新老路基有效形成整体。同样，路基顶、底基层、基层顶面在施工中除设台阶衔接外，在结合处增设土工格栅可以使新老路基有效地融为一体。

2. 高速公路路基改扩建工程新老路基结合部施工技术

高速公路改扩建工程中，新老路基的拼接质量是确保整个改扩建工程质量的关键所在。为使新老路基能较好地衔接，减少新老路基结合部的不均匀沉降及开裂，应将老路基边坡开挖成台阶，或者结合其他施工技术进行进一步的施工处理。近年来，国内进行改扩建的高速公路所采用的施工方法如下：

(1) 开挖台阶处理。在老路路基挖成台阶状的基础上，填筑新路路堤。对新路堤原地面清表20cm，并翻松、掺灰、压实，压实度要求达到87%。然后用6%石灰土回填，压实度要求达到93%，开挖老路边坡台阶，每一级台阶的宽度大于或等于1m，台阶应向内倾斜3%。边开挖边做好防护工作，在开挖的边坡上铺一层防水土工膜，防止雨水渗入，确保路基的稳定。台阶开挖应保证下面三级台阶宽度，最上层斜坡的坡度不定。老路边坡上部开挖只允许到老路硬路肩外侧。台阶竖直方向挖成一定坡度(大致可取1：0.5)的斜坡，便于分层填土的压实。填土应分层填筑并达到如下压实度控制标准，路床(0~80cm)压实度要求达到95%，上路堤(8~150cm)压实度要求达到95%，下路堤压实度要求达到93%。

(2) 粉煤灰路基十台阶处理。在老路路基挖成台阶状的基础上，用粉煤灰(掺少量石灰)填筑新路路堤。粉煤灰密度小，最大密度为114~116g/cm^3。用粉煤灰填筑路堤，可以大大降低路堤对地基的荷载，有利于减少地基沉降以及新路堤对老路堤的附加压力。采用粉煤灰(掺少量石灰)填筑路堤，可以形成一定的强度，从而达到降低路堤本身沉陷的目的。粉煤灰(掺少量石灰)具有振动易密性，施工方便，对于压路机难以正常作业的匝道端部特别有利。在靠近匝道端部的死角，采用115kW平板振动器振压，即可达到足够的密实度。土质护坡应和粉煤灰填筑同步进行，土质护坡的摊铺宽度应保证削坡后的净宽满足设计要求。路堤底部土质护坡中应设置排水盲沟，盲沟断面尺寸为20cm×30cm，水平间距15m，垂直间距115m，呈梅花形交叉布置，并采取相应措施防止盲沟堵塞，如采用无纺土工织物作滤层或采用排水管作为横向排水通道。摊铺后的粉煤灰必须及时压实，做到当天摊铺、当天碾压完毕，防止水分蒸发而影响压实效果。碾压时，应使粉煤灰处于最佳含水率范围内，宜采用振动压路机根据先轻后重的原则进分层碾压。压实时应注意，由于粉煤灰压实时的含水率较高，为防止粉煤灰含有大量冰晶影响压实效果，粉煤灰压实施工温度应在0℃以上。

路基改扩建施工时，首先将原地面表层清除20cm，并翻松、掺灰、压实，压实度要求达到87%，然后用6%石灰土回填，压实度要求达到93%，路堤底部填筑40cm的6%石灰土，压实度要求93%。然后开始填筑粉煤灰(掺少量石灰)。二灰混合料顶部设置40cm的石灰土封顶层，压实度要求达到95%。阴雨天气应注意粉煤灰路堤，特别是台阶处的防水问题，以免影响上层铺筑。对湿软的局部地段，要采取翻晒或挖换处理，经检验达到压实度要求的粉煤灰压实层，如暂时不能立即铺筑上层粉煤灰，应禁止或限制车辆在压实层上的行驶方向和速度，不得掉头、高速行驶、急制动等，并适量洒水润湿，防止表面压实层的干燥松散。

(3) 台阶+土工格栅处理。老路路基挖成台阶状后，在新路路堤台阶底部埋设土工格栅。土工格栅是一种高强度的土工合成材料，不仅具有成本低、质量轻、整体连续性好、抗拉强度大、延伸率低等特点，而且具有耐酸、耐腐蚀以及抗老化等优点。土工格栅和填土之间的摩擦作用以及颗粒咬合作用，可以改善新老路堤的横向连接，增强路基的整体性，由此减少不均匀沉降，增加路堤的稳定性。

施工时首先应对原地面进行清表，清表厚度为20cm，然后翻松、掺灰，按87%压实度要求碾压后，再用6%石灰土回填，压实度要求达到93%，以形成施工平台，最后再埋设土工格栅。施工时的路基填土按原设计要求。

格栅宜采用双向土工格栅，技术指标应满足抗拉强度双向不小于25kN/m，延伸率不大于12%。铺设土工格栅的土层表面应平整，表面严禁有碎、块石等坚硬凸出物。在距土工格栅8cm以内的路堤填料，其最大粒径不得大于6cm。土工格栅铺设时不允许有褶皱，应用人工拉紧。相邻土工格栅应搭接20cm，搭接采用塑料绳进行“之”字形绑扎，格栅应用一定数量的U形钉固定在填土表面。土工格栅铺设后，应及时填筑路堤填料，以避免其受到阳光过长时间的直接曝晒。一般情况下，间隔时间不要超过24h。土工格栅上的第一层填土摊铺时，宜采用轻型推土机或前置式装载机。一切施工车辆机械，只允许沿路堤的轴线方向行驶。格栅一端紧靠老路路堤，另一端埋至距新路边坡50cm处。

（4）台阶+碎石垫层+土工格栅处理。由于新老路基结合部存在差异沉降，可以采用20cm碎石垫层作为柔性层，并结合土工格栅共同缓和不均匀沉降引起的附加应力，减少对路面的破坏。

老路路基挖成台阶状后，对原地面进行清表20cm，翻松、掺灰，按87%压实度要求碾压，路基压实度要求与一般路基相同。铺设土工格栅时应注意，格栅上应铺设20cm级配碎石垫层，然后在碎石垫层上再铺设一层土工格栅。碎石垫层上下底面采用砂砾整平。在第二层土工格栅上填筑60cm灰土，再铺设一层土工格栅。土工格栅上的第一层填土摊铺宜采用轻型推土机或前置式装载机。灰土采用取土场集中掺加拌和后运至路基。一切施工车辆、机械只允许沿路堤的轴线方向行驶。格栅一端紧靠老路路堤，另一端埋至距新路边坡50cm处。

为了保证上述施工方法能够达到预期的效果，还必须注意新老路基结合部的施工碾压。施工碾压除按照规范的要求严格执行外，还应注意以下问题：①新老路基结合部碾压时最好为压路机配备一名力工，始终在车前清除因压路机振动从边坡上滚落下来的石块，否则会影响到压实效果。②压路机的边缘距坡边脚的距离不宜太近，应留有10~15cm宽的距离，以防止距边脚过近而引起边坡塌方。

五、高速公路改扩建工程路基施工质量控制要点

路基施工时所用的填料宜与原路相同或选用水稳性较好的土，并应符合《公路路基施工技术规范》、《公路土工试验规程》的规定。路堤加宽一侧填土宽度应大于填土层设计宽度50cm以上，压实宽度须超过设计宽度25cm以上，最后削坡。对于压路机无法操作的路段，应采用小型机具分层夯实，并达到规定的压实度。为防止新老路基出现不均匀沉降，应沿原路基边坡挖成向内倾斜的台阶，台阶宽度应不小于1m，以增加加宽部分路基的稳定性。如果压路机机械无法操作，应用小型机具夯实至规定的压实度。路基施工中应做好路基的防护与加固，保证其稳定性。施工完毕后，应进行及时养护。路基的防护宜与改善环境、保护生态平衡和搞好公路绿化相结合。路基施工及质量控制标准应遵照《公路路基施工技术规范》和《公路工程质量检验评定标准》的相关规定执行。

第四节 高速公路改扩建工程沥青路面设计与施工

一、高速公路沥青路面改扩建对策及处治方法

现有高速公路沥青路面的改扩建及养护维修对策，是根据现有路网中路面状况的评价结果以及道路交通流的拥挤度所采取的必要措施，其目的是使已经破损和交通拥挤的路面经过维护和改扩建，使其恢复到行车所必需的服务水平。

1. 标准对策及处治方法

不同形式的沥青路面破坏，需要采用不同的改扩建及养护维修对策，同时不同地区根据自身的经验，对路面的破坏又有不同的维修对策。我国的《公路沥青路面养护技术规范》，将养护维修分为四大类：小修保养、中修、专修与改扩建。由此可见，高速公路沥青路面的改扩建，是高速公路沥青路面的一种养护措施。高速公路沥青路面的改扩建对策可以根据高速公路沥青路面养护维修的相关规定参考执行。与一般养护维修对策不同的是，在确定高速公路沥青路面改扩建的对策时，需要考虑两个关键因素：一是拟改扩建高速公路未来路段交通量和道路服务水平的变化趋势；二是高速公路改扩建的经济效益。因此，应主要从高速公路服务水平和高速公路运营者的经济效益两方面来制订改扩建对策。

2. 交通量分级

我国的《公路沥青路面养护技术规范》规定，因路面不适应现有交通量或轴重的需要，应通过提高现有路面的等级或通过加宽等改建措施来提高道路的通行能力和服务质量。由此可见，在制订高速公路沥青路面改扩建对策时，交通量是一个不容忽视的重要因素。交通量的计算应该以标准轴载次数(BZZ-100)为计量标准。但是由于交通量测试受到条件的限制，交通量的计量单位往往是以年平均日交通量为准，而标准轴载次数的实际调查和测试还没有纳入日常公路监测工作中，所以在目前国内已使用的路面养护系统中，仍采用年平均日交通量(AADT，辆/日)作为标准轴载的间接计量单位。

我国常用的路面养护管理系统 PEMS 中，对交通量的分级标准为：

轻：$AADT<1000$

中：$1000\leqslant AADT<4000$

重：$AADT\geqslant 4000$

与此相似，我国《沥青路面设计规范》(JTG D50—2006)中也有关于交通等级的规定。

3. 标准对策模型

标准对策模型是根据路况制订的最佳改扩建及养护维修策略。为此，需要根据四项评价等级之间的不同组合，给出每一种组合的对策。根据我国实际情况，在 PEMS 中，对沥青路面制订了如下的养护对策确定准则：①强度系数是决定路面中修或大修的唯一指标，强度评价为次、差时，需要进行大修。②路面状况指数(PCI)或破损率(DR)为次、差的路段，不论平整度优劣，均应进行中修或大修。③PCI、DR 为中等或中等以上、强度为次等时，只有当平整度为次、差时，才考虑进行大修。

在《公路沥青路面养护技术规范》中，对高速公路沥青路面提出了如下的控制性养护对策：

（1）在满足强度要求的前提下（路面的结构强度系数为中等以上时），若高速公路的路面状况指数（PCI）评价为优、良的路段，以日常养护为主，并对局部破损进行小修；若高速公路的路面状况指数（PCI）评价为中及中以下，应采取中修罩面措施。

（2）若高速公路的行驶质量指数（RQI）评价为优、良时，以日常养护为主；若高速公路的行驶质量指数（RQI）评价为中及中以下时，应采取罩面等措施改善路面的平整度。

（3）高速公路的抗滑能力不足（SFC<40）的路段，应采取加铺罩面层等措施来提高路表面的抗滑能力。高速公路沥青路面改扩建对策的制订可以参考上述规定执行。所采用的路面结构类型与厚度，应根据原有路面结构、交通量、改扩建资金投入等条件，结合已有经验通过改扩建设计确定。

二、高速公路沥青路面加宽设计

高速公路沥青路面加宽设计应特别注意原有路面结构对新建路面结构的影响，充分考虑采用不同加宽设计方案时的影响因素，正确处理新路面衔接问题避免由于设计不当而引发路面病害。

1. *沥青路面加宽设计的基本要求*

沥青路面加宽方案应根据原有高速公路的线形及交通量等确定。如原有高速公路线形不需改善且路基较宽加宽后路肩宽度符合《公路工程技术标准》时，可在原高速公路的基础上直接加宽；如原有高速公路线形较差需要改善，设计时应尽可能利用原有的沥青路面，在此基础上先加宽路基，再加宽路面。如果路面的横断面为整体断面形式，加宽的沥青路面宜采用压实性、水稳性均较好的材料作基层。结构宜与原有沥青路面相近，加宽部分的基层强度应不低于原有沥青路面的基层强度。若加宽部分的路面横断面形式为分离式，加宽部分所用的结构和材料可不同于原路面。路面加宽前，应对原有路面做全面的调查，对加宽部分可按新建路面进行调查、设计。加宽部分的路基强度和稳定性及路面厚度应按《公路路基设计规范》和《公路沥青路面设计规范》的规定进行计算确定。加宽时，必须处理好新路面与原路面的纵横向衔接。对于软土地基高路堤加宽时，还应对新路基进行加固处理，待固结沉降稳定后方可进行加宽施工，避免加宽路面出现非均匀沉降。如果路基加宽宽度小于1m，加宽的路面或基层压实质量不好控制，则宜采用单侧加宽的方式，单侧加宽也包括因线形的约束只能在一侧进行加宽的处理情况。单侧加宽时必须调整原有路面的路拱横坡。

加宽路面处于路线平曲线处，均应按《公路工程技术标准》的规定，根据需要设置相应的超高和加宽；如原来未设置的，也应结合加宽设计补设。加宽路面的基层和面层材料须进行试验和配合比设计，试验方法和配合比设计方法应符合《公路沥青路面施工技术规范》和《公路路面基层施工技术规范》的有关规定。处于特殊地区的公路加宽，应采取措施对原地面进行处理，使其具有足够的强度和稳定性。加宽后的路基，应保证原有路面排水系统的完善。必要时，要对原有路面的排水系统进行重新设计和施工。具体方法应参照《公路路基设计规范》和《公路路基施工技术规范》的有关规定。

2. *沥青路面基层加宽设计要点*

沥青路面基层加宽设计前应对原有路面进行详细调查和测定，设计时应注意以下几点：

（1）对原路面应进行全面的技术调查，逐段分析其技术状况，并根据有关加宽和补强的要求，综合考虑路线纵坡、与桥涵通道等构造物的衔接、路基的防护与加固、路面排水系统、环境保护、绿化等因素，再进行设计。设计应符合相关规范的技术规定。

（2）基层加宽部分在处理时应按新路基设计，即将原路面分段实测的计算弯沉值 L_0 作为加宽部分的设计弯沉值。根据调查测试的土质和路基干湿类型确定土基的回弹模量 E。依据不同材料的模量，按新建路面的设计方法设计加宽部分的基层厚度，使其强度不低于原有路面整体强度。

（3）原路基宽度符合要求，路面宽度不够时，宜在两侧加宽；路基窄，加宽路面宽度不够时，应先加宽路基或采用护肩石的办法，再加铺基层。砂石路面作为路面基层时，如其强度和水稳性不足，应进行补强设计。中湿潮湿路段，应铲除砂土磨耗层。对原有路面的病害或破损应采取措施进行处治。计算路面基层厚度时，依据已定设计弯沉值，采用《公路沥青路面设计规范》的方法进行计算。

（4）在原有高速公路上加宽和补强时，因原路面强度低，要首先对其进行全面的处理，如采用重型压实或夯碾设备对原有道路进行全面的压实，使其符合规定的压实要求后再进行加宽和补强。补强部分的设计和施工应符合《公路沥青路面养护技术规范》的规定和要求。

3. 沥青路面双侧加宽设计要点

如原有路面路基较宽，路面加宽后路肩宽度符合《公路工程技术标准》时，可直接加宽；如路基较窄，不具备加宽路面条件的路段，应先加宽路基。为使路面边缘坚实，路基比基层应宽出20~25cm，基层应比面层宽出20~25cm，或埋设路缘石。如果施工机械和操作方法能保证路基加宽部分达到规定压实度，可随即加宽路面，否则应待路基稳定后，再加宽路面。路面双侧加宽宜采用两侧相等的加宽方式。对不能采取两侧相等加宽的路面，当加宽差数在1m以下时，不必调整横坡，进行加宽设计；当两边加宽差超过1m时，必须调整路拱横坡，进行加宽设计。

4. 沥青路面单侧加宽设计要点

由于受线形和地形条件等的限制，必须采用单侧加宽时，可进行加宽设计，加宽一侧须设置调拱三角垫层。调拱三角垫层应按选用的材料满足一定的厚度要求，以免在加宽面层和旧面层之间形成薄夹层，同时要注意三角垫层与上下路面结构层的连接。

三、高速公路沥青路面改扩建施工技术

需要改扩建的高速公路已使用多年，原有路面的使用状况、结构状况以及结构层形式发生了很大的变化，在改扩建施工时，应将老路面的处理与新路面的铺筑综合考虑，采取合理措施妥善处理新老路面衔接等关键问题，避免由于施工不当而导致路面出现裂缝等早期损害。

1. 原有高速公路沥青路面的处理

高速公路改扩建工程的一个重要特点就是对原有路面的处理。一般而言，需要改扩建的高速公路已经使用了多年，期间经过罩面加铺等养护维修后，其路面结构形式与最初的设计已经大不相同。因此，在进行改扩建施工前首先应对原有路面进行详细的调查，并根据路面病害及路面结构承载力调查得到的数据资料，确定原有路面的具体改造方案。高速公路经过改扩建后，原路面硬路肩处将成为新路面的行车道，由于我国早期修建的高速公路硬路肩不设底基层，若不加处理作为行车道，其承载能力可能不够。因此，在沥青路面改扩建施工

时，原则上应将硬路肩处的路面结构层挖除后，按照主车道路面结构重新铺筑。但是在挖除施工过程中，必须封闭一个车道，对原有高速公路的正常运营带来安全隐患，所以挖除并非良策。

在某些情况下原有路面经过罩面加铺等养护维修后，累计路面厚度和弯沉值可能会达到设计要求，因此，原路面硬路肩可不必挖除。对于弯沉值达不到要求的情况，沪杭甬高速公路改扩建施工中采用了竖向、水平向钻孔注浆的方法，取得了良好的使用效果。硬路肩挖除与否，一定要对原有路面进行弯沉值检测，并收集路面加铺资料，逐段提出处理方案。

2. *新老路面基层拼接施工*

基层的拼接是整个基层施工的关键。基层拼接可根据基层的厚度分层进行，一般分为上基层和下基层。其中，上基层接缝处需要设置防水材料，如聚酯玻纤布等。

拼接处原路基台阶处理：新路面基层铺筑时采用设计高程，而原路面基层的高程由于局部沉降、薄弱夹层的清除等原因，与新路面基层的高程不同。因此，需要将新路面基层同原路面基层顺接。顺接的方法有以下两种：①新铺基层两侧均采用设计高程，对于新老基层高程差，仅在接缝处用人工方法整平顺接。②新铺基层外侧为设计高程，内侧为原路面基层高程，即由新铺基层高程逐步过渡到原路面基层高程上。在实际施工过程中，由于第一种方法容易造成高程的突变，因而施工单位多采用第二种方法。对于需要人工处理的台阶面，要求表面无杂物、无尘土、无软弱松散颗粒、无软弱夹层，在实际施工中要特别注意。

（1）拼接缝面的处理。为了保证接缝处黏结良好，需要对拼接缝面进行处理。拼接缝面的处理时要求线形顺畅、整齐、无污染，接缝处在摊铺前要涂刷水泥混凝土界面剂，界面剂在涂刷时要均匀，既不露白，也不流淌。

（2）拼接处的摊铺。拼接处的摊铺质量控制不好，会影响整个路面的美观，诱发其他病害。拼接处在摊铺时应注意，接缝处的新料要饱和，大料要剔除。摊铺时宜采用人工将新料用铁锹翻拌至接缝处，以免摊铺机螺旋送料时在接缝处留下大骨料。

（3）养生接缝处要注意保湿养生，以提高接缝的整体强度。

（4）碾压接缝处的碾压至关重要，压实不充分会导致裂缝等一系列问题。碾压时在距离接缝约 50cm 处将新铺料碾压密实，然后每次 10cm 由外向内碾压，将新铺料不断向接缝处推挤，从而使接缝处嵌挤密实。

（5）用聚酯玻纤布等防水材料处置上基层接缝。聚酯玻纤布等防水材料能够有效防止雨水沿着接缝处下渗，并且能够吸收一部分应力。因此，在上基层上铺设聚酯玻纤布等防水材料是处理拼接缝的一种有效形式。以聚酯玻纤布为例，其具体做法为：在施工之前，先用粉笔画出边线，将聚酯玻纤布安装在铺设架上，拉出聚酯玻纤布一端。将准备好的沥青洒布车就位，调整喷头的喷洒效果使其达到最佳，然后开始洒布沥青，洒布量控制在 $1kg/m^2$。两侧分别用挡板挡住多余的沥青，以免污染下封层。在铺设聚酯玻纤布的过程中，始终保持聚酯玻纤布处于拉紧状态，铺好的聚酯玻纤布后紧跟滚筒进行碾压，同时用塑料刷分别向两个方向刷聚酯玻纤布，使聚酯玻纤布更舒展，更好地贴附在下封层上，及时将石屑洒布在聚酯玻纤布两边多余的沥青上。如果在铺装过程中产生皱折，应及时用剪刀将其剪开并重新粘贴。

3. *新老路面拼接施工*

新老路面结构宜采用相同的结构形式。为保证新老路面良好的结合，防止出现裂缝，路面底基层与路基的交界面可铺设高强土工格栅材料。原路面边缘部分的各个结构层均应开挖成台阶状。基层顶面洒铺封层油，新老路面接缝处设置玻璃纤维网。各面层间均设置黏层油。

第五节　高速公路改扩建工程交通组织原则与方案

一、改扩建交通组织的原则

拟改扩建高速公路施工对交通的影响从技术上讲主要是指施工占道对交通的影响、交通转移对影响区内相关道路的影响、施工范围内拆迁交通工程设施对交通的影响、施工方法对交通的影响、施工管理对交通的影响及其他施工组织方面对交通的影响等。为了尽可能地减少道路改扩建对高速公路正常通行的影响，保证道路改扩建工程能顺利按期按质按量完成，交通组织设计应遵循以下原则。

(1) 保障改扩建工程顺利进行。由于任何交通组织措施交通改善措施都不可能完全彻底地解决道路在改扩建施工时对本身交通的影响问题，因此，必须接受在相当长的一段时期内，因高速公路改扩建对其本身的正常通行造成持续的影响。这就需要全社会各方面都能本着支持重点项目建设的精神在发生利益冲突时能诚恳协商，必要时为保证高速公路改扩建工程的顺利进行作出应有的牺牲与让步。

(2) 正常交通与改扩建工程相结合。高速公路改扩建工程交通组织设计是以不中断交通(起码是不中断直行交通)为最基本的原则。因此，交通组织方案的研究应尽可能做到将高速公路改扩建工程施工与其本身及周边的正常交通协调起来，根据当地交通的现状以及改扩建工程施工的具体需要，充分考虑工程成本与社会成本问题，保证改扩建工程施工与正常交通相协调，局部交通与整体交通相协调，尽量满足基本交通需求，降低施工期间交通影响，维持正常交通的稳定和通畅。

(3) 科学性与可操作性。科学性，即运用交通工程理论，包括交通分配理论、交通影响分析评估理论、交通组织管理控制等理论，力求交通组织方案的科学性。可操作性，是指针对某一项目，其工作研究成果应迅速反映到现实中，并指导项目的实施和顺利完成。

(4) 普遍性与特殊性。高速公路改扩建工程属大型工程项目，因此，其施工期间交通组织问题应具有普遍性的规律和特点。但还应充分考虑不同高速公路改扩建项目本身的特点，即施工内容方法、所处的环境等实际情况，使拟改扩建项目施工期间的交通组织具有更强的针对性，此即特殊性原则。

(5) 稳定性与适应性。稳定性是指施工期间交通组织方案在一定时期内应相对稳定，不应轻易更改，从而培养在特殊时期驾驶员相对稳定的交通习惯，以保证交通组织方案的有效性。适应性是指改扩建项目施工期间交通组织实施方案并不是一成不变的，应根据实施后的效果及时调整方案，以适应改扩建项目施工建设以及正常交通需求。另外，对实施过程中的交通组织方案设计应贯穿于整个勘察设计过程中。

(6) 通而不畅。在高速公路改扩建期间，其上的交通流应维持通而不畅的状态。如果在此期间，要保证车流畅通，一方面，要求有足够的道路空间，这一点显然是很难达到的；另一方面，因畅通而车速快，驾驶员稍有不慎，就会对在路上施工区的工作人员和施工设备的安全造成很大威胁。因此，在对其进行交通组织设计时应遵循通而不畅的原则。

(7) 既要能协调交通、便于施工操作，又要满足安全与经济性。在改扩建项目施工期间，大流量的交通现状要求该路段以“边通车边施工”的方式实施改扩建工程建设。施工中既要确保高速公路运营的安全畅通，又要保证施工人员、机械的安全及工程质量，其危险性和难度是新建项目无法比拟的。因此，交通组织方案的制订要能协调交通，便于施工操作，充分保障施工现场的安全及各种车辆(包括工程用车)的行车安全，同时还应本着节约投资的原则满足经济性要求。

此外，在作高速公路改扩建工程交通组织设计时，还应考虑交通组织设计与改扩建工程设计相协调、交通合理分布与供求平衡等原则。

二、高速公路改扩建施工的交通组织方案

高速公路改扩建工程一般需要对交通实施管制，施工组织方案必须结合交通组织方案制订。总结现有养护工程和改扩建工程的施工组织方案，主要包括以下六种方式：

(1) 全封闭式施工。全封闭式施工是将高速公路施工路段原有交通全部分流到其他道路之后，组织实施改扩建工程。该方案相当于新建工程施工，施工期间主要考虑施工车辆的交通组织，适用于有平行道路作为主要分流道路且路况较好的情况。其优点是便于控制和缩短工期，易于保证施工安全和交通安全，施工现场基本不需要交通疏导人员。缺点是对分流道路产生了很大的交通压力，尤其是平行道路，对沿线经济社会负面影响较大。沈大高速公路改扩建采用了此方式。

(2) 半幅封闭式施工。半幅封闭式施工一般是封闭高速公路。半幅施工事项主要在该幅进行，该方式分为半幅分流施工和半幅双向行驶施工两种情况。半幅分流方案适用于有平行道路的高速公路，以及施工路段较长的工程项目。采用此形式时，可提前将平行道路的行车道重新划分，以适应车辆行驶方向不平衡的交通要求。半幅双向行驶施工适用于施工路段较短或交通量较小的情况。养护工程多数运用该方式施工。半幅封闭式施工优点是施工现场干扰小，施工安全易于保证。缺点是对平行公路产生较大的交通压力，同时降低了高速公路的服务水平，存在安全隐患。

(3) 全幅区分车型分流施工。全幅区分车型分流施工是限制部分车型驶入高速公路，将部分车辆分流至其他道路之后组织施工。此方案的优点是能够兼顾高速公路和分流道路的通行能力，可实施双侧施工，工作面大，工期稍短。缺点是安全性较差，一般要求车辆限速通行，需要配备必要的交通协管人员进行交通管制。已竣工的沪宁高速公路改扩建工程采用了该方式，拟建的潼关至宝鸡改扩建工程推荐采用此方式。

(4) 半幅区分车型分流施工。半幅区分车型分流施工是限制部分车型驶入半幅高速公路，将单向部分车辆分流至其他道路之后组织施工。半幅车型分流道路可以是平行道路或其他道路，也可以是对向半幅高速公路的部分断面。此方案的主要优点是减轻了分流道路和扩建半幅的交通压力。缺点是对半幅路面施工有交通影响，工期稍长，施工期间交通组织复杂。

(5) 开放式施工。开放式施工是在不实施交通管制的情况下组织施工。一般适用于交通量较小的路段，多数适用于路基施工。此方案的优点是不影响既有交通的出行路线和出行习惯。缺点是施工干扰和交通干扰较大，尤其是路面施工期间存在安全隐患。

(6) 组合式施工。组合式施工是在工程实施过程中采用上述施工方案中的两种及两种以上方式组织施工。

上述施工组织方式在具体项目中都已得到了实施，各有利弊，一般高速公路改扩建的全过程，不宜采用单一的施工组织方式，应根据改扩建项目的实际情况灵活采用，可根据进展情况确定不同的施工方案，也可以在某单项工程施工时采用组合方案，还可以根据不同路段的特殊性采用不同的施工方案。例如，在路基施工阶段采用开放式施工，路面施工阶段采用全幅区分车型分流施工，半幅路面施工完成之后可采用半幅封闭式施工或半幅区分车型分流施工。

结　　语

加强公路养护工作，实行科学养路是延长公路使用寿命的重要措施，如果养护不当、管理不严，同样会降低路面使用效果，增加养护成本。保证沥青混凝土路面质量首先在于精心施工，而养护又是建设工程的延续。

公路养护工作是门科学，尤其是对沥青混凝土路面的养护，情况复杂、任务重，在当前养护资金短缺的情况下，加强养护工作，严格养护质量管理，提高路面车辆的通过能力，保障公路的畅通，是我们公路养护广大职工的一项重要任务。我们只有进行精心的施工，才能更好地保证公路质量，在实际的运营中，养护是非常重要的，因此对于投入使用后的公路要做好养护工作，以保证行车安全。

参 考 文 献

[1] 龙海辉，诸葛文杰，胡浩．公路沥青路面预防性养护新技术[M]．徐州：中国矿业大学出版社，2015.
[2] 王国清．高速公路沥青路面关键技术[M]．北京：人民交通出版社，2014.
[3] 曾胜．高速公路养护无损检测技术[M]．北京：人民交通出版社，2014.
[4] 张红春．高速公路路面裂缝全深度处治(裂缝焊接)成套技术[M]．北京：人民交通出版社，2014.
[5] 侯永生，许永喜．沥青路面施工技术问答(公路工程施工技术问答丛书)[M]．北京：中国铁道出版社，2014.
[6] 钟宁．高温多雨山区高速公路路面修筑技术[M]．北京：人民交通出版社，2013.
[7] 张振博．荣乌高速公路(烟台境)水泥混凝土路面改造工程实例及探讨[M]．北京：光明日报出版社，2012.
[8] 张军辉．软土地基上高速公路路基路面加宽关键技术[M]．北京：人民交通出版社，2012.
[9] 卞钧霈．高等级公路沥青路面设计、施工与养护技术[M]．北京：人民交通出版社，2012.
[10] 孙朝云．现代道路交通检测原理及应用[M]．北京：人民交通出版社，2011.
[11] 王化冰．山东高速沥青路面管理与养护技术[M]．北京：人民交通出版社，2011.
[12] 吴敏刚，蔡乾东，商博明．高等级公路沥青路面养护维修技术读本[M]．北京：人民交通出版社，2011.
[13] 徐剑，黄颂昌，邹桂莲．高等级公路沥青路面再生技术[M]．北京：人民交通出版社，2011.
[14] 张争奇．高速公路沥青路面维修养护技术[M]．北京：人民交通出版社，2010.
[15] 李岩军，石鑫．高等级公路半刚性基层沥青路面机械化施工质量控制新技术[M]．北京：人民交通出版社，2010.
[16] 王夫成，袁堂涛．公路沥青路面养护机械化[M]．济南：山东大学出版社，2009.
[17] 王玉顺，朱敏清．高速公路沥青路面预防性养护技术与应用[M]．北京：中国建材工业出版社，2008.
[18] 沙庆林．高速公路沥青路面早期破坏现象及预防[M]．北京：人民交通出版社，2001.
[19] 陈鼎．高速公路路面养护工程施工监理实务[M]．北京：人民交通出版社，2008.
[20] 高建立．高速公路沥青路面养护关键技术与工程实例[M]．北京：人民交通出版社，2006.
[21] 张启云．高速公路路面工程管理与技术[M]．石家庄：河北科学技术出版社，2005.
[22] 李红专．高速公路路基路面施工工艺[M]．北京：人民交通出版社，2004.
[23] 江西省交通科学研究院．江西省高速公路沥青路面设计规范[M]．北京：人民交通出版社，2010.
[24] 河南省交通运输厅公路管理局．公路沥青路面泡沫沥青冷再生技术规范[M]．北京：人民交通出版社，2015.
[25] 云南云岭高速公路养护绿化工程有限公司．沥青路面养护[M]．北京：人民交通出版社，2014.
[26] 张筱锋．高速公路沥青路面养护决策研究[J]．河南建材，2020，000(003)：48-49.
[27] 王恒，李凯．高速公路沥青路面早期损坏分析与防治对策[J]．化工管理，2020，000(005)：113-114.
[28] 刘博．探讨高速公路沥青路面施工中压路机操作[J]．四川水泥，2020，000(002)：247.
[29] 刘晋宏．高速公路沥青路面常见病害及防治措施[J]．四川建材，2020，046(002)：146-147.
[30] 顾洁．高速公路沥青路面接缝施工技术研究[J]．交通世界(建养机械)，2020，000(003)：16-17.